藤　田　達　生　著

藤堂高虎論

—　初期藩政史の研究　—

塙　書　房　刊

目次

序章　藤堂高虎と初期藩政史研究

問題の所在

藤堂高虎（一五五六～一六三〇）は、外様大名でありながら徳川家康の側近として、その政権掌握から幕藩国家建設の過程において、最も尽力した治者の一人だった。このような重要人物を、従来の近世政治史研究では必ずしも的確に位置づけているとはいえない。

そもそも外様や譜代などという区分は、草創期の幕府研究に必ずしも有効な概念とはいいがたいものである。いわゆる「徳川四天王」に代表される譜代大名や、本多正信・正純父子といった出頭人、あるいは大久保長安などの代官頭を注視してきた当該研究には、徳川権力の内在的発展志向は明らかにできても、権力基盤の脆弱な西国を含み込む全国政権への飛躍の論理は、十分に解明しえていない。

家康が大坂方と対峙した慶長年間、伊賀・伊勢という徳川方の最前線に所領を与えられた高虎は（譜代大名井伊氏の彦根と相並ぶ）、家康の指示のもと西国を覆う広大な大坂包囲網の形成に主導的な役割を果たす。さらに両度の大坂の陣に際しては先鋒を務め、その後も家光に至る徳川三代にわたって将軍側近として近侍した。

このように一貫して政権中枢にありながら、高虎は長期の戦乱で荒廃していた地域社会を復興すべく「藩」を構想し、その成立をめざした。具体的には、国許において藩庁としての近世城郭を完成させ、城下町には街道を引き込み、幅が広く直線的なメインストリートをもつ開放的な方格状の町割を採用し、藩領内外から商・職人を招き寄せ、その営業を保護して地域市場を興した。

ここには、江戸をはじめとする様々な城郭や都市の建設で培った技術を投入し、あわせて沖積平野に広がる郷村には土木技術に長けた地方巧者の家臣を派遣して、大規模な開発事業を興して農業経営を指導させている。高虎は、領内における政治・経済そして文化の中心機能を備えた本城城下町が、郷村社会をリードする藩体制を打ち出した。

確かに戦国・織豊期においても、諸大名は溜池普請や新田開発などに取り組んでいる。しかし戦時体制のなか、自ずとそれには限界があったし、江戸時代になっても、事態は容易に改善されなかった。それまで地域に密着し農業経営をリードしてきた土豪層が、家臣として大名の転封に従って離村したり、敗戦によって没落したから、農業生産力の一足飛びでの発展は困難をきわめたのである。

上方周辺で三十二万石という日本の総石高・千八百万石〈太閤検地〉の五十分の一〈正確には一・八パーセント〉もの大封を預かった高虎は、戦禍の克服と地域社会の再生をめざし先進的な藩経営を実現して幕府を支えた。

後に家康や秀忠の命令を受けておこなった肥後熊本藩〈外様加藤氏、六十万石〉での藩主後見や、重臣を派遣しての讃岐高松藩〈外様生駒氏、十七万石〉や陸奥会津藩〈外様蒲生氏、六十万石〉における監国は、高虎の藩経営の手腕が認められていたことを端的に示すものである。

近年、藩政史研究は新たな視点を得て活況を呈している。従来盛んにおこなわれた藩に関する総合研究〈米沢・佐倉・佐賀など〉が藩権力論に限定され、地域・民衆といった観点が希薄だったことから、「藩世界」「藩社会」「藩地域」「藩領社会」などの概念を提示して、藩を国許〈主な藩領〉ばかりか江戸や上方さらには飛び地領などをトータルな視点からとらえ直そうとする試みが注目されているのである(1)。

しかし意外なことに、小著で追究する、織豊期以来、藩がいかにして誕生したのかという観点からの論究は、管見の限りではあるが低調といわざるをえない。これまでの藩政史研究においては、藩を所与の前提としてきたからであろう。

ただしそのなかにあって、群発する初期御家騒動のなかから、幕政の確立と藩政のそれが深い関係をもっていたことに着目した福田千鶴氏の研究や、井伊氏や榊原氏の事例をもとに、譜代大名の形成過程から幕藩体制成立を論じる小宮山敏和氏や、阿波藩を対象としてその家老に注目し、家老政治の成立過程に幕藩政治の展開過程を見通す三宅正浩氏の研究は、藩成立期の研究に新たな視点をもたらした(2)。

各藩は、藩祖が戦国大名か、織豊取り立て大名か、あるいは譜代大名かといった出自や、藩祖と将軍家との信頼関係といった諸事情によって、成立事情が相当に異なっており、しかもそれが後の藩政のあり方を深く刻印したことは疑いえない。この視点を重視したのが、小著である。

小著の主題は、高虎を幕府草創に関与した重要人物としてのみならず、「藩」創出の先駆者として評価することにある。高虎は、初期明君として世子高次や家老以下に、幕藩秩序の根本原理「預治(国)思想」をたびたび説き、領地を切り取り自らの実力で藩を草創したのではなく、天下から預かった「国家」と位置づけたからである。

以下、本論理解の前提とするために、高虎と初期藤堂藩に関する筆者の理解を示したうえで(第一節、高虎の誕生から大坂の陣までの動向については補論参照のこと)、それに関する江戸時代以来の研究史を概観し(第二節)、各章がいかなる個別テーマを追究したのかについて紹介したい(第三節)。

なお藤堂藩という藩名であるが、従来は津藩・安濃《あのつ》津藩などとも呼ばれたが、藩領が伊勢国内八郡以外に伊賀一国・山城国相楽郡・大和国内四郡・下総国香取郡にも広がることから、小著では特定の地名を冠することを控えたことをお断りする。

第一節　幕藩国家の建設

1　家康の側近

高虎は、幕閣にも匹敵する側近として、家康から全幅の信頼を得ていた。これは、高虎が豊臣秀長の重臣であった時期からのものだった。高虎は、秀長の意を受けて家康と書状を交わした。これらのなかには、家康が高虎個人に宛てた陣中見舞いなどもあり、後年の両者の親密な関係の基礎が、この時代に築かれていたことが察せられる(3)。

高虎は、青年期に恃みとする主君を求めて近江国内を渡り歩き、苦労を重ねた。その経験を通じて、あるべき武家政権像を自らの思索によって鍛えていった。浪々の末に出会った秀長を、後には家康を、自らの理想を実現しうる主君として献身的に仕えた。

秀長は、毛利氏・長宗我部氏・島津氏などの西国大名とも親しく、家康をはじめとする大大名との連携を重視しており、石田三成らの秀吉側近が志向した専制化路線とは政治スタンスを異にしていた(4)。筆者は、高虎が秀長の融和的・分権的な国家構想に共鳴し、家康に近侍することでその実現をめざしたと考えている。

それに加えて高虎の国家観で重要なのは、寛永二年(一六二五)八月に子息高次に与えた遺訓「太祖遺訓」に示された、大名は将軍から「大事之御国を預」かっていると認識する預治思想である。

子息で二代藩主となった高次もこの思想を継承し、「殿様之御国と存奉間敷候、殿様は当分之御国主」であると明快に宣言している。高次は、大名が「御国」すなわち「藩」を私有しているのではなく、当座の領主にすぎないと認識しており、自筆の書き付けを作成して全領の百姓に周知させたほどだった(5)。

深谷克己氏も指摘されているように(6)、このような高虎父子の思想は、江戸初期の好学の明君とされる岡山藩の初代藩主池田光政にも通じるものであるが、時期的には、はるかに早かった。

ここには、たとえば今川氏が制定した戦国家法「今川仮名目録」にみられるような、自らの武力によって領国を切り取るという戦国大名的な常識はない。領主としての実力と資質が伴ってはじめて、将軍から「藩」を預かることができるというのである。ここで想起されるのが、信長の思想である。

天下統一を目前にした信長は、預治思想に到達した。天正八年(一五八〇)以降、畿内近国において一国単位で城割・検地を中核とする仕置を断行し、あらためて国主大名以下に朱印状で領地・領民・城郭を預けることを開始した。家臣団に本領を安堵したり新領を給与したりする中世的な主従関係をあらため、天から統治権を預かっている信長(天下人)が、天にかわって家臣個人の力量に応じて領知権を預けるという、預治思想にもとづく新しい封建制を確立しようとしたのである。

信長は、戦国動乱に終止符を打つべく、領主層が主張する様々な所有権・既得権の剥奪・収公をめざした。すなわち、信長も含めた全領主階級の「自己否定」による統一国家の創出である。仕置の断行と国替の強制による武家国家の大改革は、それに抵抗する政権内外の守旧勢力の結集を招き、実現寸前で本能寺の変が勃発して頓挫した(7)。

秀吉は、武家官位制による官職制度を導入して預治思想の浸透を図った。天下統一とは、関白秀吉による日本六十余州の収公を指し、全国規模の仕置と国替を介して新国家は誕生するかにみえた。しかし、豊臣政権の領土拡張政策を下支えする大名・領主の猛烈な領地拡大志向が、預治思想の浸透を阻んだ。

結局は、朝鮮出兵という大失政の末、戦国時代以来の膨張主義の決定的な挫折を経験した後に、徳川家の一門・譜代大名のみならず、高虎のような外様大名にも、ようやく預治思想が受け入れられたのである。

晩年の高虎は、好悪という私的感情を抑えて公儀を尊重する姿勢を身をもって示した。たとえば、寛永四年に将軍秀忠の諮問に答えて、高虎が長年にわたり犬猿の仲であった加藤嘉明の実力を評価して、奥羽の押さえ会津若松藩主へと推挙したことがその一端である。

さらに高虎が、秀忠息女和子の後水尾天皇への入内を画策し、強硬に公武融和を推進したこともあわせて考えると、彼は「偃武」すなわち泰平の世の国家のあり方を、大坂の陣の後も将軍に近侍して助言し続けたということができよう。

いうまでもないが、豊臣期において「藩」は成立していなかった。秀吉の側近のなかには、大名クラスであっても豊臣蔵入地からの蔵米を給与される者がいたり、大名領が複雑に錯綜して一円領となっていない場合もあったからである。

しかも大名が同時に豊臣蔵入地代官を兼ねることも多く、特に豊臣直臣大名の場合は中央の「官僚」としての意識が強く、地域経営には関心ばかりか能力も乏しかった。反抗的な領民に対する大量虐殺は各地で繰り返されたし、豊臣政権がそれを理由に大名を改易することはほとんどなかった。

豊臣政権は、総動員態勢の確立のために諸大名に対して、鉢植大名化と大名領国の五畿内並化をめざした。つまり大名を先祖伝来の本領から切り離してその自立性を奪い、天下統一直後に御前帳や国絵図の提出を求めたように、太閤検地を通じて政権が百姓（耕作者）とその田畠を直接把握することに努めたのである。しかし戦時体制の継続が、兵員と物資の収奪による地域社会の急速な荒廃を招いたのであった。

江戸時代の大名は、確かに畿内の小規模な藩領が錯綜する「非領国」や遠国奉行が支配する「支配国」も存在したが、理念的には規模の大小によらず藩領を将軍から預けられていた。藩主は、家臣団を統制するばかりか、領民の生活を保護する義務も有し、もしもその器量がないと判断された場合は、転封や改易に処されることになった[8]。

近年は、戦国大名に幕藩体制成立の前提を想定する見方が提示されている[9]。しかし如上の観点からは、認められない。筆者は、豊臣体制の否定と克服のなかから藩が誕生するとみるからである。

なお居付き大名の場合、藩は領域的に戦国大名領国を前身とすることもあった。しかしその場合においても、大名の領知権が徳川将軍から預けられたものであること、また支城制の否定や統一検地の執行によって、石高にもとづく新たな軍制と大名財政が成立していたことから、戦国時代からの連続性を想定することは困難である。

晩年の高虎は、外祖父ということで幕府から幼主生駒高俊の後見を命ぜられ、讃岐高松藩の藩政立て直しに着手した。そのために、地方巧者・西島八兵衛之友を讃岐に派遣して満濃池の修復をはじめとする大規模な開発事業に取り組ませたばかりでなく、自らが生駒氏重臣層に様々な命令を下している（東京大学史料編纂所架蔵「三野文書」）。

そのなかでは、「一、国中百姓有付候様に見計、れんひん（憐憫）を加、相つゝき候ことくニ令相談、甲乙無之様に可申付儀肝要候事」（三月二十八日付高虎書状）や「一、給人百姓共ニ随分有付候様に才覚第一候事」（十月二十四日付高虎書状）あるいは「一、国中麦をまかせ来年の耕作の用意、又ハ百姓ちり（散）候ハぬ才覚肝要候事」（十月五日付高虎書状）[10]というように、繰り返し藩領の百姓が安心して耕作できるようにすることが基本であることを諭している。

断っておきたいのが、これが中世的な撫民思想ではないということである。あくまでも信長以来の預治思想による国家観に根ざした、領民を天下から預かっているという認識にもとづく仁政思想なのである。先述の告諭には、高虎の政治思想が凝縮されている。

高松藩は、高虎没後も二代藩主高次が引き続き藩政を後見した。しかし生駒氏家臣団の不和は解消せず、寛永十七年に改易となった。この生駒騒動と呼ばれる御家騒動は、高虎や高次のような藩経営の巧者をもってしても回避しえなかったのである。これは、重臣層に治者としての思想を植え付けることのむずかしさ、すなわち「藩」づくりがいかに困難なものであったのかを示す事例といってよい。

高松藩に加えて、高虎は元和五年（一六一九）に息女が会津若松六十万石の蒲生忠郷に嫁いだことから、家中紛争の絶えない会津藩の内政にも心を砕かねばならなくなった。そのために、高虎は五人の家臣を派遣した。

江戸時代初期の幕府は、藩体制を安定化させるために、各大名を指導し、その内政を監視した。やがて諸藩は、家中の秩序と地方支配体制を整備し分権国家としての自立性を高めてゆく。このような藩を基盤とする国家誕生のために、高虎は最大限貢献したといってよいであろう。

2　「藩」を構想した治者

ここで、藤堂藩の確立について考えたい。高虎は慶長十三年（一六〇八）の伊勢・伊賀への転封によって、大和方面の要衝にあった伊賀名張城（三重県名張市）を除いて、伊予時代に採用していた支城制を廃止した。名張城も、大坂の陣の後は城番であった梅原氏を罷免し、上野城代が管轄する「古城」となった。これにより、伊勢津と伊賀上野という二つの城下町への家臣団集住が促進された。

以後、藩主を頂点として両城代がそれぞれ加判奉行以下の家臣団を統括とする津藩と伊賀藩という家中組織が形成されてゆく。これは、両藩が高虎の転封によって合体したことによる。すなわち津藩は富田知信、伊賀藩は筒井定次が前任大名だった。

実際に十八世紀に編纂された『宗国史』には、「津藩」「伊藩」「伊州藩」などの表現がみられ、また伊賀の藩校崇広堂の蔵書印には、「伊州藩」という印文が彫られているものもある。藤堂藩とは、あたかも両藩の連合体のような構造をもっていたのであった。

高虎が転封と同時に伊賀で強制した、城下町への商人・職人の集住策によって商農分離が進み、さらに津と上野を結ぶ伊賀街道を整備して新たな藩領規模の流通が創出された。また転封翌年の慶長十四年からは、伊勢・伊賀領の年貢率を一律に四ツ成すなわち四十パーセント(四公六民)とする定免制を採用して、年貢収納の安定化を図った。その際、「平高《ならしだか》」という石高が設定され、明治維新まで採用された。

大名家中の組織化と国別支配の均質化という点で、伊予から伊勢・伊賀の転封を画期として藤堂藩の成立はほぼ達成されたとみられる。藤堂藩の石高は、元和三年に高虎の日光東照宮建設と、多年にわたる忠勤の功として伊勢田丸領五万石を加増され、三十二万石余となって確定し、幕末までこの表高は変わらなかった。

このようなたび重なる加増に伴い、高虎は早急に家臣団の規模を拡大する必要に迫られた。彼は自らのアプローチで渡辺勘兵衛了《さとる》(二万石)のような天下に名の通った「渡り奉公人」を高禄で召し抱えたり、重臣の推挙や本多正信・小堀政一・朽木元綱などの親しい大名・旗本の肝煎というルートを活用して、牢人を家臣団に編入した。

仕官受け入れは、『公室年譜略』の記載によると関ヶ原の戦い、伊勢・伊賀への転封、大坂の陣の前後がピークとなったことがわかる。これを示した表1によると、慶長五年が三十一人・同六年が四十二人、慶長十三年が二十八

表1　高虎家臣団の形成　（出典『公室年譜略』）

年	仕官数	備　　考
天正6	1	
天正7	2	
天正8	—	但馬時代。
天正9	1	但馬大屋村を拠点とす。小代一揆を攻撃。一色氏(久芳院)を娶る。
天正10	8	備中高松城攻めに参陣。石田清兵衛仕官。
天正11	3	賤ケ岳の戦いに参陣。矢倉大右衛門仕官。
天正12	1	伊勢松ヶ島城を攻撃。
天正13	10	以後、大和郡山時代。弟高清誕生。
天正14	6	以後、肝煎・取次の仲介によって仕官を許可する
天正15	14	九州攻撃に参陣。2万石を与えられ、紀伊粉河城主となる
天正16	2	
天正17	6	
天正18	12	小田原攻撃に参陣。長井（藤堂）氏勝仕官。
天正19	7	主君豊臣秀長病死。
文禄元	14	朝鮮出兵に参陣。
文禄2	6	医師田中慶安仕官。
文禄3	4	
文禄4	7	7万石を与えられ、伊予板島城主となる
慶長元	16	
慶長2	8	
慶長3	8	須知出羽仕官。
慶長4	19	長氏（松寿院）を娶る。
慶長5	31	関ヶ原の戦いの恩賞として、伊予半国20万石を得る。
慶長6	42	渡辺勘兵衛2万石で仕官。
慶長7	15	
慶長8	3	
慶長9	6	
慶長10	5	
慶長11	8	
慶長12	5	
慶長13	28	22万石で伊賀・伊勢に転封。
慶長14	40	
慶長15	9	
慶長16	10	
慶長17	9	
慶長18	7	
慶長19	32	大坂冬の陣
慶長20	18	大坂夏の陣
総数	427	

人・同十四年が二十九人、慶長十九年が四十八人・同二十年が十八人となっている。あくまでも参考数値ではあるが、このなかには、陪臣を抱える万石クラスの重臣もいたことから、相当数の牢人が一斉に召し抱えられたことになる。

高虎の軍制の近世化は、大きくは関ヶ原の戦いと大坂の陣の二段階を経て成立した。やはり大規模戦争に対応して促進されているのである。なお慶長十三・十四両年の転封の時期には、家臣団は増加しているが、軍制という点では変化はみられない。

第一段階は、八万石から二十万石へと加増された関ヶ原の戦い直後である。『公室年譜略』によると、慶長六年四月には、藤堂忠光に一万石を与えて騎兵三十騎・足軽五十人・鉄炮五十挺・長柄百本・兜三十刎・幟五本を預け、備えを統括する武者大将とする。中村源左衛門にも、五千石として騎兵十七騎・幟二十本・長柄五十本・兜十七刎を預ける。同年九月には、保田元則にも一万三千石を与えて騎兵五十騎・鉄炮足軽六十人を預けている。

高虎の軍制においては、大名となってはじめての本格的な戦闘である関ヶ原の戦いを経験した後に備《そなえ》が成立するのである。

第二段階は、大坂の陣である。ここで近世大名軍制が成立したとみられる。『高山公実録』慶長十九年十月十一日条から関係史料を抜粋する[11]。なお寛文四年（一六六四）六月十九日付で西島之友が記した「高久様（三代藩主）へ上ル覚下書」に、ほぼ同文の部分がある。

〔延宝西島留書〕高虎公勢州へ御帰国、津に御逗留被成御陣用意被為仰付候、御軍法・御人数押の次第御陣取の絵図御究め被成候、奥の御寝間にて誰も御よせ不被成、私一人御前にて書付仕候き、一通ハ藤堂仁右衛門、一通は渡辺勘兵衛に御渡し被成候〔家譜略同〕

御のほり（幟）ハ地こん（紺）白き丸三つ大馬印ハ、地白三はハの四半朱の丸、御家中番さし（指）物ハ二は、の四半地こんに白き丸、甲の前立に金の日の丸被仰付候、小々姓分ハ猩々緋の袖なし羽織一様に御着せ被成候 番指物の事、大阪兵制同

高虎は、駿府で家康から大坂冬の陣の先鋒を命じられて帰国した。伊勢津城の御殿の奥の寝室で側近の西島之友のみを召して軍法と陣立書を作成して、武者大将を務める重臣である藤堂仁右衛門と渡辺勘兵衛に発給したのだった。そして軍勢の幟と旗指物および兜の前立を統一し、高虎の側近に控えた小小姓には猩々緋の袖なし羽織を着せたことが記されている。

本史料によると、軍法と陣立書のセット発給による軍勢統制がおこなわれたばかりか、軍装統一も進められていたことがわかる。文禄四年（一五九五）に取り立てられた後発大名の高虎も、ようやく大坂の陣を控えた時期に、近世軍制を軍隊内に成立させたのである。これについては、家康から徳川軍の先鋒という大役を命じられたことがきっかけになったとみられる。

藤堂藩においては、『宗国史』『公室年譜略』『高山公実録』をはじめとして、藩士や藩校・有造館による藩史編纂が盛んで、その水準も高かった。たとえば前掲史料の割注にもみえるように、これらには共通して「大阪兵制」として大坂の陣の軍装や陣立てを、文章のみならず図も交えて詳細に書き留めている。大規模戦争としては大坂の陣が最後になったため、江戸時代を通じて藤堂藩の軍制はこの戦争に準拠することになったのである。

藩領の伊勢・伊賀は、戦国時代以来生産力が高い地域であった。しかし、畿内並に単婚小家族からなる小百姓の自立が広範に進んでいたわけではない。相変わらず地域社会に盤踞する土豪層が、「無足人」といわれる郷士として、同時に大庄屋や庄屋として藩から位置づけられていた。藩は地方巧者の代官を派遣して積極的に開発を開始したが、

彼ら土豪層による村政指導がないと安定した村方支配は不可能であった。

豊臣政権による兵農分離の原則は、厳密に適用され広く浸透した。これに対して藤堂藩は、在村武士の存在を認めて兵農分離政策を緩和したのである。高虎の時代に基礎が築かれた無足人制度は、藩が郷士をリーダーとする村の軍事力を取り込むことによって上方有事に備えるとともに、彼らに農村社会の指導者として名字・帯刀などの特権を認めることで、地方支配の安定化をめざすものでもあった。

寛永七年十月に、高虎は江戸柳原の藩邸において七十五歳で死去した。将軍徳川家光と天海の意向で、遺骸は江戸上野山に葬られる。これを契機に厳しい処遇を受けたのが、伊予今治藩主の地位にあった藤堂高吉である。この時期、高吉は独自の家臣団組織を持ち、二万石の所領支配をおこなっていた。しかし高次が二代藩主となった後、高吉は支藩主から藩重臣へと転落してしまうのである。

寛永十二年七月、伊勢桑名藩主松平(久松)定勝の五男定房は、伊勢長島七千石から伊予今治三万石へ転封となる。幕府は、同月九日付で藤堂高次にそれを告げるとともに、高吉に南伊勢への国替を命じた。

しかし高次からは、南伊勢にはしかるべき城郭がないので伊賀名張の「古城」に入るよう命ぜられ、大和方面を監視する支城主としての役割を負わされる。分家・名張藤堂家の誕生であった。元和元年の一国一城令によって、西国諸大名には一藩一城の原則が強制された。藤堂藩の場合、例外的に本城津城のほか上野城の存置も許された。名張「古城」は、高吉によって大改修を施され陣屋となるが、城郭としての機能は保持していた。

高吉は、寛文十年七月に九十三歳の天寿を全うした。遺領は、高次の指示によって三人の子息に五千石が分知され、彼らを藤堂藩家臣とした。これよりのち幕末まで、名張藤堂家の知行高は一万五千石となった。

その前年の寛文九年九月に高次は隠居するが、それに際して三男高通を五万石の城主格として分家させた。支藩久《ひさ》居《い》藩の誕生であるが、これは本家の無嗣絶家を防止するための措置で、後に藩主四人が本藩の藩主となっている。

分家名張藤堂家の誕生といい、支藩久居藩の分立といい、これらには高次の一貫した藩主権力の確立のための配慮がうかがわれる。藤堂藩は、二代藩主高次の段階から軌道に乗り、三代藩主高久の段階から安定してゆくのである(12)。

第二節　研究史概観

I　高虎顕彰事業

藤堂高虎に関する研究は、江戸時代中期以降、藤堂藩における藩史編纂事業のなかで開始された。藤堂藩では、早くから藩祖顕彰・崇拝がおこなわれ、藩主一門・重臣層の学問・文化レベルも極めて高かった。編纂にあたったのは、藤堂藩の有力一門や家臣そして藩校有造館の督学・講官である。次に代表的な編纂物をあげ(編纂順、括弧内は刊本に関わるデータ)、順次解説したい。

『宗国史』(上・下、上野市古文献刊行会編、同朋社出版、一九七九・一九八〇年)

『公室年譜略』(全二巻、上野市古文献刊行会編、清文堂出版、二〇〇二年)

『太祖創業志』(一九三〇年に『補注国訳聿脩録』として高山公三百年祭会から刊行)

『高山公実録』(全二巻、上野市古文献刊行会編、清文堂出版、一九九八年)

『宗国史』は、高虎の異母弟高清を家祖とする出雲家第六代当主藤堂高文（一七二〇〜一七八四）が編纂した。そして甥の藤堂高芬《たかか》（一七八五〜一八四〇）が、それを校訂・再編集して文政十一年（一八二八）までに作業を終了させた。深谷克己氏は、『宗国史』は高文が二十歳代で開始していたとし、兄であり藩主でもあった高豊と藩政のあり方をめぐって対立し致仕した後に完成したとみる。[13]

『公室年譜略』は、藩士喜田村矩常が藩主三代に関わる諸史料の検討のうえで編纂したもので、「安永三年（一七七四）乙未（ママ）夏六月」の自序がある。その特徴は、家臣の仕官時期と紹介者「肝煎」が記されていること、また加増・昇進の時期、さらには跡目相続が許可された時期についても、詳細に記されていることにある。

これらの情報は、高虎治世期に限定しただけでも、優に八百件を越える。近江国犬上郡藤堂村出身の高虎には、元来一族・郎党以外の家臣団はいなかった。たび重なる加増と大大名化に伴い、早急に有能な人物を召し抱える必要に迫られたのである。

『太祖創業志』は、有造館初代督学津坂孝綽《もとひろ》が編纂した高虎一代記である。序・跋文を依頼した水戸藩から、「太祖」という表現が不敬としてクレームが出て、結局完成しないまま津坂氏は死去した。二代督学石川之褧《しけい》は作業を引き継いで増改し、文政十二年に藩主藤堂高兌《たかさわ》の撰になる『聿脩録《いっしゅうろく》』として版行され、藩士に配布された。同書は、高虎崇拝の気運の高まりのなかで聖典として地位を得ることになった。

『高山公実録』は、序・跋文がなく、しかも編纂者や編纂年次についても記載がないことが最大の特徴としてあげられる。ながらく、高柳光寿氏によって寛文四年に太神惟直が編纂したものとされてきたが、久保文武氏は『高山公実録』の解説において、通説を同書の誤読にもとづく理解と退け、『宗国史』の校訂に携わった藤堂高芬と推定している。

太田光俊氏は、久保説に対して戦前の梅原三千《みち》氏（一八六四〜一九四五）の説を発掘して検証し、嘉永年間に有造館の講官であり『聿脩録』の校訂にも関与した大野木直好と池田定礼が、藩校内の講堂に接する掃葉閣で編纂したことを確定した。成立の背景としては、『聿脩録』の内容的な不備に批判を加え訂正することにあったとされる(14)。なお、『藤家忠勤録』（三重大学附属図書館所蔵、全十巻、未刊行）をあげたい。これは、藤堂藩最古の高虎一代記とみられるもので、内容的には信頼性が高く、巻九巻末に「元禄十一（一六九八）戊寅暦南呂月　岡部氏親信」と記されている。当時の分限帳には、「江戸詰　百五拾石　岡部弥五左衛門」とみえ、関係者と推測される。

明治期以降の高虎研究は、梅原氏を中心に進められた。梅原氏は関係史料を博捜し、精度の高い高虎像・藤堂藩像を構築している。その著作は膨大であるが、代表作としては梅原氏が原稿を執筆した『津市史』第一〜三巻をはじめ、『津藩史稿』『高山公伝』がある。また支藩久居藩については『藤影記』（藤影会、一九二二年）を、藩校有造館については『旧津藩国校有造館史』（一九三四年）を著した。

梅原氏は旧久居藩士の家柄に生まれたためか、いずれの著作・論稿においても高虎を顕彰しようとする立場が鮮明に出ている。なお近年、『津藩史稿』中の高虎伝の現代語訳として、西山光正訳『津藩祖藤堂高虎公』（二〇〇一年、自費出版、二〇〇八年に『実伝藤堂高虎』として再編集）が刊行されている。

『津市史』に収録された文章は、梅原氏が大正十二年から十年間かかって執筆したものであるが、昭和二十年七月に津市を襲った大空襲によって死去されたことから、生前に日の目を見ることがなかった。『津市史』は、津市の市政七十周年記念事業として西田重嗣氏が梅原氏の原稿を整理して、昭和三十四年から刊行された。

2　藩政史研究

　戦後の藤堂藩研究の特徴は、藩政史研究の一環として進められたことにある。たとえば、中田四朗・和田勉・田中彌・家令俊雄・武藤和夫・岡田文雄・樋田清砂の各氏などの三重大学関係者が、伊勢領の地方研究を推進している。[15]伊賀領に関しては、上野市古文献刊行会（合併後は伊賀古文献刊行会と改称）の中心メンバーだった久保文武氏の重厚な研究が際だっている。[16]また藩校関係者による文芸については、青山泰樹氏・津坂治男氏・斎藤正和氏らの研究が重要である。[17]

　しかし、なんといっても高虎や藩政史に関する本格的な研究がおこなわれるきっかけとなったのが、『三重県史資料編近世編一』（一九九三年）の刊行である。ここに、高虎関係史料と藤堂藩をはじめとする県内諸藩の初期史料が集成された。その後も資料編の刊行が続き、各藩の実態の詳細が明らかになりつつある。

　高虎関係史料の収集については、その後も順調に進展している。たとえば、県史の成果を批判的に継承した久保文武『藤堂高虎文書の研究』（清文堂出版、二〇〇五年）や、高虎入府四百年事業の一環として刊行された角舎利監修・福井健二編著『藤堂高虎文書集』（伊賀文化産業協会、二〇〇八年）、その補遺編として同『藤堂家関係文書』（伊賀文化産業協会、二〇一〇年）がある。さらに三重県からは、『藤堂高虎関係資料集　補遺』（二〇一一年）も刊行された。

　ここで上野市（合併後は伊賀市）古文献刊行会の史料編纂についてふれたい。同会は、現在に至るまで伊賀関係基本史料の刊行に精力的に取り組まれている。藤堂藩に関わるものを、先にあげた藩史類を除いて刊行順に掲げたい。

『伊水温故《いすいうんご》』(菊岡如幻著、上野市古文献刊行会編、同朋舎出版部、一九八三年)
『永保記事略』(上野城代家老藤堂采女日誌、上野市古文献刊行会編、同朋舎出版部、一九七四〜一九八一年)
『庁事類編—藤堂藩伊賀城代家老日誌—』(上・下、上野市古文献刊行会編、清文堂出版、一九七六・一九七七年)
『定本　三国地誌』上下(藤堂元甫編、上野市古文献刊行会編、同朋舎出版部、一九八七年)
『藤堂元甫著作集』(藤堂元甫著、上野市古文献刊行会編、同朋舎出版部、一九九二年)
『藤堂藩大和山城奉行記録—西島八兵衛文書—』(上野市古文献刊行会編、清文堂出版、一九九六年)
『藤堂藩山崎戦争始末』(伊賀古文献刊行会編、清文堂出版、二〇〇八年)
『伊賀上野東町文書　町会所記録』(伊賀古文献刊行会編、二〇一〇年)
『統集懐録』(伊賀古文献刊行会編、二〇一三年)

上野城内の藩校崇広堂《しゅうこうどう》に蔵された重要史料群が、曲折を経ながらも旧上野市立図書館に移管されたため、同会が三十年もの長きにわたって史料翻刻を続けられたのである。このように藩校蔵書が比較的よく残存したこと、そして第二次世界大戦中に空襲を受けなかったこと、なによりも郷土史に熱い思いをもつ有志が結集したこと、これが現在に及ぶ驚異的な活動を支えたのである。あわせて、伊賀文化産業協会の出版物も載せておきたい。

福井健二『上野城と城下町』(二〇〇四年)
福井健二編『規矩尺集』(二〇〇八年)
角舎利監修・福井健二編著『藤堂高虎文書集』(二〇〇八年)

同右『藤堂家関係文書(二)』(二〇一〇年)
福井健二『絵図からみた上野城』(二〇一〇年)
角舎利監修・福井健二編著『藤堂高虎文書集　補遺』(二〇一一年)
『名張藤堂宮内家家老鎌田将監家文書』(二〇一二年)
福井健二『上野城絵図集成』(二〇一三年)

また伊勢側では、三重県郷土資料刊行会による藤堂藩関係史料集の編纂を紹介したい。

『勢陽雑記』(山中為綱編、一九六八年)
『藻汐草』(藤堂嵐子著、中村勝利校訂、一九七五年)
『元和先鋒録―藤堂藩大阪夏之陣御先手勤方覚書―』(藤堂高文著、中村勝利校註、一九七六年)
『幕末藤堂藩の家臣日録』(福泉重之著、桑義彦校訂、一九七九年)
『藤堂藩の年々記録』(上・下、服部保邦著、村林正美校訂、一九八四・一九八五年)
『藤堂藩・諸士軍功録』(中村勝利校訂、一九八五年)
『藤堂藩(津・久居)功臣年表―分限録―』(中村勝利校訂、一九八五年)

三重大学の三重大学歴史研究会や三重大学歴史都市研究センターにおいても、藤堂藩研究の成果が発表されている。
ここでは、資・史料と研究書に限定する。

藤田達生「藤堂高吉関係史料の紹介」(三重大学歴史研究会『ふびと』五七、二〇〇七年)
三重大学歴史研究会学生部会「津城下町絵図」(『ふびと』別冊史料編、二〇〇八年)
三重大学歴史研究会例会古文書の会『藤堂御家譜並雑書』(一)～(三)・補遺(同右)
同右「初期藤堂藩関係史料の紹介」(『ふびと』六〇、二〇〇九年)
藤田達生監修・三重大学歴史研究会編『藤堂藩の研究』(清文堂、二〇〇九年、以下『藤堂藩』と略す)
松島悠「津城の石垣に関する考察」(『ふびと』六一、二〇一〇年)
斎藤隼人・江尻明日香・野田あずさ「三重県立図書館所蔵『津市古地図(二)』」(『ふびと』六一、二〇一〇年)
斎藤隼人「三重県立図書館所蔵『津市古地図(一)』」(『ふびと』六四、二〇一三年)
三重大学歴史都市研究センター『ニューズレター』一～四(二〇一一～二〇一四年)
斎藤隼人・笠井麻美・倉田健吾「三重県立図書館所蔵『藤堂家譜』」(『ふびと』六五、二〇一四年)
藤田達生監修・三重大学歴史都市研究センター編『地域社会における「藩」の刻印―津・伊賀上野と藤堂藩―』(清文堂、二〇一四年、以下『刻印』と略す)＊三重大学歴史都市研究センター『ニューズレター』一～三の成果をまとめた論集。
斎藤隼人「藤堂高虎行動年表」(『ニューズレター』四、二〇一四年)

藤堂藩研究が進まなかった要因としては、一九四五年七月の大空襲で旧城下町の大部分を焼失したことが大きかった。小著のテーマである藤堂高虎や初期藤堂藩研究は、史料的な蓄積が進んだ一九九〇年代以降、ようやく本格化したのである。時あたかも、「藩」に関わる根本的な議論が盛んになった時期と重なった。

その代表的な論者の一人である高野信治氏は、藩のもつ「藩国《はんこく》」と「藩輔《はんぽ》」の固有の二面性に着目した。すなわち藩の幕府に対する主体性・自立性という見方を「藩国」として、藩の幕府に対する一体性・従属制という見方を「藩輔」として表現したのである。

具体的には、九州の外様雄藩である佐賀藩を分析し、戦国時代から江戸時代初期にかけては「藩輔」としての側面が強く、中期以降「藩国」化してゆき、幕末維新の「雄藩」性をもつに至ると見通したのであった。

このような二面性の段階的理解によって、藩研究は新たな地平に到達した。高野氏の研究は、ほぼ同時期に岡山藩研究会『藩世界の意識と関係』や岸野俊彦編『尾張藩社会の総合研究』などで提示された、「藩世界」や「藩社会」という視点に刺激を受けている(18)。

これらは、従来の藩研究が藩権力論に限定され、地域・民衆といった観点が希薄だったことから提出されたものである。高野氏は、国持・外様の旧族居付大名である佐賀藩鍋島家の事例研究から、権力システムと領域社会を統合した「藩領社会」の具体的なあり方を描き出した。

これらの成果をうけて、藤堂藩研究にも新たな風が吹きはじめた。吉田ゆり子氏の兵農分離研究のなかで藤堂藩の郷士制度である無足人に関する研究(19)、藤田の高虎に関する政治史研究や藤堂藩の成立過程に関する研究(20)、藤谷彰氏の年貢収納を中心とする地方研究(21)、茂木陽一氏の幕末・維新期の城下町の人口動態を追究した研究(22)など、新たな藩政史研究に刺激を受けながら、多様な分析が試みられるようになった。

藤堂藩研究のひとつの到達点を示すのが、深谷克己『津藩』(吉川弘文館、二〇〇二年)である。岡山藩研究会の中心メンバーでもある深谷氏が、新たな研究成果をふまえて、藤堂藩における「藩世界」の実態を実に詳細に論じた。

深谷氏は「藩世界」を、内部の多様な治者・被治者とそれに連なる諸集団のみならず、中間的・両属的な学者・文人・牢人・奉公人、さらには支藩久居藩や外部につながる京都・大坂の藩屋敷とその駐在者、出入りの諸業者といった諸集団が織りなす世界まで念頭に置いて、丹念に分析した。これまでの藩政史研究が「幕藩体制の原理」という一般化を指向したのに対して、藩世界に存在し生起する現象の側から幕藩体制認識の幅を広げようとする試みである。

既に深谷氏は『寛政期の藤堂藩』(三重県郷土資料刊行会、一九六九年、後に『藩政改革と百姓一揆』と改題して比較文化研究所から二〇〇四年に刊行)において、寛政八年(一七九六)に発生した藩の地割り令に反対する大規模一揆をとりあげ、藩政改革期の藩側と百姓側の論理を階級闘争の視点から詳細に検討されている。

約三十年後に著された『津藩』においては、「藩世界」のなかに治者と被治者の対抗関係のみならず、両方にわたる多様多層な関係に着目し、その内部の対抗や葛藤・協調に歴史の矛盾や活力をみいだそうとしている。

近年の成果としては、藩研究の高まりに刺激を受けて共同研究がおこなわれ、藤田達生監修・三重大学歴史研究会編『藤堂藩の研究　論考編』(清文堂出版、二〇〇九年)と藤田達生監修・三重大学歴史都市研究センター編『地域社会における「藩」の刻印』(清文堂出版、二〇一四年)が刊行されたことがあげられる。

これらにおいては、藩祖藤堂高虎や初期藩政ばかりではなく、城郭や城下町、藩邸、家臣団(郷士や陪臣も含む)、藩校、墓所のほか、文献・絵画史料に関する多面的な研究が、一時代に偏ることなく着実に進展している。

藤堂藩関係史料については、藩主家が保管したものは関東大震災と東京大空襲で、津の藩校有造館の保管したものは一九四五年の空襲によって焼失しており、きわめて劣悪な研究条件のもと、なんとか他藩の研究レベルに追いつきつつあるように思われる。

次に、高虎や藤堂藩に関係する自治体史や史料集・辞典類についてふれておこう。まずは三重県関係である。

『津市史』一・二・三巻（一九五九・六〇・六一年）
『名張市史』上巻（一九六〇年）
『上野市史』（一九六一年）
『久居市史』上巻・下巻（一九六四年）
『伊賀町史』（一九七二年）
『一志町史』上（一九八一年）
『名張市史料集第二輯―名張藤堂家文書―』（一九八六年）
『芸濃町史』上巻（一九九六年）
『安濃町史』通史編（一九九九年）
『伊賀市史』第五巻資料編（二〇一二年）・第二巻通史編近世（二〇一六年）
『三重県史』資料編近世一（一九九三年）・資料編近世二（二〇〇三年）・資料編近世三上（二〇〇八年）・資料編近世四上（一九九八年）・資料編近世四下（一九九九年）・資料編近世五（一九九四年）・通史編近世一（二〇一七年）
梅原三千『津藩史稿』（私家版）
同右『高山公伝』（私家版）
同右『藤影記』（藤影会、一九二二年）
同右『旧津藩国校有造館史』（一九三四年）
七里亀之助『中川藏人政學日記　天保四年～慶応四年』（藤堂藩史研究会）
『平松楽斎日記』一～（津市教育委員会編、一九七五年～）

『安政四年津藩分限帳』（堀井光次編、光書房、一九八四年）
『藤堂藩飛び地に於ける民政事業の一部（付・藩政時代の古地図紹介）』（「五日会」古文書特集、津市文化振興基金助成事業、二〇〇五年）
久保文武『藤堂高虎文書の研究』（清文堂出版、二〇〇五年）
『久居藩御触状写帳―多門村駒田家文書―』（三重県史資料叢書3、二〇〇六年）
小長谷知弘・菅原洋一「藤堂藩伊賀作事方関連文書について」（『日本建築学会東海支部研究報告書』四五、二〇〇七年）
佐伯朗『増補　藤堂高虎家臣辞典』（私家版、二〇一三年、一九九四年刊行本の増補版）
『三重県総合博物館資料叢書№02―長井家文書・梶田家文書―』（二〇一六年）

続いて愛媛県関係の自治体史と史料集である。

『看羊録』（姜沆、朴鐘鳴訳注、平凡社東洋文庫、一九八四年）
『愛媛県史　資料編近世上』（一九八四年）
『愛媛県史　近世上』（一九八六年）
『今治郷土史第二巻　資料編古代・中世』（一九八九年）
『西海巡見志・予陽塵芥集』（伊予史談会編、一九八五年）
『大洲領庄屋由来書』（伊予史談会編、一九八七年）

『越智島旧記』（伊予史談会編、一九八八年）
『古今記聞』（伊予史談会編、一九九六年）
『伊予史談会所蔵絵図集成』（伊予史談会、二〇一三年）
『小松藩大頭村庄屋　佐伯家資料集』（西条市立小松温芳図書館・郷土資料室、二〇一四年）

史料集については、地元の伊予史談会が精力的に翻刻を進めており、伊予時代の高虎の実態が、様々な側面から明らかにされている。従来の伊勢・伊賀を中心とするフィールドに伊予が加わることによって、初期藤堂藩に関する研究はより精緻化しつつある。

なお『看羊録』は、文禄の役において藤堂軍に捕らえられた朝鮮国の儒学者姜沆《カンハン》の日本幽閉記である。伊予大津城内そして伏見の藤堂屋敷での軟禁生活が記されているだけではなく、当時の日本の政治状況に関する正確な知識を得ていたことがわかり興味深い。

最後に、近年注目される城郭などに関する報告書類も示したい。津城については松島悠氏、上野城は福井健二氏の研究が特筆される。また伊予時代の高虎の城郭についても、本城や支城の実態が明らかになってきている。

・三重県

三重県津市教育委員会『史跡寒松院墓地』（一九九一年）
名張遺跡調査会『名張藤堂家邸跡―名張市丸之内―』（一九九三年）
三重県埋蔵文化財センター『安濃津』（一九九七年）

伊賀中世城館調査会『伊賀の中世城館』（一九九七年）
三重県上野市教育委員会・上野市遺跡調査会『上野城跡発掘調査報告―三重県上野市丸内所在―』（一九九七年～）
三重県教育委員会『三重の近世城郭―近世城郭遺跡ほか分布調査報告―』（一九八四年）
三重県紀和町教育委員会『史跡赤木城跡保存整備事業概要』（一～七、一九九六～二〇〇二年）
三重県紀和町教育委員会『史跡赤木城跡保存整備事業報告』（二〇〇五年）
三重県津市教育委員会『三重県指定史跡津城跡保存管理計画』（二〇〇九年）
三重県津市教育委員会『津市丸之内津城発掘調査報告』（二〇一〇年）
福井健二『上野城郭図集』（日本古城友の会・城郭文庫、一九七四年）
福井健二『上野城と城下町』（伊賀文化産業協会、二〇〇四年）
松島悠「城郭論―津城―」（『藤堂藩』）
松島悠「寛文度　津城太鼓櫓に関する研究」（三重大学歴史都市研究センター『ニューズレター』一、二〇一一年）
松島悠「三重県所蔵『御城内後建物作事覚　四』について」（『刻印』）
松島悠・齋藤隼人・藤田達生「御城内御建物作事覚　四」（『刻印』）

・愛媛県
愛媛県教育委員会『愛媛県中世城館跡―分布調査報告書―』（一九八七年）
愛媛県松野町教育委員会『河後森城発掘調査報告書』（一九九二～九六年）
愛媛県宇和島市・宇和島市教育委員会『宇和島城整備計画書』（一九九六年）

愛媛県松野町教育委員会『史跡河後森城跡―現在までの調査と成果―』（一九九九年）
愛媛県教育委員会『しまなみ水軍浪漫のみち文化財調査報告書―埋蔵文化財編―』（二〇〇二年）
今治城築城・開町四百年祭実行委員会『今治城鉄御門再建整備事業報告書』（二〇〇八年）
『今治市埋蔵文化財調査報告書第一一〇集　今治城跡―第６次調査』（今治市教育委員会、二〇一三年）
愛媛県歴史文化博物館『高虎と嘉明』（二〇一七年）
四国地域史研究連絡協議会編『四国の近世城郭』（岩田書院、二〇一七年）

第三節　小著の構成

小著で注目するのは、幕府成立過程と密接な関係をもちつつ「藩」が誕生し、幕府がその安定化を積極的に支援したという側面である。すなわち家康の政権掌握に様々に貢献しながら、諸大名はその一門・重臣以下の家臣団との主従関係を確立させ、「御家」を創出していったのである。藩誕生の難産に、幕府が国目付を派遣して藩主を援助するなど、産婆役としての役割を果したということもできる。

従来は、幕府が当該期に頻発する御家騒動に介入して、藩の取り潰しを画策したというイメージが強い。しかし近年の研究によって、これは大名当主が治者として非力であることが判明した場合にのみ限定されることが指摘されており[23]、藩体制そのものを否定するものでなかったことは明らかである。

小著では、先学の視点に学んで、「藩」とは政治組織と領域領民を一体的に含む術語として使用する。それでは構成を示したい。全体で二部構成で全十章からなっているが、高虎と初期藤堂藩政を中心としながらも、藩成立の契機とそれがその後の藩政をいかに刻印したのかについて、高虎と関係の深かった伊予松山藩（加藤氏・蒲生氏）や陸奥会津藩（蒲生氏）の事例も交えて、多面的に追究するように試みている。

なお、都市論と家臣団論とに絞ったのは、紙幅の都合もさることながら、藩成立にあたってハード面では城下町をはじめとする都市建設が基礎になったこと、ソフト面では支藩・分家や家老以下の「御家」秩序の成立が前提になったことに着目したからである。

第一部　都市論

第一章　中世都市を移転する―港湾都市安濃津から城下町津へ

日本三大港湾都市に数えられた安濃津から城下町津への移転の実態を明らかにして、それを中世都市の到達点を継承する近世都市成立の一パターンとしてとらえたものである。あわせて中世都市のネットワークと、近世藩領内の都市ネットワークとの相違についても注目した。

第二章　本城城下町をつくる―伊勢津

津城下町の建設は、高虎から二代藩主高次の初期まで続けられたが、グランドプランは高虎が設計したものだった。そのねらいは、泰平の時代の到来を予見して、津を本城城下町として政治的・経済的な拠点へと発展させることにあった。そのために高虎は、城下町内部を巧みにゾーニングして、藩士と町人との良好な関係づくりをめざした。また伊勢街道・伊勢別街道・伊賀街道を城下町に引き込んで、参宮客が立ち寄る観音寺の門前町として宿駅機能をもたせたばかりか、支城城下町上野をはじめとする藩領内都市間の有機的関係の形成を図った。

補論　城下町生活の息吹を伝える古文書群―伊賀上野東町文書

史料集『伊賀上野東町文書』の解説文である。希少な町方文書の集成であるだけに、今後の研究への活用が期待される。

第三章　領内都市をつくる―伊勢一身田寺内町

江戸時代初期に寺内町が発展するケースとして一身田寺内町（津市）を取り上げた。ここは、門跡と藩主や重臣が縁戚関係にあったことから、二代藩主藤堂高次の寄進により境内地が拡大され、津城代藤堂高刑が普請奉行となり城下町にも通じる町割りがおこなわれた。その結果、藩領の北の押さえとして津・上野両城下町と並ぶ領内都市として繁栄した。

第四章　本城をつくる―伊予松山城

関ヶ原の戦いによって伊予半国二十万石を得た加藤嘉明が、海城松前城（愛媛県松前町）から松山平野の中央に位置する勝山に松山城（松山市）を築城したのは、道後（松山市）の守護所以来の伝統的な政治・経済機能を吸収し、かつ敵対していた今治城主藤堂高虎に備えるためだった。当初の本壇（天守曲輪）には天守はなく大井戸を中心に櫓群が配置されたことなど、後の城郭とは相当に異なる実戦を意識した縄張だったことを指摘した。

第五章　支城をつくる―湯築城から塩泉城へ

中世伊予の守護所湯築城は、天正十三年の四国国分の後も豊臣蔵入地支配のための代官所として存置された。慶長五年の関ヶ原の戦い以降は、加藤嘉明の松山城を牽制する要塞として機能し、藤堂高虎の重臣が配置され塩泉城と呼ばれた。この頃には、当城は従来の大手と搦手が逆転し松山城向きになっており、高虎が転封する慶長十三年以降も機能し続けたのである。なお、塩泉城に関するご教示を新たに挿入した。

補論　川岡勉・島津豊幸編『湯築城と伊予の中世』に学ぶ

「道後湯築城を守る県民の会」の川岡勉・島津豊幸の両代表(当時)が、十四年もの長期に及んだ遺跡保存運動と、それを通じて飛躍的に進展した研究の成果を総括した『湯築城と伊予の中世』の書評である。この運動による市民レベルの意識向上と若手研究者の育成が、現在の愛媛県における中世史研究の活性化につながっていると感じる。

第二部　家臣団論

第六章　養子の処遇―名張藤堂家の誕生

ここで紹介した史料群は、高虎の死去によって、養子藤堂高吉(丹羽長秀三男)が支藩主から分家へと転落する前後の時期のものである。二十七年間も伊予今治藩主を務めた高吉は、寛永十二年には二代藩主藤堂高次によって伊賀名張に押し込められ、筆頭重臣の立場に甘んじることになった。それが、享保二十年(一七三五)の「享保騒動」と呼ばれる名張藤堂家独立未遂事件の遠因となったのである。

第七章　重臣の統治知識―『統集懐録』を読む

加判奉行石田氏の懐中手控『統集懐録』を素材として、十七世紀後半の藤堂藩伊賀領の実態を探ったものである。そこには、城代家老と加判奉行が伊賀一国を統治する、極めて成熟した藩社会が形成されていたこと、伊賀における郷士制度である無足人制度は、郷村行政ばかりか非常時の防衛体制を担保する軍事システムとして、実際に機能していたことを究明した。

第八章　防衛体制を敷く―郷士制度

在村武士を組織した無足人制度の成立過程を、戦国時代の伊賀惣国一揆の身分秩序から説き起こし、織豊政権以来の兵農分離政策に対して、藤堂藩が郷士の存在を認めて兵農分離政策を緩和したことを重視した。無足人制度は、藩が郷士をリーダーとする村の軍事力を取り込むことによって有事に備えるとともに、彼らに名字・帯刀をはじめとする特権を認めることで農政指導者と位置づけ、地方支配の安定化をめざすものでもあった。

第九章　初期御家騒動の構造―陸奥会津藩の場合

藩の成立を考えたとき、御家騒動の問題は不可避である。ここで取り上げた蒲生氏は、藩祖氏郷が織田信長の女婿であり、その子息秀行が徳川家康の女婿であることから、徳川一門並みの名門大名として厚遇を受けたにもかかわらず、重臣間対立が絶えなかった。結局のところ、蒲生氏においては戦国大名的な重臣の連合組織という段階を脱却しえず、ついに「藩」というべき組織は成立しなかった。

第十章　藩誕生期の地方巧者―伊予松山藩足立重信

本章は、伊予史談会創立百周年の記念講演を依頼され、愛媛県では有名な加藤嘉明の重臣足立重信を取り上げたものである。重信は、戦時には猛将であり、平時には豪農層を指導して新田開発にいそしむ地方巧者だった。この時期にこのような重臣が各藩に登場した背景には、平和の到来を前提とする大名家中における政治(軍事)と行政の一定程度の分離があったからである。大名家中が、政治機能に加えて行政機能をもち「地域国家」としての力量を備えたとき、藩が成立するとみなした。なお、冗長になってしまったが、その後の調査で得られた成果として「三谷城合戦」を加えた。

補論　「佐伯家文書」―近世初期分の紹介

第十章の典拠史料とした西条市立小松温芳図書館所蔵「佐伯家文書」を翻刻し、解説を付した。

終章―寛永期の西国大名配置

第四章で予想したように、寛永伊予国絵図の記載から蒲生氏によって松山城に五層天守が創建されたことを指摘した。この天守普請は、将軍家に極めて近い蒲生氏の入封と密接に関連している。中国・四国の要地に広島藩浅野家に加えて松山藩蒲生家という家康外孫の家が配置されたことを契機に、幕府の威光を浸透させるためのものと判断した。同時に、伊予における近世支城制が最終的に廃止され、その一部が「古城」というカテゴリーを得て、幕府や藩によって認定・管理されることになったことにも注目した。

結　語

藤堂高虎は、家康の側近として幕府草創期に重要な役割を果たした。たとえば、大坂冬の陣に際して、高虎は譜代大名と同様に一国衆、具体的には大和の大名衆を率いているのが象徴的である。その意味で、藤堂藩は譜代藩に極めて近い位置づけが与えられるであろう。(24)したがって先に紹介した高野氏の表現を借りれば、「藩輔」としての性格が強い藩ということができ、その後の藩主も幕閣要路との接近に心掛けたため（たとえば二代高次正室は酒井忠世息女、三代高久正室は酒井忠清息女）、安定した藩政を展開することができた。

小著においては、高虎と初期藤堂藩について可能な限りトータルに復元することをめざした。これに関連して、対立した（後に和解）加藤嘉明や親戚となった蒲生氏の藩づくり（失敗し絶家となる）に関する研究も重要と判断して収録した。

小著を、藩政史研究とはみなさない研究者もいるかもしれない。家老制や重臣会議が制度的に展開する以前、すなわち藩官僚制が未熟な慶長期から寛永期までの初期藩政は、藩祖の人間的な魅力や政治的な指導力に負うところ大だったからである。

しかしながら、本論で論じたように、この時期に藩庁となった本城とその城下町が確立し、同時に支藩・分家が創出され、あわせて家老以下の家臣団秩序が整備され、預治思想にもとづく「御家」意識が醸成されてくる。この段階こそ後の藩政のあり方を規定した一時期だけに、それに注視する初期藩政史研究の重要性を強調したい。外様国持大名ながら譜代大名的な藤堂氏の分析は、畿内非領国地域の周辺という藩領の立地とも相まって、幕藩体制国家成立の背景を解明するひとつの有力なてだてとなるであろう。最後に、参考のために藤堂高虎関係略年表（斎藤隼人氏作成）を掲げる。

（1）　具体的な研究としては、岡山藩研究会『藩世界の意識と関係』（岩田書院、二〇〇〇年）、岸野俊彦編『尾張藩社会の総合研究』（清文堂出版、二〇〇一年）、高野信治『藩国と藩輔の構図』（名著出版、二〇〇二年）、岸野『尾張藩社会の文化・情報・学問』（清文堂出版、二〇〇二年）、岸野編『尾張藩社会の総合研究　二』（清文堂出版、二〇〇四年）、渡辺尚志編『藩地域の構造と変容—信濃国松代藩地域の研究—』（岩田書院、二〇〇五年）、岸野編『尾張藩社会の総合研究　三』（清文堂出版、二〇〇七年）、渡辺編『藩地域の政策主体と藩政—信濃国松代藩地域の研究　二—』（岩田書院、二〇〇八年）、高野信治『近世領主支配と地域社会』（校倉書房、二〇〇九年）などがあげられる。近年の藩研究の成果と課題については、『歴史評論』六七六（二〇〇六年）所収の高野信治「『藩』研究のビジョンをめぐって」（後に同氏前掲『近世領主支配と地域社会』の序章として整序のうえ所収）をはじめとする諸論考が参考になる。

（2）　福田千鶴『幕藩制的秩序と御家騒動』（校倉書房、一九九九年）・『御家騒動』（中公新書、二〇〇五年）、福田編『新選御家騒動』上・下（新人物往来社、二〇〇七年）、小宮山敏和『譜代大名の創出と幕藩体制』（吉川弘文館、二〇一五年）、三宅正浩『近世大名家の政治秩序』（校倉書房、二〇一四年）を参照されたい。

（3）　たとえば、（天正十四年）十月八日日付藤堂高虎宛徳川家康書状（東京大学史料編纂所架蔵「藤堂文書」）など。

（4）朝尾直弘「豊臣政権論」（『岩波講座日本歴史9近世1』岩波書店、一九六三年）参照。
（5）『永保記事略』寛文七年三月十四日条。
（6）『津藩』（吉川弘文館、二〇〇二年）。
（7）信長の改革思想である預治思想と天下統一事業の関係については、『信長革命―「安土幕府」の衝撃』（角川選書、二〇一〇年）・『天下統一―信長と秀吉が成し遂げた「革命」―』（中公新書、二〇一四年）・『織田信長』（山川出版社、二〇一八年）参照のこと。
（8）寛永十年「公事裁許定」。
（9）たとえば、黒田基樹『中近世移行期の大名権力と村落』（校倉書房、二〇〇三年）。
（10）東京大学史料編纂所架蔵「三野文書」。
（11）『藤堂藩大和山城奉行記録―西島八兵衛文書―』（上野市古文献刊行会編、清文堂出版、一九九六年）所収。
（12）この点については、深谷克己前掲『津藩』が詳しい。
（13）深谷克己前掲『津藩』。
（14）太田光俊「近世後期における藤堂藩の修史事業―『高山公実録』の成立時期をめぐって―」（前掲『藤堂藩の研究』）。
（15）中田四朗「藤堂藩における平高制」（『三重の文化』三、一九五六年）・「藤堂藩初期の農民の夫役的把握について」（『ふびと』一〇、一九五九年）・「藤堂藩における農村共同体の変質―旧一志郡七栗郷中村の場合―」（『三重史学』創刊号、一九五九年）・「延宝―正徳期における藤堂藩家中対策」（『三重史学』二、一九五九年）・「藤堂藩の農民生活の繁雑化」（『三重史学』三、一九六〇年）・「藤堂藩初期の農民把握について―宗国史による役家分解―」（『日本歴史』一四五、一九六〇年）・「享保期―元文期における藤堂藩の家中政策」（『三重史学』四、一九六一年）・「藤堂藩の農民政策の繁雑化―元禄期から享保前期―」（『ふびと』一九、一九六二年）、和田勉「藤堂藩に於ける人口政策」（『ふびと』六、一九五六年）、田中彌「近世初期伊勢における役屋設定について」（『三重史学』創刊号、一九五九年）、家令俊雄「津藩」（児玉幸多・北島正元『物語藩史』四、人物往来社、一九六五年）、武藤和夫「江戸時代の三重県における宗門改め制度」（『三重史学』五、一九六五

年)、岡田文雄『久居市史』上(一九七二年)、樋田清砂「津藩」(『三百藩家臣人名事典』五、新人物往来社、一九八八年)など。

(16) 久保文武『伊賀史叢考』(同朋舎、一九八六年)・『伊賀国無足人の研究』(同朋舎、一九九〇年)。

(17) 青山泰樹「津藩有造館の近世木活字版について」(『三重県史研究』九、一九九三年)、津坂治男『津坂東陽伝』(桜楓社、一九八八年、後に改訂して『津坂東陽の生涯―生誕二五〇年』竹林館、二〇〇七年)、斎藤正和『斉藤拙堂伝』(三重県良書出版会、一九九三年)など。

(18) 各著書については、註(1)参照のこと。

(19) 吉田ゆり子『兵農分離と地域社会』(校倉書房、二〇〇〇年)など。

(20) 拙著『日本中・近世移行期の地域構造』(校倉書房、二〇〇〇年)・『日本近世国家成立史の研究』(校倉書房、二〇〇一年)・『江戸時代の設計者―異能の武将・藤堂高虎―』(講談社現代新書、二〇〇七年)など。

(21) 藤谷彰「津藩の伊勢国における年貢政策について―年貢徴祖法と引の分析を中心に―」(『ふびと』五一、一九九九年)・「津藩の知行制の変容―近世中期から後期にかけて―」(『ふびと』五八、二〇〇六年)・「(伊賀国村明細帳)」の若干の分析―平高と給人知行配置を中心に―」(『三重県史研究』二一、二〇〇六年)・「村方支配と年貢内検」(『藤堂藩』)・「近世中期における津藩の知行制の実態―伊勢国給人知行地の配置を中心に―」(『ふびと』六八、二〇一七年)など。

(22) 茂木陽一「明治初年における城下町の人口構造―近世三重県域における人口動態研究(2)―」(『地研年報』二、一九九七年)など。

(23) たとえば高木昭作「江戸幕府の成立」(『岩波講座　日本歴史九』岩波書店、一九七五年)、福田前掲『幕藩制的秩序と御家騒動』・『御家騒動』、福田編『新選　御家騒動』上・下など参照。

(24) 小宮山敏和「近世初頭における譜代大名の機能」(同氏前掲『譜代大名の創出と幕藩体制』)。譜代大名については、藤井讓治編『彦根藩の藩政機構』(サンライズ出版、二〇〇三年)、下重清『幕閣譜代藩の政治構造―相模小田原藩と老中政治―』(岩田書院、二〇〇六年)参照。

藤堂高虎関係略年表

年	月日	行　　動	典拠
弘治 2	1.6	近江国犬上郡藤堂村に生まれる。	実録
元亀 1	6.28	姉川の戦いに浅井軍として参加(初陣)。	実録
元亀 3		同輩を口論の末に斬って浅井家を出奔し、阿閉義秀(政秀)に属す。	実録
天正 1		阿閉家を出奔し、磯野員昌に属す。	実録
天正 2		磯野員昌の跡を継いだ養嗣子織田信澄に属す。後に出奔。	実録
天正 4	冬	木下(のち羽柴・豊臣)秀長に属す。	実録
天正9		秀長に従い、但馬一揆鎮圧。	実録
	此年	久芳院(正室)と結婚。	実録
天正12	10	秀長の紀伊・和泉移封に従う。	実録
天正13	3	根来・雑賀一揆鎮圧。	実録
		紀伊国衆の一揆鎮圧。	実録
	5	四国出兵に従い、阿波国木津・一宮城を攻める。	実録
	8	再び紀州一揆を鎮圧。	実録
天正14	10～11頃	家康と初めて会う。	実録
天正15	3	九州出兵に従い出陣。	実録
	9	丹羽長秀の三男仙丸を養子とする(後の高吉)。	実録
	此年	従五位下佐渡守に任官。近衛家を宗家とする。	実録
天正18	3	小田原出兵に従い、韮山城を攻める。	実録
天正19	1	秀長死去。養嗣子秀保を補佐する。	実録
文禄 1	7	文禄の役に従い、朝鮮へ渡海。	実録
文禄 4	4.16	秀保死去、高野山へ隠遁する。	実録
	6	秀吉の再三の説得により、高野山を下山。	実録
	7.22	伊予宇和島7万石に封ぜられる。	実録
慶長 2	7.7	慶長の役に従い、再び朝鮮へ渡海。	実録
慶長 3	6.22	大津(後の大洲)1万石を加増される。	実録
	8.18	秀吉死去。	–
	10.8	朝鮮駐留軍を撤退させるべく、家康から朝鮮渡海命令を受け、同日上方を出発。	実録
慶長 4	1～	石田三成らの家康襲撃計画を何度か通報し、家康を護衛。	実録
	9	松寿夫人(側室)と結婚。	実録
	10.18	父虎高死去。	実録
慶長 5	6.16	家康の会津出兵に従い、出陣。	実録
	7.28	下野国小山より西上開始。	実録
	8	諸将とともに清洲から美濃に進攻、赤坂に陣す。	実録
	9.12	清洲で家康に会う(9.11に一宮で会ったとも)。	実録
	9.14	西軍の脇坂安治・小川祐忠・朽木元綱と接触(内応工作)。	実録
	9.15	関ヶ原の戦い。小早川秀秋の他、高虎が内応工作を行った脇坂らも寝返る。	実録
	9.27	大和郡山城受取りを命ぜられる。	実録
	11.18	伊予今治12万石を加増される(計22万石)。	実録
慶長 6	6	膳所城の縄張りを命ぜられる。	実録
	閏11.11	板島で松寿夫人との間に高次誕生。	藩史
	此年	領内に灘城を築き、甘崎城を修築。	実録
慶長 7	6.1	伏見城修築に参加。	実録
慶長 8	1	高次、伏見で初めて家康に謁見する。	実録
慶長10	12	松寿夫人・高次ら江戸へ移る。	久保
慶長11	3	江戸城修築。縄張りを担当。	実録・久保
	9.15	備中国に2万石を与えられる。	久保
慶長12	4頃	この頃から和泉守を名乗る。	久保
慶長13	8.25	伊賀・伊勢に転封を命じられる。	実録
	9～10	新領国への途につき、10月には津へ入る。	藩史
慶長14	4	駿府邸建設開始。	実録
	5下旬	丹波篠山城の縄張り・石垣築造を命ぜられる。	実録
	8～9頃	脇坂安治が淡路洲本から伊予大津(後の大洲)に転封となり、高虎が一時洲本を守備する。	実録・大日

年	月日	行　　動	典拠
慶長15	閏2	丹波亀山城の修築を命ぜられる。	実録
慶長16	3.28	秀頼の二条城訪問に際し、徳川一門・池田輝政とともにこれを迎える。	実録
	10	肥後熊本藩の後見を命じられ、肥後へ赴く。11月に肥後に着き、越年。	久保
	10下旬	肥後へ向かう途次、京都において天龍寺陽春院と同鹿王院の争いを板倉勝重らとともに仲裁する。11月1日に鹿王院は天龍寺から離山する。	大日
慶長18	6	大久保長安の子藤十郎改易に関して秀忠より呼び出され、江戸に赴く。	実録
	10.26	武蔵川越で家康と密談(富田信高改易についてか)。	実録
慶長19	1.19	江戸城に召される(大久保忠隣の件について密談)。	実録・久保
	1.25	改易された大久保忠隣の居城小田原城で家康・秀忠と密議。	実録
	10.4	大坂攻めのため、江戸を出発して領国へ向かう。	実録
	10.23	二条城で家康に会い、軍議に参加。	実録
	冬	大坂冬の陣に参戦。	実録
元和1	1.24	帰国。	実録
	4	大坂夏の陣に参戦するため、領国を出発。	実録
	4.22	二条城で軍議に参加。	実録
	5.6	若江・八尾で長宗我部軍らと交戦。藤堂仁右衛門ら重臣多数戦死。	実録
	5.7	天王寺口で交戦。	実録
	5.15	南禅寺にて戦死者を弔う。	実録
	5.28	5万石を加増される。	実録
	閏6.6	二条城で密議。	実録
元和2	1.19	高次元服、従五位下大学助となる。	実録
	4.17	家康死去。	–
	7.25頃	高次と酒井忠世の娘が結婚する。	実録
	8.20	久芳夫人死去。津の四天王寺に葬る。	実録
元和3	5	伊勢田丸領5万石を加増される。	実録
元和4	1	高次、初めて津に来る。	実録
	8.10	肥後熊本藩御家騒動の将軍御前裁許に陪席。	実紀
元和5	閏3	秀忠、藤堂邸に御成。 この時、高虎長女(高松院)と蒲生忠郷の婚約を命じられたともいう。	実録
	6.2	福島正則に改易命令が下る。改易に際して、事前に本多忠政・酒井忠世・土井利勝・安藤重信・板倉勝重・高虎(後に井伊直孝も)を召して評議される。 在江戸の正則の反乱に備えて、東国大名に警戒態勢が命ぜられ、高虎は在江戸の女婿蒲生忠郷のもとへ家臣5名を派遣。	実録・久保・実紀
	7.19	徳川頼宣が紀伊に転封となり、田丸領5万石を譲り、城和(山城・大和)領を賜る。	実録
	9.8	秀忠とともに大坂城縄張の為、検分に行く。	久保
元和6	1	大坂城修築を命ぜられる。	実録
	2	秀忠の娘和子の入内について朝廷と最終交渉し、27日になって入内が決定する。	案紙
	3月以降	約90日間加茂に滞在	久保
	6.18	和子入内。	–
元和7	7	女婿の讃岐高松藩主生駒正俊死去により、後嗣高俊の後見として生駒藩に西嶋八兵衛を派遣。	実録
元和8	10.1	本多正純改易。	大日
元和9	1～2	松平忠直改易にともない、国許に臨戦態勢を命じる(越前戒厳)。	実録
寛永4	1	女婿の蒲生忠郷死去し、蒲生家断絶。	実録
	2.10	蒲生家の跡に加藤嘉明が移封される。高虎の推挙とされる。	実録
	9.17	外交関係について、幕府の諮問で林羅山・同信澄・崇伝らと評議。	大日
寛永5	9.15	高虎寄進の南禅寺三門落成。	久保
寛永6	7頃？	紫衣事件に関して、天海・崇伝と評議に参加。	細川
	此年	土井利勝が高虎のもとへ派遣され、談合。	細川
寛永7	10.5	江戸柳原邸で死去。75歳。	実録

〈典拠資料略称〉

実録：『高山公実録』　久保：『藤堂高虎文書の研究』　大日：『大日本史料』
藩史：『津藩史稿』　細川：「細川家史料」　実紀：『徳川実紀』
案紙：「元和六年案紙」

補論　藤堂藩の誕生と伊賀

第一節　高虎の台頭

藤堂氏の系譜　弘治二年（一五五六）一月六日、藤堂高虎は近江国犬上郡藤堂村（滋賀県甲良町、後の在士《ざいじ》村）で誕生した（幼名、与吉）。従来、藤堂氏の系譜は村を代表する有力者、すなわち土豪層にあるとみられ、高虎は土豪から大名へと身を起こした下剋上の申し子とされてきた。しかし、近年の研究によって、家祖藤堂三河守景盛が公家広橋家に仕える重臣であったことが明らかにされている。(1) 公家侍藤堂氏は、古記録にしばしば登場しており、京都にも拠点をもつ有力領主であったとみるべきである。

図1は『宗国史』（『宗国』と略記）や『高山公実録』（『高山』と略記）などを基にして作成した高虎の略系図である。高虎の父親は三井乗緝（乗綱）の子息で名を虎高（九郎左衛門・源助）といった。虎高は武田信玄の父信虎、あるいは上杉謙信に仕えたといわれ、有力な大名を求めて諸国を渡り歩き、藤堂忠高（良隆）の婿となった。母親のとら（保久、妙清院）は、近隣の多賀大社（滋賀県多賀町）の神官を務める多賀良氏の娘で、忠高の養女となったのち虎高と結婚した（『高山』『寛政重修諸家譜』）。

ところで、高虎は、六尺二寸（約一八八センチメートル）もの長身であったという。高虎の子息で二代藩主となる高次も、同様の巨漢であったらしい（『公室年譜略』、『公室』と略記）。男性の平均身長が百五十センチメートル程度の時代にあって、よほど体格の良い家系であったといえよう。

「渡り奉公人」時代　高虎は、北近江の戦国大名浅井長政に仕えた。初陣は元亀元年（一五七〇）の姉川の戦いであったが、後に刃傷事件を起こして出奔している。その後、近江国内を渡り歩き、同じ北近江の山本山城主（滋賀県長浜市）の阿閉《あつじ》氏、佐和山城主（同彦根市）の磯野氏、大溝城主（同高島市）の織田（津田）信澄に仕えたが、いずれも長くは続かなかった（『寛政重修諸家譜』）。

天正元年（一五七三）に浅井氏が滅亡すると、羽柴（豊臣）秀吉がその後任大名として、織田信長から浅井氏の旧領である湖北の浅井・伊香・坂田の三郡を預かった。当時、牢人であった高虎は、同四年、二十一歳の時に秀吉の弟羽柴秀長に仕えた。この時、高虎は三百石を与えられ与右衛門と称した。秀吉・秀長兄弟としても、高虎のような領内の有力者を家臣として編制する必要があったのであろう。

高虎は生涯に七回も主人を替えた、いわゆる「渡り奉公人」である。渡り奉公人とは、自らを高く評価してくれる大名・領主への仕官を求めて、諸国を渡り歩く武士のことである。自らの才覚を頼りに、大名や大身武士を目指す者は

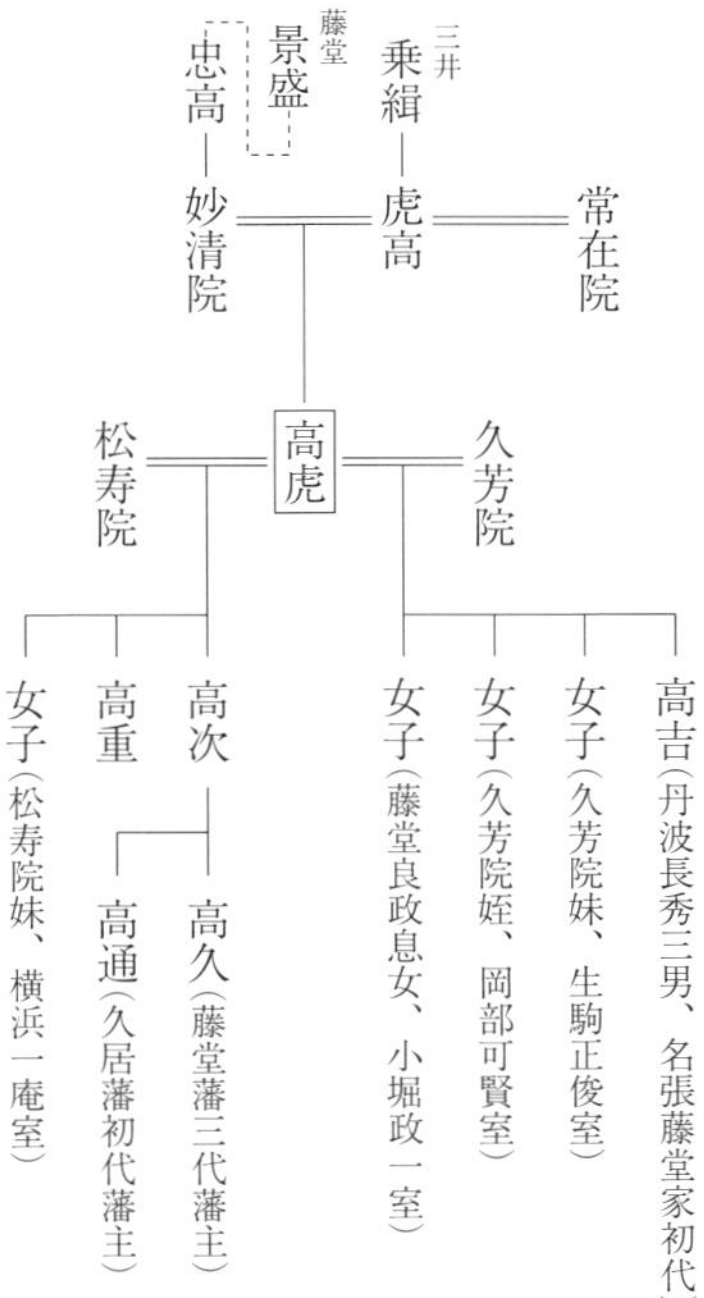

図１　藤堂高虎関係略系図

多く、戦国時代という不確実な時代において、渡り奉公人は京都や大坂といった大都市に滞留しており、様々なつてを頼って好条件の仕官口を探していた。高虎は近江国内で渡り奉公を繰り返し、苦労を重ねながらも、やがて秀長という主君に巡り会ったのであった。

なお、北近江の名族藤堂氏には、高虎のほかにも豊臣一族に仕えて重用されていた者がいる。たとえば、高虎の従兄弟にあたる藤堂良政（玄蕃・外庵）は、秀吉の甥豊臣秀次に仕えていたことが確認できる。しかし良政は、文禄四年（一五九五）七月に主家が改易された（秀次事件）ため牢人となり、その後高虎に召し出された（『寛政重修諸家譜』）。

大和豊臣家と高虎　天正五年（一五七七）から、秀吉は播磨国に転進して戦国大名毛利氏との戦いに臨み、高虎は秀長の家臣としてそれに従っている。秀長は但馬国の平定を任され、同年には竹田城（兵庫県朝来市）をはじめとする同国南部の諸城を拠点とし、同八年には但馬八郡をほぼ掌握した。高虎はその先陣を切って戦い、翌年に但馬平定の恩賞として秀長から三千石を加増された。

天正十年六月の本能寺の変後、高虎は同十一年の賤ヶ岳の戦い、同十二年の小牧・長久手の戦い、同十三年の和泉・紀伊両国への攻撃と四国の長宗我部元親との戦い、同十五年の島津義久を降伏させた九州攻撃と、これら一連の天下統一戦争に従軍して戦功を積んだ（『寛政重修諸家譜』）。

高虎は、最前線で戦うので生傷が絶えず、亡くなった時には全身に傷跡があったという（『宗国』）。高虎の武勇を語る逸話は様々あるが、たとえば、天正十三年の阿波国一宮城（徳島市）における戦いでは、至近距離から鉄炮に撃たれてもひるまず戦い続けたという。また同十五年には、日向国根白坂砦（宮崎県木城町）に敵軍の島津方が夜襲をかけるという情報を得た高虎は、夜中に急行して一万五千の大軍に小勢で奮戦し、豊臣方の危機を救った（『公室』）。

さて、天正十三年の和泉・紀伊攻撃後に、主君秀長は秀吉から両国を与えられた。四国攻撃後は大和国も加増され、秀長は総石高百万石といわれる豊臣政権最大の一門大名となり、大和国郡山城(奈良県大和郡山市)に移って、ここを本拠とする大和豊臣家を興した。

戦功により一万石を領有する大和豊臣家の重臣となった高虎は、天正十五年の九州攻撃の軍功により、さらに一万石を加増されて二万石になる。異説もあるが、『公室年譜略』によれば、この時、紀伊国粉河城主(和歌山県紀の川市)となった。また、朝廷からも官職を与えられ、従五位下佐渡守となった。これは当時豊臣大名としての格を示すものであって、陪臣としては異例の厚遇といってよい。

秀吉は天正二十年四月から朝鮮出兵を開始した(文禄の役)。高虎の主君であった秀長は、前年正月に亡くなり、大和豊臣家は甥の秀保が継いでいた。この秀保が若年であったため、高虎はその名代として朝鮮に出兵した(『公室』)。文禄二年(一五九三)十一月に高虎は帰国したが、秀保はその二年後にわずか十七歳で不慮の死を遂げた。これをもって大和豊臣家は断絶し、増田長盛が後任大名となる。大和豊臣家旧臣の多くが秀吉の直臣となるなか、高虎は主君の死を悼み、剃髪して高野山の西明院(あるいは高室院)に入ったという。しかし秀吉から説得され、高虎は秀吉の直臣として復帰し、大名として取り立てられるようになる(『公室』)。

文禄四年、高虎は秀吉より伊予国宇和・喜多両郡などの豊臣家蔵入地(計六万五千九百石)の代官に任じられた。次いで同国宇和郡に七万石の所領を与えられ(『高山』)、板島城(宇和島城、愛媛県宇和島市)に入城した。なお、この領地では、前任大名の戸田勝隆の苛政により、天正十五年には大一揆も起こっていた。病没した勝隆にかわって入城した高虎は、難しい領地経営を任されたといえよう。

慶長二年(一五九七)二月、高虎は伊予国南部の水軍衆を中心とした軍勢を率いて、再び朝鮮へと出陣した(慶長の役)。高虎は、同年七月の漆川梁海戦や南原城攻撃などで奮戦し、翌年五月に帰国した。この恩賞として高虎は喜多・浮穴両郡において一万石を加増され、大津城（のちの大洲城、愛媛県大洲市）を得て八万石となった（『公室』）。

高虎を支えた人脈　高虎は広範な人脈を有していたが、その多くは大和豊臣家に仕えていた時期に作られた。高虎を支えた人脈を示すと、図2のようになる（2）。以心（金地院）崇伝は江戸幕府との政治関係、近衛信尋は朝廷関係、小堀政一（遠州）は公儀作事というように、高虎は彼らとの関係を積極的に利用していった。

但馬国平定の頃、高虎は大屋郷加保村（兵庫県養父市）の栃尾氏の協力の下、同氏の加保城に隣接する屋敷を本拠としており、天正九年（一五八一）には、同地の有力者で室町幕府の要職を務めた名門一色氏の息女、久芳院と結婚している。この一族に徳川家康の政治顧問となって活躍した以心崇伝がおり、崇伝はのちに高虎と親密な関係を築くことになる。また崇伝の伯父である一色藤長は、室町幕府十五代将軍足利義昭の側近として仕えた。

正室の久芳院との間にはなかなか子供が授からず、高虎は慶長四年（一五九九）九月に久芳院と同じ但馬国出身の長連久の息女、松寿院を側室に迎え、跡継ぎになる高次をもうけた。松寿院は、高虎と親しかった宮部継潤に嫁いでいたが、彼の死後に高虎が望んで側室としたといわれる。なお、高虎は、侍女（武井忠兵衛の娘）との間にも男子をもうけている。この男子は近臣石田清兵衛に預けられ、石田才助（三郎左衛門）と名乗った。才助は同十三年に十六歳で高虎に仕えて二百石を与えられ、大坂の陣ののちには一千石の足軽大将となった（『公室』）。

近衛家については、天正十五年に従五位下佐渡守に叙任された際、高虎は藤原氏支流を称し、近衛家を本宗家と仰ぐようになった。のちに高虎は徳川家と朝廷との融和策を図り、元和六年（一六二〇）に徳川秀忠息女和子（東福門院）を御水尾天皇に入内させた。当時の近衛家の当主信尋は後水尾天皇の弟であり、養子となって近衛家を継いでいた。和子の入内にあたっては、高虎はこの信尋との親密な関係性を生かしたのであった。

小堀政次は、秀長の家臣の一人である。その子息、政一は公家とも幅広い交流をもつ一方で、家康に仕えたのちは

図2　藤堂高虎をめぐる人物関係図

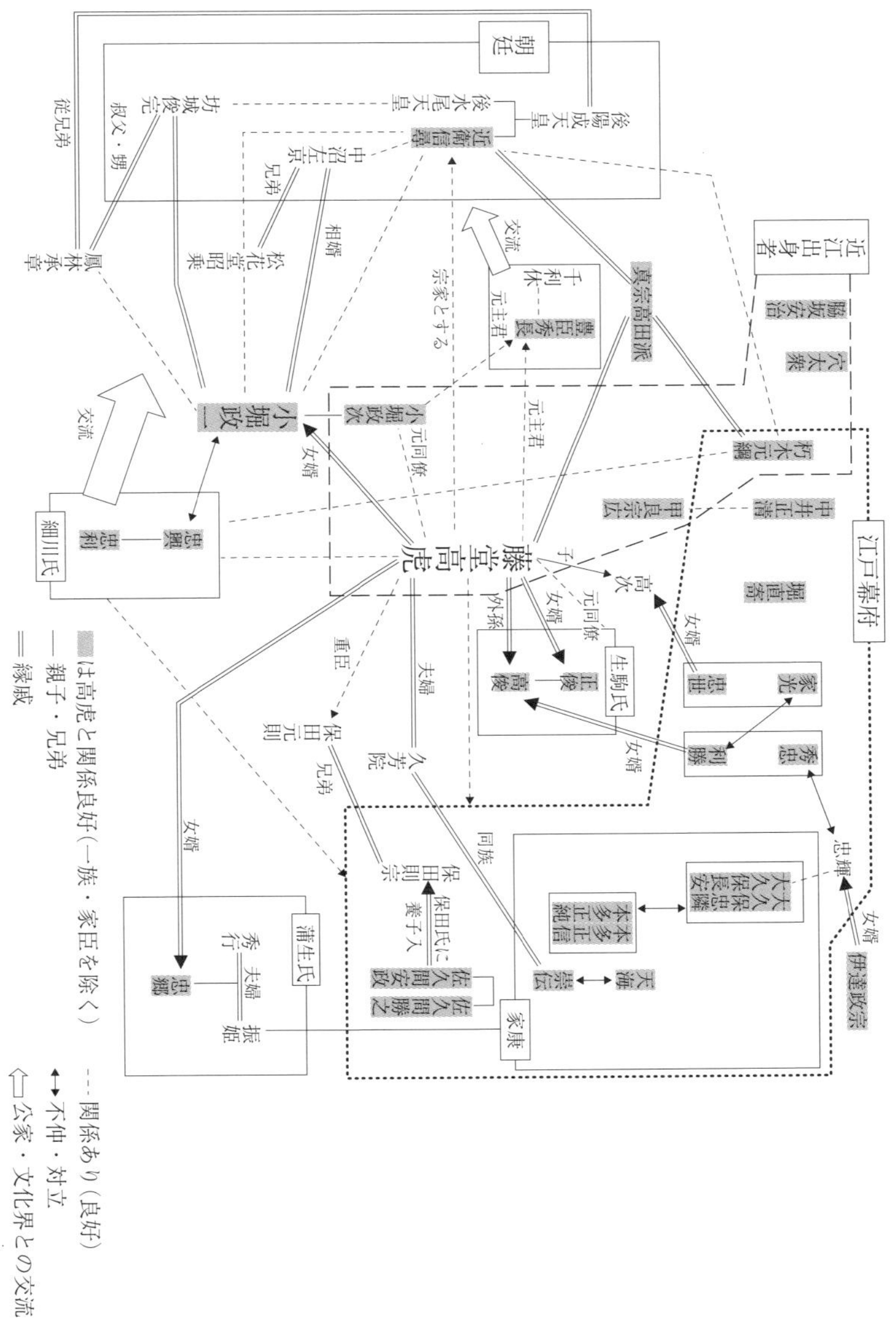

作事奉行として駿府城(静岡市)の修築や仙洞御所(京都市上京区)の作庭など、多くの公儀普請(天下普請)を担っていた。女婿となった政一とも関係をもつ築城に関わる職人集団が、幕府大工頭中井正清や甲良宗広、石垣積みを専門とする穴太衆《あのう》であった。甲良家や穴太衆は近江国の出身であり、特に甲良家は高虎と出身地が近く、古くからかかわりがあったものと思われ、のちに城郭や寺院の造営で重用されている。

第二節　家康と藤堂藩

家康への臣従と関ヶ原の戦い　藤堂高虎が豊臣大名として地歩を固めていた一方で、豊臣家をめぐる政治状況は緊張を高めていた。天正十二年(一五八四)四月、長久手の戦いにおいて、秀吉は生涯で最も手痛い敗戦を経験するが、その後の軍事行動と政治交渉を通じて、敵対した織田信雄(信長の次男)と徳川家康を押さえ込むことに成功した。秀吉は、同年十一月に講和を結んで信雄を臣従させたが、家康を完全に臣従させることはできず、両者は一触即発の緊張状態にあった。秀吉は自分の妹を離婚させて、当時、正室のなかった家康に嫁がせたり、秀吉の母親(大政所・天瑞院)を三河国岡崎城(愛知県岡崎市)の家康の下へ人質として送るなどした。こうして、ようやく同十四年十月、大坂城まで出向いた家康と臣従関係を築くに至ったのであった。

当時、京では秀吉が関白の邸宅として聚楽第を造営しており、その周りに大名屋敷が立ち並んでいた。家康の臣従により、秀吉は秀長に命じて家康の屋敷を同地に普請させた。それを担当した高虎は、私財までつぎ込んで普請にあたり、これを知った家康は感謝の品として長光の太刀を遣わしたという。高虎と家康の親交はこれをきっかけに始まったとされる(『高山』)。

ところで秀長は、茶頭千利休とともに秀吉と外様大名との間を仲介し、その融和を図っていた。しかし、秀長は天正十九年に没し、利休もその直後、秀吉に切腹を命じられることとなった。これ以後、外様大名の勢力が台頭するようになり、秀吉の側近を中核とする集権派(強硬派)と、徳川・北条・伊達ら、分権化を目指す者たち(融和派)が激しく対立するようになった。こうした政治情勢のなかで、すでに家康と親交のあった高虎は家康に接近するようになる。

高虎と家康との関係が主従といってよいものになるのは、秀吉が慶長三年(一五九八)八月に亡くなってからとみられる。それが明確になるのは、同四年に高虎が弟正高を江戸へ証人(人質)に出した時点である(『寛政重修諸家譜』)。喜んだ家康は、正高に下総国香取郡内で三千石の知行地を与えている。こののち、高虎は、松寿院と子の高次、さらには、重臣らの子息を証人として江戸に差し出した(『公室』)。ちなみに、外様大名の証人提出は、高虎が先駆けである。

以後、高虎は、家康の参謀的な側近として頭角を現していく。慶長四年三月に石田三成方の襲撃から家康を護衛し、翌年九月に関ヶ原の戦いが勃発すると、高虎は家康方(東軍)の先鋒を務めた。

関ヶ原の戦いは、午前中は西軍優位であったが、午後からはにわかに東軍が優位になって圧勝する。その逆転を決定づけたのが、西軍大名の裏切りであった。口火を切ったのが小早川秀秋のそれで、呼応する勢力が一斉に東軍に転じた。その一群が、かねて高虎と「反忠《かえりちゅう》」の約束をしていた小川祐忠・朽木元綱・脇坂安治ら、高虎と同じく近江国出身の小大名たちである。小川祐忠ら三将は、高虎による旗の合図に応えて西軍の大谷吉継らに攻めかかったのであった(『宗国』、「藤家忠勤録」)。

高虎は、近江時代の人脈を終生大切にしており、この「天下分け目の戦い」に臨んで、西軍に与した近江大名たちへの内応工作を画策したのであった。戦の終結後、安治は東軍との仲介に感謝して高虎へ貞秀の太刀を贈っている。また、家康から安治の旧領が安堵されたことも高虎の仲介によるものであった（同所蔵「秘覚集」）。

新型城郭の設計　慶長五年（一六〇〇）、関ヶ原の戦いの恩賞として、高虎は加増のうえ、伊予国に二十万石を与えられた。高虎は、一旦は越智郡の国分山《こくぶやま》城（愛媛県今治市）に入城するが、高縄半島の先端部に位置する小田の長浜に着目し、今治城（同市）の築城を決意する（『宗国』）。

安土城や豊臣大坂城に代表される天正年間（一五七三〜一五九二）に建築された揺籃期の天守は、城主の住まいとなる一層ないし二層の入母屋造の主殿建築の上に望楼部分を載せたものである（望楼型天守）。望楼型天守は趣のあるものが少なくなかったが、構造上無理があることから、不安定で風や地震に弱く、必ず屋根裏の階ができるため使い勝手も悪かった。

そこで高虎は、今治城では新たに層塔型天守を創建した。これは、矩形の天守台を造成し、その上に規格化された部材を用いて全体を組み上げたもので、構造的な欠陥が解消できるばかりか、各階別に作事が可能なことから工期も短縮できた。以後、高虎がこの様式を江戸城をはじめとする城郭普請に採用したことで、高虎の新型天守は近世における天守建築の主流となった。

高虎の設計した近世城郭は、戦闘時の司令塔である天守をシンボルとしつつも、執務空間である御殿・書院建築を中心とする「役所」になっている。あわせて高度な普請技術を利用して曲輪を矩形に処理し、その配置と広大な堀を生かした縄張りとなっている。

また、高虎が設計した城下町にも明瞭な特徴があった。非常に幅の広い平行する道路を数本通し、それに何本かの道路を直交させていくという、方格状の面的に広がりをもつ都市設計をおこなっている。たとえば、のちに手がけた伊賀国上野城下町では、城に最も近い本町筋を四間幅（一間を六尺五寸とすると約七・九メートル）、二之町筋・三之町筋を三間幅（約五・九メートル）としている。

戦闘を想定してバリケードとなる寺町などを配置しつつも、整然とした開放的な設計を実現し、人とモノが集まりやすい環境をつくることによって、商工業の発展を企図したのである。その初期の姿は、伊予国今治における城下町づくりに既に表れており（伊予関係資料4）、丹波国篠山城下町（兵庫県篠山市）など、高虎が公儀普請にかかわった城下町においても共通していることが確認される。

伊賀入国　慶長十三年（一六〇八）八月、高虎は伊賀・伊勢両国へと転封となった。その内訳は、伊賀一国十万五百四十石、伊勢国安濃《あのう》郡・一志《いちし》郡内十万四百石余り、伊予国越智郡内二万石、合計二十二万九千五百四十石余りというものであった（『宗国』）。現在では一般に、この転封以降の藤堂家が支配する藩領について、藩主が居住する伊勢国津城の所在地名から津藩や安濃津《あのつ》藩とも呼ばれることが多い。しかし、その藩領は伊勢国以外にも広がっていることから、以降、本書では特定の地名によるものではなく、「藤堂藩」の呼称を使用することとする。

さて、それまで高虎は伊予国に所領を与えられていたが、常に家康の傍に控え、家康の命令を受けて、精力的に仕事をこなしていた。しかし伊予国は、駿府からも上方からも遠く不便であった。また、所領の隣接する加藤嘉明とは長年ライバル関係にあった。慶長九年には両氏間で合戦未遂事件（拝志騒動）が勃発しており（『公室』）、その関係にも絶えず気を遣わなければならなかった。

高虎は上方周辺への転封を希望していたようで、晴れてその念願がかない伊勢・伊賀両国で領地を得たことを喜び、大洲八幡宮（愛媛県大洲市）に三十石の社領を寄進している[3]。慶長十三年九月下旬、高虎は伊予国今治から大坂に向かい、まず伊賀国上野城に入り、翌月には伊勢国津城に移った（『高山』）。

ところで、この転封に際して、今治城や板島城などの城郭建造物や侍屋敷は、上野や津に回送して再利用するために解体された(『公室』)。今治城は、養子の高吉が残留していたにもかかわらず、竣工間もない五層の天守をはじめとする建造物が解体されたのであった。この天守は、伊賀国上野城の天守とするために一旦分解して大坂の蔵に収納された。

しかし慶長十五年に丹波国亀山城(京都府亀岡市)が公儀普請されるにあたり、高虎は家康に献上することとした。こうして今治城からは、天守台の石材から天守の部材さらには書院・数寄屋・居間・風呂・台所・番屋に至るまで、淀川から桂川を経由して亀山城へ輸送された。

初期の仕置　高虎は、慶長十三年(一六〇八)中は転封に関係する様々な仕置に忙殺され、駿府に出仕したのは翌年三月のことであった。この間、高虎は伊賀支配のために城代(のちの伊賀城代制度とは異なる)・奉行・代官以下の役職を定めた。

上野城代は、二万石を預かった渡辺勘兵衛了《さとる》で、その下に、重臣の藤堂式部家信と梅原勝右衛門武政が配置された。同時に勝右衛門は名張城(名張市)の城代として入城し、名張郡の年貢収納をはじめとする支配を担当していた。なお、勘兵衛は大坂の陣直後に高虎との関係が悪化して伊賀国を退去した。また、続いて勝右衛門が罷免され、名張城は元和五年(一六一九)から上野城の城代を務めていた高虎の実弟藤堂高清が管理することになった。

高虎は、慶長十三年十一月五日付で上野・名張・阿保《あお》町以外では商売をしてはならないことを定めている。商業と農業の分離による町人身分の創出をねらってのものであろう。当初、伊賀一国における町場は、この三か所しか認められなかったのである。

当時、高虎は豊臣勢対策としての大坂包囲網(後述)にかかわる公儀普請に取り組んでいた。その一環であった上野・津両城とそれぞれの城下町の改修は、別個に構想したものではなかった。
高虎は、藩領となった伊賀国と伊勢国との密接な関係を築こうとした。特に伊賀国は木津川水系に属することから、伝統的に上方経済の周縁部に位置していた。そこで、伊賀国を隣接する伊勢領と一体化し、新しいモノの流れをつくることで上方経済から一定程度自立した藩領経済を創出しようと考えたのであった。この視点こそ、高虎の革新性の中核であった。

高虎は藩領規模の流通の発展を考え、上野と津の城下町を直接結ぶ街道、つまり伊賀街道を整備した。これは、直線距離にすれば約四十五キロメートルの最短経路であり、その後も藤堂藩が管理する官道として維持されていくことになる。この街道により、上野城の大手門から本町通りに出て、そのまま伊賀街道を東進すれば津城下町に入り、八《はっ》町《ちょう》を抜ければ津城の西口にあたる伊賀口門に到着できるようになり、上野城と津城の城門が直結したのであった（伊勢・伊賀関係資料9）。

それまで上方からの物資は、上野を経由して大和街道を通り、関宿から東海道へ抜けていくという流れが一般的であった。高虎はそれを上野と津を直接つなげる、あるいは太平洋海運で津に荷揚げされた物資を上野経由で上方へ輸送するという、流通の大きな変革に取り組んだのである。こうして、上野では大和街道と伊賀街道が分岐し、津では伊勢街道と伊勢別街道・伊賀街道が交わり、二つの都市に流通の結節点としての役割が与えられ、それぞれの経済発展が約束されたのである。

大坂包囲網の形成　慶長八年（一六〇三）二月に家康は征夷大将軍となったが、大坂には秀吉の没後も子息秀頼がおり、西国には豊臣恩顧大名が残っていた。こうしたなか、家康は豊臣氏の封じ込めと西国大名の監視のための体制（大坂包囲網）づくりを推し進めた。その主なものが大名の改易・転封、それに伴う城郭の整備、そして軍船の処分であった。

高虎の入封以前に伊賀国を治めていた筒井定次は、天正十三年(一五八五)閏八月に秀吉の命によって旧領大和国から国替えし、伊賀国主となった。その支配は二十年以上に及んだが、筒井家の旧臣中坊秀祐が定次の不行状を家康に提訴して表面化した御家騒動によって、慶長十三年六月に改易され、その後任として高虎が入封した。

この伊賀国における筒井氏から藤堂氏への交代は、家康の対豊臣策の一環として理解するのが妥当で、豊臣恩顧大名の筒井氏が、家康に狙い撃ちされたのであった。家中紛争に介入して筒井氏を改易し、豊臣恩顧大名でありながら家康の側近ともいえる高虎に伊賀を与えたことは、大坂方を刺激することなく、しかも確実に徳川方勢力を上方方面に食い込ませるという、家康の戦略に沿うものであった。

かねてより大坂方との戦争を想定していた家康は、もし勝利を得なかった場合は、自らは伊賀国の上野城に、嫡子秀忠は近江国の彦根城(滋賀県彦根市)に籠もって防戦することも準備していた(『高山』)。上野城は、彦根城とともに大坂方に対する防御の最前線だったのである。なお、上野城の高虎と彦根城の井伊直孝は大坂の陣の際には先鋒を務めている。

慶長十三年における高虎の国替えを画期として、次々と大名の改易と転封が行われ、新たな大名配置が成立した。これにより家康は名古屋以西の東海道・大和街道・山陽道・山陰道筋の諸国と瀬戸内海を掌握し、秀頼のみならず近畿・中国・四国・九州の豊臣恩顧大名に対する広域監視体制を構築した。

家康は、あわせて大坂包囲網の拠点となる城郭を築城・改修させ、巨大な城郭網を整えた。高虎は家康の内意を受けて、直接現地で指揮を執り、丹波国篠山城(兵庫県篠山市)や同国亀山城をはじめとする公儀普請に積極的に関与し、大坂包囲網を強化することに専心した(図3)。

図3　大坂包囲網の関連城郭位置図
※城郭のうち◯は高虎関与の城郭（藤田『江戸時代の設計者』に加筆）

たとえば、五万石の丹波国八上《やかみ》城主（兵庫県篠山市）で豊臣恩顧大名の前田茂勝は、慶長十三年に改易され、かわって常陸国笠間（茨城県笠間市）より譜代大名松平康重が二万石を加増され五万石で入封した。康重は、篠山盆地南部の高城山《たかしろやま》にあり、立地的に上方方面からの攻撃に弱い八上城の改修を断念し、家康の指導により翌年から大坂方の侵攻に備えて篠山築城を開始した。

篠山城は、篠山盆地のほぼ中央部に位置し、東西・南北各辺の距離がともに約四百メートルの規模をもつ平山城であり、京都や摂津国方面からの攻撃には、篠山川によって防ぐことが可能であった。これによって家康は、悲願であった京都以西の要衝に橋頭堡を得るとともに、豊臣氏と関係の深い山陰方面の大名監視が可能となった。

また、伊賀国上野城の高虎と丹波国篠山城の康重という配置を実現したことにより、それまで掌握していた東海道・東山道（中山道）・北国街道に加えて、上野城が大和街道を、篠山城が山陰道を押さえることになり、家康は上方に通じる主要街道をほぼ完全に掌握することとなった。

淡路国洲本城（兵庫県洲本市）では、その城主脇坂安治が慶長十四年九月に伊予国大津へ転封となったことから、高虎が在番のための代官を派遣した。高虎は、洲本の在番衆に対して、家康が派遣した奉行衆とともに、西国諸大名が所有した軍船の処分に取り組ませた。もちろんこれは、西国の豊臣恩顧大名の水軍の勢力を奪うためのものであった。また、同月には、家康は九鬼守隆を検使として淡路国に派遣し、西国諸大名が保有している五百石以上の軍船を同国に徴収して、検査したうえで没収した（『当代記』）。

この時、家康が収公した軍船のうち、紀伊国丸は播磨国姫路城主（兵庫県姫路市）池田輝政（家康の娘婿）に下賜された。輝政は、篠山築城をはじめとする大坂包囲網構築のために、高虎とともに積極的に行動していた。この軍船拝領は、当時輝政が自領内で取り組んでいた東瀬戸内における海域監視網の形成と密接に関係している。

輝政の本城姫路城は、慶長十三年に天守の上棟をおこない、翌年に竣工している。さらに姫路城を中核として、淡路国岩屋城（同淡路市）・由良城（同洲本市）、播磨国船上城（同明石市）・高砂城（同高砂市）・赤穂城（同赤穂市）、備前国下津井城（岡山県倉敷市）などを、大坂の陣までに築城・改修したことが確認でき、輝政は、淡路・播磨・備前の三か国に及ぶ自領に、海域監視のための支城群を配置したのであった。

こうして、九州を除く西国十三か国二十大名の公儀普請は極めて迅速に進められた。家康の意向を気にした諸大名は、従来の普請役以上に多くの家臣を現地に派遣し、当主も「見廻」（見舞）と称して普請現場に赴いた。

これら一連の公儀普請を終え、高虎が伊賀国上野城と伊勢国津城の改修をおこなったのは慶長十六年のことであった（『公室』）。ともに大坂包囲網の一環であったが、特に津城の改修は、前年に近隣の伊勢国亀山城（亀山市）に家康の外孫松平忠明が三河国作手《つくで》（愛知県新城市）から移ってきており、その亀山城との連携を念頭に置いたものであった。

このように、相次ぐ豊臣恩顧大名の改易・転封によって、豊臣氏は東西の要衝を抑え込まれることになった。さらに、西国大名からの軍船の没収や、池田輝政を使っての東瀬戸内における海域監視体制の強化などとあわせ、秀吉の没後家康は、一貫して露骨な豊臣家と豊臣恩顧大名の封じ込めを画策していたといえる。

藤堂藩邸　戦国大名とは異なり、基本的に近世大名は、天下人や将軍の転封命令に従うとともに、江戸・大坂など

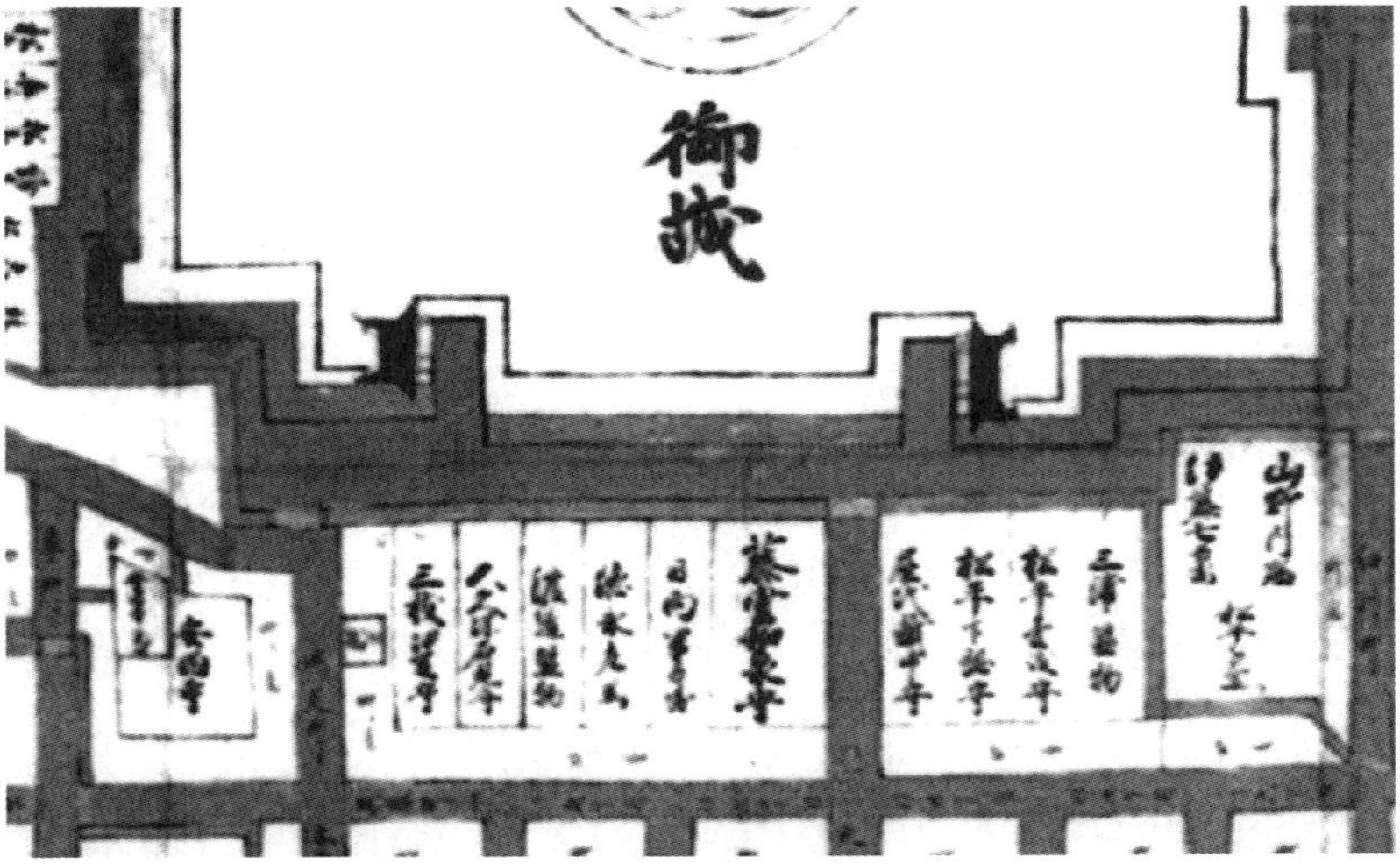

写真　駿府図（部分）

に大名屋敷（藩邸）を構えて彼らのそば近くで奉公していた。高虎の場合、慶長十三年（一六〇八）に伊賀・伊勢両国に転封したが、そのまま藩領の拠点である上野城や津城に腰を落ち着かせることはなかった。

ここで、静嘉堂文庫所蔵の「駿府図」に注目したい（上段の写真）。これは、慶長十七年に亡くなった大久保長安の名前があることから、家康が拠点とした時期、すなわち駿府政権期の駿府城とその城下町の姿を描いたものと判断される。この図を見ると、駿府城に最も近い大手門正面の屋敷地に高虎の名前（藤堂和泉守）があり、周りの屋敷地と比べて明らかに大きく記されていることがわかる。しかも、隣接しているのは、日向正成や大久保長安といった家康の近臣で上方諸国に家康の命令を伝達した「国奉行」「代官頭」といった歴々の屋敷地である。

高虎が駿府屋敷の普請を開始したのは、伊勢国津から駿府に赴き、家康に転封の礼を述べた慶長十四年三月のこととされる（『高山』）。これ以降、高虎は連年ここに詰めていた。家康が亡くなる元和元年（一六一五）まで、駿府が政治の中心地であったからである。

さて、駿府の藤堂藩邸には、家康や秀忠の御成があった。たとえば、慶長十七年には三月に秀忠が、七月に家康が訪れている（『高山』）。御成を迎えた後は、椀飯《おうばん》（将軍を迎えた饗宴）があり、その後は能の興行が続く（『駿府記』）。また、同十六年八月には徳川義直や徳川頼宣など家康子息に、本多正信以下の重臣や小姓衆を供奉衆として迎えている（『高山』）。

このように駿府屋敷は、徳川家と藤堂家の社交の場でもあった。このほかに高虎は、江戸・京都・伏見・大坂にも藩邸をもっていた。このなかには、のちに移転したものもあるが、ここでは高虎の時期のもののみを紹介しよう。

江戸屋敷は、慶長十六年に辰の口（江戸城和田倉門前）に普請している。ここは証人を置く上屋敷であり、人質として嗣子高次や重臣の子息らが居住していた（のちに中・下屋敷あり）。

京都屋敷は、はじめ二条城（京都市中京区）から南方の六角越後町にあり、当代きっての数寄者といわれた古田織部屋敷と接していた。大坂の陣直後の元和元年六月、織部が謀反の疑いを受けて切腹したのちに高虎が織部屋敷に入った。

これは、高虎が茶道を通じて織部と交友があったことによって下賜されたのであろう。その際、高虎がもといた屋敷は娘婿の小堀政一が入った（『公室』）。なお、この織部屋敷は三階建ての数寄屋風の建物であったという（『鹿苑日録』）。現在はこの地に藤堂稲荷（竜田稲荷神社）が残っている。

伏見屋敷は六地蔵（京都市伏見区）に、大坂屋敷は現在の中之島の造幣局（大阪市北区）付近にあり、両屋敷とも舟入りをもつ大規模なものであった。なお、伏見屋敷は、元和五年の伏見城破却に伴い、その前年に撤去された（『高山』）。

大坂の陣　慶長十九年（一六一四）七月、方広寺鐘銘事件が起こる。秀頼は、慶長十五年から亡父秀吉の追善のために、京都東山の方広寺大仏殿を再建していた。この時に鋳造された撞鐘の「国家安康」という銘文が、家康を呪詛するものであると難癖をつけられたのが事件の発端であった。

こうして始まる大坂の陣は、大御所家康によって準備され、将軍秀忠と側近衆である本多正信・正純父子、以心崇伝、そして高虎らの政権中枢にあった人々が画策した反徳川勢力を一掃するための一大粛正劇とみられる。

慶長十九年十一月に家康と秀忠は大坂に着陣し、大坂冬の陣の戦端が開かれた。これに先だって同年十月、高虎は、家康から大和筋の先鋒を命じられ、約六千名の藩兵を率いて津から上野経由で河内国国分（大阪府柏原市）へ向かった（『公室』）。

高虎は先鋒を任されるにあたって、紀伊・美濃・尾張・三河各国の徳川方を一手に指揮するように命じられた（『駿府記』）。また、軍議や密談にも、高虎はしばしば単独で招集され、本多正信・正純父子や秀忠付きの土井利勝らの側近と同席することもあった（『公室』）。これらのことから、家康の高虎に対する信頼の厚さがうかがえる。

十一月初旬、高虎は軍勢を摂津国住吉（大阪市住吉区）に進めた。その際高虎は、福島正則の重臣福島丹波の子息長門とその与同者が、海路で住吉ノ浦（同住之江区）に上陸し大坂に入城しようとするのを見つけ、全員を討ち取っている（『公室』）。西国の豊臣恩顧大名の一族のなかには、依然として秀頼に心を寄せる者もあったのである。

十二月になると、高虎は佐渡国や甲斐国の金掘り（鉱山技術者）を動員して隅櫓を掘り崩そうとしたり、鉄炮の熟練者を選んで最前線に出し、大筒・小筒を発射して隅櫓や城壁を破壊しようとした。大坂冬の陣は、徳川方による大坂城包囲戦のまま推移し、巨大城郭を攻めあぐねて戦局が硬直するなか冬を迎えたため、同月二十日に講和が成立した。この戦によって、大坂城は外堀ばかりか二の丸の堀まで埋め立てられて要害性を除去され、本丸のみの裸城とされた（『駿府記』）。

翌慶長二十年四月に、大坂夏の陣が勃発した。高虎は、この時も先鋒を命じられ、津を出立して四月二日に上野へと移動し五千名の軍勢を率いて出陣した。高虎は二条城で家康と、さらに伏見城で秀忠と会見して戦場に向かった。五月五日には河内国千塚《ちづか》村（大阪府八尾市）を陣所とし、五月六日に常光寺（同）周辺と久宝寺口（同）で長宗我部氏の軍隊と遭遇した。大坂方は、大坂城での籠城戦はもはや不可能とみて、積極的に野戦を仕掛けたのである。激戦の末、藤堂軍は敗走する長宗我部軍を久宝寺から平野（大阪市平野区）に追って勝利した。しかし、この日の藤堂軍の犠牲は甚大で、人馬の疲弊を理由に、高虎は翌日の先鋒を断るほどであった。

さて、五月六日・七日両日の戦闘で藤堂軍が獲得した首級は約八百七十級《しな》であったが、重臣の藤堂仁左衛門高刑《たかのり》・藤堂勘解由氏勝・藤堂新七郎良勝・藤堂玄蕃良重・桑名弥次兵衛一孝をはじめ、七十名余りが討ち死にするという未曾有の犠牲者を出した（『公室』）。

高虎は、かつて天正十三年（一五八五）十月に秀吉へ臣下の礼をとるために大坂へ来た長宗我部元親の取次役を務めて以来、長宗我部氏とは昵懇の間柄であった。関ヶ原の戦い後も高虎は、元親の子息盛親が改易されないように奔走したり、改易後は桑名弥次兵衛ら多数の同家旧臣を引き取っていたため、その意味でも両軍ともに苦しい戦いであったに違いない。

この戦功により、高虎は従四位下に叙せられ、伊勢国四郡のうちに五万石が加増され、合計二十七万石余りとなる（『公室』）。しかし藤堂家にとっては、股肱の臣を多数失うという甚大な損害を被ったのも事実である。戦いの終結後、早くも五月十五日に、高虎は戦死者を京都南禅寺（京都市左京区）で弔い、その後も折々に戦死者の供養が行われた。

なお、藤堂藩の軍制は、幕末の改革期を迎えるまで江戸時代を通じて大坂の陣における陣立に準じる形となっている。(4)

（1）榎原雅治「藤堂家始祖『三河守景盛』の素顔」（『歴史書通信』一九六、二〇一一年）。宮島敬一氏は、『浅井三代』（吉川弘文館、二〇〇八年）二四四頁で、「中郡の名家で京極氏の家臣、また幕府奉公衆の藤堂氏」と記す。『歴名土代』には、藤堂美作守景長がみえる。

（2）齋藤隼人「藤堂高虎の人脈ネットワーク」（藤田達生監修・三重大学歴史研究会編『藤堂藩の研究』清文堂、二〇〇九年）所収図から転載。

（3）慶長十三年十二月五日付神主左近大夫宛田中林斎寄進状（東京大学史料編纂所架蔵「宇都宮文書」）。

（4）これに続く伊賀領における藩政の確立については、三宅正浩「伊賀統治のはじまりと藤堂采女家」（『伊賀市史』伊賀市、二〇一六年）第一章第二節を参照されたい。

〔付記〕収録文献の形式に従った。

第一部　都市論

第一章　中世都市を移転する―港湾都市安濃津から城下町津へ

問題の所在

近世初期は、開発史上の一大画期として位置づけられてきた[1]。従来は灌漑施設の整備による新田開発が注目されたが、それと全国規模で実施された沖積平野における城下町建設との関係については、十分には解明されていない。当該期において地方巧者が居住する城下町は、開発拠点だったとみられる（第十章参照のこと）。

本章では、伊勢における安濃津（三重県津市。以下、同県内の地名は県名を略す）から津（津市）への都市の移転過程を具体的に復原する。津（藤堂藩三十二万石の本城城下町）は、河川の流路変更・街道の付け替え・埋め立てによって誕生し地域開発の拠点となったが、これを近世都市成立の典型例のひとつとして措定したい。

なお、安濃津段階では環伊勢海――伊勢海とは、伊勢湾と三河湾を含む呼称として使用する―の代表的な港湾都市としての実態を[2]、津段階では同時期に誕生した伊賀国上野（伊賀市）などの支城城下町や一身田《いしんでん》寺内町（津市）とのネットワークを視野に入れて検討する。

第一節　安濃津の都市性

1　立地と街道

安濃津の立地上の特質としては、なんといっても首都京都から東海道—伊勢別街道を利用して約九十キロメートルという最短の良港だったことが重要である。摂津兵庫や和泉堺が京都と瀬戸内海沿岸地域を結びつけていたように、ここは京都からみた「東国への玄関口」に位置しており、京都と太平洋岸地域を結ぶ機能を担っていた。

中世の有力港湾都市の多くが国堺・郡堺に立地したように、安濃津も安濃・一志両郡の境界に位置していた。近年における発掘調査によって、同所は津市乙部町から同米津町にかけて南北約四・一キロメートル、東西約〇・五キロメートルの砂堆上に展開し、「藤潟」とその北部の入江に設けられた湊を中核としていたことが明らかになっている(3)。ここでは、発掘調査を担当した伊藤裕偉氏の復原図(図1)を掲げたい。

安濃津の外縁部は、北は安濃川、南に伊勢海と接する潟湖、そこに流入する岩田川という要素によって形成され、東の伊勢海を除く外部とは入江・河川で隔絶していたから、すべて橋によって結ばれていた。

安濃津の初見史料は、『中右記』の永長元年(一〇九六)十二月九日条であり、既にこの頃には多くの「民戸」が存在したことが確認される。やがて当所は、「日本三津」として国内外に知られ(4)、戦国期までには「津四郷」が形成され、「四、五千軒」もの寺社・家屋が立ち並ぶ「この国のうちの一都会」となった(5)。

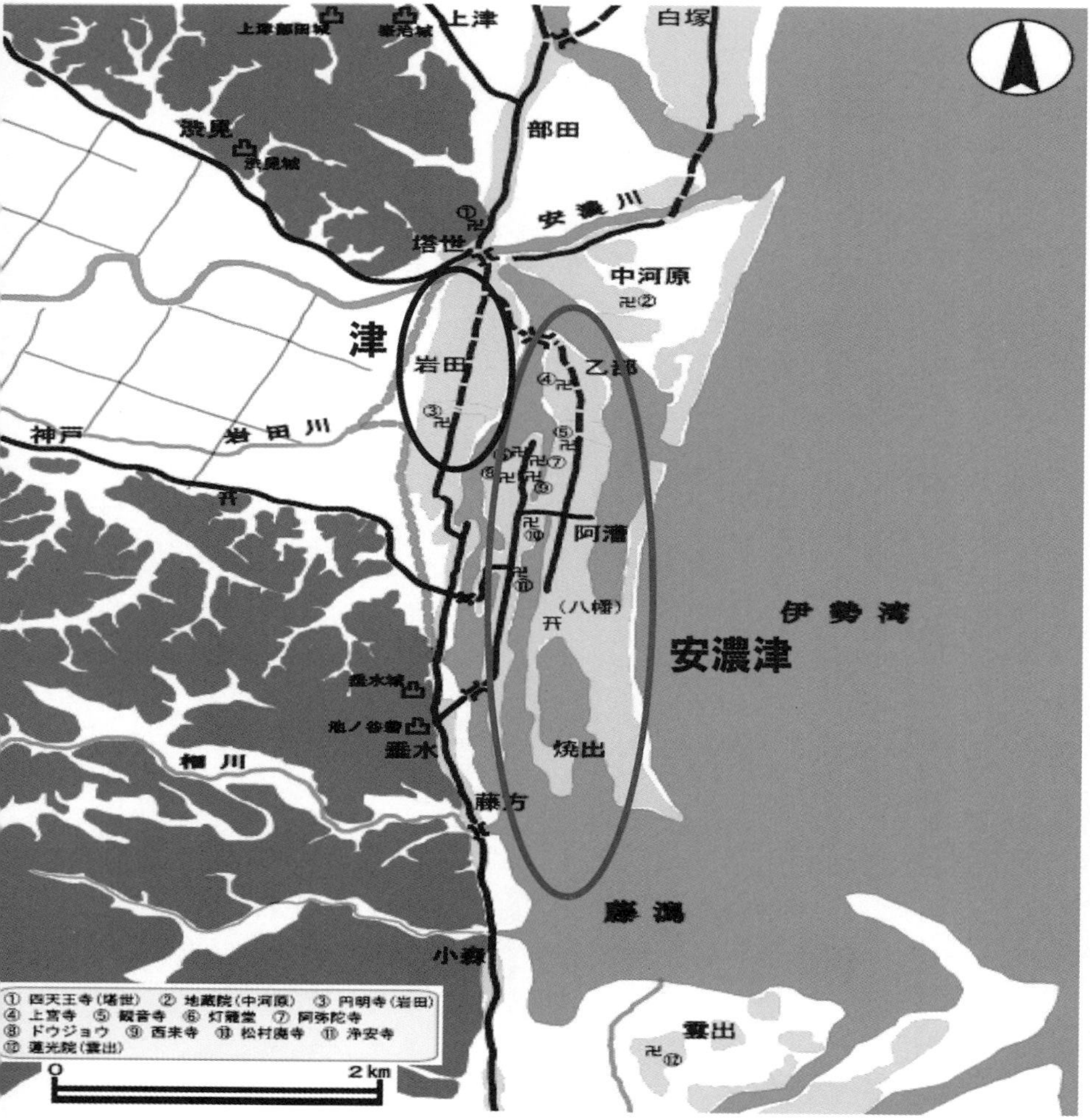

図１　**中世安濃津復原図**（伊藤裕偉氏案）

安濃津は、明応七年(一四九八)八月の大地震で壊滅的な被害を受けた。その後も復興して繁栄し、近世には中心部を約二キロメートル北西の津城周辺へと移転させ、藤堂藩の本城城下町・津へと発展を遂げた。(6)慶長十三年(一六〇八)に伊予から伊賀一国と中部伊勢で二十二万石を得て転封した藤堂高虎は、同十六年正月から津城とその城下町の改修に着手した。これに伴い、伊勢街道は津北部でルートを変更することになった。関係記事を、藤堂藩が編纂した『高山公実録』から抜粋し、それ以前の街道筋について復原したい。

【史料1】(『高山公実録』慶長十六年正月条所収「玉置覚書」)
富田信濃殿《富田信高》の時の参宮道は、根上りの松ハら《原》の東に鬼かしほや《塩屋》と申所在之、其所より東の浜辺へまハり、乙部村と寺町の裏との間を通り、岩田の川しほ《潮》のさし申候時は舟わたし《渡》、しほ引申時はかちわたり、阿漕塚の東の方より八幡の松ハらの東を通り、雲出村へも浜手を通り往来いたし候を、高山様《藤堂高虎》御入部の後道筋御改かへ、只今の通り道に成申候、

本史料によると、前領主富田氏の時期の伊勢街道は、町屋から左折して鬼ケ塩屋を経て町屋浦に出て、そこから右折南下し、安濃津の阿漕塚から八幡を経由するコースだったという。町屋から道筋が迂回するようになっていたのは、付近一帯が志登茂《しとも》川河口の低湿地だったためで、これが中世における伊勢街道の道筋と考えられる。旧稿で指摘したように、(7)戦国期には伊勢上野城(津市)の麓に伊勢街道が引き込まれ、そのまま南下して町屋に至るルートがあり、途中の小川からは西に向かい山裾を通って一身田(津市)を経て伊勢別街道に接続するルートも分岐していた。

中世の伊勢別街道の道筋は、東海道の関から一身田までは藩政期と異ならないが、一身田から志登茂川河口の低湿地を避けて部田《へた》を経由して安濃津へと通じていたとみられる。その理由は、上津部田城《こうづべた》と峯治城《みねじ》(両城ともに津市)の配置にある。

両城に関して「郭構造については、二城は方形の主郭の前面に馬出し状の郭がある点、背後を二重の堀切で区切る点などの構造が似ていて、全体的な構造は、上津部田城は峯治城の縮小版のような形状を示している。出土遺物から

図2　中世伊勢街道・伊勢別街道概念図

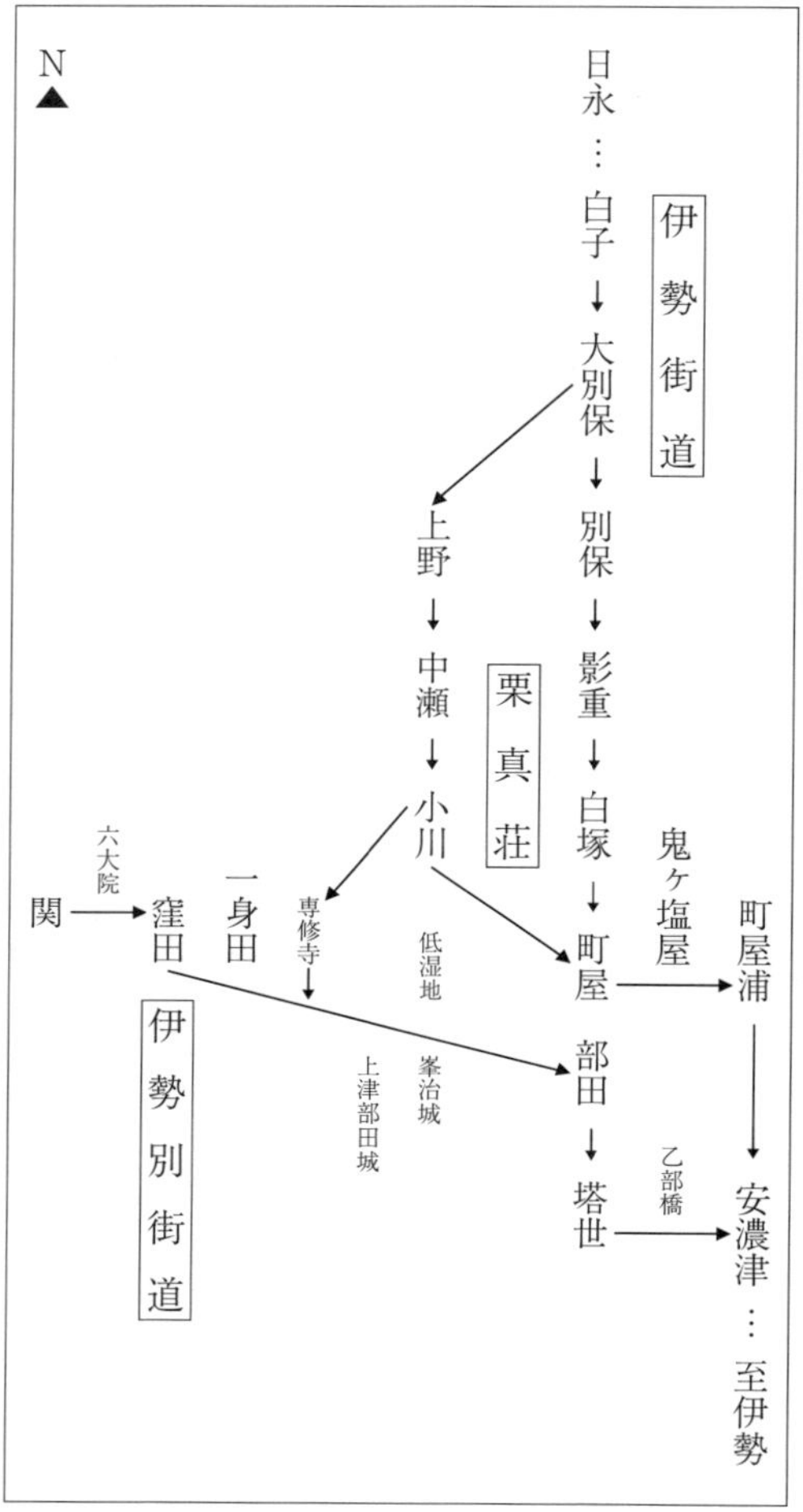

は、ほぼ同時期に築城されたと考えられることから、この二城をセットとして捉えることができよう」[8]との指摘がある。

これを踏まえると、両城は安濃郡の有力在地領主長野氏[9]が栗真荘代官職に補任される十五世紀後半に築かれた可能性が濃厚である。この時期の長野氏は、一身田に進出した真宗高田派の専修寺とも良好な関係にあったから、栗真荘や専修寺を望む丘陵上に両城郭を配置し、その裾野を走る伊勢別街道を監視したと推測する。以上を念頭に、中世の伊勢街道と伊勢別街道を概念的に示したのが図2である。

これによると、伊勢街道と伊勢別街道が安濃津で合流し、そのまま南下して伊勢に至るようになっていたことが判明する。したがって安濃津には、京都や東国方面から参宮する際の宿駅としての機能が与えられていたと考えられる。

2　安濃津と領主権力

安濃津には、様々な領主権力が関与していた。ここでは、その実態について検討することにしたい。

(A)安濃津御厨と神人

中世を通じて最も影響力をもった領主権力は、伊勢神宮である。安濃津はその御厨となり、北伊勢の神宮領と神宮を結ぶ中継地となっていた。建久七年(一一九六)四月十五日付太神宮神主帖(『鎌倉遺文』八四二)によると、神宮領安濃津御厨の神人は、当所にさしたる田畠がないため、「往反諸国成交易之計」していたと主張している。つまり安濃津神人は、商人として諸国を遍歴していたとするのである。

また康暦元年(一三七九)頃、「安乃《安濃》津市」が存在したことが確認される(「安東郡専当沙汰文」)。安濃津には一般的な市売りの場のみではなく、卸売りの場すなわち集散機能があったと推定する。これに関わって、伊藤裕偉氏によって中世前期における尾張産の常滑・瀬戸や山茶碗類の安濃津への集積と、そこからの西国・東太平洋沿岸地域への流通が想定されている。(10)

中世前期において尾張で生産された陶器類が全国的に流通している事実からみても、知多半島の東側に位置する愛知県武豊町のウスガイト遺跡などの一次集積地から、対岸の安濃津などの二次集積地としての大規模港へ搬出され、そこで中継・選別・商品化されて全国に拡散していったとするのである。

安濃津住民に対して支配的な地位にあったのは、京都の有力商人とみなければならないであろう。永享五年（一四三三）三月十六日付祭主下文并御教書（岩崎文庫旧蔵「藤波文書」）には、「姉小路町円定」が祭主藤波清忠に安濃津代官職として橋賃など年間三百貫文もの年貢を請け負っている。彼については、従来指摘されているように、土倉などを営む京都商人とみるべきである。

彼らは東海道―伊勢別街道を利用して往復していたのであろうが、管見の限りで安濃津は京都商人の活動が確認できる東限に位置づけられる。伊勢北部は八風峠や千草峠を利用する近江商人の商圏に属しており、伊勢南部は伊勢神宮の強い影響下に置かれていたから、安濃津の確保は京都商人にとって重要な意味をもっていたと考えられる。(11)また安濃津の市場における物資の集散機能と彼らとの関係も、十分に想定できるであろう。

(B) 諸寺院勢力

安濃津には、天台真盛派・真言宗・真宗高田派・時宗をはじめとする諸寺院勢力が浸透していた。史料にみえる安濃津の寺院をあげると、無量寿寺（「秘経決」）・阿弥陀寺（「三宝院流慈猛意教方印信類・三衣法最極秘」）・来迎寺（「仁治三年御仮殿記紙背文書」）・神護永法寺（時宗、「国阿上人絵伝」巻三）・観音寺（真言宗、『三国地誌』）・西来寺（天台宗真盛派、

「真盛上人往生伝記」）・光明寺（時宗、「真盛上人往生伝記」）・円明寺（律宗、『勢陽雑記』）などが確認される。

ここで注目したいのが、真宗高田派である。『勢陽五鈴遺響』には、安濃津の上宮寺に顕智（専修寺第三世住持）がしばらく逗留したと記す。また真慧（専修寺第十世住持）は、同寺住持のことを気遣ったり、柳屋・金屋・わた屋・遠州屋などの屋号をもつ近隣の商人とも親しく交わっており(12)、安濃津太子堂の妙慶とも親密だった(13)。

下野高田専修寺と京都や比叡山の道場・妙林院を結ぶ中継道場として建立されたのが、一身田専修寺の前身・無量寿寺だった。下野高田から伊勢一身田までの経路としては、関東から海路を利用して安濃津に上陸した可能性もある。無量寿院を建立する前提として安濃津に拠点寺院が存在し、そこを橋頭堡として北伊勢に教線を延ばしたと考えられる。

（C）守護・国人領主

安濃津には、室町将軍が伊勢参宮の折に立ち寄っている。管見の限りでは、足利義満が応永十年、義持が応永二十五年・同三十年・同三十一年・同三十三年、義政が永享五年・同七年、文正元年に逗留し、伊勢守護や伊勢神宮の有力者から「儲」を受けている。現存史料による限り、安濃津に守護所の存在は確認できないが、必要に応じて有力寺院が利用されたとみられる。

安濃郡の山間部・長野（津市）を本拠とする長野氏も、安濃津を支配すべく画策していた。たとえば、長禄二年（一四五八）には伊勢神宮から安濃津代官職押領に関して訴えられている(14)。また安濃津の港湾機能を掌握すべく新警固を設置したが、文明五年（一四七三）六月には伊勢神宮から停止するように命ぜられた(15)。

なお安濃津に北接する乙部に居館をもつ、乙部御厨地頭・乙部氏の存在も確認される。現地には「城の内」「矢倉下」「馬場」などの城郭地名が残っており、信長の侵攻に対抗するため約三キロメートル北西に渋見城（津市）を築いたと伝わる。

以上、安濃津に関係する領主について瞥見してきた。当所は、特定の領主権力の強力な支配のもとにあったのではなく、様々な領主権力を受け入れる場として機能していた。そして流通の要衝として港湾機能・商業機能をもち、同時に政治的要地・宗教的な聖地であるというように、極めて多様な性格をもつ都市だったことが重要である。

白砂青松の景勝と謳われた安濃津の景観は、現在の津市柳山北部のメインストリート付近に観音寺をはじめとする多数の寺院が存在し、その境内・門前に町屋が建ち並んでいたと考えられる。有力寺院は将軍への「儲」を通じて守護に奉仕するかわりに、他の中世都市と同様に守護不入権を与えられていた可能性もある。また周辺の船着き場の近辺にも町屋が展開しており、港湾関係者には時宗や真宗高田派に帰依する者も多かったであろう。

安濃津は、明応七年(一四九八)八月に大地震に見舞われ、壊滅的な被害にあった。たとえば観音寺の移転や住民の安濃津周辺地域への退去についても、関係史料や伝承が伝わっている。その後は復旧したようで、連歌会が催されたり伊勢神宮への上分米・神税に関係する史料も散見される。

第二節　城下町・津の誕生

I　津築城と城下町移転

織田信長は、上洛戦の前提として永禄十一年(一五六八)二月に中部伊勢に進攻し、三男信孝を河曲郡の神戸氏の、また実弟信包を安濃郡の長野氏の養子とし、さらに永禄十二年九月には南伊勢の北畠氏を攻撃し、次男信雄をその養子とすることに成功した。このようにして伊勢一国が、信長の新たな領国に加えられたのである。

信長にとって伊勢の掌握は、東海道をはじめとする京都に通じる街道ばかりか、関東への足がかりとなる太平洋海運を押さえることを意味した。同国には、桑名・安濃津・大湊に代表される有力港湾都市があり、今川氏などの東国の戦国大名と関係をもっていたからである。

(A)織田氏による築城

長野氏の当主となった信包は、織田家中では信雄に次ぐ第三番目の実力者だった。彼は、永禄十一年に伊勢上野に入城し、やがて安濃津の対岸の最も安定した砂堆に着目して築城し、天正八年（一五八〇）までに完成させたといわれる。縄張りは滝川一益が担当したとされるが、その特徴は大手を伊勢湾方面に向けて設け、城内に港湾機能を取り込んだことで、城下町とは橋や舟運で結ばれていたとみられる。

元亀二年（一五七一）二月吉日付信包書状（『津市史』一、所収写真）からは、この時期に安濃津が依然として機能していたことが判明する。この段階で津城が存在した可能性は高いが、信包は城郭周辺に城下町を移転させるのではなく、「津三郷・同岩田」に対して公事や陣夫役の免許など、城下町並の特権を保証したのである。そのかわりに、信長は安濃津などの環伊勢海の港湾都市に軍役を命じた。

天正二年七月の長島一向一揆攻撃の際に信長の軍勢動員に応じた諸勢力として、『信長公記』には「其外浦々の舟をよせ、蟹江（愛知県蟹江町）・あらこ《荒子》・熱田・大高・木多（愛知県東海市）・寺本・大野（愛知県常滑市）・とこなべ《常滑》・野間（愛知県美浜町）・内海（愛知県南知多町）・桑名・白子（鈴鹿市）・平尾（四日市市）・高松（川越町）・阿《安》濃の津・楠（四日市市）・ほそくみ《細頸》（松阪市）・国司お茶筅公《北畠信雄》・垂水・鳥屋野尾・大東・小作《木造》・田丸・坂奈井《坂内》、是などの武者大将として召列られ、大船に取乗り候て参陣なり」（傍線筆者）と記されている。

このなかには、北畠信雄や木造《こつくり》・田丸・坂内などの有力北畠一族のほかに、安濃津も含む主要な環伊勢海の港湾都市名が列記されているが、これらは船舶と人員を供出したのであろう。ここには出てこないが、大湊へも執拗に軍事動員をかけていることがわかる。(16)またこの時期に近世城郭となった津城をはじめ長島城・神戸城・松ヶ島城・田丸城は、いずれも伊勢海を意識した沿岸部に立地した。

この頃、伊勢商人は遙か遠くの陸奥会津において活動していたことが確認できる。天正十一年四月十四日付で蘆名氏の重臣金上氏が発給した船賃・関銭に関する掟書（「梁田文書」）の宛所が「京衆・伊勢衆・関東衆・此外諸他国衆」となっている。

戦国期の安濃津の商人の屋号に「綿屋」がみられ、織豊期には綿屋又五郎が町年寄となった。藩政期には安濃津周辺は伊勢木綿の産地だった。これらから、織豊期に会津で木綿を商った「伊勢衆」のなかに安濃津商人が含まれた可能性は少なくない。(17)

(B) 富田氏の城下町・津

文禄三年（一五九四）に織田信包が近江大溝に転封した後、文禄四年から慶長十三年にかけ富田一白・信高父子が津城主となった。一白は、天下統一期に豊臣直臣として関東・奥羽の諸大名との外交交渉にあたった。したがって彼が安濃津に配されたのも、ここが東国への玄関口としての機能をもっていたことと関係するのではあるまいか。

たとえば、関ヶ原の戦いの前哨戦となった慶長五年八月二十四・二十五両日の津城攻防戦における信高夫人の奮戦伝承が地元では有名であるが、毛利氏の大軍が殺到したのも、ここが東軍の上陸地点の一つになると予想したからだろう（『毛利家文書』三七六〜三八〇）。城下町・津が確認できるようになるのは慶長年間からである。その初期史料を掲げたい。

【史料2】（「伊藤又五郎文書」『三重県史　資料編　中世2』）

以上

津町中諸公事令免許候、但伝馬之儀ハ、可相勤者也、

（慶長五年）
六月十九日　　知信（富田）（花押）

平井清左衛門尉との

太田織部との

【史料3】（「伊藤又五郎文書」『三重県史　資料編　中世2』）

以上

津町大門・中ノ番・宿屋・地頭領・分部町迄之浦屋敷之分、何も表江引かへ之者共ニ被　仰付候、則為御礼物銀子五枚令運上候、以来迄不可有相違候旨ニ候、為後日如此候也、

慶長十年

六月廿五日　　太田織部

一久（カ）（花押）

平井清左衛門尉

直政（カ）（花押）

綿屋

又五郎殿
年寄中

【史料2】からは、安濃津から寺社・町屋の移転が進み、「津町中」が形成されていたことが判明する。【史料3】の宛所に年寄中とあることから、有力商人である綿屋（伊藤）又五郎クラスが町年寄となって集団的に町政が運営されていたと推測される。

なお【史料2】の差出の富田知信は、従来は左近将監一白のことと理解されてきた。しかし知信は、天正十八年十月二十八日付口宣案（「富田氏所蔵文書」）で従五位下信濃守に叙されていることから、信濃守信高の初名とみるべきである。一白は慶長四年十月二十八日に没しているから、【史料2】は知信が家督を継いだ慶長五年の可能性が高い。代替わりに、町中の旧来からの特権を認めたと考えられる。

【史料3】からは、この段階までに安濃津にあった観音寺が移転し、その門前に展開するメインストリートに、大門・中ノ番・宿屋《しゅくや》・地頭領・分部の各町が形成されていたことがわかる。なお大門・中ノ番・宿屋という町の並びは、安濃津と同様だったといわれる。次に富田氏時代の津城を復原してみたい。関係史料を次に掲げる。

【史料4】（『高山公実録』慶長十六年正月条所収「年譜略」）

慶長十六年早春、津城ノ修補ヲ命セラル、富田侯ノ在城ノ節ハ、本城東西ニ両口有テ、総地低ニシテ本城ノ四方沢・沼タリ、二・三ノ丸本城ノ東ニ有テ、橋ヲ以テ各通路シ、亦其外ヘモ橋ニテ出ル、西ニ局丸ト云アリ、総郭狭クシテ西ニ口ナク東ニ両口アリテ、南ハ分部町ヘ出、北ハ地頭領ヘ出ル、北ニ一口アリ、今ノ京口ノ辺ト見エ

タリ、南ハ中島へノ通路アリト、

「本城」すなわち本丸の周囲は低湿地であり、その東に二・三ノ丸を配し、それぞれが橋で結ばれていた。局丸は、史料からは本丸の西に位置したかのようにも読めるが、それでは一直線の縄張りとなってしまい不自然である。そこで藩政期に作成された城下町絵図(18)を検討すると、本丸の南の内堀が大変広かったことから、ここにあったと推測する。大手は東向きで地頭領・分部両口で、大手口のほかは北の京口と南の中島口があった。

以上、城下町と城郭に関係する史料からは、おおよそ次のことがわかるであろう。この頃までに岩田川の流路を変更して南の外堀とし、それと同時に城下町の造成が進行していたということである。つまり、元来は川筋・入江や砂浜・低湿地だった城下町の大部分が、徐々に埋立てられていったとみられる。これを概念図として示したのが、伊勢・伊賀関係資料1である。

(C)藤堂高虎の都市計画

藤堂高虎が入封したのは、慶長十三年だった。この時期に高虎は、家康の画策した大坂包囲網形成のための築城に携わったが、その大枠が完成した慶長十六年正月から、津城と伊賀上野城および両城下町の大規模な改修に着手した。津城の改修については、『高山公実録』慶長十六年正月条所収「年譜略」から以下のことがわかる(19)。

高虎は、本丸を東と北に拡大して石垣を積み直した。本丸の東西には、西の丸と東の丸を設けた。前者は本丸をガードする馬出曲輪で、後者は外郭へ橋を架けず石垣も築かず鎮守神を祀った。大手を北の京口とし、二つの三層隅櫓を配して進入勢力に対して睨みをきかせた。大手の変更は、伊勢別街道方面から大坂方が侵入することを意識してのものである。

図3　近世伊勢街道・伊勢別街道概念図

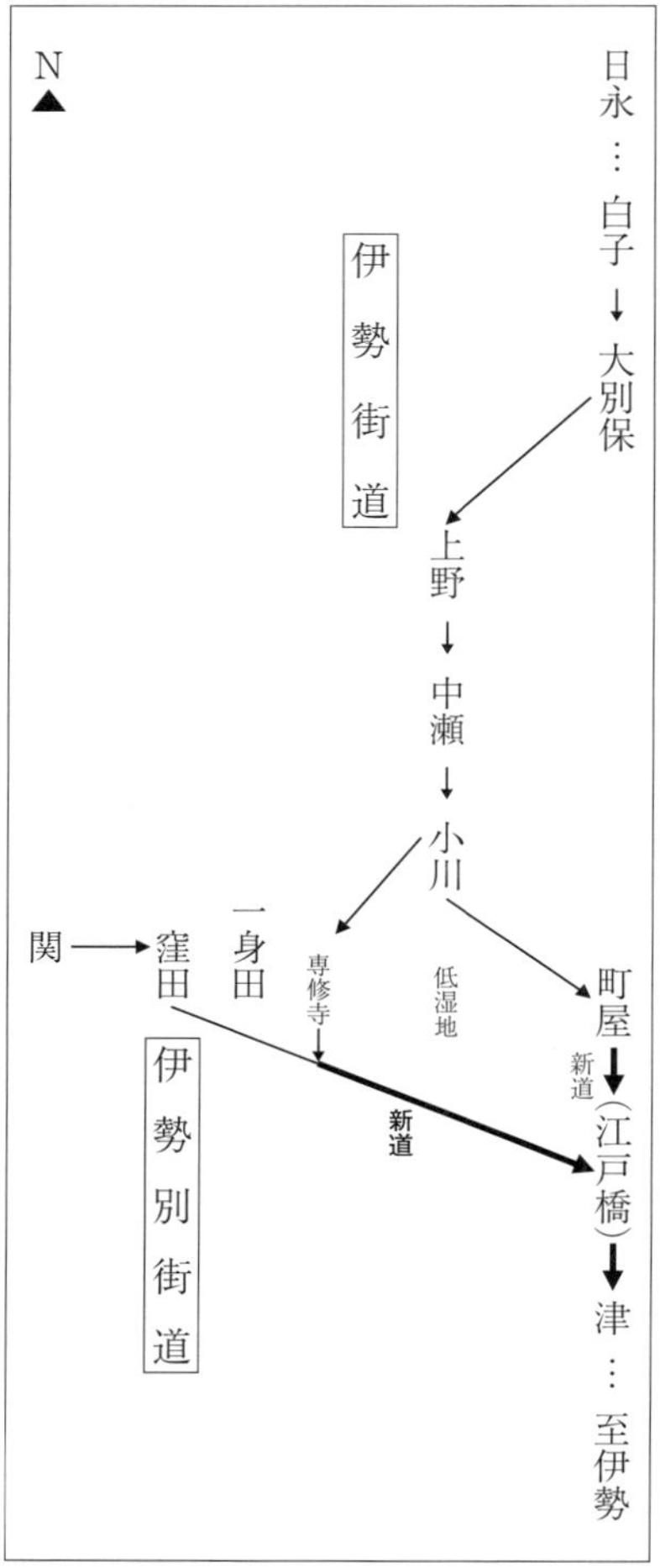

また新たに西に伊賀口門を設けて、そこを起点として長野越えで城下町上野のメインストリートの本町通りと結ぶ伊賀街道を整備した。それまで外郭にあった沢・沼を埋め立て拡大して重臣居住区すなわち丸の内とした。

高虎の北向きプランの採用は、街道の城下町への引き込みを狙ったものでもあった。伊勢街道と伊勢別街道を合流させ、まっすぐ南下させて大手前で左折しメインストリートの観音寺の門前へとつないだのである。以上を踏まえて、近世の伊勢街道・伊勢別街道の概念図を図3として示した[20]。

続いて城下町の改修である。町人地は城郭の北・東・南に拡大し、武家地を城郭の北・西・南に配している。城郭の東の町人地の外縁部に堀川を掘り、その東に堀川に沿って寺町とし、上宮寺・西来寺・天然寺など安濃津をはじめとする近隣から移転を強制して城下町を防御した。城郭の西にあった古川村を防衛のために低湿地とし、住民をさらに西の刑部《おしかべ》村に移住させたと伝わる。また南の外堀にあたる岩田川右岸に舟入を設けて軍港とし、その周囲を久留島・佐伯などの水軍の居住区とした。

なお水害から城下町を守るために、北の外堀の役目を担った安濃川の上流で三泗《さんし》堤防を普請して、増水が堤防を越えて三泗川へと流れるように工夫した。被害を受ける神戸・野田の両村に、高虎が注連縄飾りの専売権を与えたといわれる。

このように高虎は、城郭と城下町の大改修に伴い、この地域でかつてない規模の地域開発を展開したのだった。この段階の城下町概念図として伊勢・伊賀関係資料2で示す。高虎や子息で二代藩主となった高次の段階では、まだ十分に城下町が整備されていなかった。その描写から寛永年間のものと推定されている「津城下町絵図写」(津市役所蔵)をもとに町筋の概念図を復原したのが伊勢・伊賀関係資料4である。

これによると、特に堀川に近い浜町はまだ十分には造成されていなかったようにみえるし、観音寺の裏手一体が低湿地だったことがわかる。高虎は、町人地の内部を高町・浜町と築地町・伊予町の三つのゾーンに編成した[21]。

第一のゾーンは、高町に属する伊勢街道あるいはそれに沿った複数の街道に面する砂堆上に形成された町人居住区である。高町は、次に述べる浜町や築地町と較べて高所で、地盤が安定していたとみられる。

第二のゾーンが、堀川や岩田川に接する浜町と築地町である。ここは、漁民や廻船商人といった伊勢湾との関わりをもつ海民の居住区であり、漁船や商船を直接係留することができた。ここは、地盤が低く埋立てを必要とした地域だった。

第三のゾーンは、岩田川の南側の砂堆上に設けられた伊予町で、三千石を与えられた町年寄加藤氏以下の特権商人の居住区である。高虎の国替に従った伊予国の町人達には、伊勢街道沿いのこの地域に屋敷を与えられた。

以上高虎による町人地のゾーニングについてみたが、そののち町名が変わったり、新たな町が分立しているが、町人地の基本構造は高虎の町割以来、変更がなかった。

2　藩領内都市ネットワーク

ここでは、近世都市の特質として藩内部の本城城下町を中核として各都市間に結ばれたネットワークについてみてみよう。

慶長十三年十一月五日付高虎判物写（『三国地誌』所収史料）には、「国中万うりかひ《売買》之儀、上野町并なんばり《名張》之町・同あを《阿保》町にてしやうばい《商売》可仕候、右之ほか　わき〳〵《脇々》にてうりかい堅令停止者也」と規定されており、伊賀一国では城下町上野と名張・阿保が都市として認定されたことがわかる。

この当時、名張は重臣梅原氏の城下町であり、阿保は前領主筒井氏の時期に支城があったが、こののち伊賀においては、これらの城下町でしか商売ができないのである。つまり中世以来、同国内の河川沿いに発達した市場がすべて否定されたのだった。

天正十三年に筒井氏が大和から伊賀へ国替となった時に「侍払い」が断行され、主人をもたない在村武士は追放された[22]。本史料によって、伊賀においては兵農分離に加えて商農分離が強制されたことがわかる。これに対して伊勢領でこのような法令は、管見の限り確認できない。中世以来、津が都市として傑出していたからと思われるが、同様の政策が強制された可能性は否定できない。

次に、初期藩政における都市政策を、藩領内の防衛体制との関係から概観したい。西の大和街道の押さえは上野城(伊賀一国支配)、初瀬街道は名張城(梅原氏のち藤堂宮内家)、南の押さえは久居陣屋(支藩久居藩五万石、寛文九年に高次子息高通が立藩)、北の伊勢別街道の押さえは一身田寺内町とした。

ここで、一身田専修寺についてふれたい。当寺住持には、高次妹亀姫(第十五世堯朝室高松院)と高次息女糸姫(第十六世堯円室大空院)が、寛永十二年(一六三五)十月と明暦四年(一六五八)三月に輿入れして関係を強めた。そして万治元年(一六五八)には、高次が寺地三万千百六十四歩を寄進し、それまでの寺内町の大改修をおこなっている。第三章で指摘するように、高次は藤堂高刑を専修寺の普請奉行にした。高刑は津城代をつとめる家老であり、妻が第十四世堯秀の従妹でもあった。彼は、城郭と城下町が一体化した津と同様に、専修寺を中核とした城下町といってよい構造をもつ寺内町をプランした。

続いて着目したいのが、本城—支城間の緊密な関係にもとづく藩経済圏の創出についてである。これに関しては、伊賀・伊勢関係資料9を参照されたい。なんといっても、津を藩領の中心都市としたことが重要である。ここは、伊勢湾海運・伊勢街道・伊勢別街道・伊賀街道の交差する結節点となった。

参宮する場合、東国から東海道—伊勢街道経由、畿内から東海道—伊勢別街道経由もしくは大和街道—伊賀街道経由で必ず津を通過せねばならなかった。しかも津城の鬼門の位置にあり町人地の中心機能をもつ津観音は、参宮の際に必ず立ち寄る参詣スポットとなったから、宿駅機能をもつことになる。

物流においては、特に上野—津間の密接な関係が築かれたことが重要である。三代藩主藤堂高久は、京荷物・大和木綿の伊賀廻り津出し輸送すなわち京都・大和↓笠置↓上野↓↓津↓白子↓江戸へというコースの定着に力を入れている。これによって、後に輸送をめぐる大坂菱垣廻船仲間との深刻な対立が発生することになる。(23)

結語

中世において環伊勢海地域の有力港湾都市・安濃津は、伊勢神宮や伊勢守護の影響下にあったが、特定の領主権力に属さなかった。しかし織豊政権によって約二キロメートル北西に津城が築かれ、その周辺に移転を強制され城下町へと編成されていった。

慶長十六年から着手された藤堂高虎による城下町改修は、住民や寺院の移転ばかりか、その前提として街道の付け替え・河川の流路変更・埋め立てによる町場造成を伴う、この地域では未曾有の大工事だった。

しかし安濃津は、近世大名権力によって否定されたのではない。メインストリートの町並みがそのまま移転したように、領主と共生する都市へと変貌したのである。このような安濃津と津の関係は、近世を通じて確認された。城下町最大のイベントだった津祭礼では、安濃津の鎮守・八幡宮と津城を結ぶパレードがおこなわれたからである。

それを描いた「津八幡祭礼絵巻」(ニューヨーク・盛親パブリック・ライブラリー所蔵)からは、時空を超えて両都市の関係が生き続けていたことが伝わってくる。(24)まさしく、中世から近世への継承を象徴する祭礼といってよいだろう。

(1)　土木学会編『明治以前日本土木史』(岩波書店、一九三六年)、古島敏雄『近世日本農業の構造』(東京大学出版会、一九五七年、のち『古島敏雄著作集』三、東京大学出版会、一九七四年、所収)など参照。この時期の新田開発の様相については、拙稿「近世初頭の開発と村落―和泉国日根郡」(拙著『日本中・近世移行期の地域構造』校倉書房、二〇〇〇年、初出一九九三年)で追究した。

（2）近年、太平洋海運・流通システム・初期織田政権との関連から、環伊勢湾の中世港湾都市―尾張の熱田・津島や伊勢の桑名・安濃津・大湊など―への関心が高まっている。太平洋海運については、飯田良一「文明年間における伊勢湾の警固と廻船」（『三重県史研究』四、一九八八年）・永原慶二『戦国期の政治経済構造』（岩波書店、一九九四年）・綿貫友子『中世東国の太平洋海運』（東京大学出版会、一九九八年）・宇佐見隆之『日本中世の流通と商業』（吉川弘文館、一九九九年）を、流通システムについては、藤田裕嗣「流通システムからみた中世農村における市場の機能」（『人文地理』三八―四、一九八六年）、初期織田政権については、拙稿「織田政権と尾張―環伊勢海政権の成立―」（『織豊期研究』創刊号、一九九九年）を参照されたい。

（3）安濃津については、『津市史』一（津市役所、一九五九年）、関口精一『津市地名事典』（八雲書店、一九九五年）・矢田俊文「明応地震と港湾都市」（『日本史研究』四一二、一九九六年）・三重県埋蔵文化財センター『安濃津』（一九九七年）、伊藤裕偉「中世港湾都市・安濃津に関する覚書」（『ふびと』四九、一九九七年）・「伊勢湾西岸部における中世港町の状況」（『ふびと』五〇、一九九八年）・「安濃津の成立とその中世的展開」（『日本史研究』四四六、一九九九年）・「中世安濃津の交通路と物流」（三鬼清一郎編『織豊期の政治構造』吉川弘文館、二〇〇〇年）など参照。

（4）天正九年九月十八日付「廻船大法」、『日本風土記』、『武備志』など。稲本紀昭『日本三津に関する史料の研究』（津市、一九八九年）参照。

（5）「津四郷」については、年欠八月十四日付長野氏奉行人連署奉書（「伊藤又五郎文書」）、「四・五千軒」は連歌師宗長が大永二年八月に安濃津を通った時の『宗長手記』の記事による。

（6）城下町としての津については、拙稿「藤堂高虎の都市計画（二）―伊勢国津―」（『日本中・近世移行期の地域構造』校倉書房、二〇〇〇年、初出一九九八年）、拙著『江戸時代の設計者―異能の武将・藤堂高虎―』（講談社現代新書、二〇〇六年）。

（7）拙稿「近世寺内町の形成過程―伊勢一身田の場合―」（『Mie history』一七、三重歴史文化研究会、二〇〇六年）。以下、旧稿と表現する。

(8) 『河芸町史　本文編』(河芸町役場、二〇〇一年)。

(9) 長野氏については、『美杉村史　上巻』(美杉村、一九九四年)第三章や岡野友彦「伊勢国人長野氏による『荘園押領』について」(『三重県史研究』一四、一九九八年)など参照。

(10) 前掲『安濃津』一六三頁参照。

(11) たとえば近江の有力商人・保内商人の商業の中心は、京都への通商ではなく、八風・千草両街道を利用した越前・若狭と北伊勢すなわち日本海岸と太平洋岸を結びつけることにあったと指摘されている(『八日市市史　第二巻』三六三頁)。また同クラスの小幡商人が、鈴鹿山を商圏としていないことを主張していることからも(応永三十三年七月四日付日吉大宮神人小幡住民等目安案、『今堀日吉神社文書集成』八〇)、東海道─伊勢別街道というルートは、京都商人が掌握していた可能性が高い。

(12) 七月五日付真慧書状(「山形泰一氏所蔵文書」、『三重県史　資料編中世2』所収)。

(13) 七月二十一日付真慧書状(「坂口茂氏所蔵文書」、『三重県史　資料編中世2』所収)。

(14) 同年八月二十三日付室町幕府奉行人奉書(「成簣堂古文書」一三五)。

(15) 神宮文庫所蔵「文明年中内宮宮司引付」。

(16) 小島廣次「伊勢大湊と織田政権」(『日本歴史』三七二、一九七九年、のち藤木久志編『織田政権の研究』吉川弘文館、一九八五年、所収)参照。

(17) 伊勢木綿については、永原慶二『苧麻・絹・木綿の社会史』(吉川弘文館、二〇〇四年)参照。

(18) 管見の限りでは、比較的初期の姿を描いていると思われる「津城下町絵図」(個人蔵)と「津城下絵図」(天理図書館所蔵「日本城図」所収)と「洞津御城下図」(慶応義塾大学図書館所蔵)、そして享保四年の「津城下分間絵図」(個人蔵)と文化年間のものとされている「津御城下絵図」(個人蔵)がある。そのほか、津市役所に四枚と津市立図書館に一枚の城下町絵図写が所蔵されている。

(19) 前掲拙稿「藤堂高虎の都市計画(二)─伊勢国津─」を参照されたい。

(20)『伊勢街道―歴史の道調査報告書―』(三重県教育委員会、一九八六年)参照。
(21)慶長十八年正月吉日付藤堂高虎判物(『津市史』一所収写真)。
(22)拙稿「兵農分離と郷士制度―津藩無足人―」(前掲『日本中・近世移行期の地域構造』所収、初出一九九七年)を参照されたい。
(23)杉本嘉八「文化年代における笠木廻し白子積問題について」(『三重県史研究』四、一九八八年)参照。
(24)『ニューヨークから里帰り「津八幡祭礼絵巻」まつり・祭・津まつり』(まつり・祭・津まつり実行委員会、二〇〇四年)、菅原洋一「『津八幡宮祭礼絵巻』に見る近世初期の津城下と町屋」(『ふびと』五九、二〇〇七年)参照。

第二章　本城城下町をつくる—伊勢津

問題の所在

慶長十三年（一六〇八）における藤堂高虎の伊予から伊勢・伊賀への転封は、慶長十一年におこなわれた徳川家康の駿府入りと連動した人事とみるべきである。家康は、駿府から西国大名を監視したのであるが、その参謀ともいうべき立場にあった高虎は最前線に置かれた。関ヶ原の戦いの後も、家康は京都より西に徳川方大名を配置することができなかったから、高虎はまさしく豊臣恩顧大名の切り崩しのための先兵と言うべき立場になったのである(1)。

高虎の転封に関連して重要なのは、伊予では本城今治城をはじめ本城級の板島城（後の宇和島城）・大津城（後の大洲城）ばかりか、瀬戸内海に浮かぶ近世海城・甘崎城など多くの支城群をもっていたのだが、国替後は伊勢領の津城と伊賀領の上野城・名張城だけに整理したことである。

伊予時代のように多数の城郭に重臣を配置していては、領国を防御する戦闘に即応できても、大名家全体にわたる組織的な政治体制としての「藩」は成立しない。高虎は転封を画期として、藩体制を確立しようとしたのである。

高虎は、自らが中心的に取り組んだ大坂包囲網に関連する公儀普請が一段落すると、津城と上野城を慶長十六年正月から同時に改修してゆく。両地には、既に織豊系城郭があったのだが、それを城下町も含めて抜本的に改造したのである。

本章においては、高虎独自の城下町建設のスタイルを伊勢津を素材として検討する。当初より本城城下町と定めた津には、高虎の城下町づくりの理念が反映されたに違いないと予想するからである。国持大名となった高虎は、伊勢・伊賀(のちに山城・大和両国の五万石と下総の三千石を含む三十二万石となる)の広大な藩領支配のために、いかなる都市政策を展開したのであろうか。

第一節　高虎以前の城下町

現在の津城の位置に近世城郭を築城させたのは、織田信長だった。彼は、上洛戦の前提として永禄十一年(一五六八)二月に中部伊勢に進攻し、三男信孝を河曲郡の神戸氏の、また実弟信包を安濃郡の長野氏の養子とし、さらに永禄十二年九月には南伊勢の北畠氏を攻撃し、次男信雄をその養子とすることに成功した。このようにして伊勢一国が、信長の新たな領国に加えられたのである。

信長にとって伊勢の掌握は、東海道をはじめとする上方に通じる街道ばかりか、関東への足がかりとなる太平洋海運を押さえることを意味した。同国には、桑名・安濃津・大湊に代表される有力港湾都市があり、以前から今川氏などの東国の戦国大名と関係をもっていたからである。

長野氏の当主となった信包は、織田家中では信雄に次ぐ第三番目の実力者だった。彼は、永禄十一年に伊勢上野(津市)に入城し、やがて中世を代表する港湾都市だった安濃津を支配するべく、同所に北接する岩田に築城し、天正八年までに津城を完成させたといわれる。縄張りは滝川一益が担当したとされるが、その特徴は大手を東側の伊勢湾方面に向けて設け、城内に港湾機能を取り込んだことで、城下町とは橋や舟運で結ばれていたとみられる。

なお安濃津については、近年の発掘調査によって、津市乙部町から同米津町にかけて南北約四・一キロメートル、東西約〇・五キロメートルの砂堆上に展開し、「藤潟」とその北部の入江に設けられた湊を中核としていたことが明らかになっている(2)。

安濃津の外縁部は、北は安濃川、南に伊勢海と接する潟湖、そこに流入する岩田川という要素によって形成され、東の伊勢海を除く外部とは入江・河川で隔絶していたから、すべて橋によって結ばれていた。

元亀二年(一五七一)二月吉日付信包書状(3)によると、信包が「津三郷・同岩田」に対して公事や陣夫役の免許など、城下町並の特権を保証したことがわかる。当該期に津城が存在した可能性は高いが、信包は「津三郷」すなわち安濃津の機能を否定して城郭周辺に町人を移転させるのではなく、むしろ利用しようとしていたのである。

文禄三年(一五九四)に信包が近江大溝に転封した後、文禄四年から慶長十三年にかけて富田一白・信高父子が津城主となった。一白は、天下統一期に豊臣直臣として関東・奥羽の諸大名との外交交渉にあたった。したがって彼が安濃津に配置されたのも、ここが東国への玄関口としての機能をもっていたことと関係するであろう。

津市のルーツというべき城下町・津が確認できるようになるのは、慶長年間からである。(慶長五年)六月十九日付富田知信判物(4)では、「津町中」に対して諸公事が免除されている。したがって、この時点で安濃津から寺社・町屋の移転が進んでいたことが判明する。

慶長十年六月二十五日付太田織部・平井清左衛門尉連署奉書(5)の宛所に「綿屋又五郎殿・年寄中」とあることから、有力商人である綿屋(伊藤)又五郎クラスが町年寄となって町政が運営されていたことがわかる。

本史料には、津町を形成する「津町大門・中ノ番・宿屋・地頭領・分部町」が記されており、この段階までに安濃津にあった観音寺が移転し、その門前に展開するメインストリートに各町が形成されていたことがわかる。なお大門・中ノ番・宿屋という町の並びは、安濃津と同様だったといわれる。

次に富田氏時代の津城を復原してみたい。関係史料を次に掲げる。

【史料1】(6)

慶長十六年早春、津城ノ修補ヲ命セラル、富田侯ノ在城ノ節ハ、本城東西ニ両口有テ、総地低ニシテ本城ノ四方沢・沼タリ、二・三ノ丸本城ノ東ニ有テ、橋ヲ以テ各通路シ、亦其外ヘモ橋ニテ出ル、西ニ局丸ト云アリ、総郭狭クシテ西ニ口ナク東ニ両口アリテ、南ハ分部町ヘ出、北ハ地頭領ヘ出ル、北ニ一口アリ、今ノ京口ノ辺ト見エタリ、南ハ中島ヘノ通路アリト、

第一章で確認したように、本丸の周囲は低湿地であり、その東に二・三の丸を配し、それぞれが橋で結ばれていた。局丸は、史料からは本丸の西に位置したかのようにも読めるが、それでは一直線の縄張りとなってしまい不自然である。そこで藩政期に作成された城下町絵図(7)を検討すると、いずれも本丸の南の内堀が大変広かったことから、ここにあったと推定する。大手は東向きで地頭領・分部両口で、大手口のほかは北の京口と南の中島口があった。

これによって、この頃までに岩田川の流路を変更し幅を広げて南の外堀とし、それと同時に城下町地域の造成が進行していたということができよう。元来は安濃川と岩田川に挟まれて川筋・入江が多く、しかも砂浜・低湿地だった城下町の大部分が、徐々に干拓されていったとみられる。以上を踏まえて、この段階の城下町の概念図として伊勢・

伊賀関係資料1を示す。

第二節　藤堂高虎の都市計画

I　グランドプラン

（A）城郭改修

慶長十三年に伊勢・伊賀に転封した高虎は、大坂包囲網の形成にいそしんだ。それに目途のついた慶長十六年正月からは、津・上野両城の大規模な改修を開始した。津城の前任者は富田信高、上野城のそれは筒井定次で、それぞれ織豊系城郭を築城していた。

津城の本丸は、東と北に規模を拡張した。新たな本丸の北面には石垣を普請し、北東と北西の隅に三層櫓を配して多聞櫓で結んで、進入勢力に対して睨みをきかせた。天守は富田氏の三重天守をそのまま利用し、東に二重の小天守を新造して連結した。現存の小天守台は積み方が新しいのと、天守台とのつなぎ目に石材を共有していないのがその根拠である。

津城本丸の特徴としては、その全周囲を多聞櫓で囲繞していることがあげられる。天守・小天守・六棟の隅櫓・東西の鉄門を多聞櫓で完全に連結した城郭は、日本の近世城郭において極めて少ない。

最近の大手門裏（藤堂主膳屋敷跡付近）の発掘によって、高虎時代の内堀の外側石垣が確認された。江戸城や大坂城の本丸内堀の幅が、五十メートル程度であったのに対して、津城の北側内堀幅が八十メートルもあったことが明らかになった。まだ発掘していない本丸南側の内堀は「百間堀」と呼ばれ、調査によって百メートルを優に超すことが推定されるから、津城の内堀は近世城郭最大規模だったと言ってよい。

このように本丸を囲む堀幅の広さとあいまって、津城の守備能力は相当に高く、日本を代表する近世水城だったとみることができる。これまで藤堂藩研究では、上野城が実戦に備えた堅固な城郭で、津城が平時の政庁と理解されてきたのだが、やはり津城は高虎の城づくりの集大成として、つまり前任地今治城の発展型として位置づけねばならないであろう。

本丸の東西の虎口に連結する曲輪として、西之丸と東之丸を連結した。本丸への入り口となった西之丸は、本丸を侵入勢力からガードする馬出曲輪の役割を果たした。東之丸は富田氏段階の二の丸を利用したと思われるが、文政三年(一八二〇)に藩校有造館が設けられるまで外郭につながる橋は設けられなかった。また本丸東鉄門が立派であるにもかかわらず、東之丸には幕末まで石垣も普請されないままだったから、当初の縄張りが完成されないまま放棄されたとみることもできよう。

外郭は、沢・沼を埋立てて拡大して、重臣居住区すなわち丸之内(二之丸)とした。大手は北の京口に変更し、西に伊賀口、南に中島口(不浄門)の三門とし、要所には単層の櫓を配した。三門には土橋が架けられ、いずれも枡形の機能を付与された折れのあるのが特徴である。

(B)街道整備

高虎による大手の変更は、軍事的には伊勢別街道方面から大坂方勢力が侵入することを意識してのものである。この北向きプランの採用は、街道の城下町への引き込みを狙ったものでもあった。それまで海岸に沿っていた伊勢街道を、町屋から南進させ（延宝六年に江戸橋を架設して）伊勢別街道を延ばして合流させ、まっすぐ南下させて津城の大手前で左折しメインストリートの観音寺の門前へとつないだのであった。

城郭の西側には、新たに伊賀口門を設けて、そこを起点として長野越えで上野のメインストリートの本町通りと結ぶ伊賀街道を整備したことも重要である。両城下町を約四十五キロメートルと最短コースで接続した街道は、伊勢側

図2　高虎による街道の整備

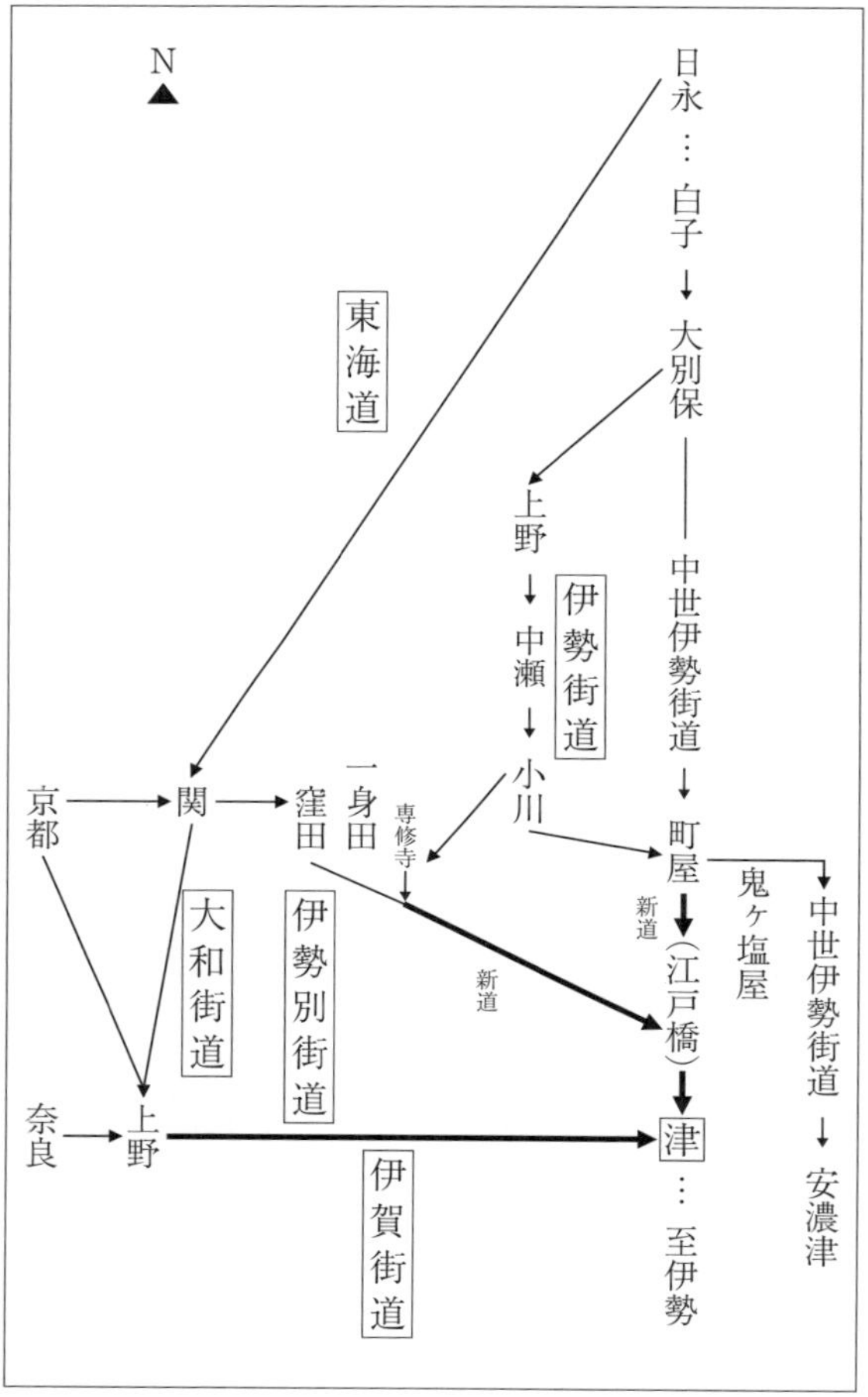

では片田（津市）・長野（津市）、伊賀側では平松（上阿波、伊賀市）・平田（山田、三重県伊賀市）の四カ所の宿場町をもっていた。なお藩士以外は伊賀口門は使用できなかったから、城下町北部の釜屋町から塔世川堤防伝いに迂回して伊賀街道に向かった(8)。

街道の整備については、図2に示した(9)。図中の新道とは、高虎による普請部分である。このような街道政策により、伊賀一国の中核都市である上野と、伊勢湾岸の代表的な港湾都市・津が直接結びついた。津からは伊勢湾の水産物が上野へ、上野からは上方の木綿が津へと運ばれて海路で江戸に輸送されるなど、伊勢・伊賀両国の様々な物資が往来する大動脈として藩経済発展の礎となった。

高虎によって、上野は奈良と伊勢関を結ぶ大和街道と伊賀街道（伊賀では伊勢に向かうことから伊勢街道と呼ばれる）の分岐点、津は伊勢別街道・伊勢街道と伊賀街道の交差点というように、二つの都市に流通の結節点としての役割が与えられ、それぞれの経済発展が約束されたのである。

（C）居住区と惣構

武家地は城郭の北・西・南に配し、町人地は城郭の北・東・南に拡大している。慶長末年までに城郭の東の町人地の外縁部に堀川を掘り、その東に堀川に沿って寺町を設定し、西来寺・上宮寺・天然寺など安濃津をはじめとする近隣から移転を強制して城下町を防御した。

南の外堀にあたる岩田川の南には、伊予から従った町人や僧侶を集住させた伊予町をつくり、その東側の岩田川右岸に舟入を設けて軍港とし、周囲を佐伯氏ら水軍の居住区とした。これが船頭町である。

堀川は、幅四十四メートル・水深三メートル・全長六百メートルだった。安濃川（塔世川）の支流桜川に沿ったもので、岩田川から安濃川まで掘り抜く予定だったのが、大坂の陣が終了したため途中で中止になった。この開削によって生じた土砂は、浜町・築地町や寺町の土地の埋立てと安定化に使用されたといわれる。

これに対して、城下町西側の防衛のために計画されたのが、新堀だった。これは、岩田川から武家地の西端部を北上して安濃川に達する堀として一部掘削されたが、堀川と同様の理由から普請中止となった。

このように堀川や新堀は、城下町の東西を守備するための惣構として計画されたが、いずれも未完のまま放置されてしまった。ただし堀川の北には桜川とその堤防が続いており、実質的に惣構の役割を果たしていた。また新堀開削の代替措置として、城下町の西にあった古川村を防衛のために低湿地とし、住民を西の刑部《おしかべ》村に移住させたと伝わる。

このように高虎は、城郭と城下町の大改修に伴い、この地域でかつてない規模の地域開発を展開したのである。

2　寛永絵図にみる津城下町

ここからは、具体的に城下町の改修過程について検討する。その素材として注目するのは、寛永年間のものと推定されている「津城下町絵図写」である。現在は、津市役所の所蔵になるが、『津市史』編纂の折に旧重臣家から原図を借用して写したものと聞いている。彩色が施されており、法量は、縦百十三・五センチ、横百四十二・五センチである。以下においては、便宜的に「寛永絵図」と略記する。まずは、そのトレース図を掲げたい(10)。

寛永絵図の天は、全体の描写から北となっていることがわかる。つまり城下町の南上空から北向きに俯瞰しているのである。中心には津城が描かれ、東限は伊勢湾、西限は古川村、北限は四天王寺、南限は八幡神社となっており、城下町ばかりか周辺の村落までかなり写実的に表現されている。

描写年代は、立派な板橋に唐銅擬宝珠が描かれた岩田橋が架かる寛永十二年(一六三五)以降であり、阿弥陀寺が岩田弓之町に描かれているから、現在の位置に移転した寛永十五年までの三年間に絞られる〔付記〕。なお擬宝珠は現存し、「岩田橋、寛永十二年十一月吉日、大鋳物師、辻但馬守吉種、辻越後守重種」と刻印されている。

二代藩主・藤堂高次が就封したのが寛永七年であるから、その直後のものであり、高虎の最晩年の津城とその城下町の姿をうかがいうる唯一の絵画史料といってよい。屋敷地に記されている家臣名も、諸分限帳で確認されることから、信憑性が極めて高い。

(A)武家地

高虎の家臣団が津に移住した当初は、城の東側に展開した従来の城下町に分宿したと考えられる。しかし富田氏の八万石の城下町では、その武家地に伊勢付の全家臣団が居住することは不可能であり、観音寺の門前から岩田川の南の岩田にかけての町屋に仮住まいする武士も相当数あったに違いない。

これを示すのが、慶長十三年十月八日付藤堂高虎奉行人連署状中の[11]「一、御奉公人衆当座之町宿之儀卅日ハかし(貸)可申候、其以来ハ宿ちん(賃)たるへき事」という規定である。家臣団がさしあたり一カ月町屋を借りることはよいが、それより長期に及んだ場合は賃貸料を払わねばならないというものである。

そこで武家地を新たに城郭の北・西・南に造成し、上・中級家臣団の居住区として整備し、該当の家臣が移住していった。これに対して、当初より下級家臣や陪臣の屋敷地は、城から離れた岩田一帯にあったと推測される。

絵図を見ると、千石以上の大身藩士はおもに丸之内に屋敷を給されているが、郭外の中級藩士が居住する武家地には、辻筋に向かい合う短冊形の規格性の高い屋敷地が連なっていたことが判明する。おそらく各屋敷も、同様な規模・間取りだった可能性は高い。

転封直後から家臣団の居住地確保のために、武家地の造成工事は急ピッチで進められたであろう。これが完成し移

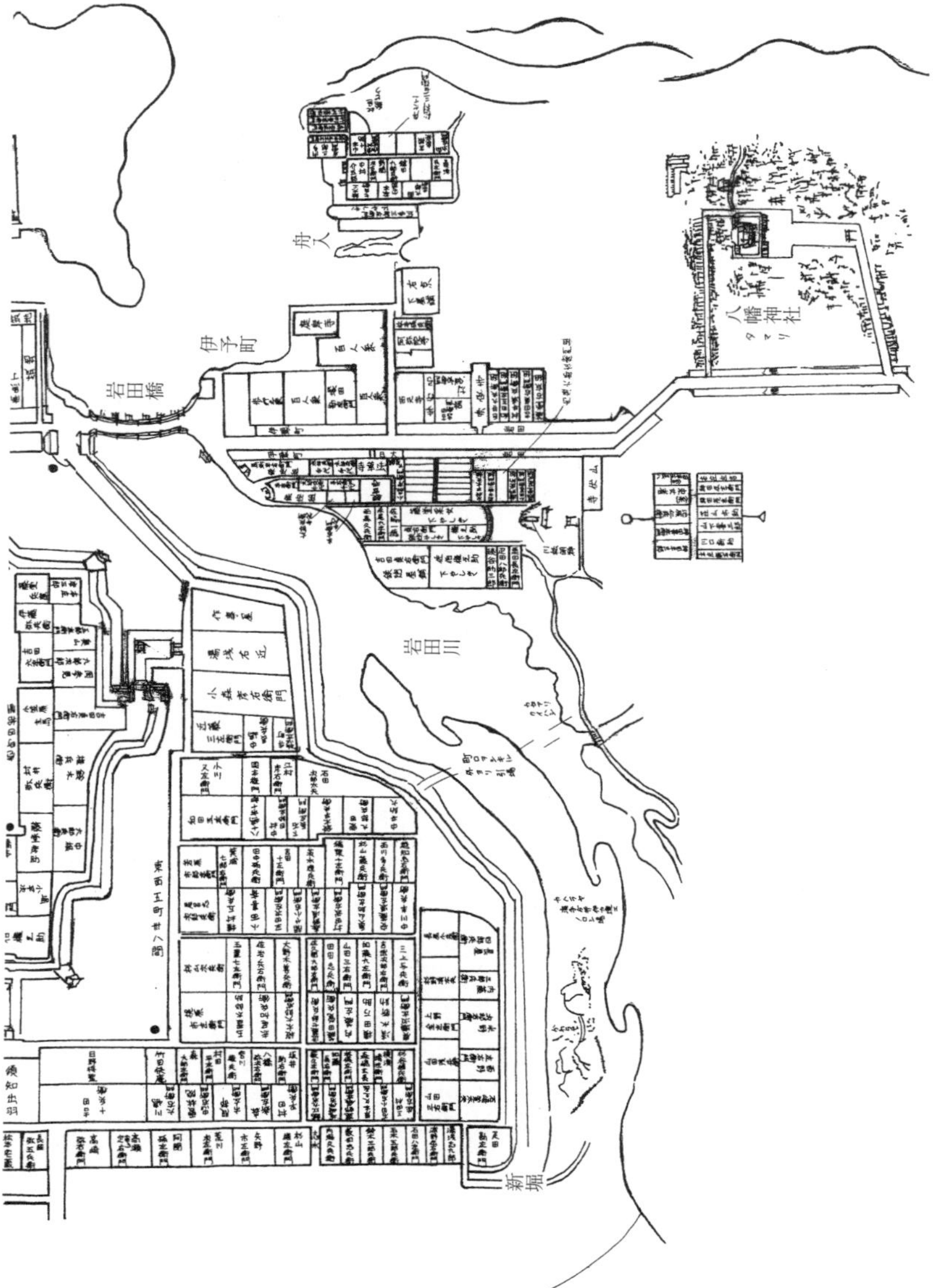
舟入
伊予町
岩田橋
八幡神社
岩田川
新堀

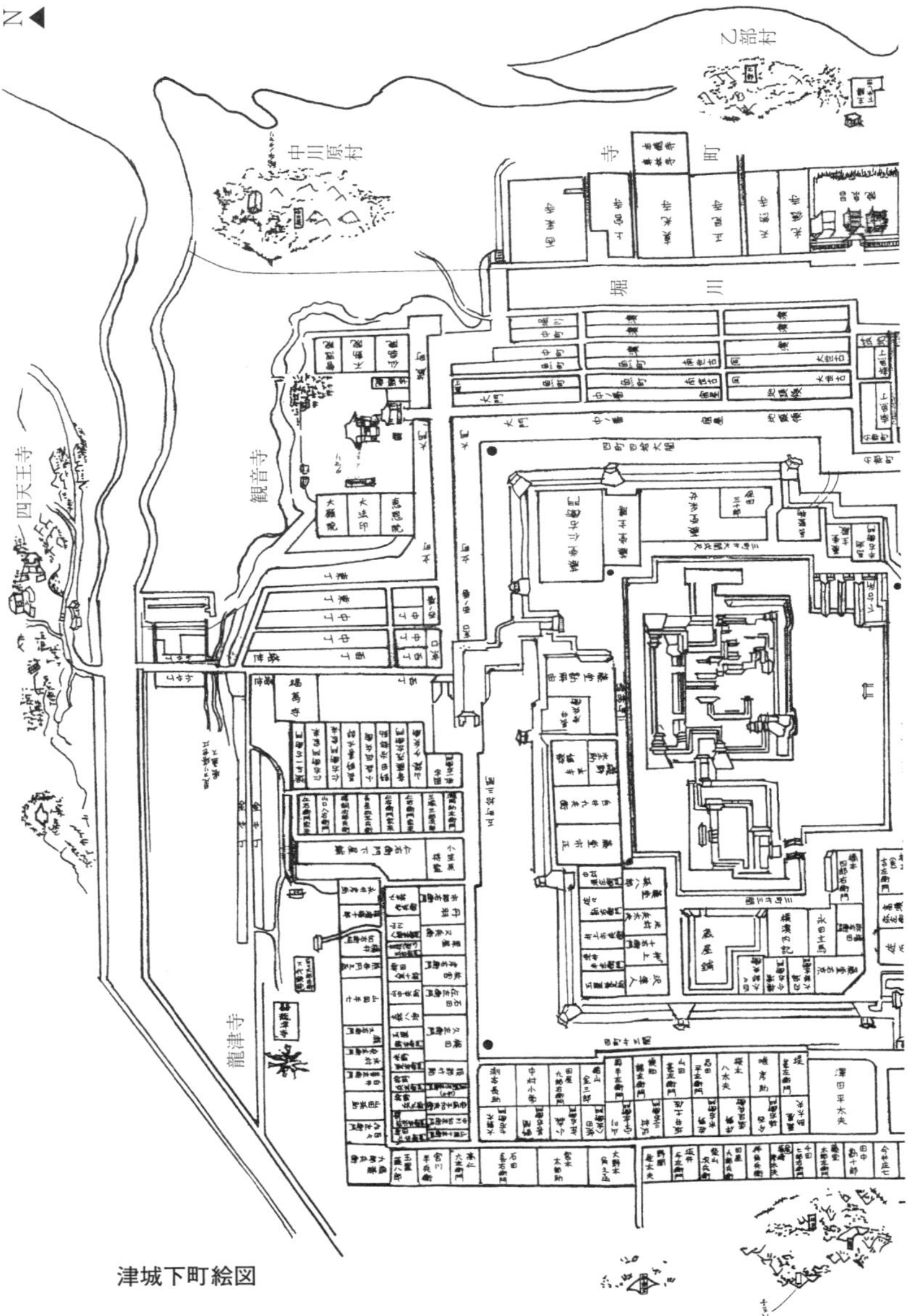

津城下町絵図

住が完了した慶長十六年正月から、本格的な城郭改修がおこなわれたと推測する。
寛永絵図には、のちに確認される武家地内の丁名は記されていない。便宜的にそれを使用してブロックを示すと、城郭の北ブロックが北堀端・玉置丁・検校丁であり、西ブロックが西堀端・中新丁、南ブロックが南堀端・中島丁(一番丁・二番丁・三番丁・四番丁〔別名五軒丁〕・枕丁)である。それを概念図として示したのが、伊勢・伊賀関係資料3である。

家臣団屋敷地の特徴をあげたい。郭内の重臣屋敷地は、規模が傑出しており規格性は乏しい。おそらく各重臣が、石高に応じて自力で普請したからであろう。城外に通じる外郭の三門である京口門・伊賀口門・中島門周辺にも、千石を超える大身藩士が配置されている。これは、軍事的な配慮といってよいだろう。特に大手門である京口門付近には、郭内に城代藤堂仁右衛門の屋敷地があり、検校丁には仁右衛門の下屋敷とその家臣の屋敷地が配されていることは注目されよう。

屋敷地の配置の原則をみるために、石高や軍隊の単位である組(備)別でその傾向がないかを探ってみた。ここで城郭の南ブロックに属する中島一番丁のケースをまとめた表1を参照されたい。ここは、百五十〜四百石クラスの中級藩士の居住区で、いわば藤堂藩内の典型的な武家地といってよい。

なお中島には一番から四番まで丁が形成されているが、これは備えの順番ではなく、地割りの順番とされる。藩が武家地を造成し街区を造る際に西から東に地割りしてゆき、四番までの南北の路地に面する街区が誕生したのである。南側に残った東西に長い土地は、東西の路地に面する地割りとなり、その形状から枕丁と名づけられた。

既に述べたように、石高別の配置としては郭内→城外の北・西・南側ブロック→伊予町という一定の傾向はある。しかし組(備)によるとまとまりは、藤堂仁右衛門組など一部を除き、見事なほどにバラバラに配置されていることが

表1　中島一番町居住藩士の禄高・所属組（辻筋を北から南に家臣名を配列した）

藩士名	禄高	所属組	備　　考
中島一番丁東筋			
玉置太郎助直長	500	勘解由	鑓奉公や旗奉公になる
赤尾加兵衛	200	主膳	
桜木六郎右衛門正純	300	—	上台所に勤仕
近藤七郎兵衛	—	—	
藤田覚兵衛	200	主膳	
内藤左門	—	—	
横田万助	—	—	
清水新助	300	右近	
広瀬次左衛門	300	—	
中島一番町西筋			
竹田快庵	250	供衆	
森九郎左衛門	250	勘解由	
村田平左衛門政周	250	勘解由	
宮川権兵衛保元	250	勘解由	
八橋弥次右衛門	250	采女	
坂井助右衛門	350	右近	
藪久左衛門	200	采女	
加藤長右衛門	200	主膳	
林儀左衛門	—	留守居	切米30石7人扶持
森島玄長	600	供衆	元豊臣秀頼侍医
横浜清左衛門	200	主膳	
杉谷猪兵衛	300	采女	鑓奉公

判明する。これについては、入封ののち約三十年も経過し戦乱が去ったことや、頻繁に屋敷替えがおこなわれた結果とみることもできよう。

しかし転封直前の慶長十三年正月吉日付藤堂高虎条々[12]に「一、家中ニとたう（徒党）をたて或ハあいた（間）のよきそあしきそと申成、下としてむさとしたる申事」を禁止している。今治においても、家臣における派閥抗争を禁止していることから、当初より組としての人的結合が作用しないように意識的に配置した可能性も考えられるのではなかろうか。

(B)町人地

町人地について考える時、最も重要なのが伊勢街道をメインストリートとすべく城下町に引き込んだことである。寛永絵図をもとに、この段階の町人地の概念図として伊勢・伊賀関係資料4を示す。これによると、特に堀川に近い浜町や築地町はまだ十分には造成されていなかったようにみえるし、観音寺の裏手一体が低湿地だったことがわかる。高虎は、家臣団の武家地への移住が完了したのち、町人地の内部を高町と浜町・築地町と伊予町の三ゾーンに編成した(13)。

第一のゾーンは、高町に属する伊勢街道あるいはそれに沿った複数の街道に面する砂堆上に形成された町人居住区である。ここは、既に富田氏によって城下町となっていた。このなかに、観音寺の門前町を形成する大門・中之番・宿屋をはじめとする多数の町が含まれている。高町は、次に述べる浜町や築地町と較べて高所で、地盤が安定していたとみられる。町年寄は、富田氏段階から伊藤又五郎が務めていたことが確認される。

第二のゾーンが、堀川や岩田川に接する浜町と築地町である。ここは、漁民・鮮魚商や廻船商人といった伊勢湾との関わりをもつ海民の居住区であり、漁船や商船を直接係留できたが、地盤が低く埋め立てを必要とした地域だった。町年寄は、岡宗太夫が務めた。

第三のゾーンは、岩田川の南側の砂堆上に設けられた伊予町で、三千石を与えられた町年寄加藤甚右衛門以下の特権商人の居住区である。甚右衛門は、加藤嘉明の一族であった。高虎の国替に従った伊予国の町人たちは、伊勢街道沿いのこの地域に屋敷を与えられた。もともとこのあたり一帯が岩田であったが、その北部に伊予町が分立したのである。

以上、高虎による町人地のゾーニングについてみたが、そののち町名が変わったり、新たな町が分立しているが、基本構造は高虎の町割以来、変更がなかった。

(C)寺町

寛永図によると、寺町の寺院は北から南に西来寺・上宮寺・真光寺・彰見寺・天然寺・光徳寺・昌泉院の順で一直線に並び、真光寺の裏に本徳寺・専林寺が記されている。

これらのデータについてまとめたのが、表2である。

表2　寺町の寺院のデータ

寺院名	宗　派	備　　　考
西来寺	天台真盛派	安濃津西来寺町→津釜屋町(慶長5年焼失)→寺町
上宮寺	真宗高田派	安濃津阿漕塚→寺町
真光寺	時宗清浄光寺派	寛永5年に寺町に移転
彰見寺	真宗高田派	鬼ケ塩屋→津浜町→寺町
天然寺	浄土宗	慶長年間の富田氏時代に現在地に建立。
光徳寺	真宗大谷派	伊予板島→寺町
昌泉院	天台宗	藤堂高次が建立、藩主の菩提寺。のちに高虎の諡号寒松院にちなみ寒松院と改称。高虎が朝鮮から持ち帰った釈迦牟尼像が本尊。
本徳寺	真宗高田派	安濃津釜屋町→寺町
専林寺	浄土真宗本願寺派	乙部村→寺町

このように様々な宗派の寺院が、種々の経緯を経て最終的には高虎の命令を受けて寺町に移転したのである。この地は、元来桜川沿いの低湿地であったが、開削した堀川の土砂を利用して安定化し、そのうえで移転が進められたのである。その結果、寺町は城下町の東端部に位置して伊勢湾方面からの攻撃を防御する役割を果たした。

(D)伊予町

伊予町には、武家地・町人地が一定のまとまりをもって存在する。ここは、もともと安濃津に隣接した岩田に属した。高虎が伊予から転封した時は、城郭から離れていることから、主に下級家臣や陪臣層が集住したと考えられる。城郭の周囲に武家地が造成され、上・中級家臣が移住すると、残された小身の家臣や「歩行衆」・「百人衆」らの足軽そして陪臣たちは、表通りから離れたゾーンに長屋住まいをおこなった。

そのうえで、伊予から移住した加藤甚右衛門以下の商人が伊勢街道に沿って店舗を営んだ。また仏眼寺・円通寺・阿弥陀寺・西元寺などの寺院も、伊予から従っている。高虎は、慶長十八年正月吉日付判物で「津町惣中」にあてて高町・浜町・築地町と同様に「岩田之内伊予町分」の地子を免許した。この頃までに、伊予町も含めた津町すなわち町人地の基本プランが完成していたのである。(14)

以上の検討をふまえて、高虎時代の津城下町の概念図を伊勢・伊賀関係資料2として示す。

高虎による城下町改修の過程についてまとめたい。慶長十三年に伊予今治から転封した高虎家臣団は、前任大名富田氏の城下町に分宿した。当時の大手は津城の東側の地頭領・分部両町にあったから、その周辺に形成された武家地に入ったが、それでは不足しており、観音寺の門前に形成された町人地や、岩田川の南側の岩田の町屋にも分宿したと思われる。

これについては、転封直後の同年十月八日付藤堂高虎奉行人連署免許状の「一、御奉公人衆当座之町宿之儀、三十日ハかし《(貸)》可申候、其以後ハ宿ちん《(賃)》たるへき事」という規定が注目される。家臣団が町屋へ宿を借りることについて三十日までは無料、それを過ぎれば借料を払うことが命じられたのである。(15)

高虎は、早速、津城の北・西・南に武家地の造成を開始した。まず城郭の外郭ラインの縄張りをして、岩田川の川幅拡張や内堀・外堀の掘削をおこなった。そこで得た土砂は、武家地の造成に使用されたと考えられる。

京口・伊賀口・中島口の前に重臣屋敷を配し、残りの土地に街区を割った。そして屋敷を一斉に建設していったとみられる。屋敷の資材のなかには、今治などの城下町の屋敷を解体して運んだ可能性も高い。(16)

武家地の造成が完了して、家臣団の移住がおこなわれた。その跡に町人地が造成されたが、その前提が伊勢街道の城下町内部への引き込みであった。伊勢街道と伊勢別街道を合流させ、そのまま南下させて城下町まで延長し、観音寺の門前までつないだのである。町人地の東には堀川を開削した。ここで得られた土砂は浜・築地などの町人地と寺町との造成にあてられた。

岩田には、下級家臣や陪臣が残された。街道沿いには町人地が形成され、伊予町が誕生した。ここには、伊予から町人や僧侶が移住した。このようにして、伊予町は、武家地・町人地に寺社が存在する特異なゾーンとなったのである。

津城の本格的な改修は、慶長十六年正月から着手されたが、それは前提として城郭の外郭ラインと武家地と町人地の大枠が完成したから可能となったとみるべきである。このように、かつてない規模での都市建設がおこなわれたのであった。

参考までに、高虎城下町の初期の姿が、今治をはじめとする伊予における城郭・城下町づくりに表れていることを指摘しておきたい。たとえば、板島城下町は現在の愛媛県宇和島市の町並みの基礎となっているし、同様に大津城下町が愛媛県大洲市へ、今治城下町は今治市へと、都市プランが確実につながっている。またこれは、丹波篠山城下町などの高虎が関与した天下普請に関わる城下町においても確認できる。

3　寛永絵図制作の背景

以上をふまえて、寛永絵図制作の背景について検討したい。そこに描かれた寛永年間の景観が、初期の藤堂藩が津城下町をどのように位置づけていたのか示すと考えるからである。まずは、制作意図と関わる本絵図の特徴を三点指摘する。

①武家地の各屋敷に、藩士の名前が細大漏らさず記されている。

この絵図の関心が、藩士をはじめとする藤堂家中にあることは確実である。しかも中心に描かれている城郭については、ラフではあるが本丸の内部構造や堀幅という藩にとっては機密に属するデータまで記されている。したがって藩上層部、具体的には藩主高次、もしくはその周辺の重臣クラスが制作させたことは確実であろう。また本絵図の閲覧も、ごく一部の藩上層部に限られたのではなかろうか。これは、本絵図の原図が重臣家に伝来したこととも符合する。

②町名・村名が記されてる

城下町を構成する各町については、関心がそれほど高いとはいえず、町名のみが記載され、町年寄以下の町人に関するデータは記入されていない。これは、藩上層部と推定した制作依頼者の意図を反映しているのであろう。

村名については、中川原・乙部・古川・「かわらや(瓦屋か、後の光徳寺新田)」といった、城下町周辺に存在した村落しか記されていない。「かわらや」に「ノロシ場」が描かれているように、これらの村々は藩と密接な関係があったのだろう。なおこの狼煙は、長野峠の狼煙場を中継点として伊賀上野城と通信したといわれる。

③一部の寺社が、写実的に描かれている。

寺社については、当時城下町周辺にあったものの大部分が記入されているとみられる。注目されるのが、八幡神社をはじめとする絵画的な描写の施された寺社である。

以下、それに該当する各寺社に関するデータを表3にして示す。

これによると、各寺社が直接的あるいは間接的に藤堂藩との関係をもつことがわかる。四天王寺は、高虎の正室久

表3　絵画的表現のみられる寺社

寺社名	宗　派	備　　　考
四天王寺	曹洞宗	高虎、元和２年に久芳院の墓所とする。高次、明暦２年に寺領百石寄進。
龍津寺	臨済宗妙心寺派	開基乾峰、高虎に三略を講ず。藩校成立以前の藩士の学問所。
観音寺	真言宗醍醐派	津城の鬼門を鎮護。高虎、元和３年に銅灯籠寄進。子院大宝院、徳川秀忠より百石寄進。
昌泉院	天台宗	住持、八幡神社の別当を兼ねる。
正覚寺	浄土真宗本願寺派	高次、次女を葬り赤門を寄進。
八幡神社	—	高次、千歳山にあった同社を寛永９年に藤方村結城森に移転、高虎の霊を合祀。寛永12年に社領二百石を寄進。

芳院の墓所であった。龍津寺は、高虎ばかりか藩士の学問所でもあった。観音寺は、津城の丑寅の鬼門にあったため、高虎から庇護を受けた。八幡神社は、高次が千歳山にあった同社を寛永九年に藤方村結城森に移転し、高虎の霊を合祀した。

以上の特徴からは、寛永絵図が藩主高次やその周辺が注文主であった可能性は極めて高い。それならば、城下町と離れた八幡神社をわざわざ描かせたのはなぜだろうか。ちなみに、伝存する他の城下町図には八幡神社は描かれていない。寛永絵図の特徴は、まさにこの点といってよい。

私は、寛永絵図の描写景観を寛永十二年から同十五年までと推定したが、仮説として高次によって寛永十三年八月十五日から開始された八幡神社の祭礼との関係を想定したい[17]。本絵図の南北の中心線である八幡神社から岩田町→伊予町→分部町→地頭領町→宿屋町→中ノ番町→大門町→立町→西ノ番町→京口町→大手門へと至る伊勢街道は、神輿と練り物行列の巡行路でもあった。

立派に描かれている岩田橋も、高次がこの祭礼のために寛永十二年に改修したといってよい。当時、京都から参宮するルートにおいて、擬宝珠のある板橋は瀬田の唐橋と岩田橋のみだったといわれる。また同年には、祭礼開始のために高次が銀子十貫目を町中に寄付している[18]。

津の前身にあたる安濃津に移転された八幡神社は、津町の鎮守として位置づけられ、同時に高虎も合祀していた。昌泉院（後の寒松院）の住持は、八幡神社の別当を兼ねた。すなわち同社は、城下町と藩の両者に密接に関係したのである。

高次は、このようにすることで、藩士と町人共通の信仰の対象として八幡神社を位置づけたのであった。それは、祭礼の次第からも明らかになる。すなわち民政担当のトップである加判奉行が、各町の練り物行列を先導して八幡宮の御旅所に向かう。八幡宮に集合した練り物行列は、津城をめざす。行列一行は、京口門から入城して内堀を一周して退城し、各町を巡行したのちに八幡宮に還御する。

確かに藩主導の祭礼ではあったが、その初期から津城下町を構成する二十七町から千人を優に超える町人が祭礼に参加している。三代藩主高久は、万治元年（一六五八）と同三年に、藤堂仁右衛門邸で祭礼を見物した。

高虎以来の津城下町は、城郭と武家屋敷・町屋・寺社などの建設で完成したのではなかった。領主と町人に共通する鎮守神を新たに勧請せねば魂が宿らなかったのである。したがって津祭礼が始まった寛永十三年に、高虎以来の城下町建設が終了したといってよいだろう。寛永絵図は、当時の藤堂藩関係者にとってのミクロコスモスを描いたものと規定することができるのである。

結　語

津城下町の建設は、高虎から二代藩主高次の初期まで続けられたが、グランドプランは高虎が設計したものだった。そのねらいは、泰平の時代の到来を予見して、津を本城城下町として政治的にはもとより経済的な拠点へと発展させることにあった。そのために高虎が重視したのは、次の三点である。

①城下町内における藩士と町人との良好な関係づくり。

②参宮客などが立ち寄る宿駅機能をもたせる。

③藩領内都市間の有機的関係の形成。

①については、既に指摘したように巧みなゾーニングに注目したい。城下町内部に伊勢街道沿いの街区を創出して町人を招致し、地子免許をはじめとする諸特権を付与して営業を保護した。城下町建設が完了した時期に、高次によって津八幡神社が安濃津に移座し、城下町の鎮守として位置づけられ、さらに高虎を祭神として合祀することによって、津八幡神社祭礼が、藩士と町人双方の祭礼として位置づけられたことも重要である。[19]

②については、参宮客が観音寺門前の旅籠に宿泊できるようにした。さらに高次の代には、伊勢別街道沿いにあった真宗高田派の総本山一身田専修寺と寺内町を整備している（第三章を参照されたい）。当寺住持には、寛永十二年に高次妹亀姫（第十五世堯朝室高松院）と明暦四年（一六五八）に高次息女糸姫（第十六世堯円室大空院）が輿入れして関係を強化した。そして万治元年には、高次が寺地三万千百六十四歩を寄進し、それまでの寺内町の大改修をおこなった。

高次は、藤堂高刑を専修寺の普請奉行にした。高刑は津城代を務める家老であり、妻が第十四世堯秀の従妹でもあった。伊勢・伊賀関係資料7で示したように、高刑は、城郭と城下町が一体化した津と同様に、専修寺を中核とした城下町といってよい構造をもつ寺内町をプランし、津城から約五キロメートル離れた北の押さえとした。[20]これに関連して、専修寺の寺内に居住する寺侍のなかに藤堂藩の上級藩士がいたことも重要である。なおのちに歓楽街となった橋向町には、参宮客も立ち寄ったといわれる。

③に関連して着目したいのが、本城―支城間の藩領内都市ネットワークの創出についてである。これに関しては、

伊勢・伊賀関係資料9を参照されたい。

藩領の西の押さえは、大和街道の上野城(伊賀一国支配)、初瀬街道の名張城(梅原氏のち藤堂宮内家)とし、南の押さえは久居陣屋(支藩久居藩五万石、寛文九年に高次子息高通が立藩、津城から南に約六キロメートル)、北の伊勢別街道の押さえは一身田寺内町とした。

そのうえで、津を藩領の中心都市として設計した。ここは、伊勢湾海運・伊勢街道・伊勢別街道・伊賀街道の交差する結節点となった。参宮する場合、東国から東海道—伊勢街道経由、畿内から東海道—伊勢別街道経由もしくは大和街道—伊賀街道経由で必ず津を通過せねばならなかった。しかも津城の鬼門の位置にあり町人地の中心にあった津観音は、参宮の際の参詣スポットとなったから、門前町は宿駅機能をもつことになる。

物流においては、上野—津間の密接な関係が築かれた。三代藩主藤堂高久は、京荷物・大和木綿の伊賀廻り津出し輸送すなわち京都・大和→笠置→上野→→津→白子→江戸へというルートを奨励している(21)。

藤堂藩は、伊勢領が江戸・駿府に近く、伊賀領が上方に接するというように、東西の接点に位置した。そのため徳川政権成立にとって重要な地政的役割を果たしたが、その後の流通史上においても、東西をつなぐ拠点として機能しており、ここから江戸に進出した伊勢商人が活躍するのも故なしとしないのである。

(1)　藤堂高虎については、近年ようやく基本的な史料集が出揃ったという段階である。本書序章を参照されたい。

(2)　安濃津については、『津市史』一(津市役所、一九五九年)、関口精一『津市地名事典』(八雲書店、一九九五年)、矢田俊文「明応地震と港湾都市」(『日本史研究』四一二、一九九六年)、三重県埋蔵文化財センター『安濃津』(一九九七年)、伊藤裕偉「中世港湾都市・安濃津に関する覚書」(『ふびと』四九、一九九七年)・「伊勢湾西岸部における中世港町の状況」

(『ふびと』五〇、一九九八年)・「安濃津の成立とその中世的展開」(『日本史研究』四四六、一九九九年)・「中世安濃津の交通と物流」(三鬼清一郎編『織豊期の政治構造』吉川弘文館、二〇〇〇年)、拙稿「港湾都市・安濃津から城下町・津へ」(『中世都市研究13　都市をつなぐ』新人物往来社、二〇〇七年)など参照。

(3)『津市史』一所収写真。

(4)「伊藤又五郎文書」『三重県史　資料編　中世2』。

(5)「伊藤又五郎文書」『三重県史　資料編　中世2』。

(6)『高山公実録』慶長十六年正月条所収「年譜略」。

(7)管見の限りでは、初期の姿を描いている「津城下町絵図」(個人蔵)、「津城下絵図」(天理図書館所蔵「日本城図」所収)、「洞津御城下図」(慶応義塾大学図書館所蔵)、享保四年の「津城下分間絵図」(個人蔵)、文化年間の「津御城下絵図」(個人蔵)がある。そのほか、三重県立図書館に九枚と津市役所に三枚の城下町絵図写が所蔵されている。

(8)伊賀街道については、三重県教育委員会『大和街道・伊勢別街道・伊賀街道』(一九八三年)参照。

(9)高虎の街道整備については、前掲拙稿「港湾都市・安濃津から城下町・津へ」で論じた。

(10)トレース図は、三重大学歴史研究会学生部会(長谷川市太郎・福山美和・江尻明日香・野田あずさの各氏)が、齋藤隼人氏・北川英昭氏・竹田知靖氏の協力を得て作成し、『ふびと　別冊史料集』(二〇〇八年)に収録したものを転載した。

(11)『津市史』一所収。

(12)『宗国史』(藤堂高文編、藤堂高芬校訂、上野市古文献刊行会編、同朋社出版、一九七九・八〇年)所収。

(13)慶長十八年正月吉日付藤堂高虎判物(『津市史』一所収写真)。

(14)註(13)と同じ。

(15)三重県立博物館所蔵「伊藤又五郎文書」(『津市史』一、八三・八四頁所収)。

(16)たとえば、寛永四年に幕府隠密が四国の七城郭を探索した時の記録『四国七城巡見録』(伊予史談会所蔵)収録の今治城下図からは、武家地のかなりの部分が畑地になっていたことがわかる。

(17)　津八幡祭礼については、『ニューヨークから里帰り「津八幡祭礼絵巻」まつり・祭・津まつり』(まつり・祭・津まつり実行委員会、二〇〇四年)参照。
(18)　これらについては、註(17)に詳しい。
(19)　しかし江戸中期に至るまで、たびたび町人が太刀・長刀・大脇差しで武装することや藩士に対する無礼を禁止したように、両者間のトラブルが絶えなかったと思われる。これについては、『津市史』一、七四六〜七五二頁に詳しい。
(20)　拙稿「近世寺内町の形成過程―伊勢一身田の場合―」(『Mie history』一七、二〇〇六年)。
(21)　杉本嘉八「文化年代における笠木廻し白子積問題について」(『三重県史研究』四、一九八八年)参照。

〔付記〕
斎藤隼人氏は、寛永絵図中に記された家臣団名を詳細に検討され寛永九年作成とした。作成理由としては、同年における八幡宮遷座をあげている。(同氏「現存の津城下町絵図と描写年代」、三重大学歴史都市研究センター『ニューズレター』一、二〇一一年)。

補論　城下町生活の息吹を伝える古文書群―伊賀上野東町文書

『伊賀上野東町文書』（伊賀市古文献刊行会、二〇一〇年）は、伊賀上野城下町（三重県伊賀市）の東町に居住する町人の寄合（町政会議）の場であった会所に伝来したといわれ、文化六年（一八〇九）三月から昭和に及ぶ全五十六点からなる。

藤堂藩の支城城下町である伊賀上野の町人地は、藩祖藤堂高虎から商売免許の特権が与えられた三筋《みすじ》町が中心だった(1)。東町は、メインストリートにあたる本町筋の東部に位置し、城下町の産土神上野天神の門前町というべき立地にあった。ここには本陣を兼ねた問屋場があり、城下町の中心機能を担うゾーンが形成されていた。

史料群からは、藩庁の置かれた本城城下町津（三重県津市）と同様に上野も惣年寄・年寄・肝煎によって運営されていたことがわかるが、肝煎が管理したものが最も多く含まれることから、正確には肝煎に蓄積されたものの可能性もある。ここでは、評者が興味深く感じた若干の史実を指摘して、紹介にかえさせていただきたい。

慶長十三年（一六〇八）の高虎入国以来、伊賀領において上野は、名張（三重県名張市、名張藤堂家支配）や阿保《あお》（同伊賀市）と並んで商売が免許されていたが、特権の与えられた三筋町以外の枝町や郷町でも、早くから商売がおこなわれていた。ここでの商工業の発展が三筋町の衰退をもたらしたため、弘化二年（一八四五）六月に三筋町の肝煎が藩の加判奉行に宛てて商売免許特権の維持を訴えている(2)〔町方願書控〕。

幕末には、天然痘・コレラの大流行や安政元（一八五四）・二両年をはじめとする大地震で、藩も様々な対応を強いられた。

嘉永四年（一八五一）の冬から大流行した天然痘に対して、藩は同七年五月に津立町に種痘所を設け、無料で領民に種痘をおこなった。上野でも安政三年から三・四・五・八・九・十の六ヶ月間は教諭所で施行するようになる〔毎月寄合記録〕。また同時期にコレラも大流行したため、藩は有力神社で祈禱をおこなっている〔毎月寄合記録〕。

安政元年六月の大地震直後には、藩の求めに応じて町内の死人・怪我人・潰れ家・潰れ土蔵などを調査し絵図にして提出している。ちなみに、死人はなかったが、怪我人八人・潰れ家十軒・半潰れ家三軒・潰れ土蔵十八カ所と被害の状況が伝わってくる〔寅六月覚〕。また藩は義倉を開き、無利息の拝借米を下行した〔覚（義倉御扶持被下候者共江）〕。

会所には様々な機能があったが、痙攣を鎮め疼痛を緩和する薬と思われる「鎮痙丸《ちんけいがん》」を、ここで預かっていたこともわかる。服用した者が代金を支払うのだが、これには町役人世話料や町会所方世話料が含まれていた。この売薬は、高虎の故郷近江国犬上郡在士村の陌間治左衛門が調合したものであった〔毎月寄合記録〕。

また秋におこなわれる上野天神祭礼の運営にも関与しており、それに関する口達にはトラブルを防止するための細やかな規定が記されている〔口達之覚・口達ヶ条など〕。上野の町人には、藩領内に居住する親類の者が、丸の内つまり上野城内の重臣居住地を見学したいとの希望があれば、町会所に届けを出すと藩奉行所から許可証が発行されてかなえられた〔毎月寄合記録〕。

これまで紹介した古文書群は、近世自治組織として機能した上野東町の歴史を雄弁に物語るものである。町内年番記録は、文政六年（一八二三）から始まり昭和三年（一九二八）までの当番の氏名を記している〔町内年番目録〕。十九世紀から二十世紀初頭にかけての東町の歴史が、明治維新を挟んで断絶していなかったことを主張しているように、評者には感じられた。近代都市の自治も、それ以前からの伝統に支えられていたのだ。

（1）伊賀上野城下町の形成過程については、拙稿「藤堂高虎の都市計画（一）―伊賀上野」（拙著『日本中・近世移行期の地域構造』校倉書房、二〇〇〇年）、拙著『江戸時代の設計者―異能の武将・藤堂高虎』（講談社現代新書、二〇〇六年）を、藤堂藩に関しては、藤田達生監修・三重大学歴史研究会編『藤堂藩の研究　論考編』（清文堂、二〇〇九年）を参照されたい。

（2）他藩では、町方支配は町奉行がおこなうことが多いが、藤堂藩ではそれが置かれず、加判奉行が兼任した（藤谷彰「町方支配の様相―伊勢国津町を中心として―」、前掲『藤堂藩の研究　論考編』所収）。

第三章　領内都市をつくる—伊勢一身田寺内町

問題の所在

従来の寺内町研究は、大坂本願寺をはじめとする中世末期の権力と闘う畿内の本願寺系寺内町を、主要な対象としてきた。これらの多くは、織田信長や豊臣秀吉という天下人との戦争に敗北して変質・荒廃してしまう。しかし在地系寺内町のなかには、織豊期以降に都市計画が変更されて存続したり、江戸時代になってから発展するケースが、本章で取り上げる伊勢一身田(三重県津市、以下、三重県内の地名は県名を略す)のほか大和今井(奈良県橿原市)や河内八尾(大阪府八尾市)など、少なくはなかった。(1)

近世を通じて多くの在地系寺内町は在郷町的発展を遂げるが、一身田は宗教都市としての性格をもち続けたという点でも重要である。もちろんこれは、真宗高田派の本山であったことに由来する。

以上から、畿内から一定の距離を置き近世宗教都市として発展した一身田寺内町は、貴重な研究対象ということができる。その研究は一九八〇年代以降、平松令三氏によって飛躍的に進展した。(2)平松氏は、近世前期に二段階を経て一身田に寺内町が成立したとみる。

本章においては平松氏の議論を発展的に継承するべく、一身田における中世後期から近世前期にかけての寺内町の形成過程を再検討することを主題としている。

第一節　無量寿寺から専修寺へ

1　寺内以前

一身田寺内町は、伊勢平野のほぼ中央部に位置し、志登茂《しとも》川とその支流毛無川に挟まれた低湿地に形成された戦国時代以来の宗教都市である。

かつて一身田小学校校庭（旧一宮神社境内）からは、弥生中期の壺が出土しており、専修寺門前の向拝前《ごはいまえ》町道路地下からも、ほぼ同時期の弥生式土器片が出土した。

また明治八年（一八七五）作成の地籍図にみえる坪名からは、古代に条里制が施行されたことが指摘されている。(3) なお一九九三年におこなわれた大古曾遺跡（一身田大古曾）の発掘調査では、後期旧石器時代のナイフ形石器が出土した。

このように一身田地域には、古代から人々が生活を営んでいた。近年、中勢道路建設に伴う大里窪田町六大B遺跡や橋垣内遺跡の発掘調査によって、毛無川が何度も流路を変更したことがわかってきた。

縄文時代晩期から弥生時代後期には、現在よりも約七十メートル南側を流れており、幅は約二十〜三十メートル、深さ約三メートルもあったとされる。(4)

その後、流路は北に移り、古墳時代には現在より十〜二十メートル南を流れ、鎌倉時代には現在の河路の北側を流れていた。毛無川が現在の位置を流れるようになったのは、万治元年（一六五八）に藤堂藩から寺地の寄進を受けて境内が定まり、寺内町の環濠として利用されるようになった時のことと推測される。

一身田に村落が存在したことが確認できるのは、室町時代からである。次に、一御田《いちみた》神社（近世以前は梵天宮と呼ばれた）の棟札を掲げる。（5）

【史料1】

大夫成四人

奉造立

嘉吉三年（一四四三）十月十九日

信心村人等三十五人

筆者森川三郎左衛門

□□（花押）

本史料からは、村落内儀礼である大夫成りがおこなわれており、一身田の村落住民によって宮座が運営されていたことがわかる。このように、一身田寺内町の前身は農村だったといえよう。

室町時代の一身田は、室町幕府の「御料所」にもなっており、「諸国御料所方御支証目録」（内閣文庫所蔵）のなかに記されている。これについては、近隣の栗真荘に代官職を得た安濃郡長野城（津市）を本拠とする幕府奉公衆長野氏との関係が想定される。

応仁二年（一四六八）十一月一日付内宮庁宣（内閣文庫所蔵「内宮引付」）の註記によると、「一身田御厨之内三町ハ口入所渡シ、一町ハ神税ヲ可沙汰之旨」とされ、戦国時代までに一身田は伊勢神宮の御厨にもなっていた。文明八年（一四七六）十一月六日付御師蔵田国弘書状案（前掲「内宮引付」）からは、一身田御厨から内宮へ上分米二石、蔵田氏へ寄進米七石が納入されていたことがわかる。

寺内町が形成される以前の一身田は、氾濫を繰り返す志登茂川と毛無川に挟まれており、周辺には村落が点在していたと推測されるが、それらは幕府御料所や伊勢神宮御厨と複雑な領有関係にあったのである。このような肥沃な伊勢平野の田園地帯に真宗高田派教団が進出したのは、室町時代後期のことだった。

2　高田派教団の拠点化

下野の高田専修寺（栃木県芳賀郡二宮町高田、以下、本寺と呼ぶ）の真慧《しんね》（第十世住持）は、寛正元年（一四六〇）に北伊勢に入った。朝明郡に光明寺を建立し、三重郡や鈴鹿郡でも教化をおこない、そののち一身田に無量寿寺を建立したのである。以後、当寺は本寺と京都を結ぶ中継基地として、また東海・北陸地域に教線を延ばすための拠点道場として繁栄してゆく。

この前提としては、近隣の要港・安濃津に拠点があったことが重要である。ここには、顕智（第三世住持）がしばらく逗留したと伝えられる上宮寺があり(6)、真慧はその住持に門徒のことで指示を与えたり、近隣の商人とも親しく交わっていた(7)。また彼は、安濃津太子堂の妙慶にも書状を出している(8)。

無量寿寺には、東国方面から安濃津に着く舟運や伊勢街道を利用して来られたし、上方方面には伊勢別街道を経由して向かうことができた。現在、寺内町内の毛無川に接した蔵には、川側に戸があるものがみられることから、潮の干満差を利用して本流である志登茂川の河口から舟で行き来できたのかもしれない。

当時の無量寿寺は、現在の専修寺の東側約三分の一の規模で、本堂は東に面していたといわれる。堯円（第十六世住持）が藤堂藩二代藩主・藤堂高次の息女糸姫を迎え、それに伴い万治元年（一六五八）に西側の一身田・大古曽・窪田の三カ村三万一千余坪・百八十五石の地が寄進されて現在の規模となり、伽藍の配置も大きく変化したのである。

「無量寿院」という院号は、文明六年（一四七四）九月日付で下野守護の宇都宮正綱から真慧に対して与えられた（『真宗史料集成』第四巻所収「専修寺文書」21、以下において当該史料には文書番号のみ記す）。無量寿寺（「無量寺」と記す史料もある）は、この頃までには建立されていたのであり、やがて専修寺と名乗るようになる。

真慧は、朝廷をはじめとする上級権力に接近して、本寺の寺格を引き上げることに邁進した。次に、これに関係する史料[9]を掲げる。

【史料2】（追而書略）

さきニハ御まり《鞠》なとまいらせ入て候つる、まつ〳〵ほんくわん《本願》寺このたひのせんしう《専修》寺の事につきて、わか身うらみハ候へく候、わろくきかれ候ハ、けにもことわりなる事にて候、さりなからそれにもしらせ給候ことく、ときわ井《常磐井》との丶宮せんしう寺に御なり候事ハ、さらにくわか身ハしり候ハぬ事にて候、たかつい《高辻》しをやこおひた丶しくれい《礼》をとりてさせ給候事にて候とて候、こんとわか身に申候つる事ハちよくくわん《勅願》寺のりんし《綸旨》を申てたひ《給》候へとて色く申され候つる、このせんしう寺と申候人、ほんくわん寺のためわろき事にて候ハ、、ゆめ〳〵申候ましき事にて候を、た丶えちせん《越前》のせんしう寺と申候やうに一かうしゆ《一向宗》にてみな〳〵ひとつの事にて候よしとりつき候物、（以下略）

青蓮院門跡関係者の書状であるが、これからは常磐井宮（土御門天皇第三皇子、後の真智）が次期の本寺住持になったこと、その背景には高辻父子への賄賂があったこと、引き続き本寺を勅願寺にしようと本史料の筆者に画策していること、さらには現専修寺住持は本願寺にとってはよくない人物であるとの評価まで書き記している。

常磐井宮家の入寺は永正七年（一五一〇）六月のことで、これを実現した住持は真慧であり、彼は永正九年十月に死去する。内容から判断すると、本史料は永正七年六月に近い時期に発給された可能性が高い。そうすると高辻父子とは、高辻長直・章長に該当する。

真慧は、蓮如に論争を挑んだり、加賀では本願寺門徒と対立する守護富樫政親に与同していた。本史料からうかがわれるように、確かに真慧は本願寺とは袂を分かっていたのである。

また興味深いのは、史料中の「えちせん《越前》のせんしう寺」すなわち越前の専修寺の門徒である。同国において専修寺門徒と本願寺門徒との抗争が開始されたのは、永正三年のことだった。この年に朝倉元景と貞景が争い、超勝寺ら本願寺門徒は元景に与し、専修寺門徒は定景を助けた。

この戦争によって本願寺側は敗退し、拠点であった吉崎御坊や超勝寺が焼失した。真慧の朝廷への接近や北国における専修寺門徒の軍事行動などをふまえて、「このせんしう《専修》寺と申候人、ほんくわん《本願》寺のためわろき事にて候」と認識したのであろう。これからも、本史料の筆者が本願寺サイドの人物であることが察せられる。

このように真慧の段階における無量寿寺は、下野の本寺はもちろん、彼が近江坂本に建立した妙林院や京都、そして越前をはじめとする北国地域にも目配りのできる中継寺院としての役割を担っていたと考えられる。

やがて当寺の重要性は高まり、本寺と同じく専修寺と呼ばれるようになる。その初見史料とされるのは、山科言継の日記『言継卿記』弘治三年（一五五七）三月十八日条である。

弘治二年から同三年にかけて、言継は今川氏親室となっていた実姉を訪ねて駿府へ旅行したが、その帰路、伊勢参宮がてら専修寺を二度訪問している。弘治三年三月十八日、伊勢湾を渡って長太《なご》（鈴鹿市）に着いた言継一行は、上野（津市）から南下して専修寺に入っている。

専修寺について同書は「飛鳥井前大納言（雅綱）子也、一向宗」と記しているが、これは、当時の住持堯慧（第十二世住持）のことである。言継は同月二十二日まで逗留し、堯慧や専修寺の子院である教光坊や花恩坊としばしば歓談している。また岡本宗八と碁を打ったり、木村将監・神戸民部・長岡新三郎・佐野神六などとも交流しているが、彼らは「殿原」と呼ばれる坊官層（専修寺の庶務・財務を担当する在俗の責任者）であった。

このように当時の専修寺は、諸国から要人が訪ねることも多かったと思われ、住持をはじめ子院・坊官らがもてなした。なお言継は翌永禄元年にも伊勢参宮をおこない、同年八月十五日には専修寺に立ち寄り権大納言三条西実澄と会っている。

天正二年（一五七四）十一月に、専修寺は寺院としては最高の栄誉である門跡号を正親町天皇より勅許された〔187〕。大坂本願寺が指揮する長島一向一揆に荷担しなかったことに対する、信長からの恩賞といってよいだろう[10]。門跡寺院となった専修寺は、この後は独立した地域権力として大名間の講和を仲介したり、領主を庇護することもあった。

たとえば、天正八年に織田（長野）信包に攻められた長野氏一族の細野藤敦は、堯慧を頼って専修寺で保護されている[11]。天正十二年の小牧・長久手の戦いにおいて、織田信雄方の木造《こつくり》具康父子は戸木《へき》城（津市）に約半年間にわたって籠城する。堯慧は、木造氏と秀吉方の蒲生氏郷との仲裁に努めた。

これについて『木造軍記』には、「一、奄芸郡一身田高田山専修寺御門跡大僧正堯慧上人戸木に来り給ひて、木造父子を宥められ扱（愛）を入給ふにより、木造家無事になり、同十月下旬に左衛門佐具康父子戸木の城を退出あり、織田信雄卿の御在城尾州清洲へ被退也」と記す。また慶長五年（一六〇〇）の関ヶ原の戦いの前哨戦となった津城攻防戦においても、開城した富田信高は専修寺に入っている(12)。

第二節　門前町から寺内町へ

1　寺内の建設

一身田寺内町の建設は、戦国城下町上野（津市）の誕生と密接な関係がある。それまで伊勢街道の白子から安濃津までの区間は、白子→寺家→大別保を経て、別保→影重→白塚から町屋で左折して鬼ケ塩屋（三重大学上浜キャンパス北端）を経由して町屋浦に出て、浜辺を南下して安濃津を通過するというルートだった。これについて『高山公実録』(13)慶長十六年正月条所収「玉置覚書」には、次のような記載があるので抜粋したい。

【史料3】

富田信《富田信高》濃殿の時の参宮道は、根上りの松ハら《原》の東に鬼かしほや《塩屋》と申所在之、其所より東の浜辺へまハり、乙部村と寺町の裏との間を通り、岩田の川しほ《潮》のさし申候時は舟わたし《渡》、しほ引申時はかちわたり、阿漕塚の東の方より八幡の松ハらの東を通り、雲出村へも浜手を通り往来いたし候を、高山様《藤堂高虎》御入部の後道筋御改かへ、只今の通り道に成申候、本史料によると、高虎が伊勢街道の付け替えをする以前は、町屋の根上りの松原から東の鬼ヶ塩屋を経て海岸に至り、そのまま南下していたことがわかる。現在の三重大学上浜キャンパスの大部分は志登茂川河口の低湿地だったため、街道が迂回していたのであろう。

上野に町場が形成されたのは、戦国時代に安濃・奄芸両郡に勢力をもった有力国人領主長野氏の一族分部氏が、上野城を築城してからとされる。当城は天文十七年（一五四八）以前に存在していたから[14]、この頃までに城山の麓に戦国

図1　中世伊勢街道・伊勢別街道概念図

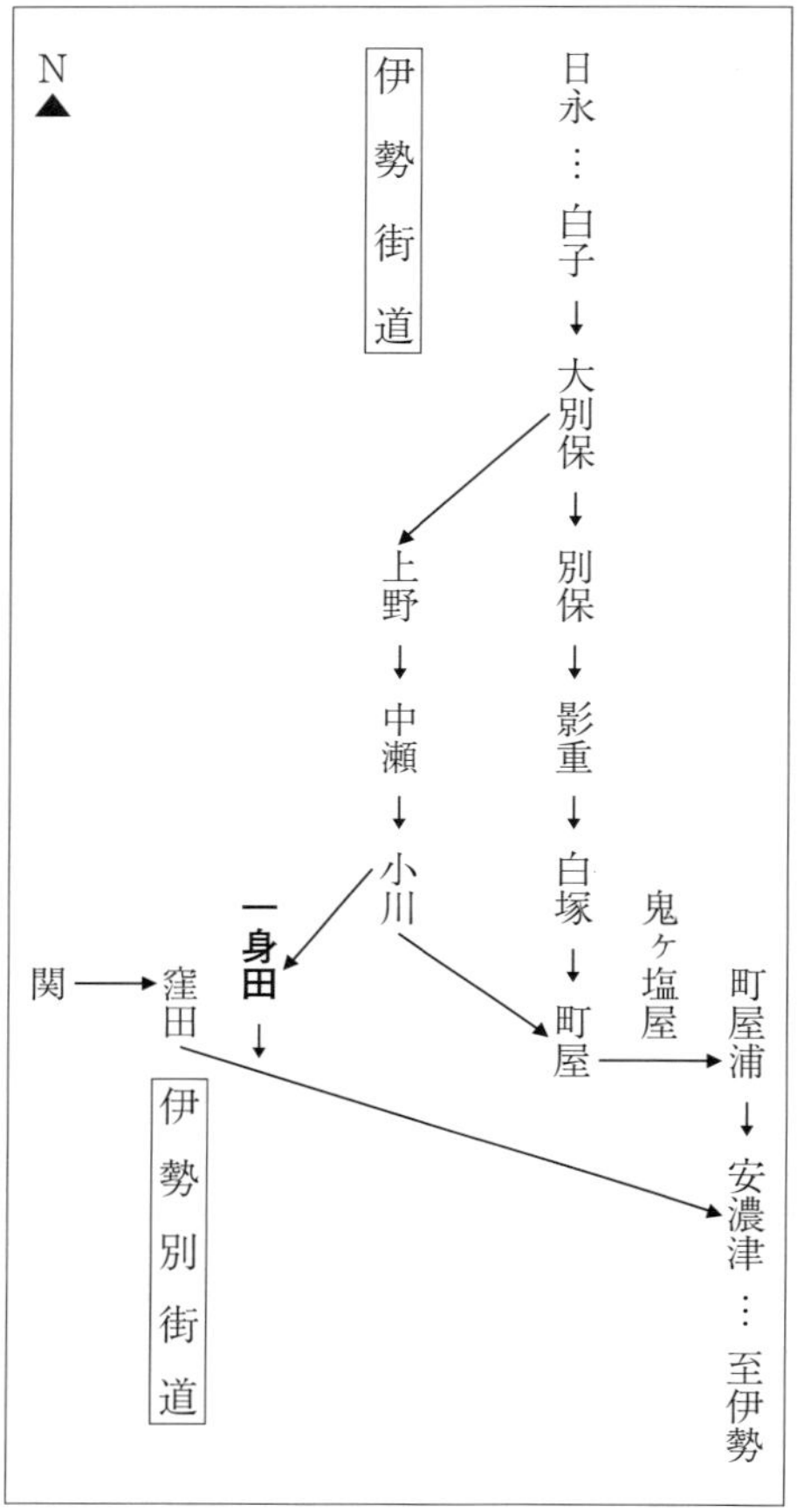

城下町上野が形成されていたのだろう。なお先述した山科言継も、弘治三年三月に上野から一身田に向かっている[15]。

上野に伊勢街道が引き込まれ、そのまま南下して町屋で旧伊勢街道と合流するルートと、途中の小川から西に向かい山裾を通って一身田を経て伊勢別街道に接続するルートに分岐したのであるが、これを図1として示す[16]。したがって長野氏の奄芸郡支配が安定するなかで、一身田寺内町が発展したと考えられる。

長野氏と専修寺との関係を示す（永正九年）閏四月十一日付長野尹藤書状〔47〕には、「一、喧嘩口論之儀、御方依御注進、可□《(加カ)》成敗之事」と記されている。長野氏家督の尹藤が、専修寺関係者「板東殿」に対して、寺内から喧嘩・口論があったことの注進を受ければ成敗することを許可したのである。

天文二十年十二月二十九日付で長野氏家督の藤定は、専修寺に対して門徒・道場への用脚（租税）を永代停止することを通達している〔95〕。このように専修寺は、長野氏から様々な庇護を受けたのである。これは、同寺が室町幕府と良好な関係にあったことによるともいえよう。

たとえば、永正十七年九月に応真（第十一世住持）が幕府によって専修寺住持職を承認されたり〔59〕、天文八年六月には真智（第十世住持真慧の養子で土御門天皇第三皇子）が住持職を承認されている[17]。前述したように、長野氏一族からは奉公衆を出している。長野氏にとっても隣接する鈴鹿郡の有力国人領主関氏などの対抗勢力を意識して、幕府と関係の深い専修寺と結びついたとみられる。

それでは、専修寺に現在につながる寺内町が形成されたのはいつのことだろうか。これについて平松令三氏が、二段階に区分して段階的に理解しているので紹介しよう。

【第一次寺内町】

現在の環濠内の地域から、万治元年の寄進地を除いた東側約三分の一の規模だった段階。

天正八年の大火が契機で、一身田の集落は外堀を廻らした寺内町へと変貌した。東西を流れる幅約三メートルの大溝を境界として、その北が専修寺境内・子院・用人が占める「寺内」で、南が商家が軒を並べる「地下」だった。

【第二次寺内町】

正保二年(一六四五)正月の大火ののち、万治元年の藤堂高次からの寄進地をあわせて専修寺が復興された段階。向拝前町や西之町などの子院・坊官・寺侍の屋敷地、その南の津付百姓の居住区である二百石町、境内の北側に設けられた寺侍の屋敷地である北之町、これらの外周に環濠が掘られ、御影堂が再建された寛文六年(一六六六)前後とみる。また黒門の外部ながら、水茶屋などが並んだ歓楽街である橋向町も寺内町に含めてとらえる(18)。

このような平松氏の理解は、一身田寺内町形成史における通説といってよい。筆者も、この二段階形成説は基本的に正しいと考えるが、第一次の寺内町の形態については若干の疑問がある。ここで『公室年譜略(19)』に収録されている、万治元年の寄進図を翻刻した伊勢・伊賀関係資料5を参照したい。

これによると、一身田寺内から南に出て行く道路の幅を一間増やして三間としたことがわかる。これは、現在の黒門筋にあたる。そして寺内の南にも、まとまって寄進がなされている。これらからは、のちに町人地となる中(仲)之町のほとんどが、この時の寄進地だったとみざるをえない。

そうすると図1中の旧来の一身田寺内は、周囲を大溝に囲まれているが、その内部は専修寺と子院および梵天宮、そして坊官・寺侍達の屋敷地が大部分を占め、町人地は南溝から南の街道に沿って街村状に展開していたとみられる。それを概念図で示すと、伊勢・伊賀関係資料6のようになるであろう。

天正元年十月に、織田信長は「一身田無量寿寺并門前」にあてて禁制を発給した(186)。この段階の町場は、「門前」と表現されるものだったが、天正八年以降に大溝が掘られても、寺院境内すなわち「寺内」に町人地が一定のゾーンを形成するまでには至らなかったと推測される。

次に、「寺内」に対して「地下」と呼ばれる住民組織が登場する初見史料である一御田神社の棟札[20]を掲げたい。

【史料4】によって、天正二十年までに「地下」が形成されていたことは確実である。しかしこれは、あくまでも大溝から伊勢別街道にかけて存在した「門前」における住民組織だったのではなかろうか。したがって厳密な意味でこの段階の一身田には、寺内と門前町が形成されていた段階と規定するのが妥当と判断する。

【史料4】

天正廿年壬辰八月十一日上ふき《（葺）》　神戸孫右衛門尉きもいり《（肝煎）》
寺内・地下歓《（勧）》進ニ入

環濠のなかに町人地が形成されるようになったのは、藤堂高次の寄進によって寺内が再編されてからのことと考えられる。江戸幕府での訴訟を通じて高田派の本山としての地位を確立し、全国の門徒が参詣するようになって、土産物屋や旅籠をはじめとする店舗の増加に伴い町人地が拡大・充実したのであろう。

この段階で重要なのは、近隣の伊勢別街道の宿駅窪田との関係である。室町期以来、窪田には「茶店」や宿泊施設があった。たとえば、応永二十九年（一四二二）四月に中原康富が宿泊したり、応永三十一年十二月には将軍足利義量が参宮の途次宿泊している[21]。江戸期になると、ここには本陣が置かれ窪田宿として整備される。

天正八年の大火を経て一身田に門前町が形成されても、町場としての機能は窪田が圧倒的に優位だった。むしろこ

の段階の宗教都市一身田は、宿駅窪田と一体になって機能していたとみるべきであろう。(22)

環濠のなかに町人地が形成され、窪田から自立するようになったのは、藤堂高次の寄進によって寺内が再編されてからのことと考える。江戸幕府での訴訟を通じて真宗高田派の本山としての地位を確立し、広く門徒が参詣するようになって、旅籠をはじめとする店舗の増加に伴い町人地が拡大・充実したのである。

なお橋向町には、万治元年に茶屋株二十五軒が免許され、水茶屋が営まれていたことがわかる。これ以前から参拝客を意識した町場が形成されていたのであろう。茶酌女は、黒門内部に立ち入ることができなかった。また後には常設の芝居小屋も設けられる。ここには、伊勢古市や松坂と並ぶ歓楽街が形成されていったのである。(23)

2　南向きプランと環濠

当初の一身田寺内は、東向きにプランされていた。それは、南北に長い境内に規定されていたし、参宮客の多くが海岸地域の伊勢街道を進まず、途中で右折して専修寺を経由して伊勢別街道を通って安濃津に向かったことにもよっていた。

しかし伊勢街道は、高虎によって海岸経由の部分は廃止され、江戸橋付近で伊勢別街道と合流し、津城下町に直行するようになった。(24)それを図4として示すが、これからは参宮客が一身田を経由するのは遠回りになってしまったことがわかる。

専修寺においては、万治元年の寄進によって寺域が拡大し、伽藍を改修することになる。住持だった堯円（第十六世住持）は、隠居した先代の堯秀が焼失前のような東向きプランにこだわるのを説き伏せるために、高次に仲介を依

図4　近世伊勢街道・伊勢別街道概念図

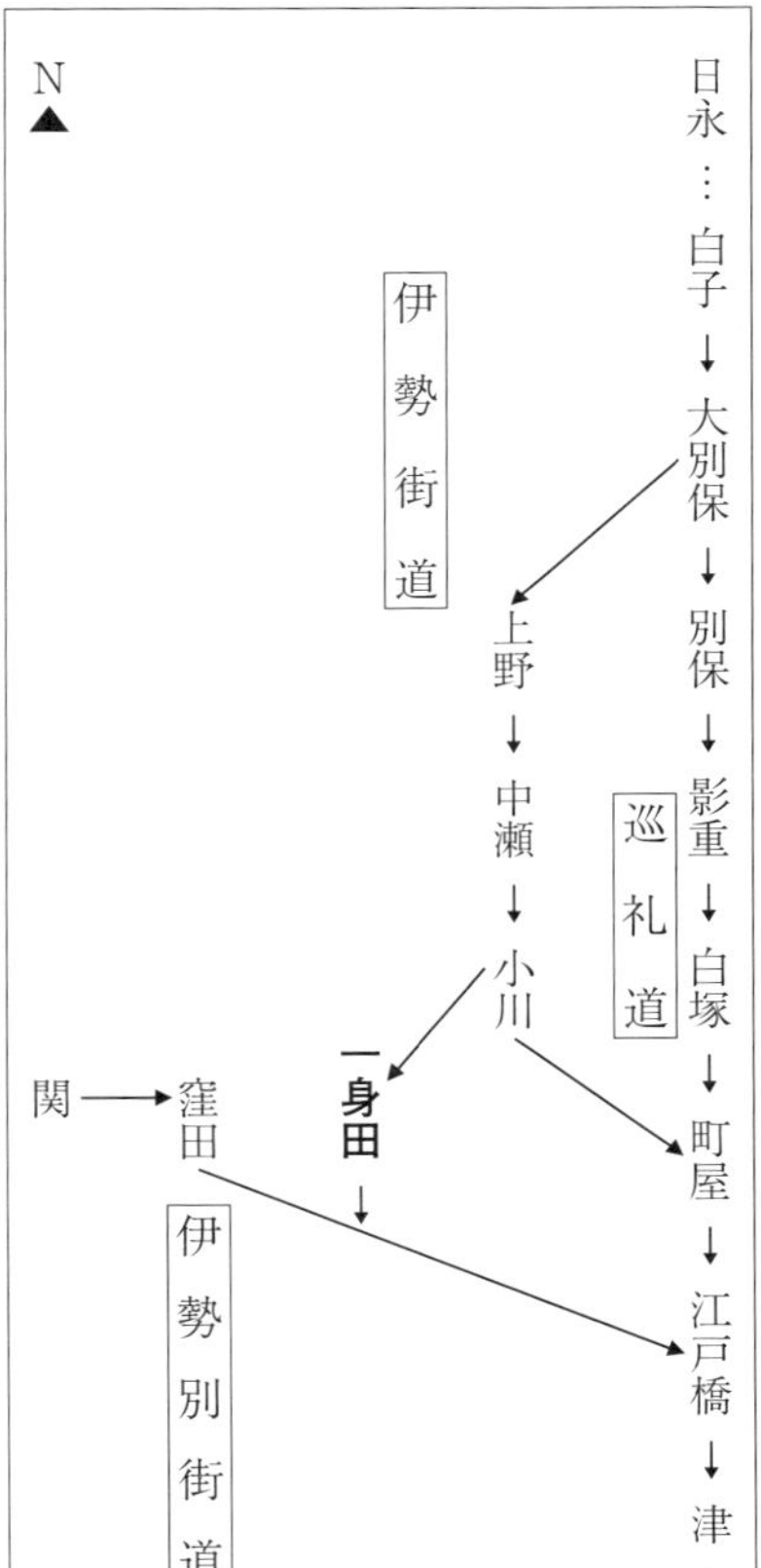

頼した。これが、年欠八月二十三日付藤堂高次宛堯円書状[25]である。

本書状には、「参宮かいどう《街道》も、一身田のにし《西》より、みなみ《南》に御さ候へは、かいどうをうけ申候て、みなみむきにいたし候へは、様子もよく御さ候、ひかしむき《東向》にては、かいどうにもそむき申候、永代の事にて御さ候間、御ふんへつ《分別》被成、いんもん《隠門》へ御ふみ《文》にくたされ候はゝ、かたしけなく存可申候（傍線藤田）」と記されている。傍線部からも、南向きプランが伊勢別街道を意識してのものだったことがかわる。なお書中の「いんもん《隠門》」とは堯秀のことを指す。堯秀が一身田から小森上野（津市）への移転を藤堂家に訴えたのも、寄進の前提となった。

藤堂藩の主導によって四町四方となった寺内町の町割が決定され、普請が開始される。この段階で、環濠が掘削さ

表１　環濠のデータ

堀	全長	堀幅	土塁幅	堀外道幅	備　　考
東	199 間半	2 間半	1 間	3 尺	
西	232 間	3 間	1 間	1 間	未記載の堀幅は調査による
北	140 間	3 間	3 間	4 尺	
南	165 間	3 間	3 間	未記載	3 尺水通・堤舗 3 間

れたのである。次に、元禄十三年（一七〇〇）の古図に関係する古帳と現地調査にもとづき、環濠に関するデータを表1として示す[26]。

寺域の拡大によって、寺内町はほぼ四町四方の正方形の広がりをもつようになり、周囲を囲繞する環濠が掘られた。西側の堀は不明だが、東が二間半、北が三間、南の毛無川が三間となっている。おそらく堀幅は、川幅に合わせたのだろう。

堀で最も古いのは、東側のものと推測されるが、ここは第一段階の大溝の幅を広げたと考えられる。それは、他の北・西の堀筋が直線的なのに対して、これだけが自然地形に影響を受けたのか微妙に屈曲しているからである。また他の堀幅と比べて半間狭いのも、既に屋敷地が存在したからであろう。

北堀は、万治元年以降に寺侍の居住区として寺内が拡張された時に掘削されたものである。西堀も万治元年以降に普請されたもので、現在の専修寺に西接する用水路と測道の幅を合わせると三間になる。また東・西・北の堀に外接して、三尺から一間幅の側道もあった。

表1からは、環濠内部に土居すなわち土塁が東西南北のすべてに廻らされていたことがわかる。現在、環濠に付随する土塁遺構が確認されるのは専修寺境内の北端と西端にあり、十八世紀作成の古図―宝暦年間高田山一身田御略絵図（樋田清砂氏所蔵）、寛政四年一身田惣絵図（専修寺所蔵）―に描かれたそれと一致する。

表1の北堀の土塁は北之町の外縁に、東堀の土塁は東町のそれに、南堀は二百石町と仲

之町のそれに築かれたものだった。これらは明治四年（一八七一）の一身町図（小林太郎氏所蔵）では確認できるが、その後の開発によって消滅したのであろう。

結　語

現在の一身田寺内町は、二段階を経て形成されたものだった。かつて脇田修氏は寺内町の成立要因として、①寺院側の主体的な設立、②有力土豪・大名の寄進、門徒化によるもの、③門徒集団の実力による一定区域の占拠や買得によるもの、という三類型をあげられた(27)。一身田の場合は、天正八年以降の門前町というべき第一段階は①で、万治元年以降のゾーンとしての町人地を含んだ寺内町となった第二段階は②である。

本章冒頭で述べたように、従来の寺内町研究は、大坂本願寺をはじめとする戦国時代の権力と闘う寺内町を、おもな対象としてきた。これらの多くは、敗北して荒廃してしまう。しかし江戸時代に寺内町が成立して発展するケースは、一身田のほか大和今井や河内八尾など少なくない。そこには、権力と共生する町人のしたたかさが看取される。最後に、万治元年以降に整備された第二段階初期の一身田寺内町の概念図として伊勢・伊賀関係資料7を示し(28)総括したい。

寺内町内部は、その大部分を専修寺境内と智恵光院・玉保院・慈智院をはじめとする子院および坊官・寺侍の居住区で占められていた。たとえば、山門前の広大なゾーンを形成する向拝前町は、門前には子院が軒を連ね、それを囲むように坊官・寺侍の居住区が形成されており、明治初年まで変化はなかった(29)。

これに対して町人地は、中之町の一筋のみであった。このことが、町人地が大部分を占め在郷町に近似する今井などの畿内寺内町とは異なる一身田の特質といえよう。

前述のように専修寺住持は天正二年十一月に門跡号を勅許され、最高の寺格を獲得していた。かりに門跡を領主にたとえるならば、往時の一身田寺内町は、小規模ながらあたかも城下町のような様相さえ呈していたと思われる。すなわち町全体を囲繞する外堀(惣構)があり、その出入り口には厳重な門を構え、特に赤門と桜門への出入りは屈曲を入れて堀と溝を渡るようにして防御性を高めていることが興味深い。

専修寺は築地塀と土塁で守られ、その北・東・南三面を子院や坊官・寺侍の居住区でガードされている。そして山門前のほか三箇所に矢来(釘貫門)があり、寺内への侵入勢力をチェックできるようになっている。

山門前の寺町通りは、五間幅のメインストリートになっている。また山門から南に延びる道筋は、短いながら道幅が寺内最大の六間となっており、寺院に荘厳な印象を与えるように山門前からのビスタ(見通し)を意識している。そして伊勢別街道に通じる三間幅の中之町通りに町人地が形成され、寺内町の周縁地域ともいうべき橋向町に歓楽街が配置されているのである。

ここからは、理想的ともいうべき近世宗教都市の空間構成をみることができよう。このような城下町にも通じる構造になったのは、藤堂藩の援助があったからと考える。藤堂高次は、藤堂高刑を専修寺の普請奉行にしている。高刑は津城代をつとめる家老であり、妻が堯秀(第十四世住持)の従妹でもあった。彼は、城郭と城下町が一体化した津と同様に、専修寺を中核とする寺内町をプランしたのであろう。

このようにして寺内町としての一身田は、江戸時代前期の堯円の代に完成する。この時期には越前専修寺との相論も解決し、約百五十年間にわたって継続した本山争いも解決した。これ以降、真宗高田派総本山の門跡寺院・専修寺は藤堂藩との良好な関係を維持し、一身田寺内町は藤堂藩領内では城下町津・上野（支城城下町、伊賀市）や久居（五万石支藩城下町、津市）・名張（二万石藤堂宮内家城下町、名張市）と並ぶ近世都市として繁栄してゆくのであった。

畿内の小藩においては、真宗寺院に寺内町建設の技術と人的求心力を利用して町場形成を請け負わせて、藩領内の経済発展を図ったことが指摘されているが[30]、一身田寺内町の建設も藤堂藩の都市政策の一環としてとらえることが可能なのである。

（1）　これについては、寺内町研究の先駆者たる牧野信之助氏によって指摘されてはいたが、近世在郷町との関連が議論されたぐらいで、現在に至るまで十分に追究されているわけではない（「中世末寺内町の発達」、『史学雑誌』四一―一〇、一九三〇年、のち同氏『土地及び聚落史上の諸問題』河出書房、一九三七年、所収）。

（2）　平松氏の一身田寺内町に関する研究としては、「高田専修寺真慧と本願寺蓮如」（北西弘先生還暦記念会編『中世仏教と真宗』吉川弘文館、一九八五年）、『真宗史論攷』（同朋舎出版、一九八八年）・「一身田の概要」（『一身田寺内町―町並み調査報告書―』津市教育委員会、一九八九年）・「寺院の歴史」（『重要文化財専修寺如来堂修理工事報告書』一九九〇年）・「寺内町一身田」（網野善彦・石井進編『中世の風景を読む３　境界と鄙に生きる人々』新人物往来社、一九九五年）などがある。

（3）　弥永貞三・谷岡武雄編『伊勢湾岸地域の古代条里制』（東京堂出版、一九七九年）、津市教育委員会『一身田寺内町―町並み調査報告書―』（一九八九年）。

（4）　一身田周辺の発掘調査の成果については、『埋蔵文化財発掘調査概報Ⅲ』（三重県教育委員会・三重県埋蔵文化財センター、一九九一年）、『埋蔵文化財発掘調査概報Ⅳ』（三重県教育委員会・三重県埋蔵文化財センター、一九九二年）、『津市大里窪田町六大Ｂ遺跡発掘調査報告書』（三重県埋蔵文化財センター、一九九八年）、『歴史散歩―総集編―』（津市教育委員会文化課、一九九九年）など参照。

(5) 前掲『一身田寺内町―町並み調査報告書―』八三・八四頁所収。
(6)『勢陽五鈴遺響』。
(7) 永正三年正月二十三日付真慧定書(『三重県史　資料編中世二』所収「上宮寺文書」一・二)、七月二十一日付真慧書状(『真宗史料集成』第四巻所収「坂口茂氏所蔵文書」)、九月十日付真慧書状(『真宗史料集成』第四巻所収「田中繁三氏所蔵文書」)。
(8) 七月五日付真慧書状(『真宗史料集成』第四巻所収「山形泰一氏所蔵文書」)。
(9)「青蓮院文書」一号文書(『猪熊文書』(一)所収)。
(10)「法雲寺文書」26(『真宗史料集成』第四巻所収)。
(11)『勢陽雑記』。
(12)『津市史』一。
(13)『高山公実録』については、太田光俊氏が藤堂藩の藩校有造館による『資治通鑑』など一連の修史事業に関与した藩士のなかで、講官大野木直好と池田定例などが、嘉永三年から安政元年にかけて、津城内の有造館掃葉閣で編纂したことを指摘している。
(14) 天文十七年四月二十七日付三間親吉書状(「円光寺文書」)には「上野城被預ケ置候」と記され、分部氏が三間氏に上野城を預けたことがわかることによる。
(15)『言継卿記』弘治三年三月十八日条。
(16) 平松前掲「寺内町一身田」参照。ただし平松氏はこのルートを中世伊勢街道とみているが、図1に示したように修正されねばならない。伊勢街道については、『伊勢街道―歴史の道調査報告書―』(三重県教育委員会、一九八六年)参照。
(17)「法雲寺文書」16(『真宗史料集成』第四巻所収)。
(18) 平松前掲「寺院の歴史」参照。
(19) 同書は、高虎・高次・高久という藤堂藩の藩主三代の事績を、安永三年に藩士喜田村矩常が編年集成した藩史である。

(20) 前掲『一身田寺内町―町並み調査報告書―』八四頁所収。

(21)『康富記』応永二十九年四月十五日条。「室町殿伊勢参宮記」。

(22) この点については、戦国期寺内町の二元構造に着目する福島克彦「戦国期寺内町の空間構造」(『寺内町研究』一〇、二〇〇五年)が参考になる。

(23) 平松前掲「寺内町一身田」参照。

(24) 前掲の『高山公実録』慶長十六年正月条所収「玉置覚書」の記載による。

(25)「四日市正泉寺文書」(『真宗史料集成』第四巻所収)。

(26) 前掲『一身田寺内町―町並み調査報告書―』一〇頁所収史料より作成。

(27) 脇田修「寺内町の構造と展開」(『史林』四一―一、一九五八年)。

(28) 宝暦年間高田山一身田御略絵図(樋田清砂氏所蔵)、寛政四年一身田惣絵図(専修寺所蔵)、平松前掲「寺内町一身田」所収図版と現地調査をもとに作成した。

(29) 明治八年一身田地籍図による。この段階でかつての坊官・寺侍は、士族となっている。

(30) 吉川邦子「大和における近世寺内町」(『寺内町研究』二、一九九七年)参照。

〔付記〕本章は、第三十五回三重大学歴史研究会大会(二〇〇六年一月二十八日、於三重大学教育学部)における報告レジュメ「総論―一身田寺内町の形成過程」をもとに作成したものである。伊藤裕偉・太田光俊・小林秀・斎藤隼人・角舎利の各氏(五十音順)からは、種々の有益なご教示・ご協力を得た。ここに感謝申し上げたい。最新の成果としては、太田光俊「専修寺と一身田寺内町の形成」(『三重県史　通史編近世1』三重県、二〇一七年)がある。

第四章　本城をつくる―伊予松山城

問題の所在―揺らぐ通説

従来、伊予松山城の築城については、次のように理解されてきたのではなかろうか。

慶長七年(一六〇二)正月から開始された築城は、城主加藤嘉明が関ヶ原の戦いの恩賞として伊予半国二十万石を拝領したことによるものである。それまでは六万石を領有し伊予灘に面する海城・松前城《まさき》(松前町)を居城としていたが、松山平野に広がる新領地の支配のために、その中央部に位置する勝山(標高百三十二メートル・比高百九メートル)を選地する。

嘉明は、勝山の南北二つの峰を削り、その土砂で両峰間の谷を埋めて本丸を築造し、北側に五層天守を中心とする連立式天守を完成した。そののち、蒲生氏を経て松平(久松)氏が入国して天守を三層に改修する。それ以外は、天明四年(一七八四)の落雷による天守焼失と嘉永七年(一八五四)の天守再建はあるものの、基本的に本丸の縄張りは改変されなかった。

本丸と山腹の二の丸および山裾の重臣居住区の堀之内(以下、三の丸と呼ぶ)からなる縄張りの基本構造も嘉明の時代に確定し、蒲生氏が二の丸を整備して完成させて以来、現在に至っている。(1)

しかし近年注目された古図には、現在の天守曲輪（「本壇」と呼ぶ）の石垣とはかなり異なった複雑な形状が描かれ、その中心に大井戸が見られる。系譜の異なる複数の古図にも同様の記載が認められることから、嘉明時代の本壇の構造については考え直さねばならなくなったのである。[2]

また同時に、初期大手の位置についても重要な指摘があった。これまで大手は、三の丸の北門と東門と理解されてきた。[3]これに対して柚山俊夫氏は、愛媛県立図書館所蔵の明治十四年「地価一筆限牒　温泉郡市万村」中に小字「大手口」を発見し、城下町の東側を囲繞する惣構とみられる「念斎土器堀」と「砂土手」などの復元的研究から、元来は現在の東雲神社下交差点から十メートル北、交差点西側付近に大手があったことを指摘された。[4]

このように、松山城に関する「通説」は大きく揺れている。嘉明がなぜ勝山に目を付けたのか、そして築城当初の松山城の縄張りはどのようなものだったのか、根本的に再検討すべき時期が到来している。[5]本章の主題は、初期の大手と本壇に関する考察を通じて、この問題に関する仮説を提示することにある。

第一節　湯築城の改修

本論の前提として、かつて拙稿「湯築廃城期考」[6]（以下では第五章と略す）で述べた論点と、その後に得られた知見をあわせて紹介したい。

第五章においては、嘉明が高虎の新城今治城を監視するために実弟忠明を城代に据えた支城拝志城に注目した。当城は、今治城から南方三キロの現今治市拝志に築城したものである。そもそも、高虎が越智郡に最新鋭の海城を築城したこと自体が挑発的であり、嘉明にとっては相当の脅威となったに違いない。実際、慶長九年に両氏間に衝突事件・拝志騒動が勃発し、合戦寸前まで事態が深刻化している[7]。

高虎も、松山城監視のために支城を設けた。藤堂藩関係史料には、「塩泉城」として登場する。たとえば『高山公実録』[8]には、次のような記事があるので三点まとめて抜粋しよう。

【史料1】

〔友田左近右衛門旧家乗〕慶長六年丑年予州塩泉へ移り藤宮内少輔高吉と共に塩泉城を守て加藤左馬介嘉明の圧とし給ふ〔謹按〕年譜略にハ私曰塩泉ハ嘉、明の封境近きに依てなりとあり

【史料2】

一、かち《（勝）》山其元之様子聞届候事、

一、其城作事之儀かやふき《（茅葺）》ニ仕下地くさり《（腐）》候ハぬ様ニ可仕置候、とかく其元ふしん《（普請）》ハ不入事候間、口郡之内ハ見合引可申候間、何も塀さく《（柵）》矢倉なと材木すこしニ不寄取置可申候事、

一、其元堺目之儀候間、百姓人の取かハし任御法度之旨可申談候、口郡も其通候間、聞合出入無之様ニ尤候、縦人ハ違候共此方之義御法度之筋目相立可申候由断在之間敷候也、

【史料3】

〔年譜略〕慶長十三年春予州今治ノ城ヲ公居城ニセント欲シ玉ヒ近年築造アリ（略）然ル処ニ公思召違ヒテ又塩泉

ノ城ヲ守護スヘキ命アリテ良勝又塩泉ノ城代トナル、是マテ仁右衛門高刑塩泉ノ城ヲ預リタルニ依テ良勝嫡子宗徳（二代目新七郎幼名時ニ八歳タリ原註）ヲ代官トシテ長浜ヨリ塩泉ニ至リ高刑ニ相見シテ城ヲ請取ト云々、

【史料1】に登場する「塩泉城」は、藤堂氏の中予六郡内に設定された一万二千石余りの領地支配の拠点城郭で（終章参照のこと）、第五章では検討のうえで湯築城の改称とみたので参照されたい。同城には、城代として慶長六年に高虎の養子高吉と重臣友田左近右衛門が配置されたが、慶長九年の拝志騒動の責任を問われて更迭される。

先に、拝志城は今治城から三キロしか隔たっていない要衝にあったことを指摘したが、湯築城も松山城からわずか二キロ弱のまさしく至近に位置するのである。拝志・塩泉両城は、支城というよりも敵の本城を監視するために堺目地域に置かれた付城といったほうがよい。

【史料2】は、『高山公実録』所収の（慶長十二年）閏卯月十五日付藤堂良勝宛高虎判物からの抜粋である。第一条では、良勝からの「かち山」＝勝山＝松山城に関する報告に了解した旨を断っている。慶長六年以来、良勝は松前城在城期の嘉明を堺目の城郭灘城（伊予市）で監視していた。松山在城期になると、同様に最前線で嘉明の動静を監視していたのである。第三条では、その城郭が堺目に置かれたものであることもわかる。

【史料3】によると、「又塩泉ノ城ヲ守護スヘキ命アリテ良勝又塩泉ノ城代トナル」と、慶長十三年にふたたび高虎から藤堂高刑にかわって良勝を塩泉城の城代に任命されたことがわかる。「公思召違ヒテ」とは、藤堂高刑を城代にして日が浅いにもかかわらず、勘違いして良勝を再任したという意味と解釈される。

他の史料からは、慶長十三年に良勝は今治城と瀬戸内海の要衝に配置された甘崎城（今治市）のつなぎの城とするべく小湊城（今治市）の築城を担当していたことが確認される。[9] それに忙殺されたため、子息宗徳を代官として長浜城

(大洲市)から塩泉城に派遣したのである。

よって塩泉城の城代については、友田左近・藤堂高吉(慶長六年～慶長九年拝志騒動)→藤堂良勝→藤堂高刑(?～慶長十三年四月)→藤堂良勝(代官子息宗徳、慶長十三年四月～?)という変遷がうかがわれる。

したがって、【史料2】第一条でみられる松山城監視のための堺目の城郭とは、松山城を目視することができる塩泉城以外にはない。そうすると、【史料3】第二条が重要となる。塩泉城の作事すなわち建物築造については、茅葺きで下地が腐らないように、つまり礎石建てにせよと命じたのである。そして普請すなわち石垣や土塁・堀などの築造までする必要はないと断っている。

築城中の松山城を監視すべく、藤堂高虎は塩泉城の緊急改修を命じていたのだ。これについては、湯築城の発掘調査に携わった柴田圭子氏と中野良一氏の指摘が想起される。柴田氏は、地層分類の最終段階には、松山城側の搦手の改修が多いというのである。焼土層を伴うことから、火災があったのちに大規模な改修があったと想定している。中野氏は、搦手側に最終焼土面を掘り込んだ礎石建物があることから、最終段階の塩泉城の大手が搦手側に変化していた可能性を指摘している[10]。

これからは、拝志騒動のような事件が松山城や塩泉城の近辺でも頻発したのではないかと推測することもできよう。これに関連して、長文ながら『高山公実録』から興味深い史料を抜粋したい。

【史料4】

(玉置覚書)伊予一国四十万石を高山様と加藤左馬介殿(嘉明)とに二十万石宛拝領に候、高山様在城ハ今張(今治)枝城大洲・灘両城也、左馬介殿ハ勝山と申所に御在城なり、すくれて御中(仲)あしく互に領分の罪人あしをふみ入候へハ、かくまひ出し不申候やうになりゆき、百姓なとも年貢少おもくかゝり候へハはしり、互にあなたこなたへまいり申に付仕置むつかしく役人共難儀いたし候由古き者共かたり申候、灘の城ハ左馬介殿居城へ二里《マヽ》許在之堺目一しほむつかしく被思召、藤堂新七郎《良勝》に御預置つね〳〵きひしく申付候由、灘の者人の妻をぬすみにげしを新七郎被聞付、馬上に長刀をもち追かけ、夜のほの〳〵明に左馬介殿居城勝山の大手口にて男も女も長刀にて首をはねきり棄に仕帰り申候を、跡より大勢追かけ候へとも馬一さんにのり何事もなく灘に帰申候、

史料中の灘城は現在の伊予市双海町上灘に存在したが、本城級の大洲（当時は大津）城に比較すると小規模な支城である。前半は、嘉明と高虎の不仲によって罪人や百姓が他領に走り込むことが役人たちの頭痛の種であったことを、古老の話として載せている。後半は、良勝が人妻を盗んだ者を灘から松山城の大手口まで追跡して処刑したことを記す。これらは、いずれもありそうな話である。

　このように、一次史料には残っていない衝突事件が少なからず発生していたことが、容易に察せられるのである。なお、灘城は「左馬介殿居城へ二里許在之堺目」と記されているが、松山城在城期のこととしているから、両城間は直線距離にして五里以上も隔たっており疑問が残る。城名（距離的には松前城の可能性あり）もしくは距離に誤りがあるのかもしれない。

　加藤氏・藤堂氏並立期の塩泉城は、松山城の押さえの要塞として機能し、高虎の重臣が配置された。この段階に作事部分の改修がおこなわれ、大手も松山城側となった。慶長の役で戦功をめぐって衝突して以来の犬猿の仲であり、豊臣氏とのつながりの深い嘉明は、徳川家康の参謀役を任じる高虎方の松山城への攻撃も意識していたであろう[11]。

　以上をふまえて、この時期に伊予国内に配置されたことが確認できる支城についてまとめた伊予関係資料3を参照

されたい。天正十三年（一五八五）の四国国分ののち小早川隆景が城割を実施して以来、一郡につき三城以内に整理されたが、これらのなかには堺目に配置された付城といってよいものも少なくなかった。

従来の研究においては、関ヶ原の戦いの後の伊予ではさしたる軍事的緊張もなかったとみてきたのだが、それは予断であり事実ではないことが明らかになった。

第二節　「大手口」と初期大手

道後一帯は、かつて河野氏の守護所湯築城の城下町であり、道後温泉や古刹石手寺を訪れる人々で繁栄していた。(12)嘉明は、この伊予最大の伝統都市を意識し、その機能を吸収すべく城地の選定をおこなったとみられる。

勝山選地の背景を、道後シフトとしてとらえた場合、気になるのが初期の大手の位置である。ここで、「問題の所在」で紹介した柚山説を検討したい。これについては内田九州男氏の批判(13)があるので、あわせてふれたい。

愛媛県立図書館所蔵の明治十四年「地価一筆限牒　温泉郡市万村」中の小字「大手口」記載に関して、内田氏は「大」と「土」の誤記の可能性を指摘されている。しかし、たとえば愛媛県立図書館所蔵の明治十五年に地元の温泉郡市万村戸長代理用係渡部登が愛媛県令関新平に提出した書類(14)にも、「大手口《ヲヽテグチ》」とわざわざルビまで付して記載しているから、誤記と判断することはむずかしいのではなかろうか。したがって、地名として「大手口」が存在することを前提としたい。

まず大手とは、敵対勢力を意識した防禦正面に位置する虎口と規定する。門という建造物の有無は問題にならない

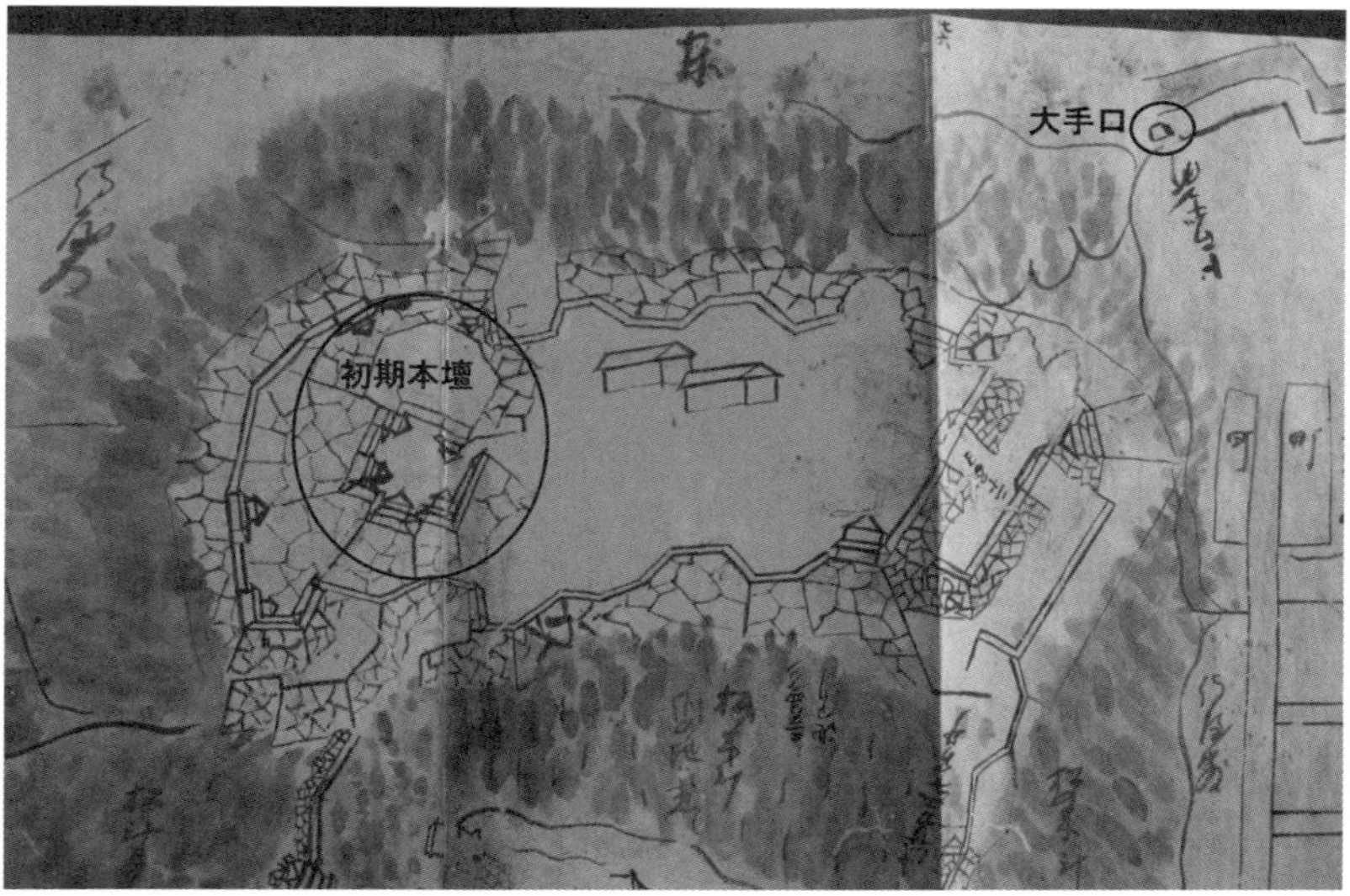

図1

し、必ずしも一つとは限らない。また敵対勢力が変われば、大手門の位置も変わると筆者は柔軟に考えている[15]。築城期、嘉明にとっての敵対勢力は高虎であり、最も警戒するべき至近の敵方拠点は塩泉城だった。かかる理解に立てば、大手を城郭の東側の湯築城側に想定することは十分に妥当であろう。

ここで、以下三点の絵図から「大手口」の場所に着目したい。

①松山城見取図（寛永四年作成、水口図書館所蔵「讃岐伊予土佐阿波探索書」添付図。図1とする）。

②水野秘蔵松山城下図（寛文～天和年間作成、伊予史談会所蔵。図2とする）。

③亀郭城秘図（伝文久四年松山藩士野沢隼人作成、伊予史談会所蔵。図3とする）。

蒲生忠知が入封してからわずか三ヶ月後、西国諸藩の藩政を監察すべく派遣された公儀隠密が作成した報告書が「讃岐伊予土佐阿波探索書」[16]である。九州から渡海して伊予に入国した隠密は、長浜から大洲そして松前経由で寛永

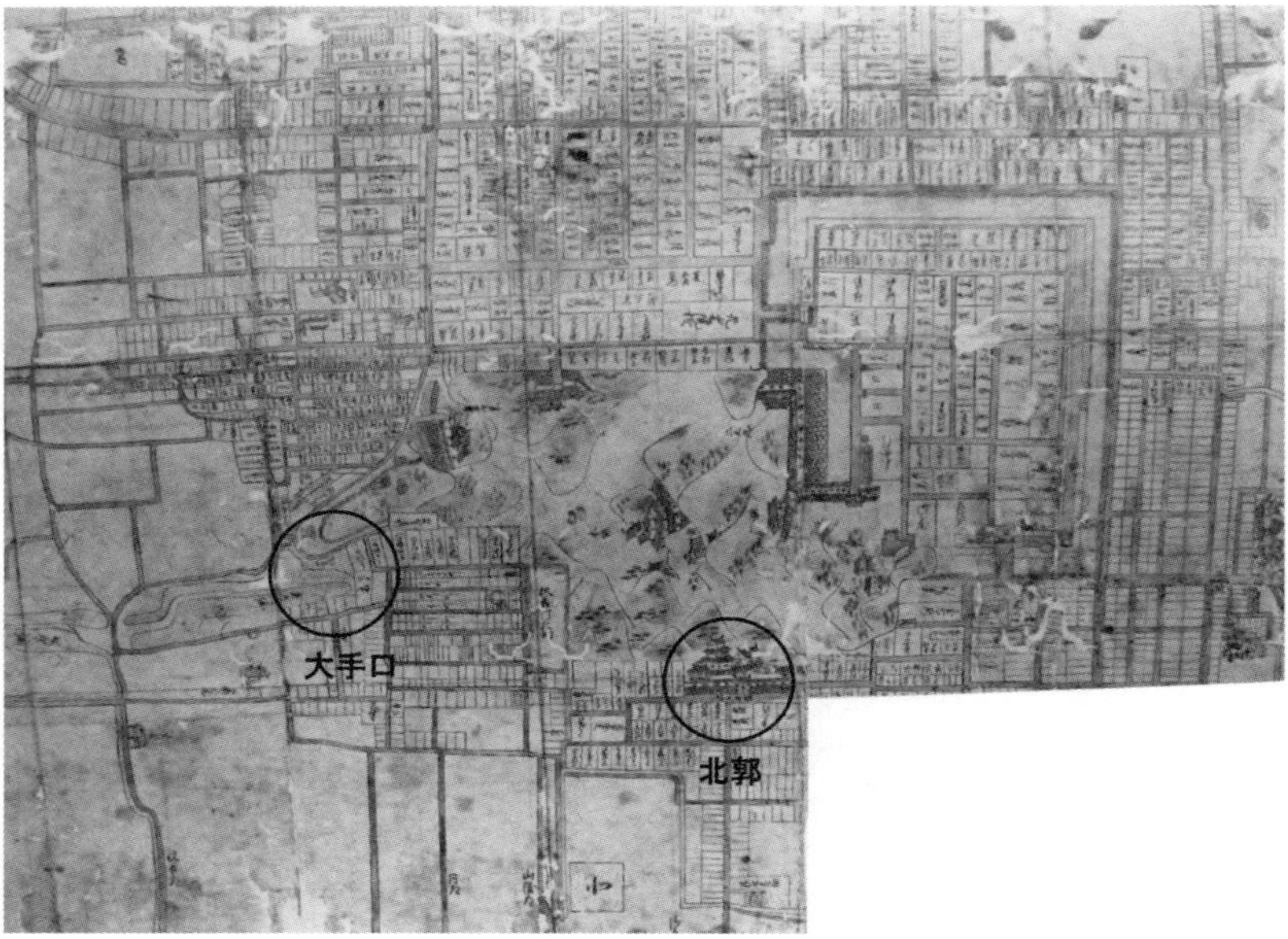

図2

四年（一六二七）八月十一日から十五日まで松山藩領周辺を探索し、今治に向けて出立している。

その調査項目は、城郭・侍屋敷・家中の動静と評判・町方・農政・作柄など多岐にわたったが、収集した情報はいずれも精度の高いものだった。松山城については、本丸・二の丸・三の丸のありさまを建物の種類・規模を中心に詳細に記し、別に彩色入りの図1を調進している。

これに関して注目されるのが、「大手口」比定地に「口」と判読される注記があることだ。またその付近に「トウヂン《唐人》町」「フヂハラ《藤原》町」が記されているが、いずれも現在地とは異なっている。城下町も、城郭と同様に加藤時代初期とその後とでは変容していることがわかる。

松平時代初期を描く図2で該当部分の「一万坂」付近に着目すると、番所が置かれ、「矢けん《薬研》堀」と土塁とで外枡形状の厳重な虎口となっている。ここから武家地を経て幹線「山越道」に至り、外港三津や今治方

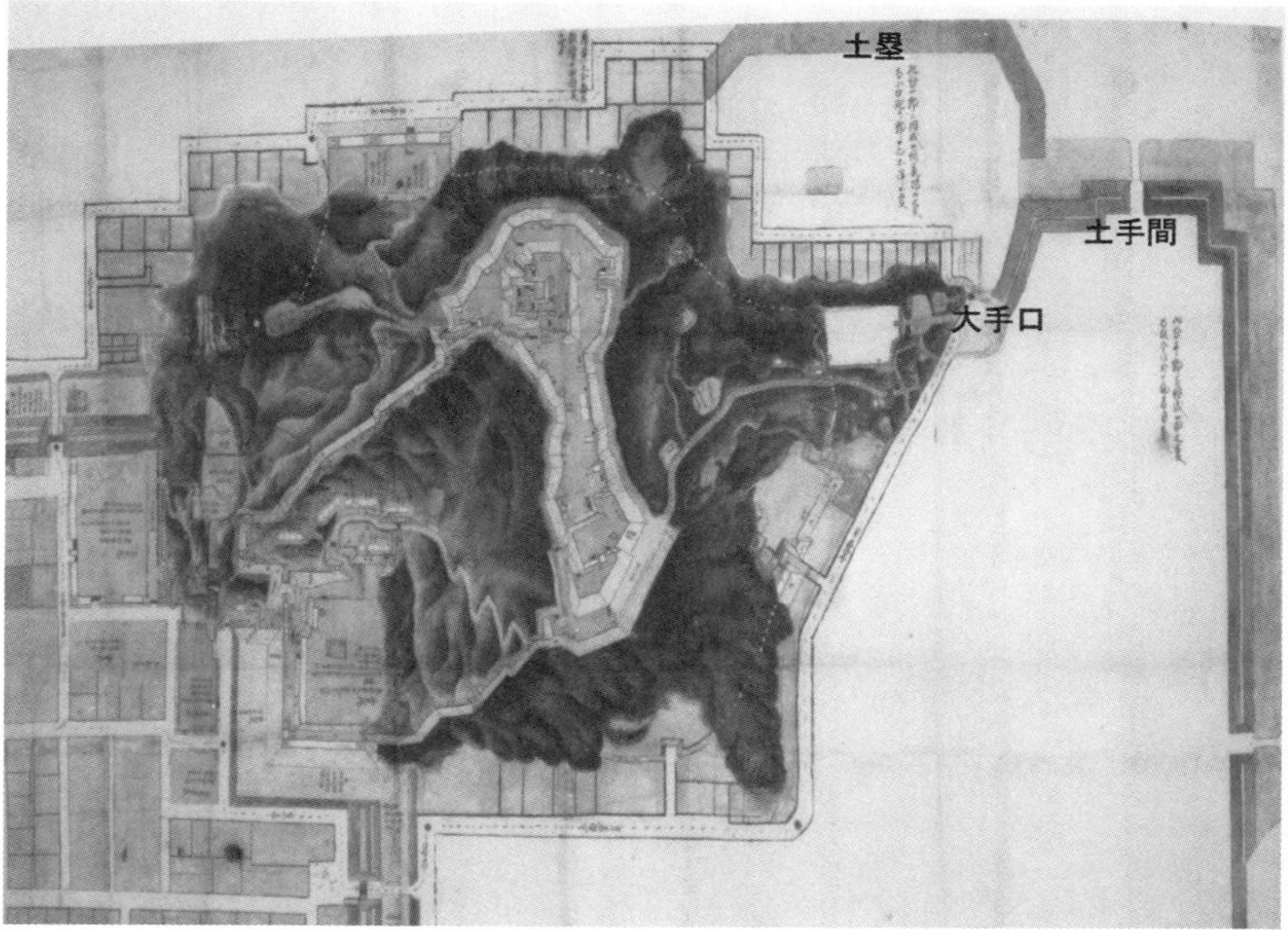

図3

面にも向かうことができる。ここをかつての大手とみることは可能である。

図3は、幕末に軍学的な観点から復元的に描かれたとみなされるものである。注目すべきは、虎口外側の武家地を囲繞するように土塁が記され、巨大な馬出曲輪となっていることである。

しかし武家地外縁部の土塁については、現時点で遺構も地字も確認できず、幕末作成のこの絵図一点のみに描かれていることもあわせると、存在の可能性は極めて低いと判断する。[17] なお砂土手からの出入口「土手《どて》間《ま》」は、高虎が転封して後に道後方面からの脅威がなくなった時点で、普請されたものだろう。

以上の考察から、軍事的にみて「大手口」が初期大手だった可能性が高まった。内田氏は「大手口」のあった一万坂の北の武家地に重臣屋敷が蒲生時代も松平時代にもなかったことを指摘し、それをもって大手ではなかったとされる。

確かに、他の近世城郭においても大手外側に重臣屋敷が配されることは多い。ただし、屋敷の建替や移動はよくあることである。問題とする加藤時代初期の城下町図が残存しない限り、重臣屋敷の有無について断定することはむずかしいと思う。

松山城の普請・作事に用いられた石材や木材の多くは、城北の祝谷などの山手から運ばれ、「大手口」を通ってその背後にある勝山では最も緩やかな尾根筋を引き上げられたと推測される。築城時最も重要な虎口だったという意味でも、初期大手については柚山説の妥当性が高い。

なお、現状ではこの尾根筋や長者ヶ平（ロープウェイとリフトの山頂停留所広場）に防御遺構はみられない。これをもって、初期大手筋とみることに否定的な見解があるかもしれない。しかしこれは、後述するように敵対勢力が変化し大手が移ったことによるものと判断する。

ここで検討したいのが、惣構えにあたる砂土手・念斎堀と北郭（北曲輪）である。惣構えは、従来は湯山川（現石手川）の氾濫に備えたものと意識されてきた。もちろんそれは否定できないが、第一には東側の道後方面から攻撃への対処とみるべきだろう。

北郭は、加藤時代には佃十成、蒲生時代は蒲生源左衛門というように、トップクラスの重臣が居住した。絵図や古写真によると、高石垣が築かれ重厚な櫓門と隅櫓そして天守にも比肩する三重櫓もあり、これ自体が近世城郭といってよい威容を誇っていたが、残念なことに戦前に痕跡すら残らないほどに破壊されてしまった。

ここは、天守に至る最短コースを押さえている。この付近には、かつて「佃町」という地名が伝存していた。「大手口」と周辺の武家地との関係からは、北郭は東側の道後方面から大手に攻め込んだ敵対勢力を回り込んで背後から攻撃したり、城主のすばやい脱出を可能にする搦手の役割を担ったと判断する。「大手口」と北郭は、初期松山城の大手と搦手の関係でとらえることもできよう。

第三節　天守はなかった？

近年、話題になった二点の絵図には、ともに現在の本壇石垣とは異なった複雑な石垣形状が描かれ、中心に大井戸がみられるのみで天守らしきものが描かれていない。いかにも、籠城を意識した臨戦状態に合致する山上の詰曲輪と表現すべき縄張りである。まずは、問題の絵図を提示する。

④与州松山本丸図（加藤時代～蒲生時代初期作成、滋賀県甲賀市水口図書館所蔵、図4とする）。

⑤蒲生家伊予松山在城之節郭中屋敷割之図（寛永四年～同九年頃作成、愛媛県立歴史文化博物館所蔵、図5とする）。

図4には、大井戸を囲むように六棟の建造物の配置と平面構造がラフなタッチで描かれている。現在の小天守の位置に東西五間・南北三間の最大建造物が配置されるが、この規模では三層天守というよりも二層隅櫓が妥当であろう。本壇石垣は現状とはかなり異なって、西側については地山の形状に影響されいびつで矩形に処理されておらず技術の低さを感じる。詳細に石垣の高さや長さに関する詳しいデータが記されていることもあわせて考えると、石垣完成を受けて作成した指図とみることも可能である。

図5は、武家地に蒲生家臣団の名前が記入されている。寛永七年に御家騒動「蒲生騒動」(18)が発生し、同九年に福西氏をはじめとする一派が処分されるが、それらの屋敷がすべて描かれていることから、蒲生氏が入国した寛永四年から同九年に作成された絵図と判断される。

同時代の絵図としては、蒲生忠知の家臣名とその後に入封した松平定行の家臣名を併記した近藤元邦氏所蔵「松山

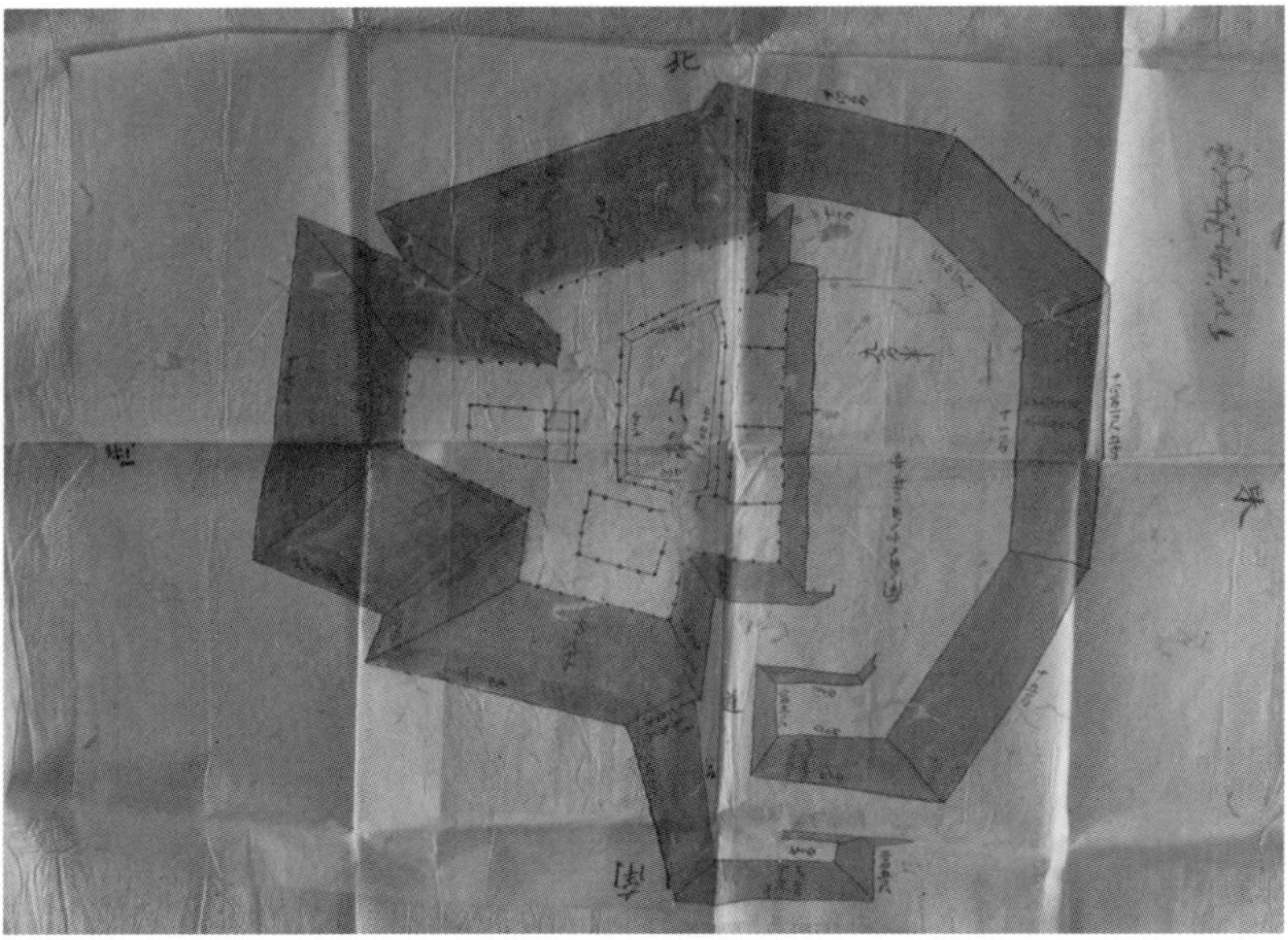

図4

城下町寛永図」[19]もあるが、本城下図はそれよりも蒲生氏関係の情報量が多い。注目すべきは、図4とまったく同様な大井戸を中心とする本丸が描かれており、天守がないことである。

ここで、図1の本檀部分の描写に注目したい。二層櫓が本丸を囲むように五棟描かれ、天守と呼べるようなものは描かれていない。これが、図4に描かれた建造物の配置にほぼ合致するのである。

「讃岐伊予土佐阿波探索書」中の他の城郭に関する記載では、冒頭に天守に関するデータが記されている。もし松山城に明らかに天守とわかるものがあれば、なにかコメントされたはずである。天守がないとも記されていないが、複数の二層櫓が林立する現状からは、どれが天守なのか、あるいは天守がないのか判断できず留保したのではないか。

同書には「山上へハ上リ申す事成らず」と記されてはいるが、五層天守が存在したならば城外からも容易に目視できたことから、図1・4・5が示すように本

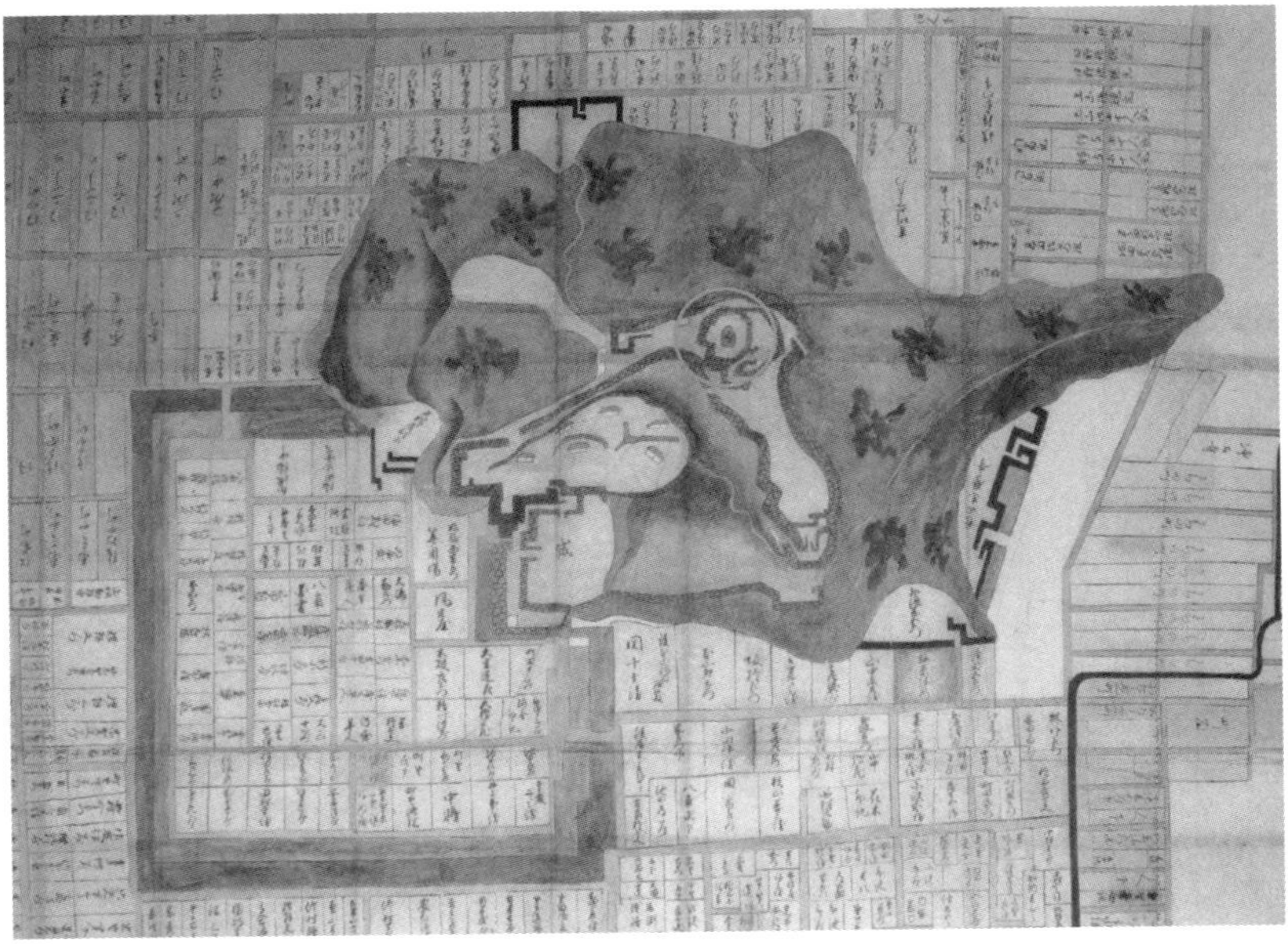

図5

丸の最高所は籠城用の詰曲輪として中央に大井戸があり、それを囲むように建造物が配置されていたのではなかろうか。加藤時代には、五層天守どころか天守自体なかったと結論づけられるのである。

『松山叢談』寛永十九年条は、「松山城天守楼五重の所御願の上、三重へ御営み替あり」[20]と松平定行が入封し天守を五層から三層に改修したとする。従来、これが改修に関する典拠史料だった。確かに、家門・十五万石という家格からは、三層天守が相当である。現存天守台が五層天守でも創建可能な規模であり、松平氏時代以来の現存三層天守がずんぐりしていることとも符合する。

松平氏入封後の寛永十九年まで、もしも「天守楼五重」が存在したとするならば、蒲生忠知が入国後に五層天守を普請したと考えざるをえない。忠知の治世は寛永十一年までの七年間だったから、普請は時間的に不可能ではない。

実母振子が家康息女で二十四万石を領有したのだか

ら、五層天守を築造し将軍家一門の威光を示すことを咎められることはなかっただろう[21]。残念ながら忠知による天守普請についての史料的根拠はないから、あくまでも現時点における仮説とせざるをえない[補註]。

続いて、二の丸や三の丸も含めた松山城の縄張りについて考察したい。近年になって注目されているのは、国内最大規模の登り石垣である[22]。次に示すように「讃岐伊予土佐阿波探索書」には山上の本丸と二の丸を結ぶそれに関する記載がある。

【史料5】

同丸西山の上へ石垣つゝき、見え申し候分四十間程高さ五間・六間、七間之所も有、其間ニ二重の矢倉弐つ有、山上迄石垣へい(塀)あり、南も石垣へい山上迄つゝき見へ申候、其間ニ二重の矢倉有、矢倉数合六ツ、矢倉共、

登り石垣とは、文禄・慶長の役の際、出陣した大名たちが朝鮮で築いた倭城で採用されたものである。山上の城郭と山下の城下町や港湾施設を、二条の石垣で結び一体化することをめざしたものだった。参陣した加藤嘉明が、居城の縄張りに取り入れたものと考えられている。蒲生氏入国直後の記事だけに、加藤時代には登り石垣は存在したということができる。

これは図1にも描かれており、二の丸や三の丸も存在する。二の丸大井戸部分には「池アリ、水ツキス」と記されている。東側に大手のあった初期の縄張りにおいても、この部分は計画され、山上の本丸や東側の大手周辺からは遅れたかもしれないが、加藤時代にほぼ完成していたと考える。とりわけ三の丸に相当する堀之内は南面し安定しており、水害の心配もない居住するには快適な一等地だった。

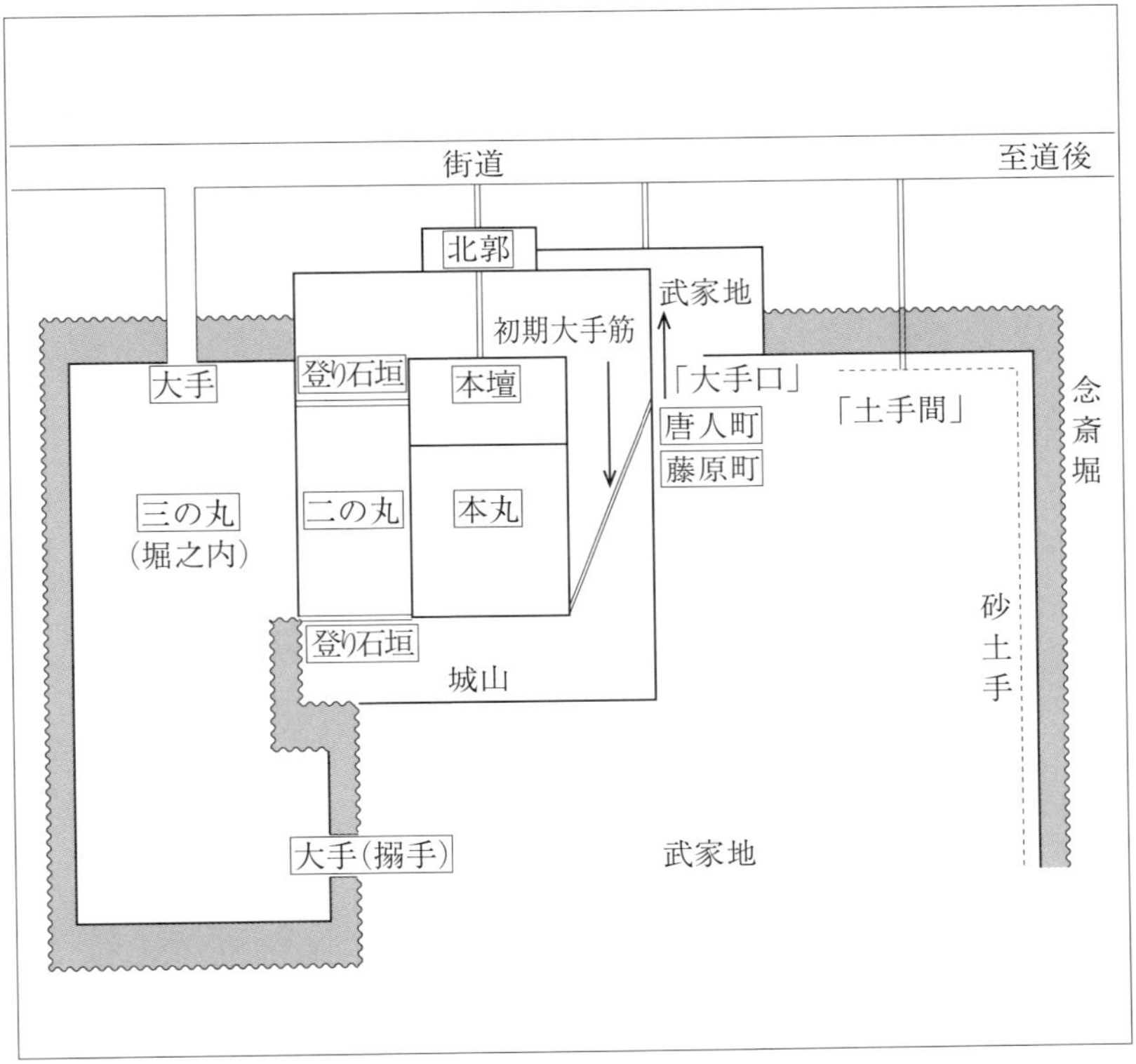

図6　松山城縄張り変遷概念図（四角で囲ったのは加藤氏転封時に存在）

また今治方面からの攻撃には、旧今治街道（現国道一九六号線に相当）の姫原から鴨川にかけて街道を屈曲させて「七曲がり」を設けたり、城北の山越地域に寺町を配して備えたが、それを突破して進軍する敵対勢力には三の丸側で対処可能であった。

高虎が転封した慶長十三年以降、当面の敵対勢力は今治二万石の藤堂高吉になった。松山城の縄張りも、東側より西側に比重が置かれるようになったとみられ、大手も三の丸北門へと移ったのである。ただし、東側の惣構えの普請は続いていたし「大手口」は相変わらず重要ポイントだったから、その後長らく地名としては残ったと推測する。

確かに内田氏が指摘されるように、

歴史的根拠がまったくないのに突然ある地名が採用されるケースもある。しかし初期大手を「大手口」の比定地「現在の松山市西一万町二番の一帯」付近とする柚山氏の見方は、これまで検討したように一定の妥当性をもち、現時点では最も合理的と判断されるのである。

　このように考えると、加藤時代の築城工事は極めて大規模で途中で縄張りを変更するなど長期に及んだことがうかがわれる。「讃岐伊予土佐阿波探索書」には「左馬助殿御所ちらし被成百姓かしけ（悴）申」と、この時期の収奪の厳しさが記されている。これまでの考察をふまえて作成したのが、図6の松山城縄張り変遷概念図である。

結語―慶長年間の伊予

　ここで戦国末期から伊予八藩成立までの領主の変遷について示した伊予関係資料1・2に注目する。

これらからは、伊予八藩の直接的なルーツは、藤堂高虎と加藤嘉明の段階に求められる。彼らの二十万石の所領は、複雑に入り組み国内に分散していたし、支城制も採用していたから、厳密な意味では藩とはいえなかったが、藤堂領から今治・大洲・新谷（大洲藩支藩）・宇和島・吉田（宇和島藩支藩）の五藩が、加藤領から松山・西条・小松の三藩が誕生している。

　藤堂・加藤領を分割することによって、ある程度まとまりのある藩領が形成されたのでり、支城制も廃止されている。さらに寛永期に大洲藩と松山藩との間で、元禄期には幕領と今治藩・西条藩との間で替え地がおこなわれ、最終的に伊予八藩の藩領が確定した(23)。

　本章で注目したのは、慶長五年の関ヶ原の戦いの後から慶長十三年の高虎転封までの、嘉明と高虎が並立した約八年間である。八藩体制成立の基礎が築かれたこの時期、多くの支城が築城・改修されていた。たとえば、守護所に系譜をもつ湯築城は、松山城の押さえの要塞として高虎重臣が配置され改修を受け塩泉城と改称した。

高虎転封後も、家康の計らいで今治城のほか甘崎城などの監視ポイントには高虎家臣が残留し、豊臣秀頼と豊臣恩顧大名を見張る西国監視網が機能していたし、高虎の推挙によって彼と懇意な脇坂安治が淡路洲本から伊予大津（後の大洲）へと転封した(24)。

松山城は、中世以来の伝統都市道後の政治・経済機能を吸収し、かつ家康の側近となった高虎の攻撃に備えることを目的として選地された。私たちは、これまで松山城をはじめとする伊予国内の近世城郭は、泰平の時代の権威の象徴とみる固定観念に縛られてきたのではなかろうか。慶長年間に築城された伊予の諸城郭は、実戦を強烈に意識して縄張りされたものだったのである。

関ヶ原の戦いの後に伊予において大規模な戦争がなかったのは、たまたまの結果だったといってよい。地域社会に本格的な泰平が到来するのは、大坂の陣を経て八藩体制が成立する十七世紀後半であることを見通して擱筆する。

（1）　景浦勉『松山城史　増補四版』（伊予史料集成刊行会、一九九九年）、日下部正盛『加藤嘉明と松山城』（愛媛新聞サービスセンター、二〇一〇年）、『愛媛県史　近世上』第一章（一九八四年）、『松山市史　第二巻』第一章（一九九三年）など参照。

（2）　これに関しては、『愛媛新聞』二〇〇九年十月二十四日付朝刊トップ記事として報道されているが、その後この問題を追究した研究は未見である。

（3）　「松平定行君政法編集」（『松山藩法令集』近藤出版社、一九八七年）や「松山御城之記」（愛媛県立図書館所蔵）などによる。ただし東門を搦手とする史料もある。

（4）柚山俊夫「加藤嘉明時代の松山城砂土手と『大手口』」（『伊予の城めぐり―近世城郭の誕生―』愛媛県歴史文化博物館、二〇一〇年）・「湯築廃城と近世の伝承」（『湯築城歴史塾要旨集』湯築城資料館、二〇一二年）。

（5）先駆的な好論として宮尾克彦「伊予松山城の縄張り構造と大名権力」（『戦乱の空間』創刊号、二〇〇二年）がある。

（6）『伊豫史談』三五八（二〇一〇年）。この前提としては、拙稿「伊予国における近世の開幕」（拙著『日本中・近世移行期の地域構造』校倉書房、二〇〇〇年、所収、初出一九九三年）・「藤堂氏にみる御家騒動―高虎と高吉・高次―」（拙著『日本中・近世移行期の地域構造』所収、初出一九九九年）・「伊予八藩成立以前の領主と城郭」（西南四国歴史文化論叢『よど』七、二〇〇六年）や拙著『江戸時代の設計者―異能の武将・藤堂高虎―』（講談社現代新書、二〇〇七年）などがある。

（7）拝志城については、宮尾前掲「伊予松山城の縄張り構造と大名権力」、日和佐宣正「近世初頭の支城伊予加藤嘉明領拝志城―地籍図の検討及び国分山城との関連より」（『戦乱の空間』一〇、二〇一一年）を、拝志騒動については、前掲拙稿「藤堂氏にみる御家騒動―高虎と高吉・高次―」を参照されたい。

（8）嘉永年間に藩校有造館の講官大野木直好と池田定礼が、藩校内の掃葉閣で編纂した高虎一代記。太田光俊「近世後期における藤堂藩の修史事業―『高山公実録』の成立時期をめぐって―」『藤堂藩の研究　論考編』（清文堂出版、二〇〇九年）参照。

（9）（慶長十三年）三月七日付藤堂良勝宛高虎書状写（『高山公実録』『愛媛県史資料編　近世上』一―一〇、以下『県資』と略記する）。本史料からは、小湊城の資材として灘城を破却したものを用いたことがわかる。

（10）柴田圭子「湯築城跡の段階設定と遺構の変遷をめぐる諸問題」（『紀要愛媛』四、二〇〇四年）。中野良一「湯築城跡出土の瓦について」（『湯築城跡』第四分冊、二〇〇〇年）。

（11）中世道後については、川岡勉『河野氏の歴史と道後湯築城』（青葉図書、一九九二年）、川岡勉・西尾和美『伊予河野氏と中世瀬戸内海世界―戦国時代の西国守護―』（愛媛新聞社、二〇〇四年）、川岡勉・島津豊幸編『湯築城と伊予の中世』（創風社出版、二〇〇四年）、西尾和美『戦国期の権力と婚姻』（清文堂出版、二〇〇五年）、川岡勉『中世の地域権力と西国社会』（清文堂出版、二〇〇六年）、論考としては日和佐宣正「地籍図等からみた伊予国守護所湯築城周辺の都市構造」（『戦乱の空間』三、二〇〇四年）、柴田圭子前掲「湯築城跡の段階設定と遺構の変遷をめぐる諸問題」・「湯築城跡と周辺遺跡の変遷過程」（『西国城館論集Ⅰ』中国・四国地区城館調査検討会、二〇〇九年）、前掲拙稿「伊予八藩成立以前の領主と城郭」などがある。

(12) 註（6）や「伊予時代の藤堂高虎—文禄・慶長期の大名配置—」（三重大学歴史都市研究センター『ニューズレター』一、二〇一一年）を参照されたい。

(13) 内田九州男「松山城の大手口・大手門—柚山俊夫氏の説に触発されて—」（『愛媛県歴史文化博物館研究紀要』一七、二〇一二年）。

(14) 愛媛県行政資料「境界査定（字調）」。

(15) 大手の概念規定については、村田修三「城の部位」（『日本城郭大系　別巻Ⅱ』新人物往来社、一九八一年）参照。大手の変化に関しては、たとえば万治三年（一六六〇）に讃岐丸亀城で搦手を大手に変更した例があげられる。

(16) 「四国七城巡検録」として伊予史談会叢書第十一集『西海巡検志・予陽塵芥集』に抄録されている。

(17) 図3では、この部分に「此分一郭ニ相成候様承伝候事、尤小口配リ郭ケ向不詳候事」と注記があるから、伝承などをもとに加藤時代の惣構の完成予定ラインを推定して描いたと考えられる。

(18) 蒲生騒動については、拙稿「蒲生氏」（福田千鶴編『新選　御家騒動』上、新人物往来社、二〇〇七年、小著第九章）を参照されたい。

(19) 『松山市史料集　第三巻』所収。

(20) 『県資』二—二一。

(21) 蒲生忠知については、拙著『蒲生氏郷』（ミネルヴァ書房、二〇一二年）を参照されたい。

(22) 『松山城登り石垣調査報告書』（愛媛大学法文学部人文学科内田研究室、二〇〇四年）。

(23) 伊予八藩体制成立過程については、前掲拙稿「伊予八藩成立以前の領主と城郭」を参照されたい。

(24) 西国監視網については、註（6）（12）や拙著『秀吉と海賊大名—海から見た戦国終焉—』（中公新書、二〇一二年）を参照されたい。

（補註）この点については、終章で検討している

〔付記〕史料調査や絵図掲載でお世話になった甲賀市立水口図書館・愛媛県歴史文化博物館・伊予史談会の皆様に篤くお礼を申し上げる。

第五章　支城をつくる―湯築城から塩泉城へ

問題の所在

天正十三年（一五八五）の豊臣政権[1]による四国国分の結果、伊予では守護家河野氏が新国主小早川氏に庇護されることになった。当主河野通直は、湯築城から下城して道後城下に蟄居した[補註1]が、家臣団のなかには小早川隆景に仕える者もあった。毛利氏と一体化することで長宗我部氏と対抗してきた通直だったが、秀吉との直接的な主従関係を築くことができなかったための処遇と考えられる。

小早川氏の伊予支配は、天正十五年の九州国分によって終焉を迎えた。隆景が、筑前名島（福岡市）に転封となったからである。隆景は、天正十四年頃から本城を湯築城の外港であった三津《みつ》を睥睨する湊山（松山市）に移転させるべく築城を開始していたが、完成をみなかった。

新領主として入国した福島正則は一旦は湯築城に入城したが、大部分の領地が東予地域にあったため国分山城（今治市）に移った。これをもって、室町時代以来の守護所だった湯築城は廃城になった、というのが近年における通説的な理解である[2]。

本章の主題は、湯築城の廃城期に関する通説を再考することにある。湯築城跡では、一九八七年から一九八八年まで、そして一九九一年から二〇〇二年までの長期にわたる発掘調査が実施された。その学術成果は、愛媛県埋蔵文化財調査センターによる『湯築城跡』一～五(一九九八～二〇〇二年)などの発掘報告書や研究書・研究論文にまとめられ、国指定史跡化と史跡公園化の大きなはずみとなったことは言を俟たない[3]。

最近の注目される成果としては、発掘調査に中心的に携わった中野良一氏による『湯築城跡』[4]がある。貴重なデータ満載の研究書であるが、筆者は本書に示された戦国末期から織豊期に関する叙述に、いささか疑問を感じている。本章においては、主題との関係から中野説を検討する。それが、ごく最近関心を集めている加藤嘉明築城期の松山城の縄張りをめぐる謎の解明にも直結することを、あらかじめ指摘しておきたい。

第一節　本城から支城へ

1　河野氏滅亡の背景

湯築城は、小早川隆景が転封するまで伊予一国支配の拠点城郭すなわち本城だった。ここでは、前提として隆景の国替に伴う河野氏の滅亡についてふれておきたい。

西尾和美氏は、河野通直の出自を、通説のような河野氏一族池原氏に求めるのではなく、来島通康とその正室で毛利元就孫娘にあたる宍戸隆家嫡女との間に誕生したとみる。通康死後、彼女が河野通宣に再嫁して、通直が河野氏当主として擁立されたと主張するのである。

永禄年間の毛利氏にとって、河野氏への援軍派遣は来島氏の来援によって勝利した厳島合戦への返礼と位置づけられていた。通直の擁立そして天正九年における輝元の姪(吉見広頼息女)との婚姻は、河野氏の毛利氏への接近を促進し、来島通昌離反後の天正十年代には、さらに河野―毛利両家の一体化が進み、毛利氏家臣が湯築城に駐留するようにさえなる。

西尾氏は、通直の安芸竹原への退去直後の死去を天正十五年七月九日と判断され、従来のように「病没」とみるのではなく、毛利輝元と九州平定から大坂に凱旋する秀吉の存在と深く関わった「生害」説をとる。(5)

かつて筆者は、西尾説に対して「(通直の)自殺の背景に毛利輝元の存在を意識することには、いささか疑問を覚える。少なくとも毛利氏にとって、親戚筋にあたる河野氏の滅亡にメリットがあったとは考えにくいからである」と批判した。(6)

しかし、このたびあらためて九州国分をめぐる政治状況について検討すると、西尾説は成立するとの結論が得られた。以下に修正して前言を撤回したい。

【史料1】(7)

覚

一、備中残分
一、伯耆残分
一、備後
一、伊予

合三ケ国

右之分、右馬頭（毛利輝元）於相上者、

一、豊前

一、筑前

一、筑後

一、肥後

合四ケ国

右相渡之、九州取次可相任事

（天正十五年）六月廿五日　（秀吉朱印）

【史料2⑻】

覚

一、伊予一ケ国相上之

以上

一、筑前一国

一、筑後一国

一、肥前一郡半

以上

（天正十五年）
六月廿五日　（秀吉朱印）

天正十五年六月、島津氏攻撃を終えた秀吉は、筑前博多で九州国分を執行した。それに関連して、同時に発給された秀吉朱印状が【史料１・２】であるが、いずれも宛所を欠く薄礼な様式である[9]。内容からは、前者が毛利輝元宛、後者が小早川隆景宛のものと判断される。これらは、毛利氏もしくは小早川氏を九州に移し、九州諸大名を豊臣政権に結びつける取次役に任じようとするもので、天正十八年の関東国分ののち徳川家康を関東に転封させ、関東・奥羽の諸大名の取次役に任じたのとセットで位置づけられるものである。

結果的には、隆景らの抵抗によって毛利氏の九州転封が阻止され、隆景自身が筑前名島へと転じたのであるが、注目すべきは秀吉が強権的に毛利氏に対して九州転封を命じたのではなく、【史料１・２】で両案を提示し選択させたことである。これは、一連の豊臣国分のなかでも唯一の例外であった。

九州国分の最大の特徴は、これ以上の長期戦を避けるため、秀吉が関係大名の改易をおこなわなかったことにある。特に、それまでも大友・龍造寺・島津の三氏が攻めあぐねた筑前・筑後・豊前・肥後の四カ国を対象とする国分は、最も難航した。

秀吉は、ここに毛利氏を移そうとしたのである。それを通達する【史料１・２】は、極めて薄礼な様式とは裏腹に、この段階の豊臣政権と毛利氏との微妙な力関係を、リアルに示す内容をもっているといえよう。

通直の生害は、結論的には毛利輝元と秀吉の共謀事件と判断することができる。『予陽河野家譜』のように、国替の時期、通直が病身だったという説がある。しかし、高野山に参詣していることからも信じがたい。通直がわざわざ縁の深い高野山上蔵院に向かったのは、先祖に領国回復を誓うためのものではなかったか。

参拝を終えた通直が、行く先として安芸竹原を選んだのは、帰陣途次の秀吉に接近して旧領復帰を直訴するためだった可能性を否定することはできない。通直は、竹原で隠居しようとしたのではなく、あくまでも伊予復帰をめざしたのである。

このような事態を察知した輝元は、隆景の伊予上表と国替によって九州転封回避が実現した直後だけに、通直の行動によって困難をきわめた交渉の成果が水泡に帰すことを憂慮したに違いない。

西尾氏が推測するように、秀吉が備後三原に立ち寄った時期に、しかも通直の死と近接する七月八日に、毛利輝元と小早川隆景に宛てて中国地域の支配と関連して両人の「覚悟」を求めたことも重要である。[10]これを受けて自家の繁栄を第一とした輝元は、最終的に河野氏を見捨てたとみられる。

秀吉にとっても、西国支配の重要拠点伊予に河野氏のような旧族大名が居座ることは回避したかったに違いない。天正十五年九月八日付で福島正則に与えた領知朱印状で、秀吉は当時の伊予を「九州・四国之かなめ《(要)》所」[11]と位置づけていた。伊予が、四国のみならず九州を監視するのに地勢的にすぐれていると判断したのであろう。

2　分割領有の時代へ

小早川氏転封後の伊予は、福島正則と戸田勝隆の所領に分割された。彼らは、ともに秀吉の信頼の厚い子飼い大名だった。これをもって、伊予においては本格的に豊臣時代が到来したのである。

福島正則は、先の領知朱印状で秀吉から宇摩郡・新居郡・周敷郡・桑村郡・越智郡で十一万三千二百石を与えられ湯築城に入城した。九万石の豊臣蔵入地が中予地域にあったためである。正則は伊予半国にあたる合計約二十万石を預かったのだが、やがて領国支配の要衝に位置する国分山《こくぶやま》に近世城郭を築城して移った。

正則は、標高百六メートルの唐子山の山頂を本丸とし、石垣で普請し天守などを配置したといわれる。山麓には、今も「御屋敷」といわれる東西百三十メートル・南北百四十五メートルの広大な居館跡がある。またその前面には堀跡も残り、「枡形」「石垣上」「中堀」「奥堀端」などの城郭に関係する地名も多く残っている。

城下町については、武家地と町人地が離れていた。武家地は、城郭の東側、桜井海岸にかけての一帯に広がっていたことが、「小性《(姓)》町」のほか「古兵衛屋敷」をはじめとする関係地名が少なからず残ることから、容易に推測することができる。

町人地は、頓田川を隔てた織田ケ浜沿いに展開する港湾都市拝志にあった。現在の拝志には、「町口」「町裏」などの字名も残り、今治街道に沿って営まれた城下町の面影が色濃く残っている。このように国分山城とその城下町は、瀬戸内海流通を意識したものであった。

もう一方の領主・戸田勝隆は、九州国分の直後に入国し、大津城(のちの大洲城)を本城として近世城郭化した。戸田氏の正確な石高はわからないが、『宇和旧記』には十六万石と記されている。宇和・喜多・浮穴三郡に領地をもったことは確実だから、少なくとも十万石程度はあったであろうし、正則と同様に豊臣蔵入地の代官も兼任し、合計約二十万石を預かったと考えられる。

戸田氏は、文禄三年に朝鮮出兵中に病没して絶家となる。福島氏は、文禄四年に尾張清須に転封となった。こののち伊予は、南予では板島城の藤堂高虎(七万石、のち八万石)、中予では松前《まさき》城の加藤嘉明(六万石)、東予では国分山城の池田秀雄(二万石)という配置になる。なお池田氏が死去したあとは、小川祐忠(七万石)に宛行われている。

この時期の特徴としては、諸大名が太閤検地を実施したことである。同時に彼らは戦乱で焼亡した寺社を復興し、村落の有力者を登用して庄屋とし、地域開発に従事させた。また各地で中世城郭の城割が強制されて本格的な近世城郭が築城されている。[12]

当時の伊予の総石高は約四十万石で、豊臣大名は同時に所領近辺に設定された豊臣蔵入地の代官となっていた。ここで得られた収入は、政権の統一戦遂行のための兵粮米にあてられたり、在京する豊臣旗本衆に配分された。たとえば秀吉の馬廻衆であった真鍋貞成の場合、「知行方伊予国周布郡池田伊予守《秀雄》代官所内千六拾六石六斗、同浮穴郡加藤左馬助《嘉明》・藤堂佐渡守《高虎》代官所内弐千百卅三石弐斗、合三千弐百石」を給与されている。[13]

慶長五年（一六〇〇）九月の関ヶ原の戦いにおいて、伊予の諸大名は東軍・西軍に分裂した。東軍には藤堂氏・加藤氏・来島氏が、西軍には安国寺恵瓊・池田氏・小川氏が属した。戦後、西軍諸将は改易に処され、来島氏が豊後森へ転封となった。それによって、藤堂・加藤両氏それぞれが半国二十万石を有することになり、それと同時に伊予における豊臣蔵入地は消滅した。

本章においては、天正十三年の四国国分ののち江戸時代初期に至る伊予の大名配置について概観した。最後に確認のために伊予関係資料1・2を参照されたい。

第二節　近世初頭の城郭配置

I　本城と支城

城づくりの巧者であった加藤・藤堂両氏は、互いに意識しながら戦闘能力の高い城郭を築城し新たな本拠地とした。(14)加藤氏の松山城は平山城として、藤堂氏の今治城は海城として、日本城郭史に残る名城となった。

松山城の築城は、慶長七年正月から開始された。嘉明は、勝山の南北二つの峰を削り、その土砂で両峰間の谷を埋めて本丸を築造し、北側に五層天守を中心とする連立式天守を完成させた。そののち蒲生氏を経て松平氏が入国して天守を三層に改修した以外は、幕末の落雷による天守・小天守の再建まで本丸は改変されなかったとみられてきた。(15)しかし、最近指摘された二枚の初期本丸古図には、ともに現在の天守石垣とは異なった石垣が描かれ、その中心に池(井戸か?)がみられる。(16)これによって、加藤期の本丸の構造については考え直さねばならなくなった。

また西側の山腹には二の丸、城山の西麓に三の丸(堀の内)が営まれ、大手は三の丸の北門と東門の二つと理解されてきた。(17)ところが大手の位置については、最近の研究で城山の東尾根筋に位置する現在の東雲神社交差点の少し東に求める見解が提示されている。(18)このように嘉明が築城した松山城の縄張りについては、根本的に再検討せねばならない時期を迎えている。

これに対する今治城は、越智郡という藤堂氏の領国の最北部に築城されたことに特徴がある。沖積平野の先端の小田の長浜と呼ばれる浜辺に最新鋭の本城と方格状の城下町を建設し、国分山城から移転したのである。次に当時の加藤・藤堂両氏の所領高に関係する史料として、慶長五年十二月二日付加藤嘉明・藤堂高虎伊予領地協定の該当部分を抜粋して掲げよう。(19)

【史料3】

(前欠)(1)五千九百石、並越知(智)郡之内四千五百石、合拾四万四百石者、藤堂佐渡守手前、久米郡・温泉郡・伊与(予)

郡・和気郡・野間郡・浮穴郡之内十一万四百石、並宇摩郡・新居郡内三万石、合拾四万四百石者加藤左馬助手前、右之外郡々絵図を以領智(知)方何も令割符、別紙書給双方在之事、

一、②風早郡・桑村郡・周布郡、此三郡弐ツ割、幷越智郡之内新居郡之内、両郡之儀者算用ニ入相互申談割之、且ツ其外水(カ)夫山林川成共ニ上中下組合、弐ツ割ニ相定、鬮取之上者向後不可有違変之事、

①からは、加藤氏の領地の実態について明らかになる。すなわち久米郡・温泉郡・伊予郡・和気郡・野間郡・浮穴郡で十一万四百石、宇摩郡・新居郡内で三万石、合計十四万四百石が加藤領となったのである。天正十五年九月に秀吉が福島正則に与えた領知朱印状[20]によると、宇摩郡と新居郡の合計が約四万五千石となるから、約一万五千石が残る。

②では、風早郡・桑村郡・周布郡を折半することが記されている。比較的作成時期の近い「慶安元年伊予国知行高郷村数帳」(愛媛県立図書館蔵、村数帳と略記する)によると三郡の合計は約五万石であるから、約二万五千石ずつ折半することになる。①によると、約三万八千石(村数帳)の越智郡内に四千五百石の藤堂領が存在したことになるから、残り約三万三千五百石となり、折半すると約一万七千石ずつである。

ここで注目したいのは、配分原則である。まず従来の所領に蔵入地を加えたことである。伊予においては、豊臣蔵入地が関ヶ原の戦いの恩賞として分配され消滅したのである。

藤堂領は宇和郡七万石と蔵入地の設定された宇和郡と喜多郡など六万五千九百石との合計十三万五千九百石を所領とする。それに越智郡で四千五百石を加えて十四万四百石としている。よって、【史料3】前欠の直前部分は、「十三万」と理解される。

加藤領は久米郡・温泉郡・伊予郡・和気郡・野間郡・浮穴郡で十一万四百石とあるから、これが旧領と蔵入地の合

計であろう。それに宇摩・新居両郡で三万石を加えることで十四万四百石としている。

そして残りの風早郡・桑村郡・周布郡は折半、そのほかの郡すなわち越智郡と宇摩・新居両郡についても、残りの石高を折半という原則が看取される。要するに、双方を二十万石ずつにするために、領地の実態は無視して机上計算をおこなったのである。

以上から、加藤領については久米郡・温泉郡・伊予郡・和気郡・野間郡・浮穴郡と宇摩郡・新居郡の十四万四百石に、風早郡・桑村郡・周布郡内の約二万五千石と越智郡内の約一万七千石、そして宇摩郡と新居郡の約七千五百石を合計すれば、約二十万石になる(21)。

藤堂領も同様に、宇和郡と喜多郡など六万五千九百石の合計十三万五千九百石に越智郡で四千五百石を加えた十四万四百石に、風早郡・桑村郡・周布郡内の約二万五千石と越智郡内の約一万七千石、そして宇摩郡と新居郡の約七千五百石を合計すれば、約二十万石になる(補註2)。

如上のように実態を無視した配分をしたため加藤・藤堂両氏の所領は複雑に入り組み、しかも朝鮮侵略の陣中で戦功をめぐって対立して以来、二人が犬猿の仲であったことから、所領の境目には多くの監視用の支城が配置された。

嘉明が今治城を監視するために実弟の忠明を城代に据えたのが拝志城である。当城は、今治城から南方わずか三キロメートルの拝志城下町に築城され、元禄年間まで存在したといわれ、現在も西方寺にその遺構が認められる(22)。

高虎が二万千五百石しか知行しない越智郡に最新鋭の海城を築城したことは挑発的であり、嘉明にとって相当の脅威だったに違いない。実際、慶長九年に両氏間には「拝志騒動」が勃発している(23)。

高虎は、旧稿でふれたように多くの支城を配置している。たとえば、予土国境の河後森城(24)が土佐国主となった山内一豊を、灘城が松前城の加藤嘉明を(松山城が築城されると解体され、用材は甘崎城へのつなぎの城である小湊城に使用された)、甘崎城(25)が広島城の福島正則を意識していた。支城は、近隣の豊臣恩顧大名の監視のための陣城だった。

　ここで、松山城監視のために使用した支城を指摘したい。藤堂藩関係史料には「塩泉城」として登場し、高虎の養子藤堂高吉や重臣友田左近右衛門が置かれていたことが判明している。

　たとえば『公室年譜略』(藩士喜田村矩常が藩主三代に関わる諸史料の検討のうえで編纂したもので、「安永三年(一七七四)乙未夏六月」の自序がある。【史料4】)と『高山公実録』(嘉永年間に藩校有造館の講官大野木直好と池田定礼が、藩校内の掃葉閣で編纂した高虎一代記。【史料5】)には、次のような記載がある。

【史料4】

此(慶長六年四月条)頃　友田入道継林ヲ藤堂宮内少輔高吉ト共ニ与州塩泉ノ城ニ置キ、加藤左典厩(嘉明)ノ庄ヘトシ玉フ、

私ニ曰、塩泉ハ嘉明侯ノ封境ニ近キニ依テナリ、

【史料5】

同(慶長)九年(公年四十九)四月宮内少輔高吉友田左近右衛門を予州塩泉に遣わして其城を守らしむ

〔友田左近右衛門旧家乗〕慶長六年丑年予州塩泉へ移り藤宮内少輔高吉と共に塩泉城を守て加藤左馬介嘉明の

庄とし給ふ〔謹按〕年譜略にハ私曰塩泉ハ嘉、明の封境近きに依てなりとあり

　両史料にみえる「塩泉」なる地名は、地名事典類はもとより近世の伊予関係地誌類にさえ一切登場しない。しかし高虎の城郭は、支城クラスでも最低でも石垣普請はしているから、遺構がまったく残らないということはない。

これに関して、軍記物『長元物語』の天正十三年四国国分に関する部分には、「一、伊予国十四郡（改行）新居《ニイ》郡、周敷《スキ》郡、桑村《クハムラ》郡、（中略）野間《ノマ》郡、智器《チキ》郡、塩泉《タツミ》郡、久米《クメ》郡、（中略）宇麻《ウマ》郡」（傍線藤田）と記されている。本書は、長宗我部元親家臣立石正賀が万治二年（一六五九）に著したものとされている。(26)

『愛媛県史　資料編近世上』では本史料について、「伊予国をよく知らぬ者の編集と思われる。智器郡は和気郡、塩泉郡は温泉郡と改むべきである」と注記している。

これに関連して、橋本増洋氏から江戸時代の伊予関係者が執筆した「清良記当時聞書追攷」（内閣文庫本、入交好脩『清良記―親民鑑月集―』近藤出版社、一九七〇年、所収）に「予州十四郡ハ新居《ニイ》、周敷《スキ》、桑村《クワムラ》、（中略）野間《ノマ》、智器《チケ》、塩泉《シヲツミ》、久米《クメ》、（中略）宇麻《ウマ》群」（傍線藤田）とあり、ルビを「シヲツミ」と打っていることをご教示いただいた。

さらに、「長元物語」の「塩泉」のルビ「タツミ」は、シを欠きヲをタと誤記したもので、「シヲツミ」の間違いの可能性がある。この出所の違う史料の事例から、中世において「温泉」は「塩泉」と同義であり「シヲツミ」と呼ばれていたのではないか。伊予を知らない者が誤って「温」を「塩」と書いたものではない、とのご指摘を得た。

傾聴に値するご見解である。そうすると、「塩泉城」は城内に温泉が湧き出る湯築城の改称と理解されるのである。なお文禄四年以降の当城の城領については、中予六郡内で一万二千石余りあったことを終章で指摘したので参照されたい。高虎は、ここで蔵入地代官を務めていた。

織豊大名が中世城郭を改修して使用する場合、改称することがある。小早川氏の段階では、河野氏の旧城として存置され、福島氏段階では豊臣蔵入地支配のための代官所として維持され、藤堂氏段階では松山城監視の機能をもつ近世城郭として使用されたのであった。

これに関連して、湯築城の発掘調査を担当された柴田圭子氏と中野良一氏の指摘に注目したい。柴田氏は、地層分類の最終段階には、松山城側の搦手の改修が多いというのである。焼土層を伴うことから、火災があったのちに大規模な改修があったと想定される。中野氏は、搦手側に最終焼土面を掘り込んだ礎石建物があることから、最終段階の湯築城の大手が搦手側に変化していた可能性を指摘される。(27)

これらからは、湯築城の廃城前には、大手が松山城方面を向いていたことになるのである。これに関係するのが、嘉明の時期の松山城大手門に関する新知見である。愛媛県立図書館所蔵の明治十四年「地価一筆限牒　温泉郡市万村」中に小字「大手口」を発見し、それが現在の東雲神社前交差点付近に大手があったことを指摘した柚山俊夫氏は、惣構とみられる「念斉土器堀」と「砂土手」の復元的研究から、当初の松山城が湯築城を戦略上意識した縄張りであったことを指摘されている。(28)

以上からは、次のような理解が可能となる。すなわち湯築城は、松山城に対する付城としての機能をもつ時期があったと推定されるのである。それは、藤堂氏段階であり、同城は大手と搦手は逆転して塩泉城と改称されていた。藤堂氏にとって、今治城から最短距離の拠点に中予の所領支配のための支城を構えるのは、当然といえよう。そしてなによりも、伊予を代表する都市道後を掌握することは、領国支配にとっても重要だった。

拝志城は、今治城から三キロメートルしか隔たっていない要衝に築城された。同様に、塩泉城も松山城からわずか二キロメートル弱しか隔たっていないのである。拝志・塩泉両城は、支城というよりも敵城に対する付城といったほうがよいのかもしれない。にわかには信じがたい城郭配置ではあるが、当時の嘉明と高虎の関係を象徴するものと判断されるのである。

加藤・藤堂時代の本城と支城について概観してきた。湯築城は、本城から支城へと役割を変化させながらも存続し、福島氏時代は豊臣蔵入地支配の拠点として、藤堂氏時代は松山城の監視のための要塞塩泉城として機能したのであった。小括として、当該期の伊予における城郭配置について伊予関係資料3にまとめたので参照されたい。

2　出土瓦をめぐって

これまで、河野氏退城後の湯築城の実態を追究してきた。それをふまえて、最近の湯築城に関する代表的な研究成果である中野良一氏の『湯築城跡』[29]について検討したい。

本書において中野氏は、旧説に依拠して、湯築城跡から出土した瓦が、長宗我部氏の本城岡豊城と支城中村城跡から出土したものと同笵であることから、天正十三年三月から六月頃に長宗我部氏が河野氏を降して湯築城を占拠した際に、権力誇示のために大手門付近の建造物に葺いたと評価されるのである。

中野説については旧稿で疑問を呈したが[30]、本書で反批判を頂戴している。しかし新たな事実の発見があったわけではない。判明しているのは、同笵瓦のみであることに変わりはない。

私が投げかけた、長宗我部氏が服属した大名・領主の城郭に岡豊城と同笵の瓦を葺かせたという事例があるのかという疑問に対する回答であろうか、長宗我部氏が湯築城内の建造物に葺いたとするのである。なお中村城の場合、長宗我部氏が城主一条氏を追放し支城としたのちに改修して瓦を使用したもので、服属大名に強制させたものではない。

ここでは、以下二点の疑問点を指摘したい。

第一は、方法論への疑問である。中野氏のように、遺物の年代観から政治史研究をおこなうという方法は可能であろうか。考古学上の編年作業は極めて重要だが、ピンポイント的な年代決定が可能だとは寡聞にして聞かない。

コビキAの湯築城跡出土瓦というモノ資料が、どうして天正十三年三月から六月頃に使用されたものと特定できるのかご教示いただきたい。コビキAの出土瓦が岡豊城跡と中村城跡から出土したそれと同笵というだけで（三者が、寸法や焼成に相違があり、一カ所で同時に製作されたものでないことは中野氏も指摘されている）、他の可能性を排除して長宗我部氏と結びつくことが証明できるのだろうか。

第二は、文献史学の研究成果の軽視である。近年の文献史学研究は、この時期の政治史を子細に検討して長足の進歩を遂げている。(31)

長らく十分な史料批判もなく、河野氏家臣の進言を容れて天正十三年春に通直が降伏したという『土佐物語』の記載が通説となっていた。これは元親を顕彰すべく宝永五年（一七〇八）から享保三年（一七一八）までの間に吉田孝世（長宗我部氏重臣吉田氏の子孫）が著したものであり、長宗我部氏関係軍記物のなかで潤色の最も多いものである。「天正十三年春」と月を明記していない点が疑問であるし、現時点で河野氏の降伏を示す一次史料が残存していないことから、そのまま信用することはできない。なによりも、秀吉が四国出陣を命じた直前の（天正十三年）六月五日付河野通直書状(32)からは、通直が伊予出陣中の毛利氏家臣に贈物の礼を述べており、河野氏が長宗我部方となっていないこと、すなわち降伏していないことが明白となる。

本史料について中野氏は、「いわばどのような場所からでも、どのような立場にあっても出せる文書であり、この文書から権力を保持していたと解釈できる重みは感じられない」と断定し、あらためて河野通直が長宗我部氏に降伏し、湯築城を明け渡したとする旧説を確認された。素朴な疑問であるが、もしも通直が降伏し長宗我部氏方になっていたとするならば、まず毛利氏家臣が進物することなどないのではなかろうか。

この時期の通直は、母や妻の実家毛利氏の軍事的援助を受けて、従来の所領である中部伊予十郡については保っていたのである。確かに戦国時代末期における河野氏の窮状はうかがわれるが、ただちにそれを長宗我部氏への降伏に結びつけることはできない。

中野氏の想定される「湯築落城」のような大事件があったとするならば、なぜ一次史料がまったく残存していないのだろうか。『元親記』をはじめとする長宗我部氏関係軍記物にさえ、ふれられていないのである。現時点で得られているわずかな遺物データのみから政治史を構築することは、やはり困難であるといわざるをえない。

なお、湯築城跡から「土州様」と墨書された土師質土器杯が出土したことは興味深いが、中野氏のようにそれを「紛れもなく長宗我部氏のことである」と断言することには賛同しかねる。天正十三年前後に墨書されたことが証明できるのだろうか。河野氏と関係する土佐守は、元親ただ一人だったのだろうか。たとえ元親のことであったとしても、中野氏の想定される湯築落城とどのような関係があるのだろうか。様々な疑問が浮かぶ。

湯築城には、河野氏の退去後は小早川隆景や福島正則が入城している。最終的に当城は、加藤嘉明の松山城に対する付城として機能していた可能性が高いから、豊臣政権と関係の深い隆景・正則・高虎という歴代領主との関係から考えるのが自然ではなかろうか。中野氏も湯築城の最終形態について、「城の大手はむしろ搦手側に変化していた可能性も考えられる」と判断しており、河野氏以後の根本的な城郭改修の可能性を示唆されているのではないか。

確かに湯築城跡出土の瓦は、信長や秀吉との関係から説明できるのかもしれない。しかしオリジナルで焼成されたものではなく、移築資材である可能性など様々な想定のできる現時点で、わずかな出土遺物のみから長宗我部氏が河野氏を服属させ湯築城を占拠したとまで主張するべきではないと考える。

結語

本章においては、天正十三年の四国国分以降、湯築城がいつまで機能していたのかを追究した。最後に、得られた結論をまとめて擱筆する。

①小早川隆景が伊予の新国主として入部するが、新たな本拠として湊山城を築城していた最中に転封となったため、天正十五年まで湯築城は伊予一国支配のための本城としての地位を保っていた。

②福島正則は、湯築城に入城するが国分山城を改修して本城を移転した。しかし湯築城は、中予地域の豊臣蔵入地支配の支城として存置された。豊臣期を通じて伊予では蔵入地が設定されたため、廃城にはならなかったと推測される。諸国から人や物資が集まる温泉都市道後の支配のためにも、維持されたとみられる。

③慶長五年の関ヶ原の戦いの後、加藤嘉明と藤堂高虎が伊予四十万石を折半して支配する。この段階の湯築城は、改修されて松山城の押さえの要塞として機能し、塩泉城と改称され高虎が重臣を配置した。したがって高虎が転封する慶長十三年までは機能したのであり、廃城となるのはそれ以降で、蒲生忠知が入封する寛永四年（一六二七）までのことなのである。

湯築城は、支城塩泉城となりながらも、江戸時代初頭まで生き延びていた。元和元年の一国一城令に至る過程において、伊予の地域社会では様々な機能をもつ城郭が存置されたのであって、依然として軍事的緊張がみなぎっていたのである。

（1）正確には、この時期は羽柴政権であるが、煩わしいので豊臣政権に統一する。
（2）『愛媛県史　古代Ⅱ・中世』第四章および『愛媛県史　近世上』第一章。小早川隆景の伊予支配については、拙稿「伊予国における近世の開幕」（拙著『日本中・近世移行期の地域構造』校倉書房、二〇〇〇年、所収、初出一九九三年）を、湊山城については、前掲拙稿「伊予国における近世の開幕」および山内譲「伊予国三津と湊山城」（『四国中世史研究』七、二〇〇三年）を参照されたい。
（3）報告書としては『道後公園（湯築城跡）整備工事報告書』（愛媛県、二〇〇三年）、研究書としては川岡勉『河野氏の歴史と道後湯築城』（青葉図書、一九九二年）、川岡勉・西尾和美『伊予河野氏と中世瀬戸内海世界―戦国時代の西国守護―』（愛媛新聞社、二〇〇四年）、川岡勉・島津豊幸編『湯築城と伊予の中世』（創風社出版、二〇〇四年）、西尾和美『戦国期の権力と婚姻』（清文堂出版、二〇〇五年）、川岡勉『中世の地域権力と西国社会』（清文堂出版、二〇〇六年）、論考としては日和佐宣正「地籍図等からみた伊予国守護所湯築城周辺の都市構造」（『戦乱の空間』三、二〇〇四年）、柴田圭子「湯築城跡の段階設定と遺構の変遷をめぐる諸問題」（『紀要愛媛』四、二〇〇四年）・「湯築城跡と周辺遺跡の変遷過程」（『西国城館論集Ⅰ』中国・四国地区城館調査検討会、二〇〇九年）、拙稿「伊予八藩成立以前の領主と城郭」（西南四国歴史文化論叢『よど』七、二〇〇六年）などがある。
（4）同成社から二〇〇九年に刊行。
（5）同氏「河野通直の死と豊臣政権」（『松山東雲女子大学人文学部紀要』一〇、二〇〇二年、のち同氏前掲『戦国期の権力と婚姻』所収）。
（6）拙稿「遺跡保存運動の最前線―川岡勉・島津豊幸編『湯築城と伊予の中世』に学ぶ―」（『歴史評論』六六三、二〇〇五年）。
（7）『毛利家文書』九五五。
（8）『毛利家文書』九八一。
（9）【史料1】を天正十四年に比定する見解もある（尾下成敏「九州停戦令をめぐる政治過程―豊臣『惣無事令』の再検討」、

『史林』九三―一、二〇一〇年）。しかし【史料１・２】が同日付かつ同様式であるからセットでとらえるべきで、【史料２】が天正十五年のものであるから【史料１】も同年と理解される。天正十五年六月下旬では、【史料１】に記されている肥後支配を佐々成政に委ねているから成立しないとするのであるが、毛利氏の豊前・筑前・筑後・肥後転封案は、既に天正十五年五月には確認され（五月九日付鵜飼元辰宛安国寺恵瓊書状、『不動院文書』三）、それを阻止すべく小早川隆景らは相当に奔走した。したがって【史料１・２】は、豊臣政権と毛利氏との九州国分をめぐる激しいせめぎ合いを物語るものと理解すべきであろう。秀吉からすれば、両史料を渡すことで毛利氏に対して「貸し」を作ったことを示すねらいがあったと理解することもできよう。

(10)『毛利家文書』九五三。

(11)『愛媛県史資料編　近世上』一―三七、以下、『県資』と略記する。

(12)伊予八藩体制成立以前における領主の城郭と治世については、前掲拙稿「伊予八藩成立以前の領主と城郭」を参照されたい。

(13)真鍋氏については、拙稿「渡り歩く武士」（前掲拙著『日本近世国家成立史の研究』所収、初出二〇〇〇年）を参照されたい。

(14)たとえば、（慶長十二年）閏四月十五日付藤堂良勝宛藤堂高虎書状写によると冒頭で「かち《（勝）》山其元之様子聞届候事」と記されている。高虎は良勝を通して、勝山つまり松山城の情報を探っているのである。

(15)たとえば、景浦勉『松山城史　増補四版』（伊予史料集成刊行会、一九九九年）参照。

(16)「蒲生家伊予松山在城之節郭中屋敷割之図」（愛媛県立歴史博物館所蔵）、「松山城本丸の図」（甲賀市水口図書館所蔵）。

(17)「松平定行君政法編集」（『松山藩法令集』近藤出版社、一九八七年）や「松山御城之記」（愛媛県立図書館所蔵）などによる。

(18)伊予史談会二〇〇九年十一月例会報告レジュメ「加藤時代の松山城の大手はどこか―問題提起として―」参照。また同氏「加藤嘉明時代の松山城砂土手と『大手口』」（『伊予の城めぐり―近世城郭の誕生―』愛媛県歴史文化博物館、二〇一〇年）も参照。

(19)「佐伯家文書」(『愛媛県史資料編　近世上』一―九〇、『県資』一―九〇)。長らく所在不明であった本史料については、実見する機会があり解読に修正を施した。

(20)「京都大学所蔵文書」(『県資』一―三六)。

(21)『愛媛県史　近世上』一〇〇～一〇二頁、山内治朋「慶長五年加藤・藤堂協定書を読む―知行配分を手がかりとして―」(『県民メモリアルホール人物探訪』第一集、愛媛県生涯学習センター、一九九七年)参照。なお「三明院《(加藤嘉明)》様御一代御系譜写」(『松山市史料集』第二巻)には、嘉明の領地の内訳として「温泉・和気・伊与・久米・乃万《(野間)》・宇摩六郡十万六千三百九拾七石余、同国浮穴・風早・越知・桑村・周布・新居六郡之内八万五千二百拾七石余、合テ拾九万千六百拾五石余領地仕候」と記されている。

(22)拝志城については、宮尾克彦「伊予松山城の縄張と構造と大名権力」(『戦乱の空間』創刊号、二〇〇二年)参照。

(23)拙稿「藤堂氏にみる御家騒動―高虎と高吉・高次―」(拙著『日本中・近世移行期の地域構造』校倉書房、二〇〇〇年、所収、初出一九九九年)を参照されたい。

(24)河後森城については、愛媛県松野町教育委員会『河後森城発掘調査報告書』(一九九二～九六年)・『史跡河後森城跡―現在までの調査と成果―』(一九九九年)など参照。

(25)甘崎城については、愛媛県教育委員会『しまなみ水軍浪漫のみち文化財調査報告書―埋蔵文化財編―』(二〇〇二年)参照。

(26)『四国資料集』(人物往来社、一九六六年)所収の山本大氏の解説による。

(27)前掲柴田「湯築城跡の段階設定と遺構の変遷をめぐる諸問題」。中野良一「湯築城跡出土の瓦について」(『湯築城跡』第四分冊、二〇〇〇年)。

(28)註(18)参照。

(29)前掲中野「湯築城跡出土の瓦について」。

(30)前掲拙稿「伊予八藩成立以前の領主と城郭」。

(31)　中野氏は、秀吉の四国国分案の推移について桑名洋一「伊予における天正の陣についての考察」(『四国中世史研究』七、二〇〇三年)の内容を引用するが、その部分はかつて拙著「豊臣期国分に関する一考察―四国国分を中心に―」(『日本史研究』三四二、一九九一年)や「豊臣政権と国分」(『歴史学研究』六四八、一九九三年)で得られた成果をまとめたものである。どうか研究史を正確にふまえていただきたい。

(32)　『愛媛県史資料編　古代・中世』二四六一。

(補註1)　この背景については、拙稿「『芸土入魂』考」(『織豊期研究』一九、二〇一七年)を参照されたい。

(補註2)　最新の見解に書き改めた。最近、藤本誉博氏が「関ヶ原合戦後の越智郡の知行配分について」(愛媛県歴史文化博物館『高虎と嘉明』二〇一七年)で、高吉期の藤堂領二万石は、高虎期と同様だったと主張されている。これについては、越智郡内の四千五百石に、残りの約三万三千五百石を折半した約一万七千石を加えると二万千五百石になり、ご指摘通りだったことが明らかになる。

補論　川岡勉・島津豊幸編『湯築城と伊予の中世』に学ぶ

はじめに

一九九九年十二月、愛媛県は伊予守護河野氏の居城・湯築城跡（愛媛県松山市、以下、県内地名については県名を略す）の国史跡指定申請を表明し、二〇〇二年九月には国史跡指定が官報で告示された。

当初、愛媛県によって計画された城跡の南半分の県立動物園跡地を日本庭園を中心とした都市公園とする計画は、一九九〇年に撤回されていたが、この指定によって遺跡破壊の危機を完全に脱したのである。これは、一九八八年以来ねばり強く湯築城跡の史跡公園化を求めてきた市民運動なしには、決して実現することのなかった快挙だった。

ここでとりあげる『湯築城と伊予の中世』（創風社出版、二〇〇四年）は、市民運動の母体だった「道後湯築城を守る県民の会」（現在、文化財フォーラム愛媛）の川岡勉・島津豊幸の両代表が、長期に及んだ遺跡保存運動と、それを通じて飛躍的に進展した研究の成果を、それぞれの最前線にあった九人の筆者とともに総括したものである。

戦後の日本における驚異的な経済成長は、深刻な環境破壊をもたらした。愛媛県もその例外ではなく、開発に反対する様々な市民運動が各地で繰り広げられてきた。そのなかで湯築城跡保存運動は、同県のみならず全国的にみても極めてレベルの高い市民運動として展開し、国史跡指定後の現在もなお継続している。

小論においては、本書の紹介を通じて研究と運動の現状を概観するとともに、あわせて今後の遺跡保存運動の方向性について、最近施行された景観法との関連から若干の提言を試みたい。

第一節　調査・研究の成果

島津豊幸「『道後』あれこれ―まえがきにかえて」

序章にあたる本稿では、「道後温泉」の由来について述べる。「道後」という地名は、古代の五畿七道制に由来する。つまり南海道に位置する国府(今治市)より京都に近い地域を「道前」と呼び、遠い地域を「道後」とした。「道後温泉」が固有名詞となったのは、著者によると松平定行が松山に入封した翌年の寛永一二年(一六三五)から、藩主専用の御茶屋を整備し始めたことによる。松山藩は、その後浴槽を整備し、藩士から領民や旅人そして牛馬にまで湯を開放した。それによって温泉を中心とした集落が発展し、元禄年間までには「道後温泉」という地名が定着した。

近代以降、道後といえば遊郭が連なる松ヶ枝町といわれた時代もあった。明治七年(一八七四)に、岩村高俊が愛媛県の県権令として赴任した直後に公布した貸座敷仮規則などの法令によって、業者を一カ所に集住させたのを町のはじまりとする。

これらに関係して指摘しておきたいのが、伊予国新居郡の国人金子氏の「金子文書」などによると、戦国・織豊期において「道後」とは湯築城や河野氏周辺を指していたことである。

久葉裕可「鎌倉時代の河野氏と伊予」

以下の八編は、I部の各論考である。

本稿では、河野氏の鎌倉時代の動向を描く。風早郡河野郷（松山市）を本貫地とする開発領主河野氏は、有力在庁官人の立場を利用し、風早・道後の平野部に所領を拡大した。源平内乱期において河野通信は、源氏の勝利に貢献して鎌倉に屋敷を構える。これは、東国御家人並みの地位を与えられた有力御家人となったことを意味している。承久の乱で一族が分裂した後、河野氏は所領を大幅に減じ在京御家人となる。弘安の役に活躍した通有は、恩賞として九州の所領に肥前国神崎荘内小崎郷を加える。鎌倉幕府は、蒙古の再来に備え、河野氏を肥前松浦氏と並ぶ水軍の中核に据えようとしたのであった。

筆者は河野氏の風習にも注目し、合戦中は烏帽子を着用しないこと、遠征中でも食器に土器を使用したことなど、特有の信仰をもっていたことにもふれる。この点については、既に川岡氏の指摘もあるが（『河野氏の歴史と道後湯築城』青葉出版、一九九二年）、なお検討すべき課題といえるであろう。

川岡勉「室町時代の河野氏と伊予」・同「戦国時代の河野氏と伊予」

ここでは、両稿をまとめて紹介する。筆者は、湯築城が河野氏の本拠となる時期を、従来のように建武年間とするのではなく、室町幕府体制が確立し、河野氏が安定的な守護支配を実現するようになった十四世紀末から十五世紀初頭のこととみる。

幕府の有力者細川氏は、河野氏の分裂に介入する。細川氏は河野氏の分家・予州家の通之と結んで、伊予支配に影響力を及ぼす。惣領家と予州家の対立は、やがて幕府の主導権をめぐる畠山氏と細川氏との抗争と密接に連動してゆく。

康正二年(一四五六)には、管領細川勝元が伊予守護職を獲得し、予州家の河野通春がその代官的立場を利用して勢力を拡大した。そののち細川氏と大内氏との対立が深まると、通春は大内氏に通じ、細川方の土佐守護代新開遠江守が占拠していた湯築城を奪還する。

天文四年(一五三五)頃、河野通直(弾正少弼)は府中(今治市)の寺々に、「温付(湯築)堀」築造の人足の動員を命じた。これによって、湯築城は内堀・外堀の二重堀とそれに伴う大規模土塁を備えた、中世城郭としては珍しい平山城へと発展した。筆者は、当時の伊予が周囲の諸大名に狙われる境目の国であり、特に強大な大内氏に対抗するため、先進的な構造へと城郭を改修したとみる。

他の論者からも指摘されていることではあるが、川岡氏が積極的に活用した松山藩の軍学者野沢家に伝来した絵図を原図とする「伊豫湯築古城図」の信憑性を、どのように証明するのかが今後の課題であろう。

日和佐宣正「伊予の中世城郭」

筆者は、城郭史研究者の立場から伊予の諸城郭との比較を通じて、湯築城の特徴について指摘する。

まず東予地域の松尾城(四国中央市)や幻城(西条市)を例に、尾根の先端部分の高まりを利用して、付根部分に一条から三条の堀切を設け、主郭から尾根先に数段の郭を設けるという、この地域の典型的な築城法を紹介する。

南予地域では、宇和郡域で守護権限を行使した西園寺氏の、十六世紀中期における松葉城から黒瀬城の移転について考察する。この移転を通じて、城主居館が平地から山上の主郭に変化したこと、土塁を伴う腰曲輪を廻らすことによって、主郭が他の郭からは隔絶的な地位を得たことなどから、当主権の強化を指摘する。

湯築城については、搦手門の西約二百メートルの地点で検出された方一町規模の屋敷割遺構・道後町遺跡を、十五世紀後半の守護所遺構と判断し、その詰城が湯築の丘にあったとし、十六世紀の前半に両者が結合して現在みられるような形態になったと推定する。

なお日和佐氏は、「地籍図等からみた伊予国守護所湯築城周辺の都市構造」(『戦乱の空間』三、二〇〇四年)によって、道後付近の地籍図の分析から自説を補強し、城下町の全体構造について考察している。

土居敬之介「湯築城の立地と松山平野」

筆者は、古絵図・発掘成果はもとより、道路・等高線のあり方も含めて検討し、中世の湯築の丘(山城部分)は、四方を石手川をはじめとする川に囲まれ、それらが海に直結して水運を担っていたと推測する。また湯築城の立地条件は、狼煙の連絡網を張り巡らした高縄山系を後背地とする利点を生かしたものと考える。

確かに、湯築城周辺を流れていた石手川をはじめとする河川の流路の解明は、重要な課題である。地籍図の活用も含めた総合的な調査で、さらに解明されることを期待したい。著者の主張は、「文化財フォーラム愛媛」ホームページ内のワーキンググループのサイト「中世石手川の流路探索」でも公開されている。なお筆者は、一市民として運動に参画し、現在は「文化財フォーラム愛媛」の代表委員を務めている。

中野良一「伊予の中世遺跡と湯築城跡」

以下の二論考は、発掘調査にもとづく考古学研究者のアプローチである。発掘報告書としては、愛媛県埋蔵文化財調査センターから『湯築城跡』一～五が刊行され、詳細なデータが大変参考になる。

筆者は、城内の池のある庭園を望む会所の存在に注目する。それは、間取りが阿波勝瑞城会所や安芸万徳院本堂(吉川氏別邸)と同一で、大手側からは遮蔽土塁で、庭園側からは土塁で独立した地区に存在する。これによって、この空間を河野家当主もしくはそれに極めて近い一族の居住区、すなわち上級家臣居住区と位置づけた。

そして『予陽河野家譜』にみえる(来島)「通康(略)、移于湯築城、構館於本城之西山麓(略)、有井俗伝曰之来島井」

という文言に着目し、城郭西側の家臣団居住区の大半を、重臣の海賊衆・来島通康に与えていたのではないかと推定する。

大手側の城東で町屋が形成された上市地区の長方形街区における短冊形地割については、湯築城が改修された天文四年に再整備された可能性を指摘している。またその時期の整備範囲は、石手寺までも含む広範囲なものであったと推測する。

柴田圭子「出土遺物からみた湯築城跡」

筆者は、天文四年における湯築城の改修後、出土土師器の胎土が精良な京都風のものとなることに注目し、河野氏の権力強化志向と合致すると理解する。そして庭園の裏に最大の廃棄土坑があることに着目し、その付近に設けられた会所で、城内で最も格式の高い儀礼がおこなわれたことを指摘した。

また湯築の丘の丘陵部では、前期（湯築城改修以前）は生活空間が形成されていたが、後期になると供膳具が異常に多くなることから、儀式がおこなわれていたと主張する。威信財としての高級な輸入陶磁器は、家臣団居住区全体から出土するが、上級家臣居住区で青磁盤や香炉などの秀逸なものがみられる。特に他の大名では例をみない高級品である高麗青磁瓶子の出土は注目される。

出土遺物については、他の西国大名との比較研究が期待される。たとえば京都系土師器は、同時期の西国では足利将軍を頂点とする武家儀礼を重視した大内氏の館で出土している。河野氏も、将軍邸やそこでおこなわれる儀礼を規範とすることで、自らの領国支配の正統性を主張したことを示している。

なお柴田氏の最新の見解は、「湯築城跡の段階設定と遺構の変遷をめぐる諸問題」（『紀要愛媛』四、二〇〇四年）を参照されたい。そこで氏は、これまでの遺構面について四段階区分に疑義を呈し、新たな区分案を提示している。

西尾和美「湯築開城と統一政権」

筆者は、河野氏最後の当主通直(牛福)の出自を、通説のような河野氏一族池原氏に求めるのではなく、来島通康とその正室で毛利元就孫娘にあたる宍戸隆家嫡女との間に誕生したとみる。通康死後、彼女が河野通宣に再嫁して、通直が河野氏当主として擁立されたと主張するのである。

永禄年間の毛利氏にとって、河野氏への援軍派遣は来島氏の来援によって勝利した厳島合戦への返礼と位置づけられていた。

通直の擁立は、河野氏の毛利氏への接近を促進し、来島通昌離反後の天正十年代には、さらに両家の一体化が進み、毛利氏家臣が湯築城に逗留するようにさえなる。

筆者は、天正十五年(一五八七)の小早川隆景の転封に伴う通直の安芸国竹原への退去直後の死因について、従来のように病没とみるのではなく、九州平定から大坂に凱旋する秀吉の存在と深く関わった「生害」説をとる。

管見の限りでも、たとえば天保十三年(一八四二)に成立した伊予西条藩の地誌『西条誌』(巻十三、下泉川村大正院の項)のなかにも、「当国の大守河野四郎刑部（ママ）通直、豊太閤に滅ぼされ、天正十五丁亥歳三月（ママ）七日、芸州竹原にて自殺す」と記されているように、近世において通直自殺説が流布していたことは想像に難くない。

河野通直論は、毛利氏さらには豊臣政権の研究にも直結する重要な問題だけに、今後の筆者による体系化が期待される。

第二節　市民運動の来し方・行く末

I　研究と運動の総括

川岡勉「湯築城をめぐる調査・研究の歩み」

II部に収録されているのは、以下の二論考である。

筆者は、ここで湯築城跡の発掘が開始された一九八八年以来の研究を総括し、論点を十点にわたって整理しているが、その主なものについてのみ指摘する。

従来の建武年間の築城説を批判し、十四世紀末頃に河野氏が本拠地を河野郷から湯築に移転し、既に存在した城郭を守護所として整備したとみる。天文四年の「国分寺文書」や「仙遊寺文書」にみえる「温付堀」を湯築城の外堀と解釈し、これによって二重堀をもつ最終的な縄張りが完成したとする。これらは研究と運動を牽引してきた川岡氏の見解でもあるが、現在の湯築城研究における共通認識となっている。

これに対して、新たな論点も提示されている。すなわち道後町遺跡に元来の政庁があり、その背後にある湯築城は詰城であったとし、十六世紀前半の平山城化は、詰城の巨大化・居館化を示すとする日和佐氏の移転説である。これは大規模な堀と土塁を、在京した河野氏が山科本願寺の惣構えから学んだものとする川岡氏の見方に修正を迫っており、ひいては従来の城域拡大説に対する批判となっている。

現段階では、データ不足から容易に結論は出ないと思われる。やはり城郭周辺の発掘面の拡大を期待するしか、議論の進展はないであろう。

古谷直康「道後湯築城跡を守る市民運動の展開」

ここでは、これまでの市民運動が丹念に総括されているが、その要点のみをまとめる。

一九八八年三月に明らかにされた愛媛県による道後公園整備基本計画は、公園を五つのゾーンに区分し、入園料を徴収するというものであった。八九年からは、愛媛県埋蔵文化財センターによる発掘調査が開始され、大規模な城郭遺構が発見された。これを受けて同年九月三日には、川岡氏らによって「道後湯築城を考える会」が結成される。同年九月三十日には、「道後湯築城を守る県民の会」(以下、「守る会」と略記する)が誕生し、川岡氏ら六人の世話人が選出された。十月二日付で緊急アピールを出し、発掘調査の公開と遺跡保存を訴えた。さらに誓願署名運動を展開し、約二万人もの署名を得て県議会に提出した。その結果、九〇年二月に、愛媛県は先の公園化整備事業案を撤回した。

「守る会」の活動は、多岐にわたった。その一つが、延べ四十三回に及ぶシンポジウム・講演会・学習会(延べ六十人もの第一線の研究者を講師として招聘)である。さらに九一年には、文化財保存全国協議会の第二十二回大会が松山で開催され、全国の研究者に湯築城跡保存の重要性が確認された。また会報『ゆづき』が刊行されたこと、九六年には「守る会」のホームページが開設されるなどによって、運動に広がりがもたらされた。

このような市民運動の成果として、二〇〇二年四月には史跡公園としての道後公園が開園し、九月には湯築城跡の国史跡化がなされたのである。

古谷論文で詳述されているように、十年以上にもわたる息の長い遺跡保存運動は、地元の研究者や教員を中核に、県民と学界の支援に支えられて成功した市民運動の希有な事例といってよい。会報やインターネット（現在は、文化財フォーラム愛媛が管理し、関係ホームページにもリンクが張られている）の活用のみならず、愛媛新聞などの地元紙も、運動の根底を支える縁の下の力持ちだった。

運動の規模や高まりのみならず、それが長期に及んだため「教育効果」を発揮し、人材が育っていったことは重要だった。歴史学・考古学・城郭史などに関わる若い研究者を育んだばかりか、運動に刺激を受けて、定年退職者のなかにも研究を志す人々が現れたことは有意義であった。

また運動が高揚した時期に、河後森城（松野町）・宇和島城（宇和島市）・大洲城（大洲市）・松山城や、甘崎城（今治市）・来島城（今治市）をはじめとする海城などの、湯築城と関連する大規模城郭の調査・研究が進展したことも追い風となった。それらに関わる見学会・シンポジウム・講演会が県内各地で開催され、地域の人々の意識も確実に向上した。

なお「道後湯築城跡を守る県民の会」には二〇〇三年に愛媛新聞賞が、「文化財フォーラム愛媛」には二〇〇四年に和島誠一賞が贈られている。これらは、危機に瀕した中世城郭遺跡を守り、愛媛県の文化行政を転換させたことに対するものであった。

2　現状と課題

このように全国的にも注目される市民運動となった湯築城保存運動であるが、国史跡指定と史跡公園化という当初の目的を達した現在、新たな段階を迎えている。ここでは、現地調査と関係者へのヒヤリングを通じて筆者が感じた課題を二点指摘したい。

第一点は、発掘が城跡の南半分に限定されたため、大手地区や温泉街に近い北半分の広大なスペースからは、データが得られていないということである。

周辺の城下町地域にまで調査が及べば、湯築城やその城下町の発展過程に関わる重要な発見も期待できる。文化財フォーラム愛媛には、今後ねばり強く愛媛県に調査の再開を働きかけていただきたいし、愛媛県も道後の活性化のために前向きに取り組んでほしい。

評者は、愛媛県に対して野外博物館として史跡公園を充実させ、そのセンターとなるべき資料館の拡大を訴えたい。現在の資料館の展示スペースは九十㎡しかなく、これでは膨大な出土遺物の十分な展示は不可能といってよい。学芸員はわずか一名で、復元した武家屋敷二棟や外堀の土塁の構造をみせるための土塁展示室の管理も任されている。

史跡公園や資料館への入場料は無料で、道後公園ボランティアガイド協議会の方からすばらしい解説を拝聴できるのはありがたい。しかし資料館については、規模的にも人員的にも観光のための添え物という印象が拭えないのは、筆者だけであろうか。

発掘を再開し、出土遺物が増えれば、分析・保管のためのスペースが必要となってくる。必ず新たな発見があるから、それを公開するための場を確保せねばならない。発掘面の拡大と資料館の拡充はセットでおこなわれねばならないし、それによって史跡公園をさらに整備し、城跡全体が野外博物館として機能することを強く望みたい。

第二点は、他の戦国城下町とは異なる温泉街を取り込んだ城下町という点、この最大の特徴を、どのように学問的に評価し、ひいては観光資源として生かしてゆくのかということである。

温泉は、石手寺（四国霊場八十八カ所五十一番札所）などの隣接する寺社との関係も強かったであろう。また延応元年

(一二三九)に河野通広の子息で、のちに時宗の開祖となる一遍智真が道後宝厳寺で誕生したように、中世前期以来、道後は府中に準ずる伊予国における政治的・宗教的な拠点だった。

河野氏は、人や物資が集まるこの経済力豊かな都市を意識して、守護支配の本拠を河野郷から移転した。城下町論への一般化のなかで、道後が古代より温泉を核として発達してきたことは、自明すぎて忘れがちである。

道後には、中国・朝鮮・タイ・ベトナムなどの東アジア諸国から、種々の陶磁器が大量に流入していた。柴田論文が指摘しているように、高級な輸入陶磁器が、湯築城跡の家臣団居住区全体から出土している。したがって河野氏やその家臣団の需要に応えるべく、中国人をはじめとするアジアの人々が、道後に居留していたと推測することもできよう。

また織豊期の当所にはレジデンシャ(司祭館)が営まれ、スペイン人とイタリア人の司祭が滞在していた。彼らは、石手寺をはじめとする「美しい幾つかの寺院」や、立ち並ぶ「高貴と華麗を示す」屋敷群などを見ており、「日本中で(も)最も(物が)安い土地の一つである(と言い得よう)」と、湯築城下町における活発な経済活動に注目している(フロイス『日本史』十一第六十五章)。

この国際都市は、やはり温泉という資源なしには成立しなかったと考えられる。したがって湯築城跡と道後の町並みは、セットで保存・整備されねばならないのである。

3　遺跡保存と景観法

今後の遺跡保存のあり方を方向づける法令・景観法が、二〇〇四年十二月十七日に施行された。これまでも五百に近い自治体が独自の景観条例を制定し、歴史的な町並みの保存や屋外広告物の規制を試みてきたが、国の法律がなかったため、高層マンション建設などをめぐるトラブルが各地で起こっていた。

景観法は、乱開発を防ぎ、歴史的景観を整備し保存するための規制力をもつものである。特に違反者に対する罰則が設けられ、その範囲も設計・施工業者のみならず下請け業者まで含まれるようになったことは画期的である。

この法を積極的に活用することで、地域住民やＮＰＯ（非営利組織）が景観計画を提案することができるようになった。景観法とは、住民自らが自治能力を発揮し、魅力的な町づくりをおこないうる根拠となる法令である。これに関係して、文化財フォーラム愛媛に対して以下のような提案をしたい。

それは、背後の緑豊かな里山も含んだ道後全域を「景観計画区域」に指定し、史跡公園と道後温泉本館（重要文化財）を中核とする温泉街や、その周縁にゾーンとして広がる石手寺・宝厳寺（重要文化財一遍木像所蔵）・伊佐爾波神社（重要文化財、湯築城鎮守社、式内社）・湯神社（式内社）などの寺社群や子規記念博物館を含む地域を、「景観地区」に指定するというものである。

これは、もちろん理想的な姿である。しかしそれに一歩でも近づくように、実現可能な景観計画を練っていただきたいと思う。

景観法によると、「景観計画区域」では景観の破壊を防止するために、建築物のデザイン・色彩の調和が図られる。また「景観上重要な公共施設」の整備が可能となり、「電線共同溝法」の特例も適用される。文化財が集中する「景観地区」では、建築物のデザイン・色彩ばかりか、高さ・壁面の位置・敷地面積までも規制を受けることになる。

国土交通省は、新法に先行して「美しい国づくり大綱」を打ち出し、これまでの土木事業優先の姿勢を反省した。新たに箱物を作ってイベントを打つというのではなく、既にある景観を整備・保存することによって、地域を活性化するという方向性を示したのである。

道後の将来は、言うまでもなく、住民の意向が決定権をもつ。確かに景観法の適用は、住民の日常生活を規制するという側面もある。しかし交流人口が増加する可能性は高いし、国からの予算による援助や税制による支援を受けることもできるという点は魅力である。

文化財フォーラム愛媛には、地元住民と手を携えて道後の将来像を見据えた景観計画を提案する組織となり、愛媛県と松山市に対して景観法の運用を、あわせて愛媛県には景観条例の制定を働きかけていただきたい。景観法の規定によると、愛媛県と松山市は景観行政団体になるのだから、住民の要望を無視することはできないはずである。

行政側で特に重要なのが、愛媛県の役割である。何と言っても主要な景観を形成し、最も広い面積を占める道後公園が愛媛県の施設だからである。道後温泉が松山市営であり、道後公園の周囲には国道・県道・市道が複雑に交差していることから、景観整備に関わって県側が行政相互の調整役となるべきであろう。

愛媛県には、ぜひ文化財フォーラム愛媛を景観整備機構に指定していただきたい。これまで十年以上にわたって湯築城跡とその周辺の文化財の保存・活用に取り組んできたその実績を評価して、愛媛県―松山市―文化財フォーラム愛媛が共同で景観計画を練り、歴史的景観の保存・整備と活用を進めることを望みたい。

文化財保護法が改正され、本年(二〇〇四)四月一日から施行された。これには、「文化的景観」を新たに文化財に定義づけ、適切な保存と活用を図ってゆくことが規定されている。今後の遺跡保存運動は、景観という視点から、景観法や文化財保護法を積極的に運用して、地域活性化運動として位置づける段階へとさしかかっているのである。

むすび

現在の遺跡保存のあり方は、従来のようなピンポイントで遺跡が保存・整備されることに満足する段階ではなくなっている。たとえある程度、面的にそれがなされたとしても、一時代の状況を切り取るようにして冷凍保存するようなあり方は不自然である。

実際に私たちを取り巻く景観は、様々な時代の要素によってモザイク状に形成され、しかも刻々と変化している。これは、たとえば京都などの伝統都市では顕著で、古代から現代に至る要素が凝縮して現在の景観を形成していることが象徴的である。その意味で、遺跡を中核として、周辺に存在する建造物・石造物・街路・樹木・河川・里山などを調和的に整備した都市整備のあり方は、今後の私たちにとって重要な課題となるであろう。

行政が、企業と連携し環境破壊まで強行して様々なイベントを催すという時代は終わった。関係法律をもとに、遺跡を現在の景観として活用してゆく段階に到達している。愛媛県内では、たとえば近世の町並みが残る伊予市の灘町や内子町の八日市、近代化遺産に指定された新居浜市の星越地区をはじめ有力候補地が目白押しである。文化財フォーラム愛媛には、全国的な視野に立ち、今後も県内の遺跡保存運動をリードしてほしいと心から願う。

『湯築城と伊予の中世』は、愛媛の人々が取り組んだ十四年間に及ぶ遺跡保存運動の結晶である。評者は、これを湯築城と河野氏に関する最新の研究入門書であるのと同時に、戦後の市民運動の到達点と可能性を示す貴重な記録と位置づけたい。

〔付記〕

旧稿をまとめた時点で願った景観法の活用については、その後、愛媛県内の自治体で取り組まれているので紹介したい。

松山市においては、二〇一〇年三月に「松山市景観計画」が策定され、景観計画区域として「道後温泉本館周辺」が指定されており、湯築城跡を生かした町づくりが期待される。それに先立ち、伊予市は二〇〇五年十月十七日に景観法にもとづく「景観行政団体」となり、灘町や湊町を景観計画区域に指定している。内子町も二〇〇八年九月十六日に「景観行政団体」となり、八日市の町並みを景観計画区域に指定している。

第二部　家臣団論

第六章　養子の処遇―名張藤堂家の誕生

問題の所在

本章で紹介するのは、藤堂高虎の養子で、支藩伊予今治藩主（二万石）となり、後に名張藤堂家（藤堂宮内家、二万石）初代となった藤堂高吉に関係する史料十二点である。(1) これらのうち九点は、愛媛県今治市（旧玉川町）の真言宗古刹の光林寺が所蔵するもので、三点が東京大学史料編纂所架蔵の影写本「川口文書」に収録されている。

なお「光林寺文書」は、二〇〇四年に筆者が調査する機会を得たものである（二〇〇八年再調査）。これらは、軸装され一括して旧玉川町時代に文化財に指定されている。ここでは、史料群のなかの高吉関係史料に限定して翻刻する。

高吉関係史料については、管見の限りで『名張史料集第二輯―名張藤堂家文書―』（名張古文書研究会、一九八六年）と『今治郷土史第二巻　資料編古代・中世』（今治郷土史編さん委員会、一九八九年）に、まとまって収録されているのみである。

前者は、「名張藤堂家文書」を翻刻して編纂されたものであるが、一紙物はわずか四点で、「藤堂宮内年譜」をはじめとする家譜や系図類が中心となっている。後者には、「名張藤堂家文書」七点と名張藤堂家の家老であった小野氏に伝来した「小野家文書」十五点が、写真と翻刻文がセットで掲載されている。

このたび紹介する十二点の史料は、これまで存在が知られていたものも含まれているが、すべてはじめて翻刻するものであることをお断りしたい。

第一節　藤堂高吉の生涯

前提として、略系図と略年譜を掲げて高吉の人生を概観する。便宜上、ここでは高吉の生涯を四期に区分した。

第Ⅰ期は、誕生から高虎の養子となった時期までである。天正七年（一五七九）六月、高吉は丹羽長秀の三男として誕生し、幼名は仙丸と呼ばれた。父は信長の重臣で近江佐和山城主の丹羽長秀で、母はその正室にあたる朝倉氏家臣・杉若越前守の息女であった。

本能寺の変の後、羽柴秀吉は長秀の関心を得るために、仙丸を実弟羽柴秀長の養子に迎えた。天正十年秋のことといわれ、高吉はわずか四歳だった。秀吉は、天正十三年七月に関白になるが、秀長はこの年に大和・紀伊・和泉という要地を与えられ、大和郡山城（奈良県大和郡山市）を本拠とした。

やがて大和豊臣家は、秀吉の姉・ともの息子秀保が継ぐことになり、高吉は居づらくなった。当時、秀長の重臣であった高虎は、男子がないために仙丸を自分の養子にしたいと申し出た。秀長はこれを認めたが、養子入りに際して高吉に一万石を遣わしたといわれる。天正十九年に秀長が病没すると、秀保が家督を継承する。しかし秀保が文禄四年（一五九五）に大和国十津川で急死したため、大和豊臣家は断絶した。

第Ⅱ期は、養父を直接支えた時期である。高虎は、文禄四年に伊予国板島（後の宇和島）七万石の大名に抜擢され、

図1　藤堂高虎関係略系図

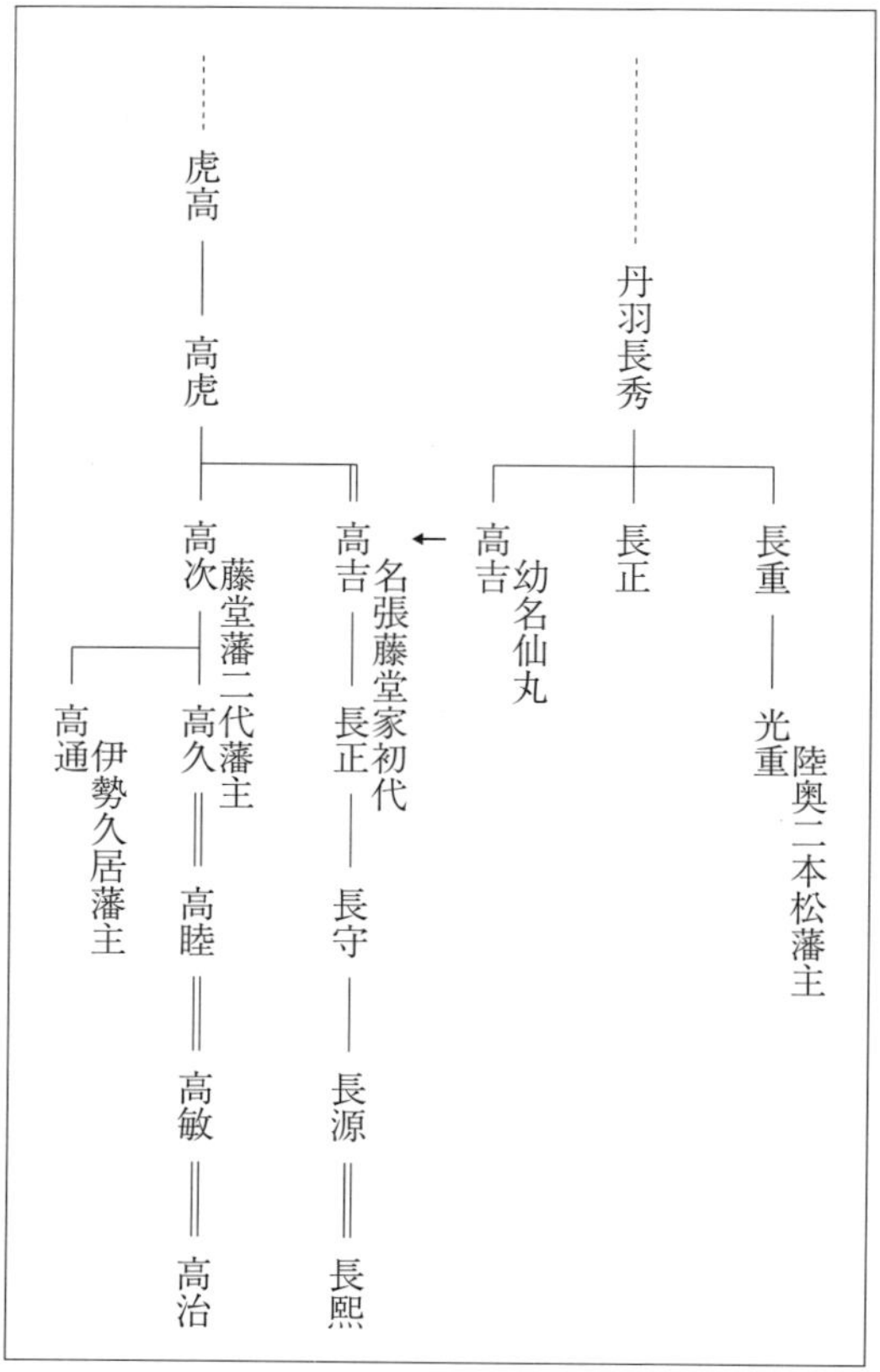

表　藤堂高吉略年譜（○は閏月）

年・月	齢	事項
天正		
7・6	1	〈第Ⅰ期〉 近江佐和山城で丹羽長秀の三男として誕生する。母は朝倉氏家臣杉若越前守女、幼名仙丸。
10・秋	4	豊臣秀長の養子となる。
13	7	秀長に従い大和郡山に移る。
		〈第Ⅱ期〉

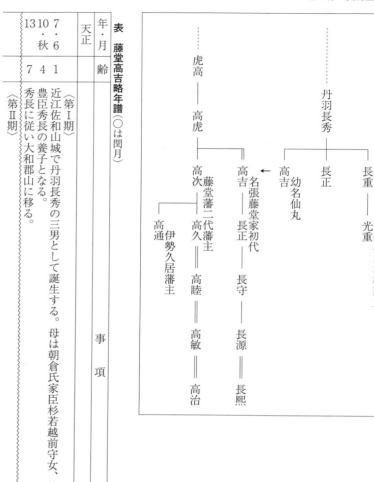

15	9	藤堂高虎の養子となり、秀長が一万石を与える。
19・1	13	秀長死去。
文禄		
1・3	14	高虎とともに朝鮮に出陣する。
2・6	15	晋州城攻撃で奮戦し、「小藤堂」と称される。
3	16	朝鮮より帰国、伏見城松の丸普請に参加する。
4・7	17	高虎が伊予板島七万石に加増され、これに従う。溝口宣勝の息女と結婚するが、ほどなく離縁する。
慶長		
2	19	朝鮮に再度出陣する。全羅道南原城攻撃に功あり。
3・8	20	秀吉死去。
5・9	22	関ヶ原の戦いに高虎とともに東軍として参戦する。戦後恩賞として高虎は伊予半国二十万石に加増される。
6・⑪	23	藤堂高次（二代藩主）誕生（高虎四十六歳）。
9	26	拝志騒動の責任をとり、伊予宇和郡野村に蟄居する。
11	28	家康の口添えで蟄居が解かれ、一万石を加増される。
13	31	〈第Ⅲ期〉高虎、伊賀・伊勢二十二万石を得て転封する。高吉二万石の今治藩主となる。
19	37	高虎に従い、大坂冬の陣に出陣する。
元和		
1	38	高虎に従い、大坂夏の陣に出陣する。
寛永		
7	53	10月、高虎、江戸柳原藩邸にて死去。高吉、葬儀に列席しようとするが、高次に阻まれて果たせず。
11	57	将軍家光の上洛にあわせて、子息長正とともに目見えをしようとする。
12	58	〈第Ⅳ期〉伊賀名張二万石として転封し、名張古城を陣屋へと改修する。
13?	59	「惣目付」柳生宗矩を介して、高次の非分を幕府に提訴する。
寛文		
10・7	93	名張にて死去。

高吉もそれに従い板島に入封する。この頃、高吉は溝口宣勝の息女と結婚したが、間もなく離縁する。しかしその侍女を留まらせて側室とし、長男長正をはじめとする子供たちをもうけた。

慶長五年（一六〇〇）の関ヶ原の戦いの後、東軍に属して抜群の戦功をあげた高虎は、恩賞として伊予半国二十万石を得た。彼は一旦は国分山《こくぶやま》城（愛媛県今治市）に入るが、今治平野の南端に築かれた山城であったため廃城とし、瀬戸内海を取り込んだ平城・今治城を築城し始める。高虎は、この時期にはほとんど伏見などの上方に赴き領国を留守にしていたため、築城の総監督は高吉に任されていた。

慶長六年、高虎四十六歳の時、待望の子息高次が誕生した。高吉にとっては、運命の狂いの始まりであった。慶長九年には、高虎の留守に隣接する松山城主加藤嘉明との合戦未遂事件・拝志《はいし》騒動がおこり、その責任をとらされて、高虎によって宇和郡野村（愛媛県西予市）に蟄居させられた。しかし慶長十一年になって、家康の口添えで蟄居が解かれたばかりか、備中国後月・小田郡内で一万石を加増されたといわれる。

第Ⅲ期は、慶長十三年に高虎が伊賀一国と中部伊勢で二十二万石を得て転封し、高吉は今治に残るということになって、両者が離ればなれに暮らす時期である。高吉は、家康の指示で福島正則をはじめとする西国の豊臣恩顧大名の監視のために今治に残留することになり、越智郡で二万石を与えられ、竣工なったばかりの今治城を得た。藤堂藩の支藩今治藩の誕生である。

高吉は、早速、家臣団に知行地を宛行う。たとえば後掲の【史料13】のように、重臣の矢倉氏に対して、慶長十四年九月に四百石を与えたことがわかる。また検地も実施したようで、元和六年（一六二〇）二月付の「越智郡古谷《こや》村（愛媛県今治市）検地帳」(2)が伝来している。

大坂の陣に際して、高吉はわざわざ伊賀国上野まで向かい、高虎と合流して出陣した。高虎の軍隊のなかで、高吉は渡辺勘兵衛などの万石クラスの重臣と同格の軍団長を務めている。これからは、高虎の転封を期に高吉の家中は、知行高は高虎のそれに含まれる内分の支藩扱いになったとみられる。高吉にしても、この段階ではまだ高虎の後継者となる可能性もあったことから、完全に自立する気はなかったと思われる。

寛永七年（一六三〇）十月、高虎は江戸柳原の藩邸において七十五歳で死去した。高吉は、葬儀に列席しようと、今治から江戸に向かった。ところがその途次の近江国水口で、彼ら一行を待っていた本藩の使者によって説得され、代理として重臣鎌田新兵衛を派遣し、高吉は今治に帰った。家督が正式には決定していなかったため、高次から相当の圧力がかかったに違いない。

第Ⅳ期は、二万石の藤堂藩重臣（分家）となる晩年期にあたる。寛永十二年七月、伊勢桑名藩主松平（久松）定勝（徳川家康の異父弟）の五男定房は、伊勢長島七千石から伊予国今治三万石へ転封となる。幕府は、同月九日付で藤堂高次にそれを告げるとともに、高吉の南伊勢への国替を命じた。

高吉は、高次とも連絡をとりながら南伊勢で与えられる二万石の替地の交渉をおこなったようで、同年十一月には将軍徳川家光に拝謁すべく江戸に向かった。目見えの後、同年八月十五日付知行方目録を拝受し、伊勢国飯野・多気両郡内で二万石を安堵されている。しかし伊勢に入国した高吉を待っていたのは、高次からの予想もしない処遇であった。

まずは、居城の件である。高次は、高吉に対して五千石を割かせて伊賀国名張に所領を設定し、当地の「古城」を改修して入城せよと命令した。名張城は、かつて筒井定次が伊賀一国を領有していた時に、重臣松倉氏が配置され近世城郭化したものである。藤堂藩のもとでも梅原武政が城代として入城し、武政の後は上野城代・藤堂高清（高虎実弟）が管理した。これには、明らかに高吉を大和方面の押さえとして配置しようとする意図があらわれている。

名張城下町の構造を概念化したのが、伊勢・伊賀関係資料8である。初瀬街道を取り込んだ城下町は、上方方面から向かうと、その玄関にあたる新町筋は高吉が名張川の付け替えてつくった町並みといわれている。そのまま本町筋を直進すると大手に至ることからも、上方方面を意識した城構えとみることができる。この城下町には、高吉に従って伊予から商人や職人が移ってきている。

高吉は、事実上の「名張藩主」として、他の藤堂藩重臣と比較すると、かなり独自の所領支配をおこなった。たとえば、彼は領民からは「殿様」と呼ばれ、年貢収取も独力でおこなっていた。もちろんこれは、藤堂藩領内で唯一のことだった。名張藤堂家は、まさに「藤堂藩のなかの藩」といってよい存在だったのである。

寛文十年七月には九十三歳の天寿を全うし、徳蓮院殿徳翁寿栄大居士の法号が贈られ、菩提寺徳蓮院（三重県名張市）に葬られた。遺領は、高次の指示によって三人の子息に五千石が分知され、彼らを藤堂藩家臣とした。これよりのち幕末まで、名張藤堂家は一万五千石となった。

以上が、高吉の生涯の概要である。では、節を改めて高吉関係史料の翻刻文を掲げたい。

第二節　藤堂高吉関係史料

Ⅰ　光林寺文書（軸装）

【史料1】藤堂高吉書状（折紙）

尚以四人之子供方へも御守・御札御念入申、過分ニ存候、以上、
被入御念之是迄御使僧、殊ニ御祈念之御札持進被下、過分之至ニ存候、幾久と載申候、其元之様子源兵衛口上具ニ承申候、炎天之時分一入御苦労と存候、猶村山善左衛門尉方より可申候、恐惶謹言、

藤宮内少
高吉（花押）

五月廿日

畑寺（光林寺）
法印様
まいる

【史料2】藤堂高吉書状写（折紙）
（異筆）「藤堂宮内少輔状八通（九）」

為御暇乞御使僧指被下候、殊ニ御札并ニ柿・栗被懸御意ニ忝存候、久々なしミ申御残多存候、移り候ても御祈念頼存候、御見舞被寄候間、御養生肝要ニ存候、何様従上方以書状可申入候条不具候、恐々謹言、

藤宮内少輔
高吉（花押影）

九月二日

畑寺
法印様

【史料3】藤堂高吉書状写（折紙）

已上

御祈念之御札・御か〻ミ（鏡）・御洗米、三すへて請取申候、矢倉六右衛門尉事之外忝なかりニ而候、先度者御太儀、爰元へ被成御越候、今少留申度存候へ共、何角用之儀御座候故、無其儀候、委者村上善左衛門方より可申入候、恐惶謹言、

五月廿日　藤宮内少
高吉（花押影）

畑寺
法印様
まいる

【史料4】藤堂高吉書状写（折紙）

已上

（藤堂長正）
武蔵名代浦野善右衛門遣候、猶神前ニ弥御祈念可然候、則御札此仁ニ御渡候て御下可有候、猶追而面上ニ可申候、恐々謹言、

六月九日　宮内少
高吉（花押影）

畑寺
法印様
まいる

【史料5】藤堂高吉書状写（折紙）

以上

武蔵為祈念之御日待頼申候、所々早々被成御祈念本腹可仕与別而致満足候、猶面上之時可申述候、恐々謹言、

五月廿三日　　宮内少

高吉（花押影）

畑寺

法印様

まいる

【史料6】藤堂高吉書状写（折紙）

以上

水神之御札之儀申遣之候へハ、被入御念之（候）、将又御越過分之至ニ存候、むすこ（息子）煩も弥よく御座候而、可御心安候、

然者見事之楞壱躰被懸御意、是又過分之至存候、猶善（村山）左衛門方より可申候、恐惶謹言、

九月二日　　藤宮内少

高吉（花押影）

畑寺

法印様

まいる

【史料7】藤堂高吉書状写（折紙）

以上

村山善左衛門方まて之御状致拝見候、殊ニ珍敷柿五拾・大栗五十送り被下、過分至極存候、如仰先度者御嘉例之御祈念被成、幾久敷目出度存候、小袖進之儀御満足ニ而、御礼却而心底慇ケ間敷存候、委細者善左衛門方より可申候、恐々謹言、

宮内少
高吉（花押影）

十月朔日

畑寺
法印様
まいる

【史料8】藤堂高吉書状（折紙）

尚以御使僧へよく申渡候、以上、

歳暮之為御祝儀、御守子供方へ拙者方へ逢毎被懸御意致満足候、近々之正月にて何方も目出度存候、来春ハ面上候て可申達候、委細之儀者、村山善左衛門尉方より可申候、恐々謹言、

宮内少
高吉（花押）

極月廿七日

畑寺
法印様
まいる

【史料9】藤堂高吉書状写（折紙）

此度者護摩頼申処、首尾能相調申、御札・御鏡持を為御名代御使僧被下候、御苦労不浅存候、委浦野善右衛門
口上申聞承届候、殊更天気能目出度候、尚面上之時可申入候、恐々謹言、

藤宮内少
高吉（花押影）

霜月五日

法印様
まいる

2　川口文書（東京大学史料編纂所架蔵影写本）

【史料10】藤堂高吉書状写（折紙）

以上

当年者未書状不遣候、御手前息災候哉、此地相替儀無之候、然者松平中書殿（蒲生忠知）御帰国ニ而、使者可進之と存候、常
様ニ候へハ、其元之手前之酒三斗入大樽二ツ念を入詰可被越頼入候、其以来ハ使も不給候、いか丶不審ニ存候、
安芸守殿（浅野光晟）とハ、不相替申通候間、各も左様ニ可被存儀候、程近候間、相当之用も可承と存候、何様面之刻可申
入候、恐々謹言、

藤宮内少輔
高吉（花押）

（寛永十年）二月十六日

川口屋
助市郎殿
まいる

【史料11】藤堂高吉書状（折紙）

以上
態申遣候、此間者久書状も不遣候、今程者貴所も息災之様ニ相聞候、いかゝ候哉、然者拙者も来三日ニ上方へ罷上候、今度　上様（徳川家光）御上洛ニ付而、江戸御差図（指図）に候て御目　見罷上候、土炊殿（土井利勝）・雅楽殿（酒井忠世）・讃岐殿（酒井忠勝）へ進物ニ致候条、三斗入之樽十こしらへ可給候、委細之儀者小沢二郎左衛門尉方可申候、恐々謹言、

（寛永十一年）五月廿七日　藤宮内少輔
高吉（花押）

川口屋
助市郎殿

【史料12】藤堂高吉書状（折紙）

尚以上方へ酒音信申候ハヽ、重而大樽弐斗入ニ致可被越候、先此度者樽ニも念を被入間敷候、代銀ハ重而可遣候、以上、
其以来者久敷書状も不遣候、手前事多ニ付而取紛無其儀候、貴所煩いよ〳〵本復候哉、承度候、拙者も無事ニ候、弥々安芸守殿（浅野光晟）と別而申談候間、可被得其意候、然者爰元ニ而遣可申候間、酒一石之分大樽五つニ弐斗入ニ被紙仕

可給候、しやうぞく（装束）ハ不入者候、委細之儀者吹田大郎右衛門方可申候、恐々謹言、

藤宮内少輔
高吉（花押）

九月廿七日

川口屋助一郎殿
まいる

第三節　今治藩主藤堂高吉

ここでは、前掲史料を解説・検討したい。これらは、いずれも高吉が今治藩主だった第Ⅲ期のものである。前提として強調しておきたいのは、この時期の高吉が支藩主として自立した支配をおこなっていたことである。

まず、家臣団の実態についてふれておきたい。高吉は、早速家臣団に知行地を宛行った。次に関係史料(3)を掲げる。

【史料13】

知行方

一、弐百石　島生村

一、弐百石　中寺村

合四百石

物成百四拾石
右、領知令扶助畢、全納所可仕候、猶連々可申付候、仍如件、
慶長拾四年
九月十九日　（高吉印）
矢倉兵右衛門尉とのへ

知行が与えられている矢倉兵右衛門尉は、こののち大坂夏の陣で激戦地となった河内八尾（大阪府東大阪市）において討死した重臣である。このように高吉は、自らの家臣団の知行宛行を実施している。ここで、寛永四年に幕府の隠密が四国の七城郭を探索した時の記録『四国七城巡見録』(4)中の、関係部分を抜粋する。

【史料14】

おとな分
鎌田新兵衛　千石　丹羽弥五左エ門　六百石
出頭　後藤佐左衛門　三百石
鎌田将監　三百石　町奉行 すいた宇衛門　四百石
堀江平兵衛　五百石
一、家中馬乗四十四、五人御座候、

一、鉄炮之者、百計御座候之由申候、

この史料によると、重臣は千石を領した鎌田新兵衛以下の六人だった。そのほとんどは、高虎が人選した者だが、丹羽弥五左衛門のように実家丹羽家から派遣された者もいた。そして家臣団の内訳は、騎馬衆が四十四、五人で鉄炮衆が約百人だった。

あわせて、高吉時代の今治については伊予関係資料4を参照されたい。公儀隠密作成図「今ばり《(治)》の城八月十七日《(寛永四年)》」（甲賀市水口図書館）をもとに、概念図にしたものである。慶長十三年の高虎の国替に伴い、天守や城門などの城郭建造物や武家屋敷が移築されていたことがわかる。

以上をふまえて、前掲史料の解説に移りたい。光林寺所蔵分についてである。翻刻した史料は、近年軸装された巻子に貼り継がれている順で掲載した。【史料1】を除き、すべて同一筆による写である。【史料1】についても、他と同筆の写が【史料2】と【史料3】の間に貼られている。また【史料8】は正文で、一点単独で軸装されている。これらからは、当寺では高吉からもたらされた文書の控をとっていたことがわかる。

【史料1】と【史料3】は、光林寺住職から長正以下四人の高吉の子息に贈られた御守・御札などへの礼状である。【史料2】は、光林寺住職が暇乞いのための書状を送ったことに対する返信であるが、後半部分からは、この時期に高吉が上方にいたことがわかる。

続く三点は、嫡男長正の病気平癒に関するものである。【史料4】と【史料5】は祈禱依頼で、【史料6】は快方したことによる礼状である。残りの【史料7】から【史料9】までの三点は、祈禱や贈り物に対する礼状とみられる。

以上の史料からは、高吉の家族への情愛や、光林寺住職との親密な交流が伝わってくる。高吉は、光林寺の近辺にあった越智郡法界村(旧玉川町)の大雄寺《たいおう》(5)を、亡き父母を弔う菩提寺として、今治城下町の室屋町に移転している。また大雄寺に接して、光林寺と関係する光林寺屋敷も営まれている。このようにみると、光林寺や大雄寺が営まれた今治平野の南西地域に、高吉が拠点をもっていたとも考えられる。

続いて、「川口文書」に注目したい。所蔵した川口屋については、福島正則が安芸広島城主となった時、美濃国川口城主の末孫川口右衛門尉宗助を呼び寄せ家臣となるように促したが、それに応ぜず備後国三原で町人となったと伝わる。

福島氏の改易ののち浅野氏が入封するが、宗助の子息助一郎宗常が、広島藩や三原藩(広島藩支藩)の御用商人として代々酒造を業とする豪商になったという。ここで紹介した三点の史料は、川口屋と高吉が極めて懇意な関係にあったことを物語るものである。

【史料10】からは、高吉が近隣の松山藩主蒲生忠知や広島藩主浅野光晟と良好な関係を築いていたことがうかがわれる。これに関連して、高吉の縁者を示した略系図である図2を参照されたい。

これによると、忠知の実兄で会津若松藩主だった蒲生忠郷の正室は高虎の息女・亀姫であり、光晟と忠知はともに家康息女・振姫を母としていたことがわかる。振姫は蒲生秀行の没後、徳川秀忠の指示で浅野長晟に再嫁したのだった。したがって今治の高吉と松山忠知そして広島光晟は、縁戚と距離において大変近い関係にあったといってよい。

忠知は、兄の死去に伴い寛永四年二月に伊予国松山と近江国日野のあわせて二十四万石を得て出羽国上山から転封した。家康の外孫であるが故の寛大な処置であり、蒲生氏は断絶を回避することができた。しかし忠知は、寛永十一年八月に参勤の途次、京都で疱瘡を患い三十一歳で死去している。光晟は、寛永九年十月に襲封し、寛文十二年四月に致仕していた。したがって本史料は、光晟襲封と忠知死去の間の寛永十年三月のものということになる。

【史料11】は、高吉が江戸の老中衆の指示によって、将軍徳川家光の寛永十一年の上洛にあわせて目見えをおこなおうとしたことを示すものである。老中衆とは、書中で高吉が進物を贈ろうとした土井利勝・酒井忠世・酒井忠勝とみられる。

高虎が寛永七年に死去するまで、高吉は将軍への参勤が許されておらず、[6] 将軍家光にも目見えをしていなかった。高虎の死去を受けて、高吉はただちに機会を得て家光への目見えをおこない、大名としての立場を確立しようとした

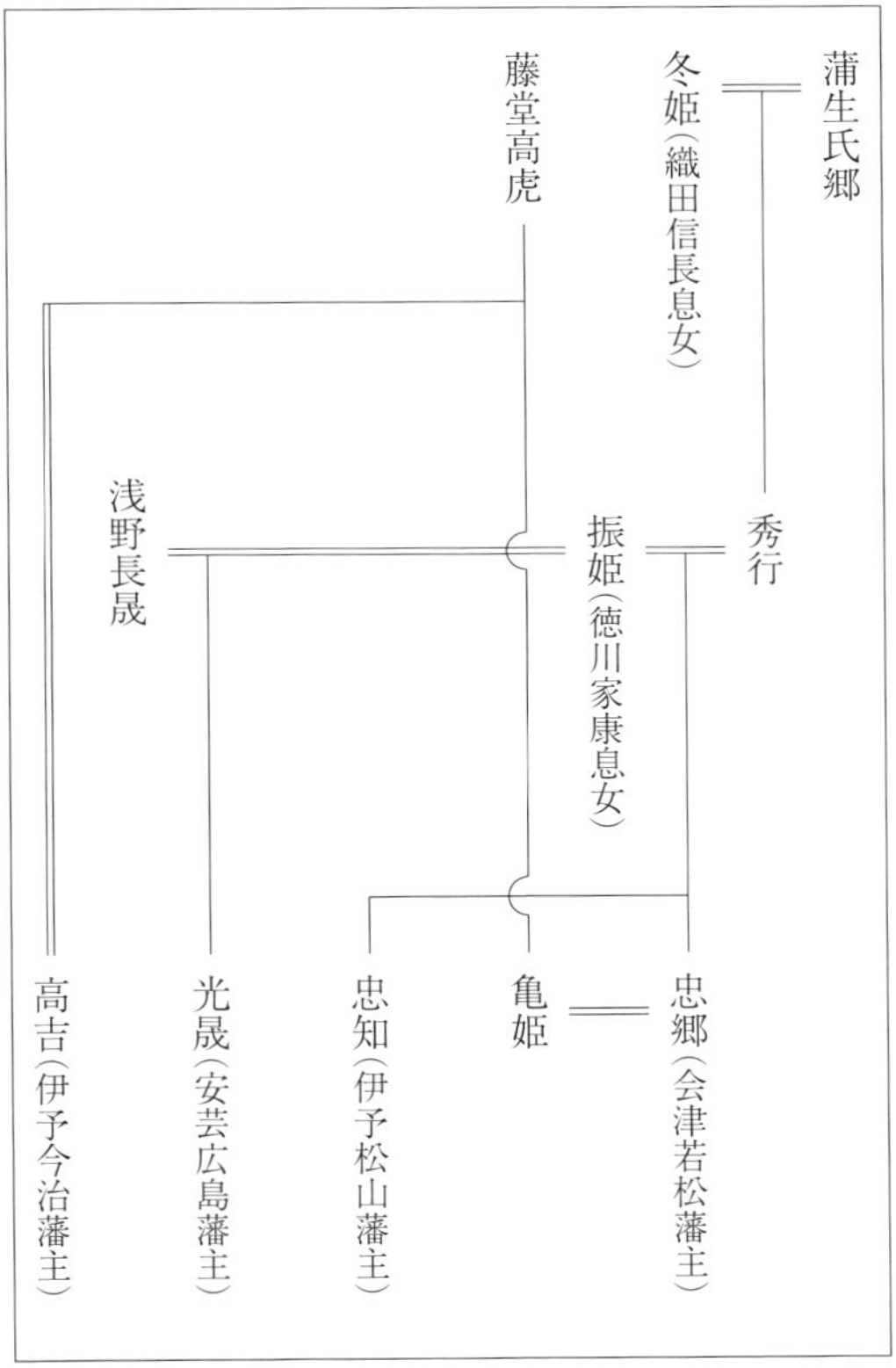

図2　高吉の縁者関係略系図

のである。そのためには、寛永十一年におこなわれた家光の上洛は、絶好のチャンスであったに違いない。「藤堂宮内年譜」[7]には、今治から子息長正とともに上洛し目見えをしたと記している。筆者は、これが実現した可能性は高いと考える。寛永十二年の国替に際して、高吉は江戸に下り、拝謁のうえで同年八月十五日付知行目録が渡され、伊勢国飯野・多気両郡内で二万石を安堵さている。[8]これは、彼が大名として認知されていたことを示す証左であろう。

【史料12】でも、【史料10】と同様に、高吉が浅野光晟と親密な関係をもっていたことがうかがわれる。本史料を【史料11】に関係するものと考えると、高吉が光晟と連絡をとって目見えをおこなおうとしたと推測される。また川口屋が、浅野家と親しい関係にあったこともわかる。

結語

藤堂高次の襲封が認められたのは、寛永七年十一月のことだった。それまで高吉は、豊臣秀長や徳川家康から知行を与えられていたが、養子であり藤堂家を継ぐ可能性があったため、それは養父高虎の知行高に含められていた。

しかしこれが災いして、高次が二代藩主となった後、高吉の知行が藤堂藩に吸収されてしまう可能性がでてきた。【史料11】でみた高吉の行動は、まさしくそのような危機に対応し、大名として自立するためのものであった。

ここで紹介した史料群は、高虎の死去によって、高吉が支藩主から分家へと変わる前後の時期の状況がわかるものである。二十七年間も今治藩主を務めた高吉は、藤堂藩にとどまるのではなく、自立の道を選択したのであった。また彼のアイデンティティーは、子息の実名に「長」の字を選んだように、実家である丹羽家にあったことも確実である。

　かつて筆者は、第Ⅳ期にあたる寛永十二年の国替直後の、高次と高吉との確執について検討したことがある(9)。高次によって藤堂家の重臣の地位に押し込められた名張藤堂家では、高吉以来、大名として自立することが宿願となった。やがて名張藤堂家当主となった高吉の曾孫長熙《ながひろ》は、幕閣への運動を通じて参勤できるように画策した。しかし本藩に情報が漏洩し、奉行横田太右衛門・小沢宇右衛門と江戸聞番役七条喜兵衛が責任を取って切腹したばかりか、享保二十年（一七三五）五月に長熙は、藩主藤堂高治から隠居を命ぜられてしまう。高次と高吉との対立が、このような悲惨な「享保騒動」を準備したと考えたのである。

　藤堂藩は、伊予から伊賀・伊勢への国替を通じて、それまでの支城主クラスの重臣の連合体的な構造を克服して、藩主を頂点とする家中秩序を確立した。この藩形成過程で、養子の藤堂高吉が最も厳しい処遇を受けたのであった。

（1）藤堂高吉については、福田肇『藤堂高吉の生涯』（新人物往来社、一九九二年）や拙稿「藤堂氏の伊予支配」（『社会科学研究』三六、一九九九年、のち拙著『日本中・近世移行期の地域構造』校倉書房、二〇〇〇年、所収）を参照されたい。

（2）愛媛県立図書館所蔵。

（3）慶長十四年九月十九日付藤堂高吉黒印状（「小野家文書」、『今治郷土史第二巻　資料編古代・中世』所収）。

（4）『西海巡見志・予陽塵芥集』（伊予史談会、一九八五年）所収。白峰旬「公儀隠密による四国七城の城郭調査（寛永四年）—『讃岐・伊予・土佐・阿波探索書』の分析—」（同氏『幕藩権力と城郭統制』岩田書院、二〇〇六年、初出二〇〇五年）参照。

（5）『愛媛県の地名』（角川書店、一九八二年）。寺名は、亡父丹羽長秀の法名「大雄院大輪宋徳大禅定門」に由来する。

（6）寛永十三年作成と推測される月欠吉日付藤堂高吉訴状（「名張藤堂家文書」、『今治郷土史第二巻資料編古代・中世』所収）には、「権現様（徳川家康）台徳院様（徳川秀忠）江御目見仕度奉存候へ共、父申付候事、万事非分と存なからも、相背申段ハ不罷成候、其上海越ニ罷有候へハ、たれを頼和泉守（高虎）へ理を可申様子も無御座候故、迷惑仕なから罷過申候事」と記されている。

（7）「名張藤堂家文書」（『名張史料集第二輯―名張藤堂家文書―』所収）。ただし同史料には、藤堂高虎と一緒に上洛したと記されている。当時高虎は死去しており、高次と誤ったのかもしれない。

（8）新居甚兵衛「藤堂宮内少輔高吉公一代之記」（「名張藤堂家文書」、『名張史料集第二輯―名張藤堂家文書―』所収）。これに対して『高山公実録』の編者は、知行目録について「名張に此目録の本書ハなくして写しのみあり、後人の偽作にてもあらんと疑へり」、あるいは「家乗に載せたる替地の村高知行目録ハ、前にいへる如く相違も少なからず、且本書ハなくして写のみなれハ、取るに足らす」と主張し、元来、高次が拝領した二万石のなかに今治二万石が含まれていたのであって、高吉の替地としての伊勢における二万石は、あくまでも高次から授けられたものであると主張している。

（9）前掲拙稿「藤堂氏の伊予支配」。

〔付記〕史料調査にあたって、光林寺住職渡邊眞憲氏にお世話になった。ここに、あらためてお礼を申し上げる。

第七章　重臣の統治知識―『統集懐録』を読む

問題の所在

このたび、伊賀古文献刊行会から待望の『統集懐録《とうしゆかいろく》』（伊賀古文献刊行会編、二〇一三年）が刊行された。本書の原本は、残念なことに現在行方知れずと聞く。写真も部分的にしか残存しないため（森川櫻男氏・岡森明彦氏所蔵）、故久保文武氏が一九五〇年頃に解読したノート原稿を底本とする。

久保氏による藤堂藩の郷士制度である無足人制度をはじめとする重厚な伊賀史研究の基礎には、このような丹念な基礎作業があったことがうかがわれ、まことに頭が下がる思いである。

『統集懐録』については、伊賀国内の村高をはじめとする記載情報の一部が、従来の研究においてしばしば引用されており(1)、近世前期の伊賀地域史研究の基礎データ集として広く活用されてきた。筆者は本文中には現れないが、藤堂藩の伊賀付重臣で加判奉行を務めた石田氏関係者と推測されている(2)。

『統集懐録』は、刊本の口絵写真からうかがわれるコンパクトな形状やその名前から、また質の異なるデータがアトランダムに記されている構成からも、私的な懐中手控えとみてよい。筆者は、おそらく常に本書を携行してデータを参照したり、また必要に応じて加筆したりしていたのではあるまいか。

かような意味においても、本書は当時の藤堂藩重臣層の統治知識と教養レベルを知りうる貴重な史料と判断される。それと同時に、畿内非領国地域の周辺に配置された国主大名の地方支配の実態をうかがうための、格好の素材とみることもできる。

『統集懐録』には、統一した編集方針があったとは思われない。したがってトピックとなるようなテーマ、具体的には本書を熟読して興味深く感じた、藩重臣層のもつ統治知識と伊賀領の郷士制度について検討することで、近世前期における藤堂藩の支配制度の特質を指摘したい。

第一節　統治知識

藤堂藩(3)は、伊勢津に藩庁を置く外様国持大名藤堂氏三十二万石余の大藩である(4)。藩領の構成は、伊勢領約十七万石(八郡)、伊賀領約十万石(一国四郡)、城和領約五万石(山城相楽郡・大和国四郡)、下総約三千石(香取郡)となっていた。本城は伊勢津城で、支城として伊賀上野城が許され、それぞれに城代家老一名が配置され、そのもとに支配の実務を担当する加判奉行二名以下が組織されていた(次頁の図表参照のこと)。

このように、あたかも津藩と伊賀藩という隣接する両藩が一人の藩主を推戴しているような構造をもつところが最大の特徴といってよい。近年は、藩庁の置かれた場所の地名をとって「○○藩」というのが一般的であるが、ここで藤堂藩と呼ぶのはこのような構造故のことである。

『統集懐録』は、伊賀領の加判奉行クラスが作成したもので、上野城や城下町をはじめとする伊賀一国の詳細デー

藤堂藩の町方・郷方支配組織略図（『津市史』を参照）

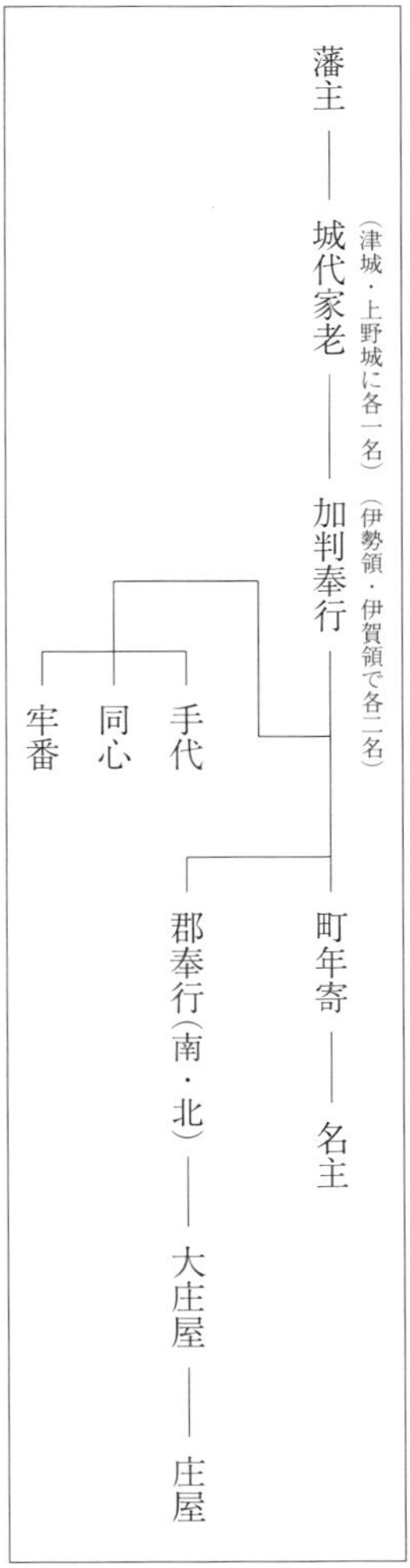

タが凝縮されている。

なお重臣石田清兵衛の縁者の家に伝来したことから、従来の研究においては「藤堂藩伊賀国奉行石田清兵衛の懐中覚え書き(5)」、「二代目三郎左衛門によって筆録された可能性が高い(6)」、「延宝九年伊賀加判奉行を勤めた石田三郎左衛門の覚え書き用の懐紙であったと思われる。天和元禄の書き足しもある(7)」などと紹介されてきた。『統集懐録』の原本を調査することができないため、法量や筆跡などの史料自体から得られる重要データが欠如することは、まことに残念である。ただし刊本口絵写真からは、複数の筆跡が確認される。したがって、何代かにわたって書き継がれた可能性も否定できないだろう。次に抜粋するのは、本書中最も新しい時期のものである（刊本五八・五九頁、以下においては頁数のみ記す）。

当殿様（藤堂高久）御家督ハ

寛文九年己酉ノ歳
元禄五壬申年迄ニ廿四年ニ成、
元禄五壬申年書付ル、
一、彦助殿初而御奉公ニ被召出候時ハ四十一年以前也、
元禄五ノ申ヨリ
少将様（藤堂高次）ニ十七年奉公
和泉様（藤堂高久）ニ九年奉公

寛文九年（一六六九）に襲封した「当殿様」とは、三代藩主藤堂高久（一六三八〜一七〇三）にあたる。元禄五年（一六九二）も高久の代で、この時期には石田清兵衛家は断絶していた。延宝九年（一六八一）に発覚した銅山《かなやま》事件（備中石塔山の銅山請負に関わる不正融資事件）の責めを負って断絶処分を受けており、それにかわったのが同族の石田三郎左衛門家だった。

既に「『統集懐録』には清兵衛没後の天和〜元禄年間の記事も記されていること。初代三郎左衛門を『古三郎左衛門』と記し、また父彦助を『彦助殿』と書いて、他の人物とは一線を画す扱いぶり[8]」から、二代目石田三郎左衛門とする見解がある。

たとえば、「三郎左衛門自分屋敷間」として自邸の図面が入っていることからも（一三八頁）、筆者もその蓋然性が極めて高いものと判断する。そうすると、彼が没したのが元禄十四年だから、『統集懐録』はそれ以前に成立していたことになる。

後半部分の少将様と和泉様は、元禄五年十月十九日付で二代目石田三郎左衛門が提出した「元禄五年石田三郎左衛門由緒書」[9]によると、二代藩主藤堂高次(左近衛権少将に任官、一六〇一～一六七六)と三代藩主の藤堂高久(和泉守に任官、一六三八～一七〇三)にあたる。

かりに引用部分が「書き足し」部分だったとしても、『統集懐録』が、藩主は高久の治世期、将軍は別頁にみられる将軍の「御誕生日」の記載のなかで最新のものが「綱吉公」であることからも(一一八頁)、徳川綱吉(一六四六～一七〇九)の政権期のものであること、つまり十七世紀後半に作成されたと推測することは許されよう。したがって『統集懐録』は、藤堂藩の前期藩政において明君といわれた高久の時代の産物であることを確認しておきたい。

さて『統集懐録』であるが、およそ次のような重要情報が収録されている。

・徳川家光と徳川家綱から藤堂高次に宛てた知行目録(一〇～一二頁)
・上野城の堀や櫓などの規模に関する情報(一二～一五頁)
・評定日・蔵日・寄合日(一三一・一三二頁)や役職・役銀(六一・六二頁)
・伊賀一国内の郷名・村名・村高(本高と平高《ならしだか》)(三五～五五頁)
・小物成(真綿・茶・漆・柿渋・鮎・薪・山札銭・炭・竹・竹川代)(五六～五八頁)
・山(二三～二七頁)・藪(竹数)(二八頁)・街道(伊賀領堺までの道のり・方角・川幅・道幅・上野から村々への道のりなど)(一五～一八頁、二〇～二二頁)・鷹場(七三・七四頁)・古城(一三七・一三八頁)
・寛文七年の巡検使のルートと伝馬・人足・接待(九八～一〇三頁)

あえて分類するならば、前半の四点は統治情報であり、後半三点は職務情報ということができよう。このように、実に多岐にわたるデータを満載している。これがあれば、日常的な政務において様々な事態に対応できたであろう。

『統集懐録』には、貞享三年（一六八六）のみではあるが、筆者の一年分の職務と個人的な趣味も交えた記録を月別に詳細に記す部分がある（一〇三〜一一六頁）。これに関連して気になることがある。それは、『統集懐録』の冒頭が貞享三年二月一日付覚から始まっていることである。少なくとも、本書の成立にとって同年は重要な年だったとみることができよう。では、主立った事柄を抜き出し年表にして紹介する。

伊賀付重臣の一年（貞享三年の場合）

月	事項
正月	二日、藩主に国許が無事であることを知らせる。津勘定衆へ礼銭帳を送る。伊賀国内の寺社から届けられた祈禱札を納め、江戸には目録を送る。六日、算用始め。町方や寺社方からの礼銭を帳簿につける。城代藤堂采女のもとで惣寄合が開催される。九日、評定所で初寄合が開催される。
二月	六日、奈良二月堂に松明を送る。
三月	伊賀一国に二千五百俵の種籾を下行する。留川の制札を一日から発給する。
四月	藪廻り無足人百三十人と小波田鉄炮無足人百人に、四月朔日から七月晦日までの鉄炮稽古を命じる。
五月	寺社から届けてきた祈禱札の目録を収める。
六月	上野町の町屋の竈を一軒ずつ改める。
七月	盆踊りは上野町中の十五歳以下の子供のみにする。相撲や花火を禁止する。盆期間中は、上行寺で家中をあげて施餓鬼をおこなう。町方から初穂米・礼銭・鰹節が届けられる。
八月	福寿院が大峰祈禱札を藩主に届ける。松茸法度を松茸山に立てる。松茸山の警備に無足人を派遣する。上野天神祭礼の操り芝居を藩主が観覧する。

九月	上野町の寺社・大和東明寺・山城笠置寺・近江多賀神社から祈禱札が届けられる。伊賀付物成・切米帳二冊、伊賀付物成津渡し帳二冊、江戸津付借米春渡帳二冊を作成し津奉行衆に送る。津付御備米帳一冊、江戸詰備米帳一冊を作成する。
十一月	十四・十五日、藪廻り無足人・小波田新田無足人たちが集合して鉄炮の実射訓練をおこなう。 二十四日頃、南都祭礼（春日若宮御祭）に普請奉行らを派遣する。
十二月	十日頃から家中の門松の差配をする。 十三日、上野城御殿のすす払いの差配をする。家中の正月御出金の期限を二十五日と伝える。 二十六日・二十七日頃、家中の正月礼銭について触れる。町中・郷中に正月礼銭について触れる。上野城御殿に松飾り・しめ縄をかける。藩主や一身田門跡への歳暮の使者を立てる。

加判奉行クラスの重臣である筆者は、年頭から歳末まで家中をリードして伊賀一国の統治の実務をこなしている。評定や寄合を主催し、年貢収納に関わる帳簿作成に関与し、藩主や一身田門跡（真宗高田派宗主、高虎と高次の息女が輿入れ）などへの贈答を取り仕切り、鉄炮稽古などの軍事や祭礼神事にも指示を与えている。

しかし、このような支配に関わる事柄のみならず、嗜好品や趣味も散見する。興味深いのは、五月の部分にみえる「雲雀塩辛仕様」（一八一頁）である。雲雀の塩辛レシピといってよいだろう。雲雀は、五月の十日程の間に猟師に触状を遣わして取らせるもので、塩辛の作り方を実に細かく記している。

なお、他の部分からは干ゼンマイ・漬ワラビ・漬松茸の作り方（一一九頁）や南蛮漬けの漬け方（一二六頁）も記されていることから、筆者はなかなかのグルメだった可能性がある。

また続けて、この頃ブームになった牡丹の土拵えと肥料についても書き留めている（一〇九・一一〇頁）。元禄年間には専門書も出されたようだから、それからのメモかもしれない。また八月には葡萄酒を醸造していたこともわかる。

これは別の部分に「葡萄酒一斉之入用」として、製造法の詳細が記されている〔一三三頁〕。なお江戸時代の葡萄酒は、薬用酒として飲まれていた。

九月の最後の部分に、いきなり伊豆代官所からもたらされた伊豆大島の貞享の大噴火に関係する情報が記されているのも本書の性格をあらわしている〔一一三頁〕。要するに、筆者にとって気になった情報をその場で書き留めたものであろう。

領内の名勝赤目四十八滝の滝の名が記されたり〔九六・九七頁〕、様々な神事への造詣〔五五頁など〕も含めて、知識欲旺盛な趣味人としてのイメージも伝わる。このように、筆者の雑学も含めた広い知識と高い教養の程がうかがわれる。

さらに興味深いのは、藩主高久の貞享三年の島ヶ原観音（現在の観菩提寺）参詣〔一一一頁〕や貞享五年の上野天神祭礼観覧〔九五・九六頁〕に関する記録である。藩主の領内名所参詣や藩主家と関わる祭礼の観覧は、民衆との接点をつくることにもつながった。これらは、領民との一体感を創出する「見せる政治」の一環とも考えられる[10]。

筆者の生きた時代には、高虎の時代の情報も伝わっていたようだ。「惣外輪堀池之事」〔一四頁〕として高虎が大改修した上野城には、さらに内と外の二重堀計画があったことも記している[11]。戦国・織豊期の伊賀国内の主要城郭も「古城」として十カ所チェックしている〔一三七・一三八頁〕。

そのなかの比自山城（伊賀市長田町）については、本能寺の変直後に伊賀国衆が集合したことが記されている。確かにその時期、伊賀では大規模な一揆が蜂起し信長方の諸勢力を攻撃したので、その拠点だった可能性はある[12]。

本能寺の変とも関わる事件として「神君伊賀越え」が有名である。『統集懐録』には、そのルートが丸柱→石川→河合→柘植→加太だったとし、地元の宮田と米地の二人の領主が家康に供奉し、後に召し出されたことを記す〔一三七頁〕[13]。

高虎は、元和六年(一六二〇)からの徳川大坂城の築城に関与したが、この時期においても公儀御用のため大坂玉造稲荷屋敷に石置場があった(七五・七六頁)。また伊賀領内には、藩主の休憩施設と思われる御茶屋敷も存在したが、緊急時には城郭としての役割をもった可能性もある(五四・五五頁)。

『統集懐録』は、一読すると伊賀領が上野を中心として均質な藩世界を形成しているようにみえる。しかし子細に読み込むと、必ずしもそうでないこともうかがわれる。たとえば、伊賀名張に陣屋を構える藤堂宮内家には独自の鷹場として名張二里四方が認められていた(七三頁)。

この名張藤堂家の祖は、高虎の養子(丹羽長秀の三男、豊臣秀長の養子となる)藤堂高吉だった。高次の治世期に伊予今治から名張に転封した際に、高吉の二万石の領地が藤堂藩領に組み込まれたため、微妙な関係にあったのである。高吉は、藩主以外で唯一「殿様」と呼ばれる存在だったし、独自の家臣団組織をもつ「名張藩」というべき自立性を維持していた。まさしく「藩中藩」というべき存在であり、これが後の独立運動「名張享保騒動」へとつながっていくのである(14)。

以上、『統集懐録』を読みながら十七世紀後半の藤堂藩伊賀領の実態を探ってきた。そこには、城代家老と加判奉行が実質的に伊賀一国を統治する、極めて成熟した藩社会が形成されていた。

戦国動乱が去り、武士の役割が軍事から行政へと確実に変化しつつあったこと、それに対応するためには高い教養が要求されたことがうかがえる。このような泰平の時代に鉄炮訓練をして有事に備えていたのが、次に紹介する無足人たちだった。

第二節　郷士制度

藤堂藩の郷士制度である無足人制度については、久保文武氏の労作『伊賀国無足人の研究』に詳しい。畿内近国の郷士や帯刀人に関する研究は、兵農分離や身分的中間層という視点から一九九〇年代を中心に長足の深化をみた。[15]兵と農の中間に位置づけられた彼らの存在は、いわば近世身分制度のグレーゾーンとしてその特質を示すものとして注目されたのである。しかし『統集懐録』に頻出する無足人に関するデータからは、このような近年の研究成果とはいささか異なったイメージを受ける。

まず第一に、この時期の無足人は幕末の献金郷士のような存在ではなく、基本的に由緒ある旧族領主の末裔であって、そのリーダーたる無足人頭は藩から扶持米を支給され藩士に列する存在だったことが重要である。戦国時代の伊賀惣国一揆以来の国人・土豪の末裔や前任大名筒井氏の家臣といった由緒をもつことから、実態としては改易大名の旧臣で構成された土佐藩の郷士に近く、小野武夫氏の分類を適応すれば、戦闘員たる郷士「救済郷士」に相当する。[16]

伊賀領における無足人制度については、江戸時代後期に成立した『宗国史』[17]のなかの「無足人頭」の項目に規定されている。それによると、無足人とは上野城代が統率する「農兵」を指す。彼らは、村落における有力な家筋の者であって、甲冑・長槍を有し、帯刀を免許されていた。

藤堂藩の無足人は、元和九年に「越前戎厳」すなわち越前福井城主松平忠直（結城秀康嫡男）配流の幕命を受けた高虎が、出陣するにあたって葛原半四郎（当時二百石取）に付属させた五十人の「農兵」部隊を嚆矢とする。

それは役割を果たしたのち一旦解散されたが、やがて伊賀では一部隊二十六人で全五部隊百三十人の「農兵」の鉄炮隊を編成し、それぞれに隊長を選び、七〜十三俵の俸禄を支給する無足人制度として整備された。その時期は、関係史料から藤堂高久の治世期にあたる寛文十一年（一六七一）だったと記されている。(18)

これらに関連して、『統集懐録』に該当部分があるので引用したい（六九頁）。

御扶持方并御合力米被下　無足人頭トモ

一、拾俵　天和三癸亥二月ニ申渡ス　扶持米　西之沢村　家喜六兵衛

一、拾五俵　五俵宛減御簡略ニ仍テ也　扶持米　下友田村　山内猪兵衛

一、拾俵　治田村　治田甚兵衛

一、拾俵　荒木村　海津金右衛門

一、拾俵　上比奈知村　下山弥太郎

一、無足人鉄炮百三拾人　一人弐俵宛

これによると、家喜・山内・治田・海津・下山の五人が無足人頭であり、彼らには十俵から十五俵の俸禄を支給され、無足人百三十人には一俵ずつ与えられていたことがわかる。これにより、ほぼ『宗国史』の記載通りだったことが判明する。ただし天和三年（一六八三）二月に、無足人頭の俸禄は五俵を減じたようである。

なお伊賀の無足人については、『伊賀市史　第一巻　通史編　古代・中世』において興味深い指摘がなされている。

すなわち新出史料「押坂家旧蔵文書」には、秀吉存命中の慶長二年の年紀が認められる筒井氏時代の横帳断簡に、「無足人衆」が伊賀と伏見の間の人足役を果たしていたことが記されているのである。

藤堂藩の無足人制度は、藩が前代以来の国人・土豪層をリーダーとする村の軍事力を取り込むことによって有事に備えるとともに、彼らに諸特権を認めることで藩支配の安定化をめざすものでもあった。彼らは、名字・帯刀が許可されており、戦国期以来の方形城館に居住する者もあり、屋敷地が除地となっていることが多かった。村方においては、独占的に大庄屋(無足人頭)や庄屋に就任し、宮座(無足人座)を運営した。

このようにして、地域社会における特権層としての地位が確立され、平時には彼らが集団的に農村行政を指導することで、地域秩序が安定したのである。無足人頭を統括するのは、伊賀の同クラス出身で寛永十七年(一六四〇)から上野城代家老となった藤堂(保田)采女だった[19]。

なお無足人については、近世後期に成立した『宗国史』では「農兵」と位置づけられているが、成立からほど遠からぬ百三十人体制のこの時期については藩士として位置づけるべきである。名字・帯刀が免許され藩士との婚姻も認められ、少額とはいえ扶持を得るかわりに藩の正規軍の一翼に属することが義務づけられていたからである。

これに関しては、既に吉田ゆり子氏によって「無足人は、農村に居住し、百姓と同様に年貢を納めていたが、藤堂氏の家臣として主取りしており、有事の際に百姓が勤める陣夫役に対して軍役を勤めるという点で、身分的に百姓ではなく武士であった[20]」との指摘がある。

三代藩主高久は、百三十人の無足人を鉄炮隊として整備した。さらに寛永・正保の大旱魃への対策として小波田《おばた》新田(名張市)を開墾するために無足人制度を導入し、入植した有力者を「小波田新田鉄炮組百人」として組織した。たとえば、貞享三年五月二十六日には、無足人頭・新田鉄炮の者に鉄炮の稽古を指示したことがわかる。従来の研究においても、藤堂藩が他藩と比較して鉄炮所持量が傑出していることが指摘されている。[21]

もちろん、鉄炮の訓練は軍事演習の一環であるが、同時に考えねばならないのが伊賀という山国の自然環境である。毎年経験する様々な鳥獣害を駆除するためには、鉄炮が最も効果的だった。とりわけ新田開発には必要不可欠で、かつて塚本学氏は近世の百姓にとって鉄炮は「農具」だったとする観点を提示している。[22] これに関連して、『統集懐録』に鉄炮改めに関する規程が収録されているので抜粋したい〔六一頁〕。

鉄炮改之覚

一、百姓ノ内、田地寡とて是まて猟抔いたし渡世を送り年貢抔斗申候様成者ハ、其儘猟師ノ内へ入候ても不苦由、

一、是迄ノ猟師死申候時、其子ヲ親ノ名ニ仕候ヘハ、其儘猟師ニ立申候、名の違候ヘハ帳茂改不申候ヘハ難成候間、親ノ名ニいつ迄も可仕候、

一、無足人の義ハ最前迄被仰候通ニ弥不及僉儀候、

一、重而もかくし鉄炮願之義ハ、調申候作毛を荒申候而、鹿・猪其外打申度との願ハ曾而成不申候、此段堅調不申候由、

一、猟師相果候時、其替外之者ヲ入候事成不申候、

一、猟師分ニ罷成、鉄炮打候事、堅成不申候、

徳川綱吉治世期、貞享四年以降において全国的に鉄炮改めがおこなわれた。大名・領主以外の鉄炮所持をチェックしたうえで認め、所持者当人に限り使用を許可した。地域社会においては、鳥獣害対策として威し鉄炮が許されたが、

この段階では空砲発射だけを認めたので効果が期待できなかった。

本史料には、続いて「右ハ松尾九郎左衛門江戸より登申候」と断っているため、この時期の幕府法令と関係する可能性がある。猟師や百姓でこれまで猟をしていた者については認めるが、新規の猟師は認めず、猟師といえども鹿・猪などに対する鉄炮使用を許さないことが規定されている。

まさしく、綱吉の生類憐れみの令に関わる鉄炮改めということが判明する。ただし、ここで注目したいのは、第三条に記された無足人による鉄炮使用は例外であるとする規定である。幕府の諸国鉄炮改めは、藩の城付鉄炮と藩士所持鉄炮には言及しなかった。したがって無足人たちは、家臣団の末端として位置づけられたから許されたと考えられる。たとえば、貞享二年の無足人の鉄炮稽古に関する部分を引用する〔一〇六頁〕。

一、鉄炮稽古玉薬渡事
一、薬九貫三百六十目
　藪廻り無足人百三十八人四ヶ月分一ヶ月ニ六日之稽古一人ニ薬三匁但し三放分、一放一匁込也、
一、玉六千弐百四拾
　右同断一日ニ玉弐ツ宛三放ノ内壱ツいかへ（鋳返）し、
一、薬七貫弐壱百目
　新田鉄炮百人一ヶ月六日之稽古、一人ニ付三放宛、
一、玉四千八百
　右同断一人ニ玉弐ツ壱ツハいかへし、

右之玉薬御国無足人頭新田鉄炮之小頭手形ニ而渡ス、但し武具奉行衆へ宛所之手形ニ奉行裏判出ス、

この段階で無足人鉄炮百三十人は、藪廻り無足人と呼ばれる集団として組織されていることがわかる。藩は彼らを鉄炮隊として編成し、一か月に六日を訓練に宛てさせ、火薬を三匁、玉を一日に二つ三放ち分支給した。また小波田新田鉄炮百人についても同様に訓練をさせて、火薬や玉を支給している。

これらは、武具奉行の裏判が据えられた手形を出した無足人頭と小波田新田鉄炮小頭を通じて渡された。しかし火薬や玉の支給量はわずかなので、基本的にこれらは個人で用意するものだったと推測される。このように、無足人は鉄炮所持ばかりか実弾演習も認められていたのである。泰平の時代を迎えた徳川綱吉政権期においても、藤堂藩では郷士を鉄炮隊として組織し、定期的な訓練を施し有事に備えていたのである。

想定される有事とは、上方における騒動である。たとえば元禄五年（一六九二）七月には、高野山の行人方が幕府の裁許に服さなかったため上使が派遣されるという事件があった。藤堂藩の城和領の無足人は、これに敏感に反応した。大和国添上郡田原郷大野村の無足人山本忠辰は、藩主が出陣する場合に備えて参陣願いを提出している[23]。山本氏は、中世の国人領主に系譜をもつ独礼格の郷士で、鉄炮や槍を所持し、戦時には具足に身を固め、騎馬して家来を十人従えることが許されていた[24]。元禄年間になっても、無足人制度は藩の正規軍を補完・維持するものとして機能することになっていたのである。

鉄炮稽古は四月から七月と定められていたが、一年の締めくくりとして十一月の藤堂采女の射場での藪廻り無足人・小波田新田無足人の鉄炮訓練が位置づけられていた。二日間にわたって全伊賀領から無足人たちが集まり、腕前を披露したのである〔一一四頁〕。藤堂藩では、臨戦態勢を持続していたのであった。

元禄二年六月、幕府は猪・鹿・狼によって耕作に支障が出た時、大名・領主の監督下で実弾を発射することを、期限と条件つきで認め、八月にはそれを遠慮せず実施するように命じる。(25) 藤堂藩の法令集「類聚法令」にも、同年十二月二十六日付で加判奉行ら四人が津・久居の大庄屋十四人に宛てて五ヶ条の鉄炮改めを伝えている。(26)

その第一条で「一、鉄炮改之儀　殿様御判被遊　御公儀へ御上被成、是迄之御改相済候御帳面ニ付申候猟師共ハ、鉄炮うたせ候へと被　仰下候間、如有来候、右往左往ニ無之様ニ打可申事」とあるように、帳付けして藩や幕府で認可された猟師については、鉄炮を撃ってもよいとしている。確かに『統集懐録』には、扶持米取りも含む二十四人の猟師が記載されている〔七一頁〕。やはり、幕府法令をふまえての藩法といってよい。

伊賀領の場合、家臣団は城下士と郷士との二重構造になっていた。無足人のなかには、たとえば松尾芭蕉（宗房）が藤堂新七郎家（藤堂新七郎良清の嗣子良忠）に仕えたように陪臣になる者や、伊賀者として抜擢される者もあった。

城下士と無足人は身分的には上下関係があったが、無足人頭クラスには先の山本氏のように独礼格で騎乗し甲冑・槍・鉄炮を所持して家来を従え、堀と土塁に囲まれた城館的な屋敷に居住する有力者も存在した。彼らの暮らし向きは、独占的に大庄屋を務めるなど豪農的であり、城下町に居住する中・下級の藩士より裕福な場合があった。

江戸時代後期、無足人は無足人頭・藪廻り無足人・染井無足人・御目見無足人・山廻り無足人・平無足人など急速に分化し、総数も寛保二年（一七四二）無足人帳の千九百三十六人を除くと、一貫して千二百人前後だったことが指摘されている。(27)『統集懐録』の時点では、無足人頭や藪廻り無足人のほかに「染井詰無足人」「山廻り無足人」「平無足人」がおり、扶持米を下行されていたことがわかる〔六九頁〕。

無足人については、当初の百三十人体制から急増して千人をはるかに上回る規模になり帳付けされるようになった段階で、ひとつの階層を形成したとみることができるのではなかろうか。彼らが伊賀四郡の村々に蟠踞したことの意味は、兵農分離を理念とする近世身分制を考えるうえで極めて重要である。なお土佐藩の場合も、当初の郷士取り立ては百人だったが（慶長郷士）、やがて千人に達したという[28]。

既に述べたように、この時期の無足人は、幕末の献金郷士のような存在ではなく、基本的に由緒ある旧族領主の末裔であって、そのリーダーたる無足人頭は藩から扶持米を支給され分限帳にも記載される藩士に列する存在だった。

続いて、無足人より地位がやや上位の郷士である伊賀者と呼ばれた諜報活動や藩主護衛などにあたる特殊技術者についても紹介しよう。

藤堂藩では、伊賀者は在村したまま奉公することが少なくなかった。たとえば、高虎が大坂冬の陣に際して貝野孫兵衛・山本喜太郎・木津伊兵衛・服部七右衛門・井岡瀬之助・早田仁左衛門・曾我五郎兵衛・坂崎喜兵衛・松尾五郎左衛門ら十人の「間諜ノ妙術ヲ得タル者」に扶持を与えて召し抱え、上野城下町の忍町に屋敷を与えた[29]。

しかし、その一人で十五石三人扶持の坂崎喜兵衛は、佐那具村（伊賀市）に在村したままだった[30]。彼らは、表向きには鉄炮衆などの下級藩士に組織されたが、城下町に居住すると少禄のため生活が苦しくなるからである。

『統集懐録』では、四十三俵五人扶持の貝野九左衛門から二十九俵四人扶持の田中源右衛門までの伊賀者十五人のリストが記されている（六六頁）。そのなかには三十俵三人扶持の坂崎喜兵衛のみが慶長十九年の仕官当時と同姓名であるが、数名については縁者と思われるものも含まれている。たとえば下阿波の曾我長左衛門は、『宗国史』や「伊賀付差出帳」に出てくる曾我五郎兵衛と一族と思われるが、彼らは代々藤堂藩の伊賀者として仕えていた。

これに続けて伊賀者の職務が記されている。在国時は郷中廻り・鳥目付、在江戸時には藩邸の門上番・小玄関詰め、参勤交代など藩主の供の時は道中打ち廻りや不寝番を勤めるとされている。

以上から、十七世紀後半の伊賀における無足人制度は、郷村行政ばかりか非常時の防衛体制を担保するものとして機能していたことが判明する。天下泰平の時代に、伊賀においては上方動乱を想定した軍事演習が継続されていたのである。

結語―兵農分離とはなにか

藤堂藩伊賀領は、城代家老・加判奉行以下がリードする城下士の世界と、中世以来村方に居住する郷士によって統治されていた。従来の兵農分離論では士農間の地域的な分離が強調されてきたが、当地では通用しない議論である。城下士と郷士との間には、明らかに身分差別はあったが、無足人頭クラスは歴とした武士であり、分限帳にも彼らの姓名が記されている。

兵身分としての無足人たちによる鉄炮の実弾訓練は、生類憐れみの令とは無関係に続けられた。臨戦態勢の持続は、上方における有事を意識したもので、成立期以来の藤堂藩の特殊な役割を反映するものでもあった。すなわち、高虎が担った上方有事の押さえとしての役割は、実効力のある郷士制度として維持されていたのである。無足人制度は、極めて効率よい軍事力保持のための仕組みとして機能していたのだった。

長々と述べてきたのは、刀狩さらには兵農分離を考えるうえで、江戸時代の伊賀は興味深い事例だからである。藤木久志氏は、「秀吉の刀狩りは、村に多くの武器があることを認めながら、村と百姓が武装権（帯刀と人を殺す権利）の行使に封印することを求めた」と評価される(31)。

しかし伊賀領でみたように、大庄屋・庄屋クラスが無足人として日常的に帯刀し、定期的に鉄炮の実射訓練までしていたとなると、藤木氏のように刀狩令を「長くきびしい戦国の内戦と自力の惨禍を痛切に体験した世の中の、平和への希いと合意に支えられて誕生した」「武器制御プログラム」とまで高く評価することについては、いささか違和感を覚えざるをえない。

最近の兵農分離論は、全国と地域とでは身分の取り扱いが異なるという二重構造に着目し、必ずしも武士の城下町集住策を採用したとは限らないことを指摘する。(32)藤堂藩の無足人制度は、まさしくそれに該当する事例として取り上げられる場合もある。

しかし近世前期の伊賀において、兵農分離は明確に実現していた。慶長十三年に入国した藤堂氏の家臣団は上野城を中心とする武家地に居住したのだが、彼ら城下士はいわば「占領軍」だった。

それに対して、伊賀盆地に蟠踞した戦国期以来の国人・土豪層のなかで藩によって無足人と認定され無足人帳に記載された者は、軍役を担う郷士として藤堂氏家臣団の末端に位置づけられたのである。また伊賀者として仕えた者は、居村を離れて城下町の忍町に居住することを求められた。もちろん無足人も伊賀者も、他国において藤堂氏家臣団として処遇されている。

城下士と郷士の居住区の違いは、彼らの担っている歴史的背景が異なることによるもので、藩が身分を認定し帳簿（分限帳と無足人帳）で管理するという原則は貫徹していたのであり、無足人がわざわざ城下町に居住する理由もなかった。したがって、藤堂藩伊賀領においては身分の二重構造は存在しないし、城下町集住策も基本的には採用されていたといってよい。

これまで述べたように、『統集懐録』は、藩政に関わる重要情報が唐突に連なる内容構成である。しかし、あらためて強調するまでもないことではあるが、史料としての価値は極めて高い。筆者の非力から十分には分析できなかったが、近世前期の藤堂藩を知るうえで必要不可欠の重要史料として、今後も活用されることは間違いないと確信する。

(1) 伊賀文化産業協会『伊賀上野城史』(一九七一年)や久保文武『伊賀国無足人の研究』(同朋社、一九九〇年)など。
(2) 註(1)と同じ。
(3) 津藩・安濃津藩と表現されることも多いが、五ヶ国にまたがる藩領を有することから小著では藤堂藩と記す。
(4) 研究史の詳細については、小著序章を参照されたい。
(5) 前掲伊賀文化産業協会『伊賀上野城史』。
(6) 森川櫻男・西島覚・北出盾夫「石田三郎左衛門家について」(『伊賀郷土史研究』九、一九八四年)。
(7) 前掲久保文武『伊賀国無足人の研究』。
(8) 註(6)と同じ。
(9) 「馬岡家文書」。前掲森川櫻男・西島覚・北出盾夫「石田三郎左衛門家について」所収。
(10) 上野天神は、藤堂高虎が慶長十三年(一六〇八)が改修した。祭礼は、一時、倹約令によって衰退していたが、藤堂高久の治政期に復活し城内仮御殿より見物した。あわせて田楽、能・狂言等が行われ、三之町の鬼行列も始められたとされ、おおよそ現在の形態を整えたといわれる。高久は、高虎を祭神とする津八幡神社祭礼についても万治元年(一六五八)と同三年に、城内の藤堂仁右衛門邸で祭礼を見物した。
(11) 前掲伊賀文化産業協会『伊賀上野城史』二五〇・二五一頁には、想像図も収録されている。
(12) 拙稿「伊賀惣国一揆と織田政権」(『伊賀市史　第一巻　通史編　古代・中世』第六章第三節、二〇一一年)を参照されたい。
(13) 「神君伊賀越え」については、拙稿「『神君伊賀越え』再考」(『愛知県史研究』九、二〇〇五年)・「『神君伊賀越え』」(前掲『伊賀市史　第一巻　通史編　古代・中世』第六章第三節)を参照されたい。
(14) 藤堂高吉については、前掲拙著『江戸時代の設計者—異能の武将・藤堂高虎—』、拙稿「伊予今治藩主藤堂高吉の処遇—史料紹介を中心に」(前掲『藤堂藩の研究　論考編』、小著第六章、所収)を参照されたい。
(15) この時期の代表的な研究としては、熊谷光子「近世大名下級家臣団の構造的分析」(『日本史研究』三一六、一九八八年)、同「相給村落研究によせて」(『歴史科学』一二八、一九九二年)、同「帯刀人と畿内町奉行所支配」(『身分的周縁』、部落問題研究所出版部、一九九四年）、山本英二「甲斐国『浪人』の意識と行動」（『歴史学研究』六一三、一九九〇年）、朝尾直弘「近世京都の牢人」（『京都市歴史資料館紀要』一〇、一九九二年）、同「十八世紀の社会変動と身分的中間層」（『日本の近世』一〇、中央公論社、一九九三年）、高野信治「近世日本における『国家』・『家』・領主制―給人領主制論の観点から―」（『歴史学研究』六七七、一九九五年）、鈴木ゆり子「村に住む『武士』―『郷士』と帯刀改め―」（渡辺尚志編『新しい近世④』、新人物往来社、一九九六年）、志村洋「藩領国下の地域社会」（渡辺尚志編『新しい近世④』）などがある。

(16)　同氏『郷士制度の研究』（大岡山書店、一九二五年）。

(17)　『宗国史』は、藤堂藩を代表する藩史である。高虎の異母弟高清を家祖とする出雲家第六代当主藤堂高文（一七二〇～一七八四）が編纂した。そして甥の藤堂高芬《たかか》（一七八五～一八四〇）が、それを校訂・再編集して文政十一年（一八二八）までに作業を終了させた。刊本としては、『宗国史』（上・下、上野市古文献刊行会編、同朋社出版、一九七九・一九八〇年）がある。

(18)　『宗国史』上巻の承応二年閏六月二十六日条と『永保記事略』（上野市古文獻刊行會、九頁）によると、承応二年に無足人三十人が選出され、『宗国史』上巻の寛文十一年四月十二日条では無足人百人が選出されている。これによって百三十人の無足人の体制が固まった。

(19)　藤堂采女については、久保文雄「伊賀上野城代職・藤堂采女家について」（伊賀郷土史研究会編『伊賀郷土史研究』九、一九八四年）が詳しい。

(20)　同氏「『郷士』と帯刀改め―村に住む『武士』」（同氏『兵農分離と地域社会』校倉書房、二〇〇〇年）。

(21)　佐々木潤之介『幕藩権力の基礎構造』（御茶の水書房、一九六四年）。

(22)　同氏『生類をめぐる政治』（平凡社、一九八三年）。

(23)　『大和国無足人日記』（財団法人郡山城史跡柳沢文庫保存会）元禄五年八月二日条。

(24)　『大和国無足人日記』元禄五年十二月十四日条。戦国期の山本氏については、田中慶治「中世後期畿内国人層の動向と家臣団編成―大和古市氏を中心に―」（『日本史研究』四〇六、一九九六年、のちに同氏『中世後期畿内近国の権力構造』

（清文堂出版、二〇一三年、所収）参照。
（25）『御当家令条』四七一、『御触書寛保集成』一〇六〇。
（26）「類聚法令」は、首都大学東京日本近世史ゼミ「『類聚法令』（東京大学法学部法制史資料室蔵）」（『人文学報』四四五、二〇一一年）によった。
（27）前掲久保文武『伊賀国無足人の研究』。なお伊賀領の無足人関係史料は、『伊賀市史　第五巻　資料編　近世』（二〇一二年）第三章に収録されている。
（28）前掲小野武夫『郷士制度の研究』。
（29）『公室年譜略』慶長十九年九月条。
（30）『高山公実録』慶長十九年九月条。これは甲賀者でも同様であった。たとえば、尾張藩の初代藩主・徳川義直の代に甲賀者を二十人採用したが、彼らは甲賀郡に居住したままだった（鬼頭勝之「尾張藩における忍びの者について」、『地方史研究』二六三、一九九六年）。
（31）藤木久志『刀狩り』（岩波新書、二〇〇五年）。
（32）平井上総「兵農分離政策論の現在」（『歴史評論』七五五、二〇一三年）。

第八章　防衛体制を敷く―郷士制度

問題の所在

一揆研究が深まりをみせた一九七〇年代、惣国一揆・郡中惣は民衆に基盤をもつ土豪層（村落上層で、研究史的には小領主・地侍・地主とも表現される）の地域的一揆として、室町期の荘家の一揆・徳政一揆の発展形態に位置づけられた。(1)ところが八〇年代になると、甲賀郡中惣の代表的構成員・山中氏を幕府奉公衆クラスの国人領主としてとらえ、地域的一揆の幕府や守護支配の下部組織としての側面を強調する研究があらわれた。(2)

近年は実証的研究が蓄積され、畿内近国において地域的一揆が広範に存在し、共通する構造をもつことが指摘されるようになった。たとえば北伊勢の「北方一揆」「十カ所人数」が代表的事例だが、(3)これらは幕府や守護の支配を支え、同時に地域社会における「自治」組織としての実態もあわせもつ。このように、地域的一揆については抵抗組織か支配組織か、その性格規定をめぐり統一的見解のないのが研究の現状である。

惣国一揆や郡中惣は、同名中や惣荘・惣郷を基盤としつつも、直接的には戦国大名や天下人との対決といった未曾有の軍事的緊張のなかで、郷士防衛のための軍事組織として成立したものだった。その意味で必要に応じて必要なレベルで機能するものであって、恒常的な組織という見方は正確ではないと考える。

中世から近世への移行期、従来の研究においては土豪層の動向が注目されてきた。彼らは、一揆内部では戦闘者たる侍として位置づけられ、非戦闘者としての百姓とは明らかに身分を異にしていた。豊臣政権は、地域的一揆を解体した後、土豪層に対して兵農分離の対象として、大名家臣＝兵として城下町に集住するか、在村のまま庄屋クラスの有力百姓＝農となるのかの選択を厳しく迫った。

しかし、ここで取り上げる伊賀国の土豪層の多くは、職能と居住地の分離を伴う近世的な兵農分離を拒絶した。在村のままで、なかには中世城館居住のままで大名家臣の立場を獲得した者さえあった。これが藤堂藩のもとで導入された郷士制度、すなわち無足人制度だった。

本章の主題は、無足人制度の成立過程を郷土防衛という観点から追究して、藤堂藩における身分政策を伊賀惣国一揆[4]以来の中世的兵農分離の延長上に位置づけることにある。諜報活動に秀で自立心旺盛な「伊賀衆」と呼ばれた在村武士団を、藤堂高虎はいかに組織しようとしたのであろうか。

第一節　伊賀守護仁木氏と惣国一揆

戦国末期の伊賀守護仁木長政[5]の実質的な勢力範囲は、阿拝《あえ》郡の西半郡規模にも満たない狭隘なものだった。しかしこの時期においても、彼は多くの国人・土豪に推戴されていた。

ただし北伊賀の国人のなかには、六角高頼以来六角氏の軍勢動員に応じた者もあったし、南伊賀の国人のなかには、北畠氏の本拠地・多気《たげ》と近接しているため、その被官も少なくなかった。したがって仁木氏が強固な一国支配をおこなうことは不可能だったが、それを代行したのが信長との対決に備えて結成された惣国一揆だった。

これは、当該期の仁木氏の城郭と惣国一揆の政庁の配置にも現れている。永禄十一年(一五六八)に新造された仁木氏の城郭は、後の藤堂藩の支城上野城の西の丸の一角に比定されている。(6)同城の北麓の小田《おた》にあった市町は城下町として機能したとされ、天正十三年(一五八五)に伊賀国主となった筒井定次も上野城の城下町とした。

それまでの守護所のひとつに推定されている上山城(伊賀市東高倉、以下において三重県内の地名には県名を略す)は、上野盆地の最北端に位置したが、近隣には安国寺もあり、背後の御斎《おとぎ》越えは、京都に至る最短コースでもあった。仁木氏は、領国の周辺部の平地居館から支配領域が一望できる山城へと本拠地を移転したのである。

しかし、これは必ずしも権力の強大化を示すものではなかった。惣国一揆の政庁は、仁木氏の城郭より上手で後の上野城本丸に存在した平楽寺城だったからである。仁木氏の城郭が、平楽寺城のあたかも一曲輪といってもよい立地だったことから、当該期の伊賀において守護仁木氏は、惣国一揆に推戴されてはいたものの、実質的にはその監視下に置かれ、極めて不安定な状態にあったことがうかがわれる。

永禄十二年(一五六九)十月に、織田信長の猛攻の前に北畠氏は降伏し伊勢一国が平定される。隣国の同盟勢力を失った伊賀惣国一揆は、未曾有の軍事的緊張状態に直面した。北接する甲賀郡中惣を除き、隣接する信長方諸勢力と敵対することになった。しかも北伊賀の国人は、前年の信長上洛の際に近江観音寺城を捨てて亡命した近江守護六角氏を匿っていた。

旧稿においては、このような存亡の危機ともいうべき事態に対処するべく、「霜月十六日」とのみ記す伊賀惣国一揆掟書が制定されたと推定した。(7)これに関連して、信長に属することで惣国一揆との力関係の逆転をめざす守護仁木氏の動きも、永禄十二年十一月に掟書が制定される重要な契機となったと判断する。関係史料を次に掲げる。

【史料1】[8]

「（端裏ウハ書）滝左（滝川一益）　　信長」

伊賀仁木（長政）内存之趣先得其意候、依働忠節別而不可有疎略候、猶体可被聞届候、かしく、

（永禄十二年）七月廿八日　　信長（花押）

仁木氏は、永禄十二年七月に北伊勢の支配を任されていた滝川一益を介して信長に接近した。同年五月からは北畠氏攻撃が開始されていたのであるが、仁木氏はこの機に乗じて六角氏や北畠氏に属する国内諸勢力を排除し、惣国一揆を解体しようとしたのだろう。

既に永禄八年七月に、仁木長政は奈良興福寺一条院から逃亡し近江国甲賀郡をめざす一条院覚慶、後の足利義昭を土橋の館（伊賀市土橋）で接待していた。[9] したがって義昭を推戴して上洛した信長に好を通じるのは、当然ともいえる。

しかし事態は、長政の思惑通りにはいかなかった。信長の伊勢国侵攻に際し、永禄十二年九月に惣国一揆が甲賀衆とともに近江国で蜂起するとの風聞もあった。[10] そして北畠氏敗退直後の同年十一月には、惣国一揆掟書を作成して甲賀郡中惣とも軍事同盟を強化して信長に備えたのだった。

掟書には、仁木氏に直接関係する記事はみえない。しかしその第六条には、「他国之人数引入候仁躰於相定は、惣国として兼日に発向被成、跡を削、其一跡を寺社へ可被置付候、并国之様躰内通仕輩あらば、他国之人数引入候道前たるべく候」と規定されている。敵対する他国勢力を引き込むことはもちろん、惣国一揆に関わる情報を内通する者も同様に極刑に処すとしているのである。

これこそ、仁木氏の行動を意識した規定ではなかろうか。結局、信長が侵入しなかったことから、仁木氏の立場はさらに悪化した可能性が高い。こののちの長政の消息は、わからない。わずかに天正二年十一月二日付春日神社(伊賀市高倉神社)の棟札(11)に、その名前がみえるのみである。

天正七年九月、北畠信雄(信長次男)は伊賀攻略のために名張口と馬野口から軍隊を進めた。惣国一揆側は、掟書の規定通りの防戦体制を敷いたようで、ゲリラ戦が奏功し、信雄の重臣柘植三郎左衛門尉を討取るなどの大勝利を得た。

当時の織田政権は、一向一揆のように正面きって対立しない限り、積極的に一揆を討滅しようとすることはなかったし、そのような余裕もなかった。まだこの段階では、必要に応じて一揆を攻撃したり利用したりしていた。

信長は、丹波・丹後・播磨などで交戦中であって、しかもその背後には大坂本願寺や毛利氏さらには将軍足利義昭が控えていたことから、敗退した信雄にあてた意見状(12)には、たび重なる遠征忌避のために、伊勢国人が近隣の伊賀への攻撃を要請したことを見抜けなかった浅慮を糾弾し、勝手な軍事行動を厳に慎むように命令している。

織田政権の一揆鎮圧政策が明確化したのは、天正八年閏三月の大坂本願寺との勅命講和以後だった。天正九年九月、信長は伊賀惣国一揆討滅のための軍事行動を開始する。これが地元では「天正伊賀の乱」と呼ばれる戦いであるが、伊賀へのすべての侵入口から軍隊が突入し、徹底的な焦土作戦がとられたといわれる。

次に、この戦争で大規模な攻城戦のあったことが確認できる城郭をまとめた表1を参照されたい。

近年の調査によって、伊賀一国には六百五十を超える城館が存在したことが指摘されている。しかし本表で明らかなように、実際の戦争に耐えられるのは、土豪層の小規模城館ではなく、丘や山を利用した複郭式の大規模城郭だった。この地域に特徴的な平地に営まれた土豪層の単郭式方形城館では、天下人を相手にした大規模戦争には十分対応できなかったのである。

表１「天正伊賀の乱」主要戦闘関係城郭　（伊は『伊乱記』、三は『三国地誌』）

城郭名	構造	場所	出典	備　考
増地氏城	複郭、丘城	伊賀市島ヶ原町	伊	
田矢伊予守城	複郭、丘城	伊賀市阿山町	伊	三曲輪を中心に出丸も存在
柏野城	複郭、丘城	伊賀市伊賀町	伊	
壬生野城	複郭、丘城	伊賀市伊賀町	伊・三	『信長公記』に「壬生野の城」
春日山城	複郭、山城	伊賀市伊賀町	伊	壬生野城・丸山城に近接
比自山城	複郭、山城	伊賀市長田町	伊・三	北伊賀最後の拠点
本田氏城	複郭、丘城	伊賀市青山町	伊	
柏原城	複郭、平城	名張市赤目町	伊・三	別名滝野十郎城、関係城郭近接

宝暦十三年（一七六三）に完成した『三国地誌』によると、伊賀の城館については城・塁・宅を明確に区別している。城は敵の攻撃を防ぐために大規模な土塁・堀などの施設を備えており、塁はそれに準じる砦で、宅は土豪クラスの単郭式方形城館とみられる。編者の上野城代藤堂元甫も、これらの差違については明確に意識していたのである。

「天正伊賀の乱」後の論功行賞の結果、信雄が織田信包に与えられた山田郡を除く伊賀三郡を得た。なお信長が攻撃したり追放した国人の勢力圏が惣国一揆の領域だったとすると、それは最終的に伊賀一国を超えて近江国甲賀下郡・大和国添上郡・南山城といった周辺諸地域にまで拡大されていたことになる(13)。

天正十年六月二日未明に、本能寺の変が発生した。信雄は、蒲生賢秀の要請を受けて近江国土山まで出陣するが、既に山崎の戦いが決着していたことや、領内で発生した一揆の鎮圧に精一杯で、結局は本城の伊勢松ケ島城（松阪市）へと帰還せざるをえなかった。

伊賀で蜂起した一揆は、織田方勢力の排除をめざすものだった。たとえば「勢州軍記」には、前年の「天正伊賀の乱」の遺恨を晴らすべく北伊賀に向かい、福地城（伊賀市伊賀町）を攻撃して福地氏を追い出し、さらに柘植城（伊賀市伊賀町）の池尻氏や、平楽寺城の仁木氏を攻撃したと記されている。

なお仁木氏とは、仁木長政の弟友梅だった。[14] 信長は、仁木氏を登用して伊賀支配を円滑化しようとしたのだろう。仁木氏が、惣国一揆の政庁だった平楽寺城に入城していたことも興味深い。信長の権威を背景に、自らは伊賀守護として臨んでいたのだろう。

第二節　「侍払い」と伊賀国人

山崎の戦いの後、伊賀の国人・土豪は甲賀衆とともに柴田勝家に属した。かつて伊賀惣国一揆と甲賀郡中惣は、信長の侵攻を控えて同盟していた。しかし甲賀衆は、天正二年には信長の圧力に屈して臣従している。両者の連合を復活させたのは、甲賀郡山中氏の有力者・山中長俊だった。

長俊は、天正十一年閏正月早々に伊賀衆与同の報を、勝家方の重臣佐久間盛政に知らせている。[15] 同年三月に勝家は、長俊にあてて伊賀衆の出兵を依頼した。[16] これに呼応して同年四月末から五月にかけて、南伊賀の「牢人」衆が秀吉配下の筒井氏を攻撃して、勝利を得たのである。[17]

これは、備後国鞆の浦（広島県福山市）から帰還した北畠具親のレジスタンスと関係する。天正四年に信長によって北畠一族が謀殺された直後、北畠具教の弟だった具親は、興福寺東門院を出て還俗し、以後一貫して同家再興をめざした。

具親は、伊賀経由で南伊勢に入って三瀬・川股・多気・小倭などの北畠旧臣を糾合し、足利義昭を奉じて武田勝頼や六角承禎らの反信長派大名と連携した。しかし天正五年には、信雄の攻撃を受けて敗れ、義昭のもとへと逃れていた。天正十年の冬、具親は南伊勢に入り五箇篠山城（多気町）に拠って信雄に抵抗するが、またもや失敗して伊賀に逃亡した。

具親の伊賀での拠点は、北畠氏の本城だった霧山城（津市美杉村）から近い複数の山城―北畠具親城（名張市）・我山城（伊賀市）など[18]―だった。南伊賀の「牢人」衆とは、かつての北畠氏に仕えていた国人たちであり、彼らは具親を担いで筒井氏を攻撃したのだろう。勝家が義昭を推戴していたから、この動きは賤ケ岳の戦いに関係する局地戦とみてよい。

賤ケ岳の戦いによる信雄・秀吉の勝利の後も、伊賀の国人・土豪層は信雄に対して執拗に抵抗する。天正十二年春、信雄は徳川家康との連合を強化し、秀吉に備える。信雄から伊賀を任された滝川雄利は、秀吉麾下の脇坂安治の侵入とそれへの国人の与同とによって、伊勢松ケ島城に退却している。

『多聞院日記』天正十二年二月二日条には、「伊賀三郎兵衛城（滝川雄利）、為国衆、速時ニ責取了ト実否ハ不知者也」と記されているが、これに該当するだろう。またこれは『寛永諸家系図伝』の脇坂安治の項の、「国侍を一味させ、夜中にしのびて上野の城をかこみ、その夜にせめおとし、その城をとる」との記載とも符合するものである。

その直後から、安治は秀吉の指令を受けて伊賀に新たな支配体制を構築することを開始する。（天正十二年）十月二十八日付安治宛秀吉書状[19]によると、一国規模で国人からの人質を徴収したうえで、「城々破却」すなわち城割が進められていたことがわかる。これには「若於遅々者、可加成敗候」と記されているように、秀吉が強硬におこなおうとしていたことが判明する。

しかし翌十一月三日付の安治宛の秀吉朱印状[20]では、「未城破却段不仕事、無是非候」と、城割がなかなか進捗しないことを叱責している。もちろん秀吉のめざした城割の対象は、土豪層の小規模城館ではなく、丘や山を利用した複郭式の大規模城郭だった。国人のなかには、依然として城館に居住していた者もあったようで、城館跡の発掘調査によると江戸時代の遺物が多数出土している。(21)

「天正伊賀の乱」後も多くの国人衆が健在であり、国外勢力に対して一貫して抵抗していた。しかし豊臣大名による支配が、やがて伊賀一国の在地構造を根本的に変革することになる。

筒井定次の大和から伊賀への国替は、天正十三年閏八月十八日に秀吉から言い渡され、同月二十四日には全家臣団を引き連れて実施する。(22)しかもこれに伴う両国の村の侍への処分は、相当に徹底しておこなわれたようである。多聞院英俊は、伊賀では「悉以侍衆可有牢人、不然ハ百姓並被仰付了」と、大和では「住馴タル国里ヲ、諸侍無残被払、於国中女子山野ニ迷為躰、悲歎無極処也」と記している。(23)

英俊は、伊賀においては、筒井氏の入国にあたり、秀吉によって「侍衆」は、「牢人」となるか「百姓並」となるかの選択を迫られ、「牢人」となった土豪層は一斉に追放された。また大和でも、筒井氏の転封に従わなかった「諸侍」が追放され、その妻子が山野に迷っていると記録したのである。

当時「侍払」と呼ばれた豊臣政権の土豪層に対する追放は、天正十三年を画期として強硬に進められてゆく。この年に、秀吉が唐入りを表明したように、長期間遠隔地への出陣を支える態勢づくりのために、「侍払」による兵農分離は必要不可欠だったのである。

第三節　郷士制度と郷士防衛

1　無足人制度の誕生

豊臣政権の身分政策の特徴は、城下町に集住し大名の転封に従う侍のみを武士と認定したことにある。伊賀では、上野城下町に居住する大和衆による支配がおこなわれ、国人の多くは牢人して他国で仕官口を探すか、在国して百姓身分となるかという厳しい選択に迫られた。

しかしこのような事態は、秀吉の死後早くも崩れだした。慶長六年(一六〇一)には、「杣無足人」に百姓並の役儀を申し付けることが規定されている[24]。おそらくこれは、「杣無足人」が惣国一揆構成員の系譜を引く者であって、彼らが従来の特権を主張することを否定したものだろう。この無足人は、筒井氏改易の後に入部した藤堂高虎によって、本格的に編成されることになる。

慶長十三年八月、高虎は伊賀一国と中部伊勢あわせて二十二万石を領する大名として、伊予国今治から転じた。彼は、豊臣政権によって強制された身分政策を大きく転換してゆく。その中核に位置するのが、全藩規模で採用された郷士制度すなわち無足人制度である。伊賀領における無足人制度については、『宗国史』のなかに「無足人頭」の項目として、次のように規定されている。

【史料2】[25]

属伊州主城管下、農兵也、五員、俗謂無俸禄而供公用、為無足、村里有名之家、報官、自製一副甲冑、一根長槍、則許下帯両口刀、別衆戸、呼之曰無足人、或曰郷士、

越前戒厳之日、高山公《藤堂高虎》命、募封内農兵五十人、以葛原半為都頭、事罷放還、爾後命伊藩、定此法、撰農兵解銃者百三十名、復祖各二包、二十六人為一隊、便五隊、置頭目五員、其禄七包、至十三包、

本史料によると、以下のことが判明する。無足人とは、上野城代が統率する農兵を指す。彼らは、村落における有力な家筋の者であって、甲冑・長槍を有し、帯刀を免許されている。無足人は、元和九年（一六二三）に「越前戒厳」すなわち越前福井城主・松平忠直（結城秀康嫡男）配流の幕命を受けた高虎が、出陣するにあたって葛原半四郎（当時二百石取）に付属させた五十人の農兵部隊を嚆矢とする。

それは役割を果たしたのち一旦解散されたが、やがて伊賀では一部隊二十六人で全五部隊百三十人の農兵の鉄炮隊を編成し、それぞれに隊長を選び、七～十三俵の俸禄を支給する無足人制度として整備された。その時期は、関係史料から寛文十一年（一六七一）だったことがわかる。[26]

豊臣政権は、長期遠征を可能にするために、城下町に居住する専業軍人と後方を支援する専業農民との分離、つまり職能と居住地の分離をめざした兵農分離を強制したから、在村武士としての郷士は許さなかった。この兵農分離の原則は、天下統一戦から朝鮮侵略の期間を通じて強制され広く浸透した。

これに対して藤堂藩は、在村武士の存在を認めて兵農分離政策を緩和したのである。無足人制度は、藩が郷士をリーダーとする村の軍事力を取り込むことによって有事に備えるとともに、彼らに名字・帯刀をはじめとする特権を認

めることで藩支配の安定化をめざすものでもあった。

たとえば元禄五年(一六九二)七月には、高野山の行人方が幕府の裁許に服さなかったため上使が派遣されるという騒動があった。藤堂藩の城和領(五万石)の無足人は、これに敏感に反応した。たとえば大和国添上郡田原郷大野村の無足人山本忠辰は、藩主が出陣する場合に備えて参陣願いを提出している。(27)

山本氏は、中世の国人領主に系譜をもつ独礼格の郷士で、鉄炮や槍を所持し、戦時には具足に身を固め、騎馬して家来を十人従えることが許されていた。(28)無足人制度は、幕末になると藩の正規軍を補完・維持するものとして機能した。たとえば伊勢領の無足人は天誅組の乱において大和十津川に出陣しているし、伊賀領の無足人は戊辰戦争の際に藩兵として編成され山崎戦争で戦闘している。(29)

無足人は、名字・帯刀が許可されており、戦国期以来の方形城館に居住する者もあり、屋敷地が除地となっていることが多かった。村方においては、独占的に大庄屋や庄屋に就任し、宮座(無足人座)を運営した。

このようにして、地域社会における特権層としての地位が確立され、平時には彼らが集団的に農村行政を指導することで、地域秩序が安定したのである。彼らを統括するのは、地元伊賀国出身の上野城代家老藤堂(保田)采女だった。(30)なお無足人については、先に引用した『宗国史』では「農兵」と位置づけられているが、正確には藩士と位置づけるべきである。名字・帯刀が免許され藩士との婚姻も認められ、藩の正規軍の一翼に属することが義務づけられていたからである。

ちなみに山本忠辰の縁辺であるが、母方細野氏は伊勢国安濃郡の有力国人長野氏に属し、曾祖父藤敦は津城主織田信包の重臣として仕え、その弟光嘉は近江大溝藩主分部氏となった。また忠辰の妻の実家は播磨明石藩士安藤氏であり、養子は藤堂藩重臣玉置氏の子息だった。(31)

無足人の身分に関しては、既に吉田ゆり子氏によって「無足人は、農村に居住し、百姓と同様に年貢を納めていたが、藤堂氏の家臣として主取りしており、有事の際に百姓が勤める陣夫役に対して軍役を勤めるという点で、身分的に百姓ではなく武士であった」と、正鵠を射る指摘がなされている。[32]

ただし、これは山本氏のような中世以来の由緒のある国人層が編成された場合である。たとえば藩経済の逼迫した文化年間以降にみられる百姓の金穀献納による無足人への取り立てについては、献金郷士として武士には位置づけられない。

無足人の総数は、寛保二年（一七四二）無足人帳の千九百三十六人を除くと、一貫して千二百人前後だったことがわかる。千人をはるかに上回る郷士が、江戸時代を通じて伊賀国四郡の村々に蟠踞していたことの意味は、兵農分離という問題を考えるうえで興味深い事実である。

なお藤堂藩では、伊賀者は在村したまま奉公することがあった。たとえば、高虎が大坂冬の陣に際して十人の「間諜ノ妙術ヲ得タル者」を召し抱え、上野城下町の忍町に屋敷を与えた。しかしその一人で十五石三人扶持の坂崎喜兵衛は、佐那具村（伊賀市）に在村したままだった。[33]

2　郷士防衛体制

先に無足人制度の確立期を、藤堂藩が帳簿で彼らを管理しはじめる寛文年間であるとした。しかしそれ以前から藩側は、相当数の無足人を編成していたようである。次にこれを示す格好の史料として、伊賀国阿拝郡川東村（伊賀市伊賀町川東）の春日神社所蔵の無足人座関係史料の一節を抜粋したい。

【史料3[34]】

（略）

一、縦ハ仲間之子供たりという共、何方にても百姓之子に成り候者堅法度事、
一、似せ（偽）侍並新侍之儀堅法度事、
一、祭礼にて御旅所より右上座につらなり可申候、氏神御社ニ入候時は、一番ニ御供して橋ニて下座窺可申候事、
一、国土まさかの御用之節、中間（仲）不残御用ニ罷立可申候、若シ其節不参仕候者は、無足人仲間外シ申候事、
右之条々子々孫々ニ至ル迄、堅ク相守可申候、仍而為末世如件、

長屋
　中間中
　　正保三丙年
　　　正月七日

前三カ条からは、一見して侍と百姓の身分差別が強調されていることが判明する。無足人たちは、長屋座《ちょうや》に属して種々の身分特権を実現していたのである。これは、惣国一揆における侍—百姓という中世以来の身分秩序を踏襲するものだろう。そして「国土まさかの御用之節、中間（仲）不残御用ニ罷立可申候」との規定からは、伊賀一国を揺るがす緊急事態には、無足人のすべてが軍役を果たすことが義務づけられていた。

これによって藩側は、この時点でかつての国人・土豪層を無足人として編成し、郷土防衛のために彼らを軍事動員しうる体制を整備していたとみることができる。しかも村落規模の宮座においてすら無足人仲間が形成されていたこ

とから、遅くとも正保三年(一六四六)までに相当数の無足人が伊賀四郡の村々に蟠踞していた可能性は高い。

前述したように、無足人は村落に居住し百姓と同様に年貢を納めていたが、藤堂藩の家臣として位置づけられており、名字を名乗り帯刀し、戦争においては軍役を務めることになっていた。したがって彼らは、士分としての意識をもっていた。これは、西国諸地域の郷士層においても同様だった。ここで、和歌山藩の郷士である地士と近江国甲賀郡の「古士」についてふれたい。

和歌山藩においては、元和七年(一六二一)に領内から六十家を、翌八年には隅田党から十五家を抜擢し、前者には切米五十石を後者には三十石を給する与力として組織した。元和五年に入部した徳川頼宣は、領内の名族・旧家を調査して在地勢力を家臣団へ包摂することによって、藩支配の安定化を試みたのである。

しかし藩財政が悪化してくると、正保元年から同二年(一六四五)にかけて彼らの一斉召し放ちがおこなわれた。そこで藩が採用したのが、地士制度だった。これは村の侍を地士、すなわち郷士として身分編成することで、農村に居住する軍役負担者として治安維持の一翼を担わせるという、まことに巧妙な制度であって、以後藩体制維持のための安全弁として機能したのだった。[35]

紀伊国名草郡の地士大庄屋湯橋里通は、藩祖徳川頼宣によって取り立てられた「六十人者与力」の家柄であり、文武両道に秀でた郷士として鍛錬を怠らなかった。しかし彼は、自著「御教諭演義」を百姓を集めて講義したことから、享保十四年(一七二九)に藩命によって追込閉門五十日という処分を受ける。

その後、里道は名誉回復運動を繰り広げるなかで、「私儀は元来国主様へ直参の地士にて」「馬を乗り、武芸等稽古仕り候儀は地士のたしなみ、私壱人に限りたる品にては御座無く候」さらには「御手代・足軽とは格別の品に御座候」と主張している。[36]

また近江国甲賀郡の郷士たちによる、次の主張も興味深い。天正十三年の紀伊太田城水攻めに参陣した際、普請を担当した堤防が決壊したことにより追放され牢人となった彼らは、慶長初年までには還住し、「甲賀古士」として名字・帯刀を許可されていた。

大坂の陣に際して、彼らは山岡景友から「百人並ニ自身鉄炮ヲ持、歩行ニ而」と、すなわち鉄炮足軽として従軍するように命ぜられたが、「古来ヨリ何之御代ニ茂、甲賀者左様之浅間敷御軍役相勤たる儀者無之候」と、足軽としての出陣を拒絶したと記している(37)。

寛永から正保年間にかけて幕府は、キリシタン一揆再発や黒船来襲に備えて急速に国防体制を整備した。それが宗旨人別改帳の成立や正保国絵図の調進あるいは西国諸藩における遠見番所の設置として実現してゆくことが、既に指摘されている(38)。

ここで注目したいのは、【史料3】において「国士まさかの御用之節」すなわち藩領を揺るがすような大事があった際に、無足人が出陣するように規定されたように、伊賀国のような非沿海地域においてすら、郷士制度の採用によって新たな郷士防衛体制が構築されたことである。幕府による海禁政策の推進に照応するように、西国諸藩では在村土豪が郷士として編成されることによって、織豊政権以来の身分政策が大きく転換してゆくのだった。

かつて藤木久志氏は、侍＝兵と凡下＝農の職能別の分業に規定された「中世的な兵農分離」に着目し、その実像を具体的に追究された。そこで注目したのは、戦国期における郷土防衛を中心とする村の侍の社会的な責務だった(39)。

兵農分離とは、これまで職能と居住区の分離として理解されてきたが、藤堂藩の場合は必ずしも居住区の分離を伴うものではなかった。城下町に集住し大名家中を守る藩士と、村方に居住し郷土防衛を任務とする郷士が、ともに士分として編成されたのである。したがって伊賀領の無足人たちは、戦国期以来の「中世的な兵農分離」の延長上に、自らを「侍」として位置づけていたのであった。

3　中世城館に居住する郷士

既に述べたように、伊賀領の無足人のなかには中世城館に留まっている者も少なからずあった。たとえば伊賀市川東地区には、背後に二重土塁をもつ澤村氏館のように、現在も無足人の末裔が居住しているケースもあり、付近には土塁などの残存する単郭方形城館遺構も多数残存する。

これらは、限定的な小規模戦闘に対応できたとしても、大軍の前に単独では防御機能は期待できなかった。土塁・堀などは、居住人が侍、後には無足人であること、すなわち地域社会におけるステータスを示す城館のパーツとみたほうがよい。緊急事態には、近隣の大規模城郭・春日山城を活用することで対応したと考えられる(40)。

これについては、『伊乱記』の「天正伊賀の乱」に関する記事中に、「春日山合戦」として「柘植口ノ軍将、柏野ヲ打破り壬生野ノ庄ニ発向シ、春日山ノ籠兵ヲ対治セントス、此辺ノ郷士等、民屋壊取り春日山ニ人数ノ居館ヲ作り、塀ヲカケ、柵ヲ振テ待受ル処ニ」と記されており、参考になる。すなわち信長の大軍の侵攻に対して、この地域の「郷士」らは、はじめから春日山城に籠城して防御態勢を強化していたのであった。

また「甲賀古士」の代表格・山中氏も、柏木御厨内の宇田村(滋賀県甲賀市)にあり土塁を巡らした方一町の城館に江戸時代もそのまま居住した(41)。同家に伝来した屋敷図の貼紙には、「東照神君様御差置之地」がすなわち家康によって除地扱いとなったと記され、年貢を免除されていた。

伊賀・甲賀地域では、現在も堀や土塁に囲繞された屋敷に郷士の子孫が居住している事例もある。さらに近隣他藩の事例として、和歌山藩の地士と中世城館の関係について、鎌倉期以来、紀伊国伊都郡に蟠踞した隅田党の末裔として地士に組織された隅田組を事例に紹介したい。

岩倉城(和歌山県橋本市隅田町垂井)は、隅田北荘に存在した丘城である。近世を通じて地士隅田家が管理していた。単郭で、西に背後からの攻撃に備える堀(長さ四十三メートル、幅六メートル)と土塁(長さ二十一メートル、幅五メートル)をもつ。この堀には玉石が敷かれていたことが確認できる。

主郭(東西三十七メートル、南北最大幅十九メートル)は、北と南を帯曲輪(北帯曲輪東西四十六メートル、最大幅七メートル・南帯曲輪東西五十メートル、最大幅六メートル)に、東と西は堀(東堀長さ二十六メートル、幅三メートル、東に土塁あり)に囲まれる。

虎口は、南中央部に残存する土橋のみであって、現存する東斜面の登り道は、石碑を立てた時に付けたと思われる。登城口を押さえる現隅田邸付近に根小屋が存在した可能性もある。一九七二年の発掘の結果、柱穴とその据石、主郭の土塁と平坦面との間に薬研状の幅三十センチ、深さ二十センチの溝が確認され、鉄製品や中国製白磁碗片などが出土した[42]。これらの出土品から、主郭には城主一族が日常的に居住していたものと推測される。

上田氏城館(橋本市隅田町中道)は、隅田南荘にあった(縄張図参照のこと)。現在も城館跡に居住する上田家は隅田組地士の家柄で、付近には土居の字名が残る。遺構は、北半分の残存状態が比較的良好である。

南半分は、ビニールハウスとなり遺構が破壊されている。西北隅に、全長十八メートルの土塁が比較的良好に残存する(西の畑からの比高差六メートル)。堀が北に存在したといわれるが、現在は湿田となっている。

虎口は東側で、進入勢力に対する横矢が意識されている。高野山衆徒との鉄炮戦の伝承がある。付近で最も谷水を利用しやすい場所といわれる。背後の山の神社(牛頭天皇と上田氏一族の祖先虎正丸を祭神とする、標高二百四十七・六メートル)付近に、詰城が存在した可能性も考えられるが、調査では遺構を確認することができなかった[43]。

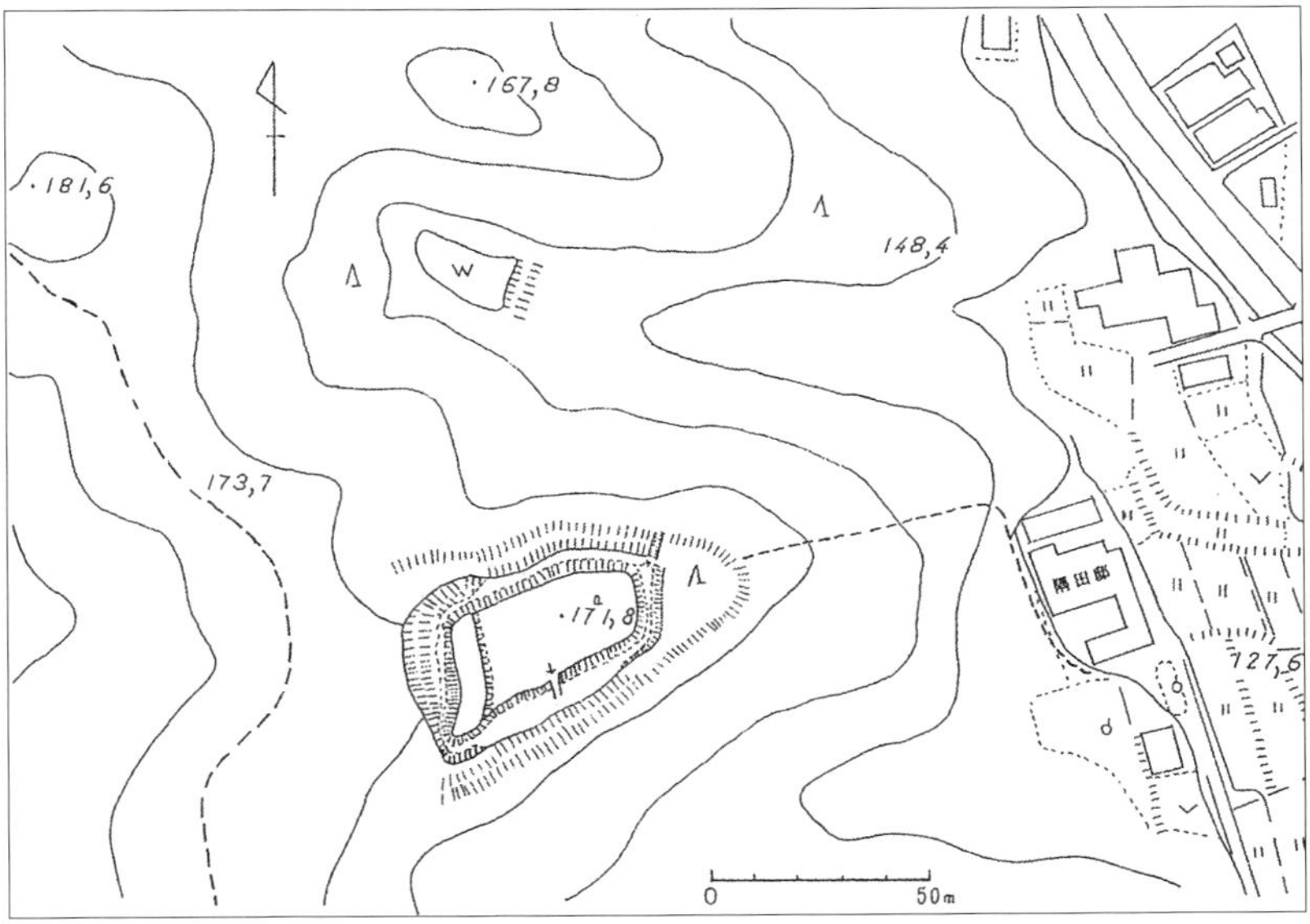

岩倉城縄張図

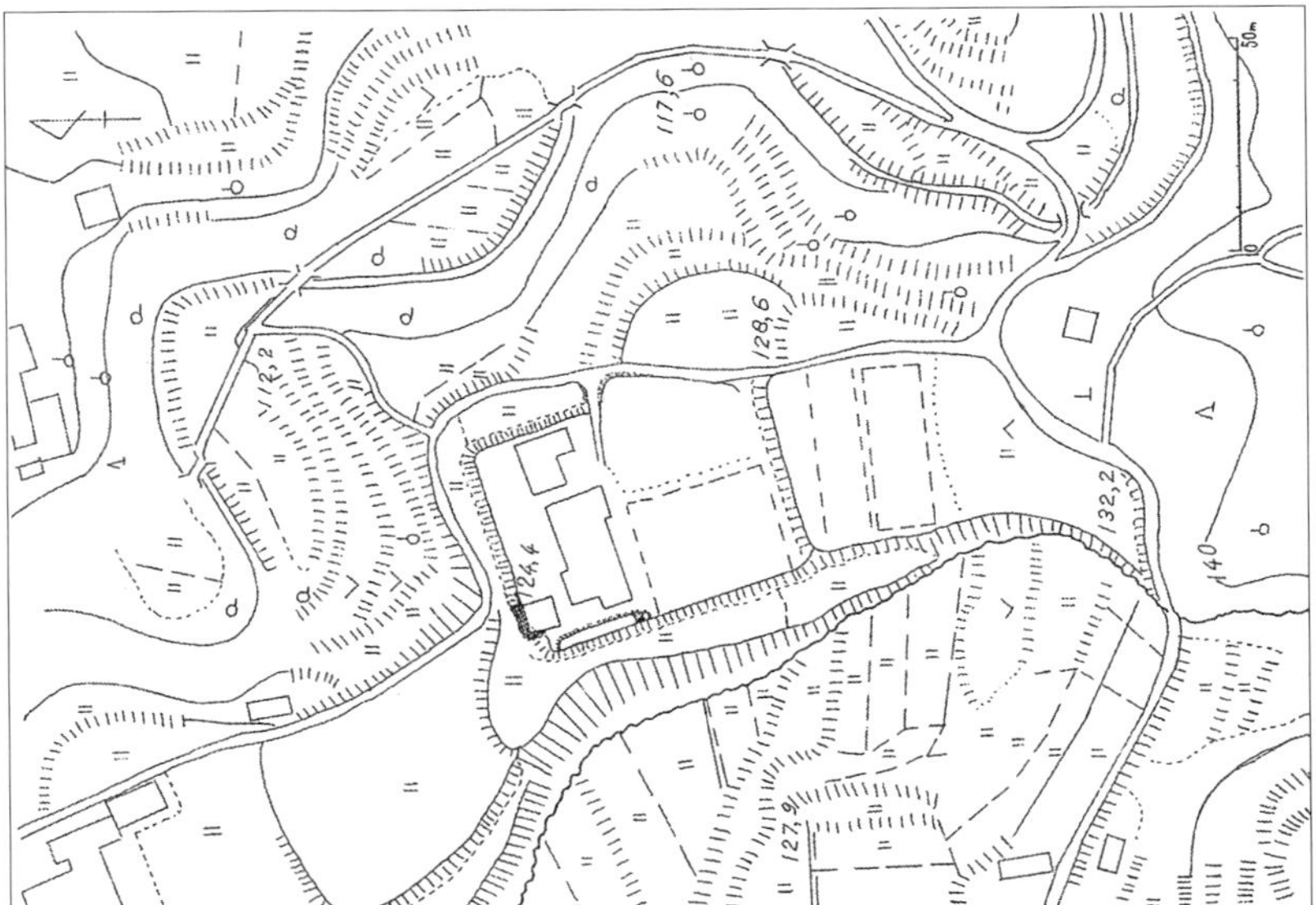

上田氏城館縄張図

以上の藤堂藩無足人・甲賀古士・和歌山藩地士の事例からは、戦国期の城館を前身とする彼らの屋敷は、城割の対象とならなかったことからも、軍事施設としてよりも地域社会における郷士としてのステータスシンボルだったことが明らかになる。

結語―兵農分離の実像

惣国一揆や郡中惣などの地域的一揆は、常に領主権力と戦ったのだろうか。確かに信長は、伊賀惣国一揆を、徹底的に弾圧した。しかし必ずしも、常に一揆勢力と敵対したのではない。たとえば次の史料に示すように、甲賀郡中惣に対しては軍事協力を要請している。

【史料4】(44)

甲賀郡中之儀、此方へ別而可有入魂候由、先度雖承候、慥儀無之故打過候、内々可有入魂衆被仰談様子可被示預候、随分此方之儀不可有疎意候、恐惶謹言、

十月十九日　羽筑

秀吉(花押)

伴五兵衛殿

御宿所

年次比定はできないが、秀吉が伴氏を介して「甲賀郡中」すなわち郡中惣の織田政権への従属を確認したのである。[45]郡中惣の構成員は「甲賀衆」と呼ばれ、天正四年から開始される安土築城などの普請役や天正九年の伊賀惣国一揆攻撃などの軍役を務めている。

このように、織田政権は必要に応じて一揆勢力を利用したのだった。したがってそのリーダーである土豪層の、武士あるいは百姓としての居住区分離を徹底させることはできなかった。これに対して、豊臣政権の兵農分離政策については、天正十三年の和泉・紀伊攻撃の後に発布された「国中置目」第三条[46]が画期的である。

豊臣政権に敵対した最後の一揆勢力が、紀州惣国一揆だった。秀吉は、それを討滅した直後に、あるべき百姓像を天下に宣言したのである。すなわち今後百姓は、「弓箭・鑓・鉄炮・腰刀等」の武具をもたず、「鋤・鍬等農具を嗜み、「可専耕作」き存在と規定したのだった。

豊臣政権の和泉・紀伊両国攻撃の後、紀州惣国一揆構成員の大半が牢人し、さらにその多くが百姓身分となってしまった。隅田党のように、豊臣政権に対してあからさまには敵対しなかった者まで、同様の処分を受けた。

ここで看過できないのが、この時攻撃軍に属した「甲賀衆」までが、改易されたことである。[47]その理由は、前述したように太田城水攻めの際、担当した堤防の普請状態が悪かったことだった。しかしこれによって勝敗が左右されたとは考え難いことから、改易の理由は別にあったと理解せねばなるまい。

当該期までの秀吉の軍隊には、地名に「衆」を付した土豪クラスを中心とする地縁的な一揆集団を含んでいた。秀吉は、紀州惣国一揆という最後の地域的一揆を解体したのと同時に、自己の軍隊の改革に取り組んだ。その際、甲賀衆という一揆集団を排除したのだった。このように豊臣政権の兵農分離政策については、一揆勢力を最終的に掃討した天正十三年の時点から明確化したことが重要なのである。

表2　伊賀国における兵農分離の推移

	伊賀惣国一揆	豊臣大名（筒井氏領）	藤堂藩
兵	侍＝兵（守護仁木氏を推戴）＋村方居住	侍＝兵＋城下町集住	藩士＝兵＋城下町集住 無足人＝兵＋村方居住
農	百姓＝後方支援＋村方居住、含足軽	百姓＝後方支援＋村方居住	百姓＝後方支援＋村方居住
備考	恩賞として足軽の侍への上昇あり	主君をもたない侍は国外に追放されるか帰農する	無足人は城代家老に編成され、藩主を主君とする

豊臣政権の身分政策の特徴は、豊臣大名の家臣団に属し、城下町に集住して転封にも従う侍のみを武士と確定したことにある。したがってこれに該当しない在村武士は、処分の対象となり、牢人もしくは百姓とならざるをえなかった。しかし中世において支配身分に属した彼らは、多くの場合牢人しても百姓身分になることを望まなかった。

彼らは、常に仕官を求めて運動したのであり、天下統一戦から朝鮮出兵へと、打ち続く戦争がその絶好のチャンスとなったのである。この意味で、豊臣政権の兵農分離は、当初から不徹底かつ矛盾に満ちたものとならざるをえなかった。このような兵農分離政策に内在する矛盾を加速化させたのが、寛永から正保年間にかけて幕府がキリシタン一揆再発や黒船来襲に備えて、急速に国防体制を整備したことである。

それに対応して、西国諸藩も藩領防衛体制を固めてゆく。藤堂藩の場合、在村武士を郷士として編成することで、農村に居住する軍役負担者として治安維持の一翼を担わせた。このように郷士制度は、まことに巧妙な制度であって、以後藩体制維持のための安全弁として機能したのだった。在地制を喪失した近世武士団が、藩領防衛や安定的な地域支配を実現するためには、結局のところ中世以来の在村武士を体制的に容認せねばならなかった。

伊賀国における兵農分離の推移をまとめたのが、表2である。一見強固にみえる近世身分秩序も、戦国期以来の郷士を頂点とする地域的身分秩序に依拠せずしては、成立しえなかったのである。かかる支配構造を究明する視点こそ、中・近世史研究の断絶状況をもたらしていたこれまでの兵農分理に関する議論を、活性化する糸口になるものと考える。

（1）この成果として『一揆』一〜五（東京大学出版会、一九八一年）をあげることができる。
（2）久留島典子「中世後期在地領主層の一動向―甲賀郡山中氏について―」（『歴史学研究』四九七、一九八一年）、石田晴男「両山中氏と甲賀『郡中惣』」（『史学雑誌』九五―九、一九八六年）。なお久留島氏の最新の研究成果として「甲賀郡山中氏に関する二・三の問題」（佐藤和彦編『中世の内乱と社会』東京堂出版、二〇〇七年）がある。
（3）呉座勇一「伊勢北方一揆の構造と機能―国人一揆論再考の糸口として―」（『日本歴史』七一二、二〇〇七年）。
（4）伊賀惣国一揆関係論文としては、石田善人「郷村制の形成」（『岩波講座　日本歴史』中世四、一九六三年）・「甲賀郡中惣と伊賀惣国一揆」（『史窓』二一、一九六三年、のちに前掲『中部大名の研究』所収）、石母田正「解説」（『日本思想大系』二一、岩波書店、一九七二年）、稲本紀昭「室町・戦国期の伊賀国」（『国立歴史民俗博物館研究報告』一七、一九八八年）、拙著『日本近世国家成立史の研究』（校倉書房、二〇〇一年）第九章「兵農分離と郷士制度―津藩無足人」などがあげられる。惣国一揆と城館の関係については、山本雅靖「伊賀惣国一揆の構成者像―中世城館築造主体の性格をめぐって―」（『大阪文化誌』一七、一九八四年）・「伊賀地域中世後期における階級構成の一問題―」（『信濃』三八―八、一九八六年）、田村昌宏「中世城館と惣国一揆」（村田修三編『中世城郭研究論集』新人物往来社、一九九〇年）、伊賀中世城館調査会『伊賀の中世城館』（一九九七年）などがある。また無足人については、久保文武『伊賀国無足人の研究』（同朋舎、一九九〇年）、岡島永昌「藤堂藩城和領における無足人の研究」（『奈良歴史研究』四六・四七号、一九九七年）、吉田ゆり子「『郷士』と帯刀改め―村に住む『武士』」（『兵農分離と地域社会』（校倉書房、二〇〇〇年））が研究の水準を示している。
（5）伊賀守護仁木氏については、稲本紀昭「伊賀守護と仁木氏」（三重大学教育学部『研究紀要』三八、一九八七年）・前掲

「室町・戦国期の伊賀国」、久保文武「伊賀守護編年表」（『伊賀国無足人の研究』、同朋舎、一九九〇年）、吉井功兒「足利一門の戦国大名―西国編」（『中世政治史残篇』トーキ、二〇〇〇年）など参照。

（6）仁木氏の新城に関しては、『兼右卿記』永禄十一年三月十六・十七日条、丸山城については、福井健二「上野城下町の再検討」（『三重の古文化』八三、二〇〇〇年）参照。

（7）前掲拙稿「兵農分離と郷士制度―津藩無足人」。

（8）「新津秀三郎氏所蔵文書」（『三重県史　資料編近世一』第一章三一号文書）。

（9）『享禄天文之記』永禄八年七月二十八日条。

（10）『多門院日記』永禄十二年九月七日条。

（11）『三重県史　資料編近世一』第一章四三号文書。

（12）『信長公記』所収（天正七年）九月二十二日付北畠信雄宛信長書状写。

（13）伊賀惣国一揆の領域については、たとえば「『地域社会論』の視座と方法―成果と課題の認識のために―」（『歴史学研究』六七四、一九九五年）では、伊賀北半国に限定している。しかし惣国一揆が最後に籠もったのが同国南部の柏原城（名張市）だったことからも修正を要する。また伊賀国における「侍払」に連動して、近江国信楽の多羅尾氏も追放されていることが注目される（『多聞院日記』天正十三年閏八月二十五日条）。これはかつての惣国一揆の領域が、近江国甲賀郡の南部、すなわち甲賀下郡域にまで及んでいたことを示すものではなかろうか。これに関連して、信長の伊賀攻撃が伊賀一国ばかりか大和国添上郡や南山城の一部まで対象とするものであったとする、稲本紀昭氏の指摘が重要である（同氏前掲「室町・戦国期の伊賀国」）。以上から伊賀惣国一揆の最大領域については、伊賀一国に近江国甲賀下郡域の一部と大和国添上郡や南山城の一部まで含む広大なものであった可能性がある。

（14）仁木友梅については、前掲久保「伊賀守護編年表」参照。

（15）（天正十一年）閏正月十日付小嶋志摩入道宛佐久間盛政（『古証文』五、『大日本史料』十一―三、五三九頁）。

（16）（天正十一年）三月三日付山中橘内宛柴田勝家書状（『古証文』五、『大日本史料』十一―三、七六五頁）。

(17)『多聞院日記』天正十一年四月二十七日条・同五月十日条。

(18)この時期の北畠具親のレジスタンスについては、拙稿「織豊期の北畠氏—南伊勢支配を中心に—」(藤田編『伊勢国司北畠氏の研究』吉川弘文館、二〇〇四年)を、彼が拠点とした城郭は『勢和村史　通史編』(一九九九年)第二章第三節や『伊賀の中世城館』(伊賀中世城館調査会、一九九七年)を参照されたい。

(19)「脇坂文書」(『大日本史料』十一—十、五頁)。

(20)「脇坂文書」(『大日本史料』十一—十、五頁)。

(21)『恒岡氏城跡発掘調査報告』(三重県教育委員会、一九八一年)、森川常厚「上野市羽根　箕升氏館跡(北城遺跡)」『伊賀国府跡(第五次)・箕升氏館跡ほか』(三重県埋蔵文化財センター、一九九三年)、『法華堂西館跡発掘調査報告』(上野市教育委員会・上野市遺跡調査会、二〇〇二年)。竹田憲治氏のご教示による。

(22)『多聞院日記』天正十三年閏八月十八日条・同月二十四日条。

(23)『多聞院日記』天正十三年閏八月十三日条・同九月五日条。

(24)慶長六年二月十四日付伊賀国代官所在々法度写(「大方文書」)、永島福太郎「伊賀筒井氏の民政—近世封建制成立の一考察—」、『史学雑誌』六一—一一、一九五二年、所収)。

(25)『宗国史』下巻(上野市古文獻刊行會、三九五頁)参照。『公室年譜略』(上野市古文獻刊行會)元和九年十二月条にも、同様な記載がある。

(26)『宗国史』上巻の承応二年閏六月二十六日条と『永保記事略』(上野市古文獻刊行會、九頁)によると、承応二年に無足人三十人が選出され、『宗国史』上巻の寛文十一年四月十二日条では無足人百人が選出されている。これによって百三十人の無足人の体制が固まった。

(27)『大和国無足人日記』(財団法人郡山城史跡柳沢文庫保存会)元禄五年八月二日条。

(28)『大和国無足人日記』元禄五年十二月十四日条。戦国期の山本氏については、田中慶治「中世後期畿内国人層の動向と家臣団編成—大和古市氏を中心に—」(『日本史研究』四〇六、一九九六年、のちに同氏『中世後期畿内近国の権力構造』

清文堂出版、二〇一三年、所収）参照。

（29）大和十津川出陣については、『大和十津川出陣記録』（堀井三之右ヱ門著、堀井光次校訂、私家版）、戊辰戦争への無足人の参陣については『藤堂藩山崎戦争始末』（伊賀古文献刊行会、清文堂出版、二〇〇八年）参照。

（30）藤堂采女については、久保文雄「伊賀上野城代職・藤堂采女家について」（伊賀郷土史研究会編『伊賀郷土史研究』九、一九八四年）が詳しい。

（31）前掲『大和国無足人日記』所収「解説」に詳しい。

（32）前掲吉田ゆり子「『郷士』と帯刀改め―村に住む『武士』」参照。

（33）『高山公実録』慶長十九年九月条。これは甲賀者でも同様であった。たとえば、尾張藩の初代藩主・徳川義直の代に甲賀者を二十人採用したが、彼らは甲賀郡に居住したままだった（鬼頭勝之「尾張藩における忍びの者について」、『地方史研究』二六三、一九九六年）。

（34）三重県史編纂室所蔵写真帳より翻刻。

（35）和歌山藩地士制度については、拙稿「兵農分離と郷士制度―和歌山藩隅田組を中心に―」（『国立歴史民俗博物館研究報告』六九〈近畿地方村落の史的研究〉、一九九六年）を参照されたい。

（36）志村洋「藩領国下の地域社会」（渡辺尚志編『新しい近世④』新人物往来社、一九九六年）参照。

（37）「山中文書」二七一（『水口町志　下巻』所収）。これは、寛文七年二月に「甲賀古士共惣代」上野秀影が提訴した訴状中の文言である。ただし山岡景友が慶長八年に死去していることから、ここからは彼らの郷士としての意識を読み取るべきであろう。

（38）山本博文『寛永時代』（吉川弘文館、一九八九年）、同『鎖国と海禁の時代』（校倉書房、一九九六年）、前掲拙稿「兵農分離と郷士制度―津藩無足人」参照。

（39）藤木久志「村の動員―『中世の兵と農』への予備的考察―」（永原慶二編『中世の発見』吉川弘文館、一九九三年）。

（40）寺岡光三「伊賀町川東の春日山城跡について」（三重県文化財センター『研究紀要』四、一九九五年）。

(41)「山中文書」所収。なお甲賀郡の城館に対する最新の研究成果として村田修三「甲賀の城と甲賀郡中惣」(『中世城館遺跡(江南地域)調査報告書』甲賀市教育委員会、二〇〇八年)が注目される。
(42)『日本城郭大系一〇　三重・奈良・和歌山』(新人物往来社、一九八〇年)、『橋本市郷土資料館報』九、参照。
(43)岩倉城や上田氏城館をはじめとする隅田地域の城郭については、前掲拙稿「兵農分離と郷士制度―和歌山藩隅田組を中心に―」を参照されたい。
(44)東京大学史料編纂所架蔵「伴氏文書」。
(45)近江において最後の反信長勢力だった甲賀衆は、天正二年三月には信長に臣従した(三月五日付信長朱印状、『増補織田信長文書の研究　上巻』四四五号文書)。信長が六角氏の籠もる甲賀郡石部城を攻撃する直前に、甲賀衆は六角氏から離反したのである。
(46)「太田家文書」(『和歌山市史』四、和歌山市、一九七七年、戦国五八四号文書)。
(47)『紀州御発向記』(『続群書類従』五八九)には、「一日、甲賀の輩、普請に忽緒をなす。殊に法度の旨を背くの条、その科少なからず。故に領地を召し離され、一類悉く流罪に行なはる」と、また『寛政重修諸家譜』の和田惟長の項には、「豊臣太閤につかへ、太閤紀伊国雑賀をせむるのとき水を引て城にそゝぐ。惟長が攻口の堤不幸にしてくずる。これにより勘気をかうぶる」と記されている。

〔付記〕本章は、拙稿「兵農分離と郷士防衛―藤堂藩無足人の成立をめぐって」(『第二十五回全国城郭研究者セミナー三重大会資料』二〇〇八年、所収)を改稿したものである。

第九章　初期御家騒動の構造——陸奥会津藩

問題の所在

近江蒲生郡を名字の地とした蒲生氏は、藤原秀郷の末裔と称する有力国人領主だった。室町期には幕府奉公衆、戦国期には守護六角氏の重臣として君臨し、永禄十一年(一五六八)九月の織田信長の上洛戦を期に、その軍門に降り、織田大名として天下統一戦に従軍した。

天正十年(一五八二)六月の本能寺の変の直後に家督となった蒲生氏郷(一五五六〜一五九五)は、豊臣秀吉に属して天下統一戦に重要な役割を果たす(1)。その恩賞として、近江日野で六万石、そののち伊勢松坂では十二万石、会津若松では四十二万石を拝領し、文禄三年(一五九四)には奥羽の全石高の四十六パーセントにあたる九十一万九千石の大大名となった。当時としてこれは、徳川家康・毛利輝元に次ぐ大封だった。

本章で検討する蒲生騒動の前提は、このような蒲生氏の急成長にある。「器量人」として知られた氏郷の時代においてさえ、蒲生郷可のような「我意ニ任セシ」(「氏郷記」)外様重臣が多く、彼らに対する統制は困難を極めた。たとえば、氏郷が肥前名護屋出陣中に国許で重臣間の紛争が表面化しているので紹介したい。

支城を預かった蒲生郷安(米沢城主・七万石)と蒲生郷可(中山城主・一万三千石)はそれまでも仲が悪く、それぞれの家臣が様々な理由から相手家中に走り入り、そのなかにはそのまま召し抱えられる者もあった。

文禄元年（一五九二）六月、郷安方が逃亡家臣を取り返そうと郷可方に大勢で押しかけ戦闘に及んだため、合戦に発

蒲生氏略系図（太字は当主）

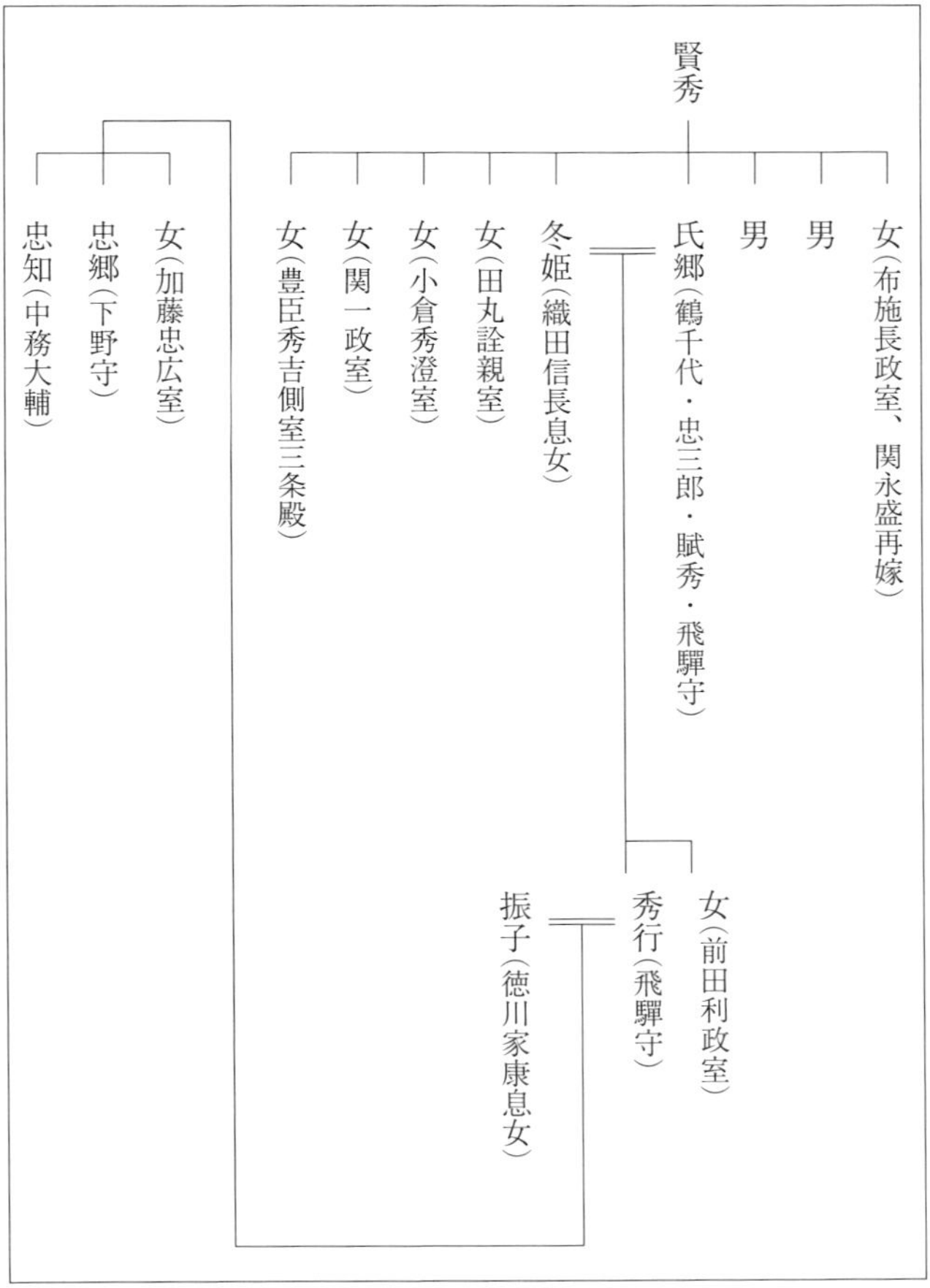

展する。さらに双方ともに同輩の重臣層を与党に引き入れて深刻な事態となりつつあったが、蒲生郷成らの仲裁で、なんとか騒動は収束した(「氏郷記」)。

氏郷は、文禄四年二月二日に京都において四十歳で死去する。それ以降の蒲生氏当主は、秀行—忠郷—忠知と続くが、いずれも青年期に病死したため、家臣団統制は不徹底で、家中紛争が絶えなかった。「蒲生騒動」とは、氏郷の子息と孫にあたる三人の当主の治世期に続発した御家騒動の総称である。

近世前期は、大名「御家」の確立期だったが、二代・三代藩主が幼少あるいは凡庸のため家中を統率しきれず、多くの藩で様々な騒動がもち上がった。本章で取り上げる蒲生騒動については、既に高木昭作氏が「御家騒動が絶え間がなかった顕著な例」として注目して以来、初期御家騒動の典型例として位置づけられている〔高木一九七五：一四〇～一四二頁〕。

蒲生氏は、信長の婿だった氏郷の代に奥羽支配の要というべき会津若松に配置された。そして秀行の代には家康の女婿となって、徳川一門並みの厚遇を受けた名門大名である。ここでは秀行以下の歴代当主と将軍家との関係に注目して、この長期に及ぶ御家騒動の特質を明らかにしたい。

第一節　徳川一門大名蒲生氏

蒲生氏郷没後の遺領問題については、迅速に処理された。豊臣秀吉は、文禄四年二月八日・九日付で嫡子鶴千代(元服して秀朝・秀隆、慶長六年に会津に復領して秀行と名乗るが、ここでは秀行に統一する)・留守居町野氏・重臣(関氏以下十三名）・隣国衆（上杉景勝・佐竹義宣・最上義光・伊達政宗）のそれぞれに朱印状を遣わし、秀行が亡父の遺領を相続すべき旨を伝えている（『上杉家文書』、「会津旧事雑考」、「高橋健自氏所蔵文書」、「妙覚寺文書」など）。

また同年二月十日・十一日付で関白豊臣秀次からも、秀行と家中宛てに朱印状が遣わされた（「会津旧事雑考」）。さらに同月十一日付で前田利家と徳川家康が連署して、蒲生源左衛門以下三人の重臣に対して、遺領安堵に関する書状が送られる（「氏郷記」）。なお秀吉の意向により、秀行が家康の息女振子と翌年の四・五月頃に結婚するようになったことが、先の重臣宛の秀吉朱印状でわかる。

秀行は、当時わずか十三歳であり、京都南禅寺に預けられていた。秀吉への人質とみてよいだろう。また徳川家との婚姻は、秀吉が関東のみならず奥羽にも影響力をもった家康の政治手腕を期待したことによる。襲封後の文禄四年三月に、秀行は後陽成天皇に太刀を献上し、亡父の参議補任を謝している（『御湯殿上日記』）。

秀行が幼少のため、秀吉はその領国経営に露骨に介入する。まず同年の五月二十九日付で、浅野長吉・幸長父子に命じて、若松・米沢・白河・田村・二本松・白石・津川の拠点七城を除く領国内の城郭の破却をおこなうように伝えている（「富岡文書」）。

ところが秀吉は、秀行の国許重臣が提出した文禄検地目録の内容を疑い、秀行に近江国内の堪忍分二万石に減封しようと画策する（『島津家文書』）。早くもこの時点で、奥羽の押さえとして秀行では務まらないと判断したのだろう。しかし家康・利家の尽力により、ことなきをえた。この背景に秀次がおり、これが同年七月に彼が謀反の疑いをかけられ失脚する直接の引き金とする見方もある（朝尾一九六二：一九四～二一〇頁）。

文禄四年も七月十三日になって、ようやく秀行の会津若松への入部が実現する。しかし彼とともに浅野長吉が領国経営の監視として下向したことは重要である（「会津旧事雑考」・「会津四家合考」）。

早速、長吉は七月二十一日付で蒲生郷舎・町野繁仍・玉井貞右の重臣達に対して十七ヵ条の条目を下し、領国支配に関する指令をおこなった。また同時に、城下町の経営に関する十三ヵ条の掟も三人宛てに下している（「簗田文書」）。長吉はまさしく秀吉の代理人なのであり、秀行就封当初の蒲生氏は豊臣政権の強い監視下に置かれたのである。な

表1　氏郷晩年の城持重臣

重臣名	支城（所在）	石高	職制
木村吉清	陸奥杉目城（福島県福島市）	五万石	与力大名、元明智光秀家臣
関一政	陸奥白河城（福島県白河市）	五万石	与力大名、元伊勢亀山城主
田丸具直	陸奥三春城（福島県三春町）	五万二千石	与力大名、北畠氏一門
蒲生郷貞	陸奥長沼城（福島県長沼町）	一万石	蒲生一門上野田氏
北川平左衛門	陸奥津川城（新潟県津川町）	一万石	近江出身
小倉作左衛門	陸奥南山城（福島県南会津町）	一万石	一門、元近江佐久良城主
玉井数馬助	陸奥猪苗代城（福島県猪苗代町）	一万石	仕置奉行、近江出身
松浦左兵衛尉	陸奥須賀川城（福島県須賀川市）	一万石	
佐久間盛次	出羽小国城（山形県小国町）	一万石	佐久間盛政弟、元柴田勝家家臣
蒲生郷可	出羽中山城（山形県上山市）	一万三千石	近江出身
蒲生頼郷	陸奥塩川城（福島県喜多方市）	一万三千石	近江出身
蒲生忠左衛門	陸奥四本松城（福島県岩代町）	三万石	尾張出身
町野繁仍	陸奥二本松城（福島県二本松町）	三万八千石	仕置奉行、近江出身
蒲生郷成	陸奥白石城（宮城県白石市）	四万石	尾張出身、元柴田勝家家臣
蒲生郷安	出羽米沢城（山形県米沢市）	七万石	仕置奉行、近江出身

お、秀行は翌慶長元年（一五九六）に従四位下侍従に叙任されている（「藩翰譜」）。

織豊大名は、「備《そなえ》」といわれる軍団を基礎単位として軍隊を編成した。文禄・慶長期に至ると、諸大名は戦闘に際して軍法と陣立書をセットで家老クラスの武者大将に与えて、軍隊を厳しく統制するようになる(2)。蒲生氏の軍制は、相次ぐ戦争、とりわけ奥羽統一戦争に対応すべく早熟的に発展した。次に、表1として氏郷最晩年の城持重臣層の構成を示したい(3)。このような大家臣団を秀行が相続したのだから、相当のプレッシャーがかかったに違いない。

表1によると、城持重臣は、五万石クラスの関・田丸・木村という与力大名と、七千石以上の備を率いる武者大将だったことがわかる。分限帳類には備のリーダーが四十二人確認され、そのうち十人までが万石以上であり、彼らは独自の家臣団組織をもち、自立した軍事編成をおこなっていた。武者大将以下は、常に同じ組に属して同輩と連携して備を形成した。これに軍監として、軍奉行《いくさぶぎょう》や横目が氏郷から付けられたのである。

後の外様大藩でも、これだけ多くの重臣を抱える家中はなかった。また新規に蒲生家に仕官した者のなかには、その軍律の厳しさを知らず処断された者もあったという。

たとえば「氏郷記」には、天正十九年の九戸の乱の鎮圧戦において「馬ヲ取放ツ事・喧嘩・高聲・抜掛（駆）」の禁止が氏郷の軍法に規定されていたが、それを知らぬ関東出身の新参武士が備を乱して勝手に先駆けし、それを軍奉行と横目に見咎められ切腹を申し付けられたことが記されている。当時の奥羽の大名で、ここまで秩序がとれた軍団を編成する者はいなかった。これらの重臣を、与力大名―外様―一門・譜代に分類したのが表2である。

表1・2からいえることは、様々な経歴の牢人が氏郷を慕って仕官しているということである。特に会津に転封するのに際し、秀吉の許可を得て「主人の勘当をうけて牢人になっている抜群の剛勇士」を召し抱える条件にしたとい

表2　主要重臣リスト（括弧内は旧姓と役職）

与力大名	関一政（元伊勢亀山城主のち陸奥白河城四万八千石）・田丸具直（元伊勢岩出城主のち陸奥守山城五万二千石）・木村吉清（葛西・大崎旧領三十万石のち陸奥杉目城五万石）
外様	蒲生郷成（坂源氏、柴田牢人、城持）・蒲生郷安（赤佐氏、六角牢人、城持）・蒲生忠右衛門（谷崎氏、滝川牢人、城持）・蒲生郷可（上坂氏、浅井・柴田牢人、城持）・蒲生頼郷（横山氏、城持）・蒲生郷可（上坂氏、城持）・蒲生郷治（上坂氏、城持）・蒲生郷安（六角牢人）・蒲生忠左衛門（城持）・蒲生弥五左衛門（生駒氏・梅原氏、滝川牢人、城持）・内池備後守（武田牢人）・牛越内膳（元伊達政宗家臣）・佐久間盛次（城持）・真田信尹（真田昌幸の弟）・志賀与三右衛門（六角牢人）・須田伯耆守（元伊達政宗家臣）・関一利（城持）・曾根匠助・佃又右衛門・布施次郎右衛門（六角牢人）・本山豊前守（加藤氏、仕置奉行）・本多正重（本多正信の弟）・松田金七（松永牢人）・綿利八右衛門
一門・譜代	池田和泉守（町奉行）・岡左内（六角氏家臣青地氏、城持）・岡清長・岡重政（城持、仕置奉行）・小倉作左衛門（城持）・河北有宗・蒲生五郎作（林氏）・蒲生郷貞（蒲生氏支流上野田氏、城持）・蒲生忠兵衛（蒲生氏支流儀俄氏）・北川平左衛門（城持）・門谷助右衛門、結解重喜・後藤高治（元六角氏重臣、母方伯父）玉井数馬助（稲田氏、城持、仕置奉行）・寺村半左衛門・外池孫左衛門（城持、仕置奉行）・福西吉左衛門（仕置奉行）・町野繁仍（城持）・町野幸和（仕置奉行）・満田安利・森民部丞

われることからも、相当に個性の強い「渡り奉公人」が集まってきたとみてよい（4）。

なお「渡り奉公人」とは、自らを高く評価してくれる大名への仕官を求めて、諸国を渡り歩く武士のことである。自らの才覚に自信があり、大名や大身武士をめざす彼らは、鼻もちならぬほどプライドが高く、主君との関係は双務的で対等に近いものだったといわれる。

蒲生氏は、奥羽仕置に関わる一揆や反乱の鎮圧という戦争状態の継続によって、氏郷の段階で極めて早熟的に近世大名軍制を成立させた。しかしこれが、ただちに家臣団組織の近世化をもたらしたわけではない。

多数の支城に外様重臣を配置していては、領国を防御する戦闘に即応できても、大名家全体にわたる組織的な政治体制としての「藩」は成立しないからである。(5) 戦乱が去ると、「御家騒動の時代」を迎える。戦国武将が領国経営に専心する治者へと変貌するには、様々な困難が伴ったのである。

大名家としての蒲生氏は、器量のある氏郷個人と個性の強い個々の家臣団との間に結ばれた固い主従関係によって形成されていた。当然のことながら、代替わりの直後から家臣団が幼少の当主との間に先代と同様の関係を結ぶことは不可能だった。ましてや、蒲生の「御家」を守らねばならないという意識も低かっただろう。したがって氏郷が病没したのち、大名クラスの外様重臣間の紛争が絶えなかったのである。

藩祖の世代が没したのち、二代目藩主は前代以来の有力一門・重臣を統御する困難に直面した。蒲生氏はもちろん諸藩においても、家臣団を軍隊組織から統治組織へと転換することが政治課題となったのである。

慶長二年に秀行は、かねてから婚約中だった振子を娶った(「島垣文書」、『言経卿記』)。これによって蒲生氏は、事実上、徳川一門大名になったといってもよい。

強力な後ろ盾を得たにもかかわらず、秀行は慶長三年正月に下野宇都宮十八万石に減封されてしまう(「会津旧事雑考」、「会津四家合考」)。前年の蒲生郷安一派と蒲生郷成一派との対立によって郷成方の亘利八右衛門が殺害された事件と、それに対する秀行の不十分な処置が原因だった。

その結果、氏郷以来の田丸・関の与力両氏は秀吉に召し出され、それぞれ大名として自立する。田丸直昌は信濃川中島城主へ、関一政は信濃飯山城主へと転封するのである。その他の重臣層にも、秀吉や家康に仕えたり、そのまま会津若松に残留して越後から入封した上杉景勝に仕官した者も多かった。

これは実質的に、氏郷が築きあげた蒲生家臣団の崩壊を意味した。しかしこれまでの経緯は、氏郷死後の奥羽支配を五大老の一人である景勝に任せようともくろんでいた、石田三成―増田長盛ラインの思惑通りだったのかもしれない。

さて宇都宮時代の蒲生氏については、短期間だったためか史料に乏しいが、重臣層の配置については表3のようにおこなったことがわかる。

表3　宇都宮時代の支城主（出典「氏郷記」）

重臣名	支城（所在）	知行高
蒲生郷成	笠間城（茨城県笠間市）	二万石
町野繁仍	真岡城（栃木県真岡市）	八千石
蒲生郷可	河崎城（栃木県矢板市）	六千石

宇都宮時代は、大変な激動期だった。慶長三年八月に秀吉が死去したことが、その発端となった。ここから、ポスト秀吉をめぐり、豊臣政権内部における確執が顕在化するのである。そして翌慶長四年三月の前田利家の死去によって、諸矛盾は家康派と三成派の衝突というかたちで顕現する。

家康の婿という立場にある秀行は、家康の陣営に属して慶長五年九月の関ケ原の戦いを迎える。その際、彼は宇都宮に留まって上杉勢の南下に備えた。会津時代の旧臣で上杉氏に仕官している者に対して、内応を勧める書状を送ったといわれる（「会津陣物語」）。

秀行は、戦後の恩賞として会津若松六十万石に復領し、翌慶長六年九月に若松城へと戻った。彼は従三位参議に任ぜられており、まさに奥羽の押さえとしての地位に返り咲いたのである。

早速、他家に仕官していた旧臣を再び抱えるなどして、同年の十月半ばまでには重臣層を表4のように配置する。支配の枢要を司る仕置奉行は、岡重政・町野繁仍・玉井数馬助が務めた。

秀行が四十万石もの加増を受けた理由は、家康の婿だったこと以外に求めることはむずかしい。「会津鑑」には、関ケ原の戦いに際して、豊臣秀頼が密使を派遣して与同するように誘ったが断ったことを載せている。そもそも秀行

表4 会津再入部時代の支城主（出典「氏郷記」）

重臣名	支城（所在）	知行高
蒲生郷成	守山城（福島県郡山市）	四万五千石
町野繁仍	白河城（福島県白河市）	二万八千石
岡重政	津川城（新潟県津川町）	二万石
蒲生郷治	長沼城（福島県長沼町）	一万石
玉井数馬助	四本松東城（福島県岩代町）	一万石
小倉作左衛門	南山城（福島県南会津町）	九千石
蒲生彦太郎	伊南城（久川城・同右）	九千石
蒲生郷貞	塩川城（福島県喜多方市）	八千五百石
蒲生弥左衛門	二本松東城（福島県二本松町）	八千石
関一利	苗代城（福島県猪苗代町）	七千五百石
門屋助右衛門	二本松西城（福島県二本松町）	七千五百石
外池孫左衛門	四本松西城（福島県岩代町）	七千五百石

は西軍に与するはずがないから、信用するにあたらない説と思われる。

秀行は再入部以後、本格的に所領支配を開始した。秀吉の命令によって廃された領内の城郭を再建したり、慶長六年の十一月と閏十一月には町方に対する法令（「簗田文書」、「新編会津風土記」）を、翌年二月には村方へ十七ヵ条の条目（『新編会津風土記』）を与えている。また蒲生家の菩提所―父氏郷の興徳寺や祖父賢秀の恵倫寺―をはじめとする有力寺社に領地を寄進したのも、この頃である。

蒲生氏は、秀行の代になっても父祖の故郷近江日野との関係をもち続けていた。若松でも宇都宮でも日野町を設け、日野商人を招致している。ただし若松の日野町は、後の加藤氏の代に日が火に通じるとして忌み、甲賀町と改称し現在に至っている。なおのちに秀行の子息忠知は伊予松山二十四万石の大名となるが、ここでも日野町をおこしている。ただし若松と同様の理由で改称され、清水町となって今に至る。

慶長元年には日野の菩提寺信楽院《しんぎょういん》を修理し、後には現在の位置に移したり、慶長六年には十月十八日付で、氏神綿向神社《わたむきじんじゃ》に百石を寄進し（「綿向神社文書」）、この後もたびたび寄進を重ねている。

慶長十二年には、義兄にあたる将軍秀忠から松平姓を与えられ一門大名となる。このように将軍家とのつながりを強化することによって家中統制を図ってきた秀行であるが、慶長十四年には出頭人岡重政と蒲生郷成との確執の結果、郷成以下小倉作左衛門や関一利などの郷成派の家臣層が家中を去るという事件が発生する。
秀行が宇都宮に減封されたのも、重臣間の対立が直接的な原因だったが、これは依然として跡を断たず、秀行ばかりか後述するように、嫡子忠郷も悩まされることになるのである。

また秀行は、地域社会からも厳しい批判にさらされていた。慶長十三年に推定される会津郡上荒井村百姓の訴状には、慶長七年の再入部以来、連年に及ぶ蒲生氏の給人による郷村支配の非法に対する反発が、十五カ条の多岐に渡って列記されている（『新編会津風土記』）。

まず、高額な年貢収納に対するものである（第一・二・三条）。続いて夫銭といわれる労役銭に関するものがある。蒲生領では一旦夫銭を出し、その分の労役を果たせば夫銭が返却されることになっていたようだが、所定の百日分の夫役を課しながら、わずかしか夫銭を返さないことを百姓たちは怒っている。このような二重取りについては、慶長九年から連年続いていることが主張されている。

加重な入草・入藁の要求に対しても迷惑としている（第五・六・七・十二・十三条）。また執拗な普請役への動員や、脇百姓の子を草履取りにしながらその親への租税免除がないこと、そして不当な陣夫役について抗議している（第八・九・十・十一・十四条）。

最後に、「いろ〳〵御わひごと（詫言）申上候へ共、少も御ゆるし（許）無御座候、あまりに〳〵迷惑仕候、いつかたへもまかりうせ候へども、御法度に御座候て、かやうに申上候」と締めくくっている。秀行に対して、御法度を守り逃散を控えているのだから、ぜひ家臣の非法を取り締まるようにと愁訴しているのである。

慶長十六年は、まさしく凶年だった。正月三日には、前年の暮に将軍秀忠を招待した江戸邸（東京丸の内の和田倉門付近）が炎上する（「当代記」）。そのうえ八月にはマグニチュード七といわれる大地震が発生し、若松城の天守や櫓などの損壊をはじめ、山崩れや阿賀野川の堤防決壊などによって領内は大被害をこうむった（「当代記」）。

若松城は、氏郷が前領主・蘆名氏の黒川城を近世城郭化したものである。文禄元年に本格的な城郭の修築と城下町の建設（主に外郭の新設）に着手し、黒川を故郷の近江日野の若松の森にちなみ若松と改めた（「会津四家合考」）。氏郷によって創建された七層の若松城天守は、名護屋城の天守を手本としたといわれる最新式のものであった（「会津旧事雑考」）。若松城は、慶長十二年に二の丸と郭外に堀が設けられ、慶長十五年五月に初めて石垣が築かれたばかりだった（「会津旧事雑考」）。

秀行は、同年九月にスペイン国王の命令により派遣された探検家ビスカイノと対面している。ビスカイノが著した「金銀島探検報告」からは、秀行がキリスト教に寛容であったことがわかる。父がキリシタンだったことにもよるだろうし、蒲生郷安や小倉作左衛門などの城持層にも浸透し、猪苗代城を預かった岡左内は城下にセミナリオ（神学校）を建設したという。

なお慶長年間に、秀行が新宮の熊野神社（福島県喜多方市）に五十石を給したといわれる。慶長十六年に大地震が起こり、当社は本殿を残すのみで拝殿をはじめ他の建物はすべて倒壊した。子息忠郷が、同十九年に旧材を用いて一回り小さく拝殿を再建したと伝わる。

秀行は、地震からの復興のなかば心労のためか、三十歳という若さで慶長十七年五月十四日に死去した。「当代記」では、秀行の素行を「常に大酒、諸事行儀無く放埒」と酷評している。亡骸は、若松城下允殿館に埋葬され、弘真院前拾遺覚山静雲大禅定門という戒名が贈られた。夫人の振子は、元和二年（一六一六）に浅野長晟に再嫁するが、翌年男子（のちの光晟）を生み没した（「駿府記」脱漏）。

第二節　続発する御家騒動

秀行の嫡子亀千代は、慶長十七年九月に弟鶴千代とともに江戸および駿府に出仕し、大御所家康・将軍秀忠に会津六十万石の襲封を謝している(「当代記」)。家康は、ただちに二人の孫を元服させ、松平姓と秀忠の一字を与え、松平下野守忠郷・松平中務大輔忠知と名乗らせた(「会津旧事雑考」)。

秀忠は、忠郷の姉を養女として肥前熊本城主加藤忠広に嫁させる。忠郷の代に至り、蒲生氏はさらに将軍家に接近したのである。

蒲生氏内部における重臣間の対立は、依然として燻り続けていた。秀行の代以来、仕置奉行筆頭として権勢をほしいままにしていた岡重政は、対立派重臣層によって担がれた振子の家康への直訴によって、慶長十八年十二月八日に駿府で死罪に処される。その結果、蒲生郷成・関一利らは復帰するが、郷成はまもなく病没する。また小倉作左衛門は、豊臣家に仕えて帰藩することがなかった。

重臣間対立の絶えない家中の統制の困難さを配慮してか、慶長十九年六月十四日には、秀忠が町野幸和(町野繁仍の嫡子)・稲田数馬助宛に、領内の仕置について五ヵ条の条目を下している(「御当家令条」)。その第三条で訴訟を企てることや家臣の新規召し抱えを禁じており、第四条では家臣相互の縁辺を規制している(「武家厳制録」)。

さらに元和元年には、藩政監督のために豊島信満と永田勝左衛門尉が国目付として会津に下向している。国目付は、そののち元和五年・同七年・寛永元年(一六二四)にも下向したにもかかわらず、重臣間対立は解消されなかった。

元和二年には、蒲生郷喜・郷舎兄弟（蒲生郷成子息）・蒲生忠左衛門と町野幸和の間に紛争が発生する。この処分については、二月に病床にあった家康が直接おこない、蒲生兄弟側が勝訴している。元和八年には渡辺次郎右衛門が町野幸和を直接幕府に訴えたが、証拠不十分で判決が出なかった（『徳川実紀』）。このように当時の蒲生氏は、将軍家の直接の支配下にあり、大名としての自立性を発揮していなかったとさえいえる。

忠郷が本格的に政務に着手するのは、藤堂高虎の息女・亀姫（高松院）を娶った元和五年（「会津旧事雑考」）以降になる。同年六月、広島城主福島正則の改易の際、幕命によって榊原氏や鳥居氏ら譜代大名とともに正則の江戸屋敷を包囲し、元和六年に江戸城石垣修築の助役を務めた。元和七年には、若松の町方に対して九カ条の法度を下している。

なお忠郷の代においても、元和八年六月十五日付で近江日野町に夫役四十人を課し、江戸邸での作事に使役しているように（「西田文書」）、日野町との緊密な関係を維持し続けていた。

忠郷は、元和九年二月侍従に任ぜられ（「東武実録」）、寛永元年四月江戸邸に大御所秀忠・将軍家光父子を招く（『本光国師日記』）。寛永三年八月に忠郷は、正四位下参議に（「寛政重修諸家譜」、「東武実録」）叙されている。また忠知も四位侍従となり（「藩翰譜」）、同年十月には出羽上山（山形県上山市）四万石を授けられる（「寛明日記」）。

このように蒲生家も安泰と思われた矢先に、忠郷は疱瘡によって寛永四年正月四日に二十六歳で没してしまうのである（「会津塔寺八幡宮長帳」）。亡骸は、若松の高岩寺に埋葬された。戒名は、見樹院殿得誉玄光だった。亀姫は高虎のもとに帰り、寛永十二年に真宗高田派専修寺（三重県津市）の第十四世堯秀に再嫁した（第三章参照のこと）。

忠郷の死去によって、通常は無嗣絶家となるところだが、別家となっていた忠知が蒲生宗家を継ぐことを許され、伊予松山十二郡二十万石と近江日野牧四万石あわせて二十四万石を与えられる（「寛明日記」）。

家光は、忠知に奥羽六十万石を支配する器量がないと判断したのである。それでも蒲生氏を断絶させなかったのは、忠知が家光の従弟にあたるためであろう。加藤嘉明と交代人事だった。これは、大御所秀忠から諮問を受けた亡兄の岳父で事実上の幕閣だった藤堂高虎の献策によるものといわれている(6)（『高山公実録』）。近隣には、母を同じくする広島藩主浅野光晟や、高虎の養子である伊予今治藩主藤堂高吉もいた（第六章・終章参照のこと）。

大幅な減封のため、多くの蒲生氏家臣が他家に仕官せざるをえなかった。松山転封当時の分限帳には、「壱万石蒲生源左衛門」以下「人数合四百四拾五人」と記されている（「蒲生系図」）。

寛永四年四月下旬に忠知は上山を去り、五月に松山に入封した。先遣隊は、重臣の蒲生五郎兵衛・関十兵衛・稲田志摩の三人で、彼らが松山城を請け取った。そののち忠知一行は、外港三津《みつ》（愛媛県松山市）に着船した。

忠知は、嘉明によって築城された伊予松山城（松山市）を居城としたが、これまでのような支城制は採らなかった。同城は勝山の山頂部（標高百三十二メートル・比高百九メートル）に築かれた本丸と、山腹の二の丸および山裾の重臣居住区の三の丸に相当する堀之内に別れていた。

忠知は本丸に五層天守を創建し、二の丸を大規模に拡張して御殿を造営し、ここで政務をとったのである（終章）。これによって、慶長七年以来工事が続けられていた松山城が完成した。なお現在二の丸は公園として整備され、櫓門や多聞櫓と大井戸の遺構が復元されている。

入封してからわずか二ヶ月後、公儀隠密が四国諸藩の藩政を監察すべく派遣される。九州から渡海して伊予に入国した隠密は、長浜から大洲《おおず》そして松前《まさき》経由で八月十一日から十五日まで松山藩領周辺を探索し、今治に向けて出立している（「四国七城巡検録」）。その調査項目は、城郭・侍屋敷・家中の動静・評判・町方・農政・作柄など多岐にわたったが、収集した情報はいずれも精度の高いものだった〔白峰二〇〇六：二一二～二一六頁〕。

松山城については、本丸・二の丸・三の丸のありさまを建物の種類・規模を中心に詳細に記し、絵図も作成している。忠知は、嘉明と同様に普段は本丸におらず、二の丸で政務を執っていた。ここで注目されるのが、次に示す山上の本丸と二の丸を結ぶ「登り石垣」に関する記載である。

　同丸西山の上へ石垣つゝき、見え申し候分四十間程高さ五間、六間、七間之所も有、其間ニ二重の矢倉弐つ有、山上迄石垣へい《（塀）》あり、南も石垣へい山上迄つゝき見へ申候、其間ニ二重の矢倉有、矢倉数合六ツ、矢倉共、

「登り石垣」とは、文禄・慶長の役の際、出陣した大名たちが築いた城郭「倭城《わじょう》」で採用されたものである。山上の城郭と山下の城下町や港湾施設を、二条の石垣で結び一体化することをめざしたものだった。参陣した加藤嘉明が、居城の縄張に取り入れたものと考えられる。最近、松山城では登り石垣が整備され、城下からもよく見えて大変壮観である[7]。

城下町の商家は約千戸もあり、また三津には戸数が約百戸あることも記す。農村支配については、前年には天候不順が続き不作だったため、農民の負担の軽減に努めていることが記されている。家臣団に対して馬の飼料である八草・ぬか・わらの徴収を禁止し、必要分は購入するように命じ、夫役の徴発も制限し、他家からの使者の供応に制限している。

加藤時代には築城工事などが続いたため、民衆の生活基盤の強化に努めたのであろう。隠密は、忠知の治世について「事の外やはらかに御あたり被成」と、領民から喜ばれていると記している。

家臣団編成についての報告もある。「おとな分《（宿老）》」としては、蒲生源三郎・志賀与三右衛門、「惣奉行」として福西吉左衛門・関十兵衛などが記されている。また「今度与州へ参候侍数、中務殿《（忠知）》本之馬乗百廿人、百程と申者も御座候、

下野《（忠郷）》殿侍三百人以上四百廿人之由候」と、亡兄忠郷の家臣団と自らの家臣団の混成部隊となっていることがわかる。
隠密は、あわせて家臣団への不公平な知行割がおこなわれていることを記している。つまり会津で三千石の者が、そのまま三千石となったり、二千石・千石・七百石と様々で、「何わり《（割）》べり《（減）》と申し極め御座無く候由候」と報告されている。

寛永五年に忠知は、陸奥岩城平城主内藤政長の息女と結婚する。しかし領内は落ち着かなかった。寛永六年正月には、牢人の水無又兵衛を頭目とする千人規模の一揆が発生したのである。忠知は、蒲生源左衛門・町野幸和・梅原弥左衛門らの重臣たちを派遣して鎮圧させた（「寛明日記」）。地元では、これを「蒲生騒動」と呼んでいる。

蒲生氏による支配体制がまだ安定していなかったことと、「四国七城巡検録」に記されている天候不順による凶作などがその原因として考えられる。そこで忠知は、寛永五年十一月に重信川上流右岸の徳威原（松山市）の開墾を計画し、耕地四百三十八町歩を開いたと伝わる。

寛永七年にも久米郡片平村（松山市）で、「片平騒動」と呼ばれる事件がおこった。干魃にみまわれたため、庄屋久兵衛が蒲生氏の代官に年貢減免を求めたが聞き入れられなかった。そのようななか放火事件があり、その罪を久兵衛がかぶって処刑されたのである。その後、村民たちは長徳寺の境内に若宮と呼ぶ祠をつくり、久兵衛の遺徳をしのんだ。

ここでまた重臣間対立が発生する。寛永七年三月に福西吉左衛門・関一利・岡清長（岡左内の甥）・志賀与三右衛門らが、蒲生郷喜・郷舎・宗長の三兄弟（蒲生郷成の子息）を訴え、閉門させるという事件が起こったのである。

忠知と郷喜がともに内藤政長の婿で義理の兄弟となったため、郷喜の専横が激しかったのだろう。忠知は、郷喜と郷舎を拘禁し福西に藩政を任せるとともに、幕府にこの騒動の裁許を求めた。

幕府の審議の場で福西は、①郷喜が松山城内の自邸（北郭）に新櫓を築造した、②真田幸村の娘を子息の嫁にしている、などの点を主張した。それに対して郷喜は、①は忠知を通じて幕府の許可を得ていた、②は幕閣本多正純の了承があったと弁駁した。

これについては、寛永九年七月十日に江戸城白書院において、御三家が下段に着座し番頭・物頭もすべて列座するなか、家光による御前公事（裁許）があった。その結果、十一日夕刻に酒井忠世邸で申し渡しがあり、福西の伊豆大島への流罪、関・岡・志賀の追放、郷喜の領内籠居という判決が下され（「寛明日記」・『徳川実紀』）、寛永八年七月には家光から忠知に、以後油断無く家中の仕置をするように教諭されている（『江戸幕府日記』）。

蒲生家臣団内の不協和音は根本的に解消されぬまま、参勤途次の寛永十一年八月十八日に忠知も疱瘡を患い三十一歳で死去する。興聖院殿華岳宗栄居士という戒名が贈られた。

忠知の画像は祈願所だった円福寺（松山市木屋町）にあり、菩提寺の興聖寺（松山市末広町、当初は大林寺に葬られたと伝えられるが、後任大名の松平定行が興聖寺を創建して霊位などを移した）には、忠知の死後百四十五年後の安永七年（一七七八）五月に家臣の子孫九名が建立した供養碑が残る。

これをもって蒲生家は、無嗣絶家となる（「寛明日記」）。松山入部から、わずか七年余り、祖父氏郷が故郷近江日野を離れて伊勢松ケ島（三重県松阪市）に入城してから、五十二年の歳月が経過していた。なおこの当時、忠知の正室が懐妊中であったため、その子供に蒲生家を嗣がせようとしたが、生まれた女子が二歳で亡くなったため、それも果たせなかったといわれる。

四百人もの家臣団は、御家断絶によって各地に離散した。重臣のなかには、信濃松本藩・因幡鳥取藩・日向延岡藩などに仕官できたものもあった。その他には、そのまま残って後任大名松平氏に仕えた者をはじめ他家に仕官できた者や、近江日野に戻って百姓や町人となったものもあった。

結語

最後に、慶長二年以降絶え間なく発生した蒲生家中における御家騒動について検討してみたい。次に、その構造を表5として掲げる。

これらの騒動の直接的な原因は、氏郷の代の家臣団が、すぐれて彼との個人的な関係から形成されたものであり、彼以降の嫡子が若年かつ凡庸のため、自立性を保持している城持クラスの重臣層に対する統制が徹底しえないという

表5　蒲生騒動関係事件一覧

	秀行期
慶長2	蒲生郷安(外様)—蒲生郷成(外様)対立。郷成派の亘利八右衛門殺害される。
慶長14	仕置奉行筆頭岡重政(外様)—蒲生郷成(外様)対立。小倉作左衛門や関一利らの郷成派家臣が家中を退去する。
	忠郷期
慶長18	岡重政(外様)、対立派重臣層によって担がれた秀行夫人振子の家康への直訴により、慶長十八年十二月八日に駿府で死罪に処される。郷成派が復帰する。
元和2	蒲生郷喜・郷舎兄弟(蒲生郷成の子息、外様)・蒲生忠左衛門—町野幸和(譜代)対立。家康、蒲生兄弟側を勝訴とする。
元和8	渡辺次郎右衛門が町野幸和(譜代)を幕府に訴えたが、証拠不十分で判決が出なかった。
	忠知期
寛永7	福西吉左衛門(譜代)・関十兵衛(外様)・岡清長(譜代)・志賀与三右衛門(外様)らが、蒲生郷喜・郷舎・宗長(外様)の三兄弟を訴え閉門させる。家光によって福西の切腹と、他の三人の追放が決定する。

ことにあった。

具体的には、秀行の代は蒲生郷成をはじめとする支城主クラスの外様重臣間の対立だったが、忠郷・忠知の代に至ると、譜代重臣層を巻き込んだ対立へと一層深刻化している。

この間に、城持重臣層の自立性が弱まり（松山では、支城支配がおこなわれなかった）、領内支配の官僚としての役割を果たす譜代の奉行層が、台頭したためと考えられる（表2参照のこと）。

近世初期における家中紛争は、蒲生氏のみにみられるものではなく、各大名の二代目あるいは三代目が、少なからず直面した重大な問題だった。初期御家騒動の原因について、高木昭作氏は「重臣と大名との関係が極めて個性的であり、一代限りのものであったから」とみる（高木一九七五：一四二頁）。

紛争解決は大名のみならず、大御所や将軍の課題でもあった。徳川家康・秀忠・家光は基本的には大名当主が重臣層に対して優越性をもち続けるように、裁判の際大名側に有利な判決を下すなど、様々な手段を試みた。

蒲生氏の場合は、氏郷が信長の婿であり、またその子息秀行が家康の婿であることから、徳川一門並みの名門大名としての待遇を受けており、たび重なる家中紛争も家康・秀忠・家光が親裁し、若年藩主の権限強化に努めている。このような厚遇にもかかわらず、重臣間対立が絶えなかったのである。

これらの事実からは、結局のところ重臣層のなかに蒲生という「御家」を自らの「家」＝私に優越する「公儀」として守ろうという意志が十分には育たなかったといわざるをえない。換言するならば、大名当主にとって自らの力量を誇って戦場働きに人生を賭けてきた戦国武将を、大名家中の一員すなわち治者とすることがいかに困難を極めたのかがうかがわれる。

蒲生氏の場合、氏郷の段階で諸大名に先駆けて近世軍制を敷きながらも、秀行・忠郷・忠知では戦国大名的な重臣の連合組織という段階を脱却しえず、ついに「藩」というべき組織は成立しなかったといってよい。

（1）蒲生氏郷については、今村義孝『蒲生氏郷』（人物往来社、一九六七年）、高橋富雄『蒲生氏郷』（歴史春秋社、一九七六年）、瀬川欣一『蒲生家盛衰録』上・中・下（石岡教文堂、一九八一～八二年）、高橋富雄編『蒲生氏郷のすべて』（新人物往来社、一九八八年）、拙稿「蒲生氏」（『日本の名族』八、新人物往来社、一九八九年）、『氏郷とその時代』（福島県立博物館、二〇〇三年）、『蒲生氏郷―戦国を駆け抜けた武将―』（『安土城考古博物館特別展図録』二〇〇五年）、『蒲生氏郷関係資料集』（蒲生氏郷公顕彰会、二〇〇五年）などがある。

（2）軍法については、高鷲江美「戦国・織豊・徳川初期の軍法」（『栃木史学』九、一九九五年）、黒田基樹「戦争史料からみる戦国大名の軍隊」（前掲『戦争Ⅰ』所収）、福島克彦「織豊軍団の形成と陣城」（二〇〇四年三月十三日城郭談話会報告レジュメ）、山田邦明「戦国時代」（『日本軍事史』吉川弘文館、二〇〇六年）など、陣立書については、三鬼清一郎「陣立書の成立をめぐって」（『名古屋大学文学部研究論集　史学三八』一九九二年）・「陣立書からみた秀吉家臣団の構成」（藤田達生編『小牧・長久手の戦いの構造』岩田書院、二〇〇六年）など参照。

（3）支城や知行高は天正十九年の九戸一揆鎮圧以後のもので、『近江蒲生郡志』二や『会津鑑』所収の分限帳類や東京大学文学部本居文庫所蔵「蒲生飛驒守殿分限帳写」などを参考にしたが、石高の一致しない者は原則的に数値の高い方を採用した。

（4）秀吉が氏郷に会津を与える際に「縦ヒ秀吉ニ敵ヲナシ又ハ勘当ノ者ナリトモ、文武ヲ得タル侍ナラハ御辺ハ扶持シ給へ」（『氏郷記』）と指示したのは、氏郷の家臣団の性格を考えるうえで興味深い。

（5）藩については、岡山藩研究会『藩世界の意識と関係』（岩田書院、二〇〇〇年）、岸野俊彦編『尾張藩社会の総合研究』（清文堂出版、二〇〇一年）、高野信治『藩国と藩輔の構図』（名著出版、二〇〇二年）、深谷克己『津藩』（吉川弘文館、二〇〇二年）、拙著『江戸時代の設計者―異能の武将・藤堂高虎―』（講談社現代新書、二〇〇六年）や「特集　藩からみた日本近世」（『歴史評論』六七六、二〇〇六年）を参照されたい。

（6）前掲拙著『江戸時代の設計者―異能の武将・藤堂高虎―』を参照されたい。

（7）愛媛大学法文学部人文学科内田研究室『松山城登り石垣調査報告書』（二〇〇四年）。

史料

「氏郷記」（『改訂史籍集覧』一四）

「蒲生軍記」（国史叢書）

「蒲生氏郷記」（『群書類従』合戦部）

「蒲生家譜」（『会津鑑』）

「蒲生氏郷記」（『改訂史籍集覧』一四）

『新編会津風土記』（雄山閣、一～五）

「四国七城巡検録」（伊予史談会叢書第十一集『西海巡検志・予陽塵芥集』所収）

参考文献

『会津若松史』二（一九六五年）

『会津若松史』三（二〇〇四年）

『会津若松史』四（一九九九年）

『近江蒲生郡志』三（一九二二年）

『近江日野町志』上（一九三〇年）

『蒲生町史』一（一九九五年）

『松阪市史』六（一九七九年）

『福島県史』二（一九七一年）
『愛媛県史』近世上（一九八六年）
『愛媛県史　資料編』近世上（一九八四年）
『松山市史』二（一九九三年）
『松山市史料集』二（一九八七年）

朝尾直弘「豊臣政権論」（『岩波講座　日本歴史9』近世1、岩波書店、一九六五年）
小林清治『奥羽仕置と豊臣政権』（吉川弘文館、二〇〇三年）
同氏『奥羽仕置の構造』（吉川弘文館、二〇〇三年）
白峰　旬「公儀隠密による四国七城の城郭調査（寛永四年）―『讃岐・伊予・土佐・阿波探索書』の分析―」（同氏『幕藩権力と城郭統制』岩田書院、二〇〇六年、初出二〇〇五年）
高木昭作「江戸幕府の成立」（『岩波講座　日本歴史9』近世1、岩波書店、一九七五年）
同氏『日本近世国家史の研究』（岩波書店、一九九〇年）
福田千鶴『幕藩制的秩序と御家騒動』（校倉書房、一九九九年）
同氏「17世紀前半の政治過程と初期御家騒動」（『人文学報』三四六、二〇〇四年）
同氏『御家騒動』（中公新書、二〇〇五年）
柳原多美雄「蒲生騒動について」（『伊豫史談』二〇九、一九七三年）

〔付記〕収録文献の形式に従った。

第十章　藩誕生期の地方巧者─伊予松山藩足立重信

問題の所在

愛媛県を対象とする歴史学研究においては、いまだに天正十三年(一五八五)の四国国分から、いわゆる「伊予八藩」の成立までの約一世紀間に関する研究蓄積は貧弱である。その理由は、なんといっても関係史料が極端に少ないことにある。これについては、『愛媛県史』をはじめとする県内自治体史の当該期史料編を一見すれば明白である。しかし、近年は新史料の発見や発掘による新知見の提示など、[1]徐々にではあるが研究環境が整いつつある。これらの成果をふまえて、本章では慶長年間を中心とする草創期の松山藩に着目したい。なお「藩」とは、先学の視点に学んで政治組織と領域領民を一体的に含む術語として使用する。

伊予八藩の直接的なルーツは、加藤嘉明と藤堂高虎の段階に求められる(伊予関係資料1・2参照のこと)。彼らの二十万石の所領は、複雑に入り組み国内に分散していたし、支城制も採用していたから、厳密な意味では藩とはいえなかったが、加藤領から松山・西条・小松の三藩が、藤堂領から今治・大洲・新谷(大洲藩支藩)・宇和島・吉田(宇和島藩支藩)の五藩が誕生している。

加藤・藤堂領を分割することによって、ある程度まとまりのある藩領が形成されたのでり、支城制も廃止されていった。さらに寛永年間に大洲藩と松山藩との間で、元禄年間には幕領と今治藩・西条藩との間で替え地がおこなわれ、最終的に八藩の藩領が確定した(2)。

本章では、伊予諸藩のルーツのひとつ松山藩の初期藩政の実務を担った重臣足立重信に着目する。あらかじめ構成を示すならば、次のようになる。

第一節・第二節においては、四国国分から松山・今治両藩が成立するまでの大名・領主の変遷について明らかにする。これに関する通説には、誤りがみられる。当該期の伊予には、大名領のみならず豊臣秀吉の直臣すなわち旗本の知行所が広範に存在したからである。新出史料をもとに、藩誕生の前提として検討したい。

第三節では、足立重信の藩政における役割の詳細を考察する。この時期の地方支配の実態を、後の庄屋につながる豪農層との関係から復元する。江戸時代初期という戦乱から偃武への歴史の転換期における藩重臣の多様な役割を、郷村行政(3)という視点から検討し、地域社会にとっての藩誕生の意義を追究したい。

第一節　関ヶ原合戦までの領主

1　大名配置

ここでは、天正十三年の四国国分から伊予の大名・領主配置に大きな影響を与えた文禄四年(一五九五)の秀次事件の時期までの大名配置について概観したい(4)。

四国国分を経て国主大名となった小早川隆景は、城割・本城湊山城（愛媛県松山市、以下県内地名については県名を省略する）の築城・検地などに着手したが、天正十五年の九州国分によって筑前名島（福岡市）へと転封した。そののち伊予は、国分山城主の福島正則（十一万石と豊臣蔵入地九万石を預かる）と大津城主の戸田勝隆（十万石と豊臣蔵入地十万石を預かる）の所領に分割された。

当時の伊予の総石高は約四十万石で、彼らは同時に所領近辺に設定された豊臣蔵入地の代官にもなっていた。ここで得られた年貢は、政権の統一戦遂行のための兵粮米にあてられたり、後述するように在京する秀吉の旗本衆に配分された。

天正二十年から朝鮮出兵が開始され、伊予の諸大名は他の西国大名とともに軍事動員を受けた。同年五月には首都漢城が陥落するなど、緒戦において有利に戦線が展開したことから、秀吉自ら渡海動座することが表明される。この頃、伊予衆は釜山から首都漢城に至る御座所普請に戸田勝隆と水軍来島氏が動員されている(5)。

ところが同年七月になると、閑山島・安骨浦の海戦で李舜臣率いる朝鮮水軍との海戦に敗北して、秀吉の渡海は見送られることになる。同年十二月頃から兵粮米の調達が問題となり、文禄二年になると明軍の朝鮮救援戦の本格化により、事態は一層深刻化してゆき、再度三月と表明されていた秀吉の渡海も不可能となった。

このような遠征の行き詰まり状況のもと、同年八月には待望の世子秀頼が誕生した。これは大きな波紋を呼び、太閤秀吉と関白秀次による政治体制は終焉に向かう。それを決定づけたのは、秀次とその一類を虐殺した秀次事件である。本章では、この事件が単なる一門粛正事件にとどまらず、仕掛けた側の石田三成ら秀吉側近グループによる豊臣一門大名の除去をめざした政変ととらえて「文禄四年政変」と呼ぶことにする(6)。

浅野長吉を除く所謂「五奉行」と富田知信が利を占めたのが、政変の結果であった。三成は、秀次が管理していた

表1　文禄四年政変後の大名配置

名前	居　　城	石高
池田秀雄	国分山城（今治市）、蔵入地（石高不明）代官。所領は東予、没後子息秀氏は宇摩・新居両郡内８千石を含む２万石、慶長２年没、後任は小川祐忠。	８万石
加藤嘉明	松前城（松前町）、４万石蔵入地代官。所領は中予。関ヶ原の戦いで20万石、所領は東・中予に入り組む。寛永４年に会津若松転封。	６万石
藤堂高虎	板島城（後の宇和島城、宇和島市）、６万石蔵入地代官。所領は南予。関ヶ原の戦いで20万石、所領は南予および東・中予に入り組む。慶長13年に伊賀・伊勢に転封。	７万石
来島通総	来島城（今治市）、兄の得居通幸は３千石、中世以来の海賊衆。関ヶ原の戦いの後、豊後森に転封。	1.4万石

近江佐和山城を得たばかりか、大場三左衛門・大山伯耆守・前野忠康（舞兵庫）などの秀次の有力家臣を自己のそれへと編入している。(7) 増田長盛は、秀次の実弟秀保の旧城である大和郡山城を得た。前田玄以は改易された小早川秀俊（木下家定五男で後の秀秋）の遺領を継ぐ。長束正家は、石田三成の旧城近江水口城を得た。また富田知信は、織田信包改易後の伊勢津城主となった。

まさしく、彼ら側近官僚層の有力大名化を図った人事刷新といってよい。

伊予においても、この政変は大名配置を大きく変化させているので表1を参照されたい。(8) これまでの『愛媛県史』をはじめとする研究では、政変との関連がまったく看過されてきた。

南予では戸田氏が文禄三年に朝鮮出兵中に病没していたが、豊臣秀保の重臣だった藤堂高虎が宇和郡を中心とする領地を拝領し板島城主となっている。福島氏は、秀次にかわって尾張清須へ転封となった。このあと中予は松前城の加藤嘉明、東予では国分山城の池田秀雄という配置になる。この後、加藤氏は三十二年間伊予に留まることになった。政権内部の権力抗争が、伊予一国を揺るがしたのである。

2　豊臣旗本領

次に、文禄・慶長期に伊予国内に知行所をもった豊臣旗本衆の実態に着目する。秀吉の軍事力は、諸国の一門・直臣大名はもちろんのこと、在坂・在京する相当数の旗本衆に支えられていた。旗本とは、馬廻・小姓・吏僚といった様々な役割を果たす直臣層を指す。

秀吉の全国支配は、決して大名統制だけで実現したのではない。戦争における側近軍団や軍監としての戦場派遣、儀式における荘厳化装置、平時における大名への情報伝達や検地などの内政指導など、彼らの果たした役割は極めて多様だった。まだその全貌は明らかになってはいないが、旗本衆による統制回路も必要不可欠だったと推測される。従来の研究において、豊臣旗本衆についてはほとんど等閑視されてきた。ましてや伊予にその知行所が万石規模で存在したことなど、まったく知られていなかったので紹介したい。

〔真鍋貞成〕

かつて信長麾下の和泉水軍の代表格だった真鍋貞成は、天正十五年に戸田勝隆に仕えて三千二百石の知行を与えられた(9)。しかし文禄三年十月に勝隆が病死し、同家が無嗣絶家となったため、秀吉の意向でその旗本となり、次に示す朱印状を与えられている。

【史料1】(10)

知行方伊予国周布郡池田伊予守(秀雄)代官所内千六拾六石六斗、同浮穴郡加藤左馬助(嘉明)・藤堂佐渡守(高虎)代官所内弐千百卅三

石弐斗、合三千弐百石事、目録別紙有之、令扶助訖、全可領知候也
文禄四
九月廿六日　（秀吉朱印）
真鍋五郎（貞成）兵衛尉とのへ

文禄四年政変を受けて、伊予では池田秀雄・加藤嘉明・藤堂高虎らが新領主として入国した。貞成は、彼らが預かる豊臣蔵入地から合計三千二百石の知行所を得たのだった。ここで注目されるのは、その所領が周布郡・浮穴郡といった散在した形態をとったことである。

池田氏などの豊臣大名が、蔵入地代官としてそれらを支配し、年貢のみが貞成に給与されたのである。したがってこの段階で貞成は、そのまま伊予に留まっていたというよりも、「家譜」[11]中の「一、文禄三午年、民部少輔（戸田勝隆）方病死に付、又々秀吉公へ被召出、伊予国にて知行三千五百石被下候」との記載からも、秀吉の馬廻として在京したと考えるのが妥当であろう。

〔九人衆〕

なお「家譜」に続く「真鍋真入（貞成）公有増御一生之御書付」には、貞成のように秀吉が戸田氏旧臣から旗本としたのは、「有名者九人」すなわち貞成を含む戸田助左衛門・安見右近・戸田左衛門・山中織部・佐藤伝右衛門・戸田左太夫・田島兵助・武山太郎左衛門と記されている。

彼ら九人衆は、いずれも天下に名の通った武士だったから、貞成と同様に秀吉旗本衆として在京し、伊予の豊臣蔵入地から知行所を与えられたのだろう。これに関するのが、「佐伯家文書」[12]所収の新史料（七、補論の文書番号で、以下

も同様に表記する）である。

本史料によると、九人衆の知行所が周布郡大頭《おおと》村に設定されていたことがわかる。【史料1】の真鍋氏に預けられた「伊予国周布郡池田伊予守代官所内千六拾六石六斗」は大頭村（「慶安元年伊予国知行高郷村数町」（以下「慶安郷村数帳」と略す）では村高八百四十一石）を含む地域にあり、知行所代官は当地の豪農である佐伯勘右衛門だったとみられる。

池田氏が朝鮮出兵中に、大頭村と田野村の境界にある井関をめぐる相論が発生したのを、長束家正が前任大名福島氏が豊臣蔵入地代官だった時のようにせよと裁定したのである。したがって本史料の発給年の上限は文禄四年七月の政変以降で、下限は池田氏が朝鮮の安骨浦で死去する慶長二年十一月晦日までということになる。

文禄四年政変の結果、池田・加藤・藤堂の三大名が伊予に所領を得たのであるが、彼らと来島氏の所領の合計は約二十二万石、豊臣蔵入地の合計は十万石である（表1による）。残りの約八万石は豊臣蔵入地とみるべきで、そのなかに豊臣氏旗本衆の知行所が設定されたとすることができる。

したがって、政変によって三成に近い大名・領主が加増されたばかりか、秀吉旗本衆とその知行所が飛躍的に増加して政権を直接支える軍事力が増強され専制化が加速したとみられる。従来の「秀次事件」に関する研究は、事件そのものに注目するあまり豊臣政権論として十分には位置づけられてこなかったうらみがある。

〔池田秀氏〕

文禄四年（一五九五）に伊予国分山城主となった池田秀雄の嫡男秀氏について、通説では秀雄没後の慶長三年（一五九八）に同国喜多郡に転封して二万石を得たといわれてきたが[13]、居城をはじめその実態は不明だった。

文禄四年七月二十二日付豊臣秀吉朱印状[14]によると、高虎は既に喜多郡で二万千六百五十六石の豊臣蔵入地代官となっている。ちなみに慶安元年（一六四八）の「慶安郷村数帳」や元禄十三年（一七〇〇）の「元禄村浦記」によると、喜多郡は三万三千九百三十九石余りだから、池田氏が二万石を領有していたとは考えにくい。これについては、次の史料を参照されたい。

【史料2】(15)

於和州広瀬郡一万三十三石、紀州有田郡・那賀郡内弐千石、伊予国宇麻(摩)郡・新居郡内八千石、都合弐万石事、相添目録別紙、令扶助畢、全可領知者也、

慶長三
五月廿三日　(豊臣秀吉)御朱印

池田孫次郎(秀氏)との

確かに秀氏は慶長三年五月に秀吉から二万石を宛行われたが、所領は大和・紀伊・伊予の三カ国にまたがり伊予では宇摩・新居両郡内で八千石だったのである。池田氏は秀雄の段階では伊予の大名だったが、秀氏の段階では秀吉の旗本として上方にあったと推測される。

〔青木一重〕

慶長十八年正月「青木民部少輔組高付」(16)によると、青木一重は周布郡内の七ヶ村に四千二百七十四石余を領知していた。その内訳は、周布村二千二百三十九石余、三津屋村五百二十三石余、来見村百七十九石余、石之経村三百十四石余、千原村十八石余、中川村百十九石、石田村八百八十石余である。

のちに摂津麻田藩一万石の初代藩主となった青木一重は、黄母衣衆のちに七手組と呼ばれた豊臣氏旗本衆の中核に

属する猛将として広く知られていた。それでは、周布郡の知行所を青木氏が拝領したのはいつのことだろうか。これに関しては、次の史料を参照されたい。

【史料3】[17]

天正十一年終ニ豊臣秀吉ノ臣下トナル時ニ、秀吉家人ノ中廿四人ヲ擢テ黄軍使トナス黄母衣ノ衆ト云、、一重其選ニ入ラレ、

同ク十三年采地摂州豊島荘又伊予国七村・備中国六村都合一万石余ヲ領ス、

本史料は後世の史料ではあるが、天正十三年に拝領したとしている。『寛政重修諸家譜』にも、「天正十三年摂津豊島郡のうちにをいて采地をあたへられ、また伊予・備中両国に於て加恩あり、すべて一万石余を領す」と記す。関係自治体史も、これらの史料にもとづき天正十三年と判断しているが[18]妥当だろうか。

同年には、小早川氏が三十五万石の伊予国主となった。あわせて安国寺恵瓊に二万三千石、来島通総に一万四千石、得居通幸に三千石が宛行われたことが確認される[19]。管見の限り、伊予関係の一次史料には青木氏への知行所給与はみられない。

天正十五年からは福島正則が東予地域を領有したが、周布郡で一万九千七百四十二石を得ている[20]。ちなみに「慶安元年伊予国知行高郷村数帳」で同郡は二万一千百十一石だから、福島氏は一郡すべてを宛行われたとみるべきである。周布郡内に豊臣蔵入地が設定されたのは、【史料1】や補論七号文書でみたように文禄四年政変以降とせねばならない。したがって、筆者は文禄四年政変の時期に青木氏が知行所を与えられたと判断する。

青木氏は、二代藩主重兼の代になって伊予領を摂津麻田陣屋（大阪府豊中市）近辺に替地した。『寛政重修諸家譜』の

重兼の項には、「四年（寛永）六月伊予国の領地を摂津国豊島・川辺二郡のうちにうつさる」と記されている。

〔宮木豊盛〕

豊盛は、天文二十三年（一五五四）に誕生し元和六年（一六二〇）に死去した武将である。六月十九日付三坂長右衛門・坂源右衛門書状（三七）には、「宮木丹波さま御領分内倉瀬山」とみえる。宮木氏の所領だった「倉瀬山」は、現在の西条市丹原町鞍瀬付近の山を指すと思われる。

慶長四年に四月に従五位下丹波守に任官しているから、本史料はこれ以降のものと推測される。「御小身ニ御座候」とあるが、『寛政重修諸家譜』には「採地五千石」と記す。秀吉に仕えた旗本で、慶長十四年には家康に仕えている。豊盛は元和六年五月に死去し、孫の豊嗣が襲封したが、承応二年（一六五三）十一月に無嗣絶家となった。したがって、伊予国の領地はこの頃までに消滅したと考えられる。

第二節　文禄・慶長年間の伊予

I　三谷城合戦

ここで、青木氏の代官について注目したい。代官所は周布郡の中央の本郷に位置する三谷城（愛媛県西条市）で、郷士代官として一色氏が支配の実務を担当したと推測される。

「青木伝記」[21]には、「周敷村庄屋一色弥五郎江一重（青木）公より菊一文字刀・茶入被下候由」と記され、青木氏と一色氏が親密だったことがうかがわれる。「青木伝記」は後に編纂されたものだから「周布村庄屋」と記されているが、青木氏のもと一色氏は代官と呼びうる在村武士で、大坂の陣に参陣したとする伝承もある。

一色氏の系譜については、伊予西条藩の藩儒日野和煦《にこてる》（一七八五～一八五八、藩校択善堂教授）が編纂し天保十三年（一八四二）に成立した地誌『西条誌』[22]の周布郡周敷村大庄屋一色太郎九郎の項に、次のような記載がある。

すなわち、「先祖宮内少輔公深と云もの、三河国吉良庄一色村より出、子孫其村名を取て氏とし移ツて丹後国宮津の城に居、右馬三郎重之と云もの、天正年中、宮津の城を落て当国に来り、高外木《たかとぎ》城の石川氏に客たり、後に周敷郡周敷村三谷の城主荒井藤四郎を討ちて、其地を領すと云」と記されている。

『西条誌』は、一色重之が丹後一色氏の一族にあたり、天正年中に丹後宮津城（京都府宮津市）から伊予高峠城（愛媛県西条市）に落ち延びて来たという。高外木城とは、伊予国新居郡の守護所高峠城の別名で、当時在城したのが分郡守護代主石川通清であり、重之がその食客となったとする。ここで、織田政権期の丹後守護一色家について瞥見しよう。

一色満信（左京権大夫）は、丹後弓木《ゆみのき》城（京都府与謝野町）によって織田方に抗戦したが、明智光秀の勧めで天正七年に和議を結び、そののちは丹後一国を細川藤孝と分割統治した。満信は、信長のもと天正九年二月の京都馬揃えに参加し[23]、翌年の武田氏攻撃には子息一色五郎が藤孝とともに参陣している[24]。本能寺の変に際して光秀に味方したため、藤孝により宮津城内で謀殺された。

『西条誌』の記載によれば、一色重之が宮津城から脱出して高峠城に至り、石川氏の庇護を受けたと理解される。これを証明する一次史料は伝存しないが、光秀の縁者が、山崎の戦い敗戦後に長宗我部氏やその同盟者である新居郡金子氏のもとに亡命したことが知られている[25]。したがって、重之がこの時期に長宗我部氏とも入魂で金子氏の主家筋だった石川氏のもとに身を寄せたとしても、さほどの違和感はなく興味深い。

先述の佐伯氏も、周布郡に設置された豊臣旗本衆の知行所支配を担当する郷士代官だったと推測される。一色氏と佐伯氏は、いずれも他国出身者だったため秀吉の四国攻撃には巻き込まれず郷士代官として君臨したのである。

三谷城を舞台に、文禄年間に合戦が勃発したという伝承があるので紹介しよう。それが先に『西条誌』から引用した、「後に周敷郡周敷村三谷の城主荒井藤四郎を討ちて、其地を領すと云」との部分である。当該期の伊予の地域社会の状況については、史料的な制約がありほとんど明らかにされていないことから、貴重な証言である。これについては、『小松邑志』[26]の周敷村の三谷塁址の項に関連記事があり、次のように記されている。

【史料4】

往古越智左衛門尉居住、弘安年中、阿州三谷城主三谷美作介浪人シテ当国に来り爰ニ住ス、因テ三谷ノ城ト云、
其後越智備前守居ル、大永初ヨリ渡部氏住ス、享禄中黒河(黒川)肥前守此城ヲ襲ヒ、渡部越中守ヲ討テ亡ス、荒井氏ハ元渡部氏ノ臣ナリ、後黒河氏ニ仕ヘテ此城ニ住シ八人衆ノ一人トナル、文禄中荒井藤四郎考宣一揆ノ企コレ有ニ依テ、一色(右脱)馬三郎重之攻撃テ荒井氏亡ス、其後一色右馬助三ツ屋村ヨリ移ス住于此、
今楠ノ大樹有り、古ノ塁中ノ樹也ト云、
渡部越中守墓村中薬師堂ノ前ニ在リ、
荒井殿ノ祠　三谷ノ東ニ在リ、荒井藤四郎考宣ノ霊ヲ祭ル(祭日十一月十二日)、考宣ノ妻ノ墳ハ三谷川ノ南密条院ノ下ニ在リ、樹木茂リタル所是ナリ、女子二人ノ墳ハ一色太郎九郎宅ノ北ニ在リ、爰ニテ討ルトモ自害トモ云、
十三人首塚　荒井考宣ノ家子郎党戦死セル十三人ノ者ヲ埋ムト云、今甚処不詳、

本史料の前半部分が三谷城の由来で、享禄年間に黒川氏が城主渡部氏を滅ぼし、後任城主として渡部氏旧臣で黒川氏（守護河野氏家臣、周布郡剣山《つるぎやま》城主）の重臣八人衆の一人だった荒井氏が置かれたとする。後半部分で、文禄年間に荒井氏が一揆を企てたという理由で、一色重之に滅ぼされたことが記されている。これに関係して、『小松邑志』の北条村の古城の項には、次のような記載がある。

「田字ナリ、三津屋村境ノ近辺、往来の大路ノ西ニ在リ、又、城下ト云ヘル田字有リ、是ハ大路ヨリ下ニ在リ、誰人ノ故墟ナリヤ不詳、天正中一色馬三郎重之北条ノ地頭越智勘左衛門ヲ討亡セシコトアリ」。これによると、重之が天正年間に「北条ノ地頭越智勘左衛門」を討滅し三津屋村境にある「古城」と呼ばれる城郭を乗っ取ったことがわかる。彼は、ここを拠点に荒井氏の三谷城を攻撃したのである。

『小松邑志』は、続けて三谷城跡の土塁に楠の大木があること、周敷村の薬師堂の前に渡部氏の墓があること、さらに荒井氏の祠堂があり祭礼が十一月十二日で、妻女の墓もあること、また十三人首塚として荒井氏の家子・郎党十三人の首塚も存在することが記されている[27]。

これらについての現地調査（二〇一二年八月）をおこなった結果、次の口碑を確認することができた（西条市立東予郷土館職員や住民への聞き取り、周布地区文化財保護委員会・周布生涯学習委員会による遺跡説明板「十三人首塚の由来」、西条市観光協会HP「今どきの西条」など参照）。

秀吉の朝鮮出兵の折り、領主による過酷な年貢の取り立てがあり、荒井考宣に一揆の企てがあるということで、一色重之が荒井氏を攻めた。荒井方はよく戦ったが、考宣とその妻女をはじめ家子・郎党十三人が討死した。

村人から慕われていた考宣は、城館跡の一角に立てられた荒井社（通称「荒井殿さん」）に祀られ氏子も二十戸あったが、明治時代末期に近隣の豊栄神社や周敷神社に合祀され、今も十一月十二日を祭日としている。なお三谷城跡は、現在は畑地となっており、塚があるのみで遺構を確認することはできなかった。

　荒井氏の家子・郎党十三人の首塚も、城跡東方の西条市周布横田九四八番地にあった。昔から大雪が降ってもその塚周辺は雪が積もらないという伝承も残る（地下水の関係からか）。一九八八年にここに県道一四四号線が通ることとなり、周布地区文化財保護委員会によって道路の東側に供養塔として移転した。

　三谷城落城の時、奥方は南の北川を渡って、「お藤」「小藤」といわれる息女二人は北に逃げたが、討たれたとも自害したともいわれている。奥方の墓は、密乗院（西条市）の東の田の畦にある。息女の墓は、かつては西条市周布横田八二六番地の田のなかに二つの塚として残り、その側に藤の大樹があったが、現在は田の畦に石碑が建てられている。

　これらを総合すると、一色氏は天正十三年の四国国分によって石川氏が滅亡した後も健在で、周布郡の越智氏を攻めて城館を乗っ取り、さらに文禄年間には荒井氏を攻めて三谷城を得て居住したことになる。

　もしも西条・小松両藩で編纂された地誌に記載され伝承とも符合する文禄年間の合戦が、実際に発生していたとするならば、当該期の周布郡においては、依然として戦国期以来の由緒をもつ在村武士層が中世城館に居住し、相互に緊張状態にあったことになる。

【史料４】には、荒井藤四郎が敗死したのを文禄年中のこととしているが、伊予新谷藩士宮脇通赫が記した地誌『伊予温故録』(28)の三谷城の項では、一色氏との戦いを文禄四年としている。

　かりに文禄四年政変による領主交替の時期に発生したとするならば、一色氏がそれ以前に青木氏と関係をもっており、混乱状況を背景に強行したとみることも、あながち否定することはできない。さもなければ、当時といえども城攻めのような大胆な軍事行動は許されなかったと考える。

　青木氏の知行所拝領と一色氏の三谷城攻撃は、密接な関係がありそうである。一色氏は、豊臣体制に不満をもつ周辺の郷士層を中核とする一揆勢力を掃討することを、青木氏から任されたのかもしれない。戦国時代以来命脈を保ってきた黒川氏旧臣荒井氏のような旧勢力と地域住民は、さらに抑圧されたのである。

青木氏は、二代藩主重兼の代になって伊予領を摂津麻田陣屋近辺に替地した。『寛政重修諸家譜』の青木重兼の項には、「四年（寛永）六月伊予国の領地を摂津国豊島・川辺二郡のうちにうつ（移）さる」と記されている。

寛永四年、蒲生忠知が松山藩二十万石に封ぜられた時、青木重兼の伊予の領地は摂津豊島・川辺両郡内に替地となり、青木氏の伊予領支配は終焉を迎えた。この段階で一色氏は大庄屋となったとみられ、その後一柳氏・松平氏と藩主は替わっても幕末まで務めた。

2　大坂包囲網

慶長五年（一六〇〇）九月の関ヶ原の戦いにおいて、伊予の諸大名は東軍・西軍に分裂した。東軍には藤堂高虎・加藤嘉明・来島康親（通総の嫡男）が、西軍には安国寺恵瓊・池田秀氏・小川祐忠が属した。戦後、西軍諸将は改易に処され、当初西軍であったものの東軍へと転身した来島氏が豊後森へ転封となった。

伊予一国は、青木氏知行所を除いて加藤嘉明と藤堂高虎が折半して領有することになった。この戦争の論功行賞は家康の意志に添うものではあったが、麾下の大名に知行判物や知行目録を発給することはできなかった。伊予の場合も、嘉明と高虎が相互に領地を決めて支配の原則を確認するものだった。

加藤・藤堂両氏の所領は複雑に入り組み、しかも朝鮮出兵の陣中で戦功をめぐって対立して以来、二人が犬猿の仲であったことから、所領の境目には多くの監視用の支城が配置された。現時点で判明している支城について、伊予関係資料4を参照されたい。

支城は、大別すると、①郡支配拠点、②堺目拠点（監視拠点）、③つなぎの城に区分され、同時に複数の性格を併せもつものもあった。

①にあたるのは、加藤領では川之江城（宇摩郡支配）・壬生川城（新居郡・周布郡・桑村郡支配）・大除城（浮穴郡支配）である。藤堂領では、大津城（喜多郡支配）・板島城（宇和郡支配）である。

②は、加藤領では拝志城（今治城監視）、藤堂領では甘崎城（海域監視）・塩泉城（松山城監視）・灘城（松前城監視）・河後森城（土佐国境監視）である。

③については、藤堂領の小湊城（今治城と甘崎城とのつなぎ）と長浜城（大津城へのつなぎ）がある。なお『高山公実録』[29]には、しばしば「長浜」の記載があり、重臣が常駐していたことがわかる。ここは瀬戸内海から肱川に入って大津に向かうに際して、川舟に乗り換える重要地点だった。

慶長十三年には、高虎が伊賀・伊勢に転封するが、それでも戦時体制は緩まなかった。高虎の後任大名の配置は、今治城が藤堂高吉、大津城が脇坂安治、板島城が富田信広というものであった。従来の研究においては、転封後も高虎が直接・間接に伊予支配を継続したこと、伊予が大坂方勢力の監視に重要な役割を果たしたことを看過してきた。まず高虎が支城として改修し、転封後も重臣須知氏を配置した甘崎城に注目したい。[30]

瀬戸内海に浮かぶ甘崎城は、海外史料にも記されていた。元禄四年（一六九一）にドイツ人医師ケンペルは、瀬戸内海を航行中に甘崎城跡の堅固な石垣を見て、帰国後、著書『日本誌』に「水中よりそびゆる保塁あり」と記しているのである。

甘崎城について、『高山公実録』では綱文に「此年（慶長六年）公（高虎）、甘崎の城再造ありて須知出羽をして守らしめ安芸の福島氏の動静を監察せしめらる」と記す。これによって、関ヶ原の戦いの恩賞として安芸・備後両国四十九万石を与えられた福島正則を監視すべく、高虎が海城甘崎城を改修し、城代として家臣須知出羽を任じたことがわかる。

さらに同書では、水軍衆来島氏の持城であったものを、高虎が惣石垣で改修したことにもふれている。現在も往時の石垣遺構の一部が残存しており、島の頂上部では瓦も散見されるそうである。

越智郡井ノ口村の改庄屋近藤珍信が、寛永年間に松山藩の命を受けて作成した藩領島方十七か村の調査報告書である『越智島旧記』[31]には、「一、古城山廻リ五丁五拾間、但石垣之分惣長四丁弐拾八間、石垣之高サ壱丈四尺」と記されている。このように甘崎城は、瀬戸内海に屹立する近世水軍城郭として特筆すべき存在であった。

続いて、脇坂安治の大津転封の背景についてふれたい。『高山公実録』所収「新七郎蔵書」に収録されている（慶長十三年）十月一日付藤堂良勝等宛高虎書状には、「大津・今治之儀ハ、後々迄も相かわる（替）儀有まじく候由百姓共に申し聞かせ、うれ（嬉）しがり候ようにもっともに候」と記されている。

慶長十三年十月の時点では、伊賀・伊勢両国への転封によっても、今治と大津はそのまま家臣が管理すると高虎自身が認識しており、それを地元百姓に伝達させたのである。それではいかなる理由から、高虎が急に大津を安治に手放すことを決心したのであろうか。

安治は、高虎と懇意な間柄にあった。既に述べたように、同郷近江の出身で朝鮮出兵にも水軍として行動をともにしており、関ヶ原の戦いの際の東軍への寝返りは高虎の誘いであり、戦後旧領が安堵されたのも高虎の奔走によるといわれる。安治の大津への転封は、高虎の家康への進言による可能性が極めて高いのである。

おそらくそれは、高虎が大坂包囲網を実現するうえで、東国方面から紀伊半島を越えて紀淡海峡に進入する勢力に備えて配置された洲本城の存在が、目障りだと判断したからであろう。筆者は、高虎が家康の了解をとったうえで、安治に対して加増を条件に大津への転封に応じさせるとともに、洲本城本丸の建造物を移転させたと考える。戦争がなかったこの時期に、安治に二万石もの加増がなされた理由は、これ以外にありえないだろう。

あわせて、富田信高の改易についてもふれたい。信高は、慶長十三年十月に伊勢津から伊予板島に転封した。高虎と交換人事だったのである。しかし早くも慶長十八年十月には、改易されている。

その直接的な理由は、石見浜田城主坂崎直盛との相論に敗訴したことによるものである。その直前に、高虎は鷹狩りのために武蔵川越にいた家康から呼び出されたが、その用件は『高山公実録』によると「富田知行十万石御改易」の「密々御閑談」のためだったという。

富田氏改易の後、一旦高虎が板島城を預かり、重臣の藤堂良勝を派遣した。ここは、島津氏をはじめとする九州の豊臣恩顧大名の監視に適した地勢にあった。良勝は、『公室年譜略』[32]によると、大坂の陣を前にして「国中（板島領）ノ口々浦々船出入関所ヲ堅ク命シ、国侍ヲ吟味シ人質ヲ取ル」という措置を講じた。さらに「国侍究竟ノ者二百余人町在々ノ鉄砲五・六百挺其他武器等板島ノ城中へ入」れたとされる。

『高山公実録』に収録された「新七郎家乗」にも、「御領下古侍・無足人を改め、神文を申し付け、郷中武具・馬具を改め、御城へ入れ置き申し候」と記されており、板島領では大坂の陣にあたって「武具・馬具狩り」を強行したことがうかがわれる。これは、関ヶ原の戦いの折り、毛利氏に呼応する勢力が松葉で反乱を起こしたことをふまえての措置であろう。

第三節　松山藩の成立

1　地方巧者と豪農

江戸時代初期から、幕府や諸藩においては農政に通暁した官僚的武士いわゆる地方巧者が活躍する。大名クラスとしては、たとえば大久保長安や小堀政一（遠州）は有名であるが、彼らは代官頭として鉱山や新田の開発、河川改修などに抜群の力量を発揮した。(33) また藩士クラスでは、たとえば藤堂高虎の重臣西島八兵衛之友が幕命を受けて高松藩の灌漑事業を担当して満濃池を大改修したように、藩領を超えて活躍する能吏も存在した。(34)

松山藩加藤家においてそれに該当するのが足立重信である。(35) 重信については、『愛媛県史』においても特に注目すべき人物として取り上げられているが、これまでに専論は決して多くはなかった。これについては、同時代史料が限定されるからである。

現愛媛県西条市丹原町田滝を源流点として道後平野を貫く一級河川重信川（延長三十六キロ・流域面積四百四十五平方キロ）は、元来は伊予川と呼ばれていた。国内でも河川改修の担当者の名前がそのまま河川名になった例は、極めて珍しいという。

まずは、彼のプロフィールを簡単に紹介したい（表2）。

重信の通称は半助、半右衛門、実名を兼清あるいは元清ともいった。美濃の生まれで、幼少時から加藤嘉明に小姓

表2　足立重信略年譜（番号は『愛媛県史資料編　近世上』第一章の史料番号）

年	事項（文頭の数字は月）
永禄？	美濃国に誕生。
天正？	加藤嘉明に小姓として仕える。
文禄4	嘉明が伊予松前城主となり伊予に入国。文禄・慶長の役に従軍。
慶長2？	伊予川の河道を変更する大改修工事が始まり、奉行として関与する。
慶長5	9関ヶ原の合戦に伴い、河野氏旧臣村上元吉らが毛利氏の援助を受けて三津へ来襲したため撃退する。
慶長6？	湯山川の河道を変更する大改修工事が始まり、奉行として関与する。
慶長7	1松山城の築城始まり、奉行として関与する。 2越智郡椋名村（現今治市）に銀子八十目の請取を渡す〔柳原文書〕。 8新居郡上島山村（現西条市）の年貢割り当てを定める〔98〕。
慶長8	1伊予川河原の開墾と居住を奨励する〔100〕。
慶長9	5風早郡宮内村（現松山市）に入作を奨励する〔106〕。
慶長11	7風早郡宮内村から苧麻を請け取る〔113〕。
慶長15	3風早郡二神島の竹木の育成・伐採についての取り決めをする
慶長18	〔来迎寺文書〕。
元和1	4新居郡における人足割当てを定めて徴集する〔三並文書〕。9風早郡宮内村の年貢率を定める〔正岡家文書〕。
元和2	4風早郡宮内村の年貢率を定める〔正岡家文書〕。
元和7	7風早郡宮内村から苧麻を請け取る〔正岡家文書〕。
寛永2	3新居郡大生院村大浜（現新居浜市）の年貢率を定める〔小松邑志〕。11病気のため死去する。
大正8	正五位を追贈。

として仕えた。嘉明の転封に伴い伊予松前城に入った後、文禄・慶長の役に従軍して戦功をあげ、関ヶ原の戦いには重臣佃十成らとともに留守居として、毛利氏の支援を得て来襲したかつての伊予守護河野氏の旧臣らの軍勢を伊予三津《みつ》で撃退する。これらの功績を認められ家老として登用され、四千五百石の知行を与えられた。

ちなみに、加藤嘉明の松山時代に千五百石以上の知行を与えられた重臣を次に掲げたい（表3）。嘉明の弟で拝志城代の忠明の一万五千石を筆頭に、大除《おおよけ》城代の佃十成の六千三百石、川之江城代の川村権七の六千二百石と続く。これによると、重信が支城を預けられる

表3　松山時代加藤嘉明重臣リスト(出典「明公秘録」)

名前	石高	備　考
加藤忠明	15000	嘉明弟、拝志城代、拝志騒動ののち東福寺僧。
佃十成	6300	大除城代、松山城北郭を与えられる。美濃国に誕生。
川村権七	6200	川之江城代。
中島庄右衛門	5000	
足立重信	4500	壬生川城代か。
生駒内膳	4000	
堀部主膳	3000	嘉明の義弟、拝志騒動ののち拝志城代。
堀主水	?	会津時代3000石、寛永18年会津騒動により誅殺される。
土方弥五右衛門	3000	関ヶ原の戦いで戦功をあげる。
土方長兵衛	2500	関ヶ原の戦いで戦功をあげる。
田辺彦兵衛	2000	
守岡半三郎	2000	関ヶ原の戦いで戦功をあげる。
小野田長左衛門	2000	
井上鹿之助	2000	
山田伝左衛門	1500	
宮川茂左衛門	1500	関ヶ原の戦いで戦功をあげる。
石川新右衛門	1500	

城代クラスの重臣だったことがわかる。彼は、他の重臣と同様に、自らの知行地をもち家臣団を編成しており、その屋敷は西堀端本町一丁目にあった。

重信は、独自に家臣団を養っていた。重臣としては、寺田弥三右衛門が確認される。そのほかには、周布郡の十分一銀の請取状に「足立半左衛門内」として署名した渡部□介・伊賀山助三郎・村上作左衛門・幸田小平・山本彦兵衛などが確認される[36]。

松前時代から、重信は地方巧者としての本領を発揮する。領内における様々な開発事業に奉行として従事したが、とりわけ氾濫を繰り返す伊予川の下流に新たな流路を十二キロに渡って開削して堤防を築き、流域に広大な耕作地を生み出したことが特筆される。松前城の南にあった河口を約二キロ北に移す大工事は、慶長三年から着手されていたものであるが、現在の重信川の河道はこれによって誕生したのである。

さらに松山城が築かれる勝山の南麓を蛇行する湯山川（現在の石手川）の流路を変更して、松山市の出合橋付近で伊予川と合流させた。重信は、石手寺近くの岩堰《いわぜき》という場所（松山市石手一丁目）で流れをせき止めていた岩石を砕き、流路を南西に変えたのである。この流路変更工事により、重信川流域と同様に莫大な受益水田（三百町歩ともいう）を確保することができた。

湯山川の両岸には堤防を築いて竹木を植えて耐久化を施し旧河道を埋めたので、勝山周辺地域の安定化に直結し、城下町松山誕生の前提となった。伊予川・湯山川という有力河川の改修事業により、領内では水害がなくなり収穫も増大したという。

そのほかには、ため池の築造や堤防の普請にも着手している。ため池については、たとえば『西条誌』の宇摩郡小林村（四国中央市）の土屋池の項に、「東西百三拾間、南北六拾間あり、加藤左馬介殿時代、其代官足立半右衛門これを築くという、名池にて水よく溜まる」との記載がある。おそらく相当の灌漑事業を各地で同時並行的に進捗させていたと推測される。

重信略年譜（表2）を参照されたい。中予から東予にかけて広がる全加藤領の開発にいそしんだことがうかがわれる。まさしく地方巧者としての一生だったということができよう。このような武士は、同時期に諸藩で活躍していた。殺伐とした戦国時代が終焉を迎え、地域社会に平和と安定を保証したのが彼らのような存在だった。

なお、嘉明・重信主従を祭神とする水天宮（東温市）についてふれておきたい。嘉明が松山城構築にあたり、重信を普請奉行に任じて伊予川と湯山川の付替工事に着手するに際して、九州久留米の水天宮総本社から改修工事成就のために分祠したのが、当社のいわれである。両河川の改修で水害から免れ、毎年良米を産出するようになったことから、近郷近在の人々から篤い信仰をうけて現在に至る。

足立重信は、慶長七年から開始される松山築城にも奉行として尽力し、伊予松山藩の初期土木行政に活躍したが、城郭の完成を見ずに寛永二年十一月に死去した。遺骸は、生前望んだ松山城下を見渡せる城北山越《やまごえ》の来迎寺（松山市）に葬られた。墓碑は、高さ約二百二十四センチで花崗岩の五輪塔である。三百年忌にあたる大正八年（一九一九）には、正五位を追贈された。

足立重信のもと、周布郡の支配の実務を任されたのが佐伯勘右衛門だった。ここで典拠史料とする「佐伯家文書」は、愛媛県西条市小松町大頭《おおと》に居住した大庄屋佐伯家に伝来した古文書群の総称であり、二〇〇九年に西条市立小松温芳図書館に一括して寄贈された。

所蔵者だった佐伯家は、『小松邑志』によると豊後国の緒方氏出身で、戦国時代には同国佐伯の栂牟礼《つがむれ》城（大分県佐伯市）を本拠として佐伯名字を称し大友氏に仕えたという。佐伯惟常が兄と争って敗れ伊予に渡り周布郡大頭村で牢人している折りに、地元の女性との間で勘右衛門惟胤をもうけ、その子孫が代々勘右衛門を称したとされる(37)。

佐伯家は、松山藩加藤嘉明時代には周布・桑村・新居の三郡御用達を務め、大満田山の拝領と屋敷地一反二畝の免租の待遇を受けた。続く松山藩蒲生忠知時代そして小松藩一柳氏時代も、引き続いて大庄屋役に就き、酒造業を営む傍ら田地・山林を集積する大地主として繁栄した(38)。

これらからは、加藤時代から蒲生時代を通じて、佐伯勘右衛門は周布郡を代表する豪農だったことが判明する。慶長五年十二月二日付加藤・藤堂伊予領知協定書写（八）を伝存したのも、加藤氏の支配を支える地域有力者だったからにほかならない。

なおこの協定書については、広江村庄屋久米家にも伝存していたことが、『小松邑志』の同家関連部分の「一、加藤様・藤堂様御名前御領地分ケ為替御書写」からうかがわれ、その翻刻文が『東予市誌』三七四頁に引用されている。大庄屋や庄屋クラスが、広く写しを所持していたことがわかり興味深い。(39)

「佐伯家文書」の特徴は、文禄・慶長年間の史料が含まれることである。とりわけ足立重信書状が十九点も確認されることは特筆される（補論を参照されたい）。これだけまとまって発見されたのは、初めてのことだった。

2　郷村行政

桑村・周布・新居三郡の支配は壬生川《にゅうがわ》城（鷺森城、西条市）(40)でおこない、重信は免相すなわち年貢率を決定し、(41)年貢収納の責任は一郡を代表する大庄屋である勘右衛門ら豪農層と各村の庄屋・肝煎が負った。

それでは、重信と勘右衛門が地方支配に果たした役割について「佐伯家文書」から六点に絞って指摘したい。なお周布郡は、【史料5】によると嘉明と高虎で折半するとされているが、『小松町誌』では関係史料の検討により北半分が藤堂領で南半分が加藤領となったとみている。(42)

①紛争仲裁

重信と勘右衛門は、極めて多様な事柄に対応していた。一番多い山野河海の用益をめぐる紛争には、その都度重信が判断して勘右衛門に指示を下していた。

具体的には、家臣団相互の知行地の年貢をめぐるトラブル（三〇）、入相山と思われる「薪山」への立ち入り禁止の解除願い(一七)、入相山での舟板割り出しの禁止(二三)、他領から領内の川で梁打ちに来る者の処分(二八)など、様々な要求に対処していた。また百姓の紛争に伴う傷害事件の判決(二五)や、奉公人の自殺への対応などもおこなっている(二〇)。

②人返し

逃亡百姓を発見したので戻すようにとの命令が発せられていることから、人返しがおこなわれていたことがわかる(一八)。逃亡百姓に関しては、「和泉殿《(藤堂高虎)》御代之時より百姓の付届互ニ候故」と、藤堂高虎が慶長十三年に転封して伊予を離れるまでは、相互に人返しをおこなっていたことが判明する。

これに関する規定が、【史料5】の抜粋部分に続く「一、郡々百姓之儀、慶長五正月より走候百姓之儀、互ノ領分ニ雖有候、前之在所へ還住堅可申付」である。また百姓の死亡により闕所になった田地は、年貢納入能力のある者に渡して耕作させていたことがうかがわれる(一九)。

③夫役賦課

夫役とは人足役のことで、江戸時代には農民が負担する小物成の一種とされた。

堤普請などの郡単位の人足編成と手配が注目される。自然災害に対応して堤防を修築したり、川筋を変更するなどの大工事を実施した。井手川堤については毎年普請があり、周布・桑村両郡の百姓が「村々下人以下迄人有次第」総動員されており、場合によっては新居郡の村々まで動員されることもあった(二六)。

人足役賦課のために、村ごとの「人数之帳」すなわち人足帳簿が作成されていた。帳簿を提出していない大頭村について、重信は勘右衛門を通じて肝煎に下人まで調べ上げて動員するようにと命じている。

江戸夫についても注目される。江戸夫と呼ばれる人足役の百姓への賦課をめぐり、田野・長野両村で相論があった

（二一）。堀部主膳の夫人が江戸に向かう時に、その知行地から徴発されていたようだが、徴発できる日数が決まっていたこともうかがわれる。当時は、大名ばかりか地方知行をおこなう重臣も江戸夫を賦課することができたのである。

④堤防管理

加藤時代の佐伯家の最大の任務は、重信書状群から堤防の管理だったことがうかがわれる。③とも重なるが具体例を示そう。

七月二十四日付足立重信書状（二五）では、中山川の玉之江堤と広江村海岸堤防が決壊したので、勘右衛門が被害状況を報告し郡普請による復旧願いを提出したことがわかる。これに対して重信は、広江塩堤をまず復旧したい。ついては勘右衛門から北接する桑村郡の庄屋に連絡して人足を集めること、手が空いたならば「しらくち」か「なげの杭木」を準備するようにと命じた。

「しらくち」とはしらくち蔓のことで、「なげの杭木」とは水はねの杭木を指す。おそらく塩堤を優先したのは、干拓用の堤防だったからに違いない。放っておけば、海水が流入して深刻な被害が発生するからである。

八月十一日付足立重信書状（二七）で、重信は桑村・周布両郡の堤普請のための人足割表を送った。割り当ては、本百姓以下に下人を加えた三人役である。「しらくち」は太いほどよく、短いものはだめで、長さは必ず五尋以上であること。これを玉之江堤普請に使用するが、一人役の目方は三斗目で、当日は役人が現場で目方を量って受け取るから、厳重に命じておくようにと伝えた。

また中山川河口付近に存在したと推測される井手川堤も、毎年両郡の百姓総出で補修していたことがわかる。八月八日付足立重信書状（二六）によると、重信が勘右衛門に新居郡の人足まで大動員をかけて河床を掘り下げている。中山川の川筋から海岸までの管理は、相当の負担だったこともうかがわれる。

以上の史料はいずれも七・八月という台風シーズンに作成されたものだったことから、堤防管理は年中行事として位置づけられていたと思われる。

⑤干拓新田

慶長十年前後には、田畠の開発が進んだようであり、開発地を対象とした加藤氏家臣団への知行割がおこなわれたことがわかる(三二)。ここで着目したいのは、「広江塩堤」である(二四)。遠浅の燧灘に潮避けの堤防は必要ないので、干拓のための塩堤である可能性が極めて高い。

従来、この地域における最古の干拓新田としては、西泉新開(西条市)が知られている。西泉新開は、元和年間に新居郡坂元村(西条市)の庄屋四郎兵衛の子息次郎左衛門によって開発されたと伝えられる(43)。この地域の干拓新田では、門樋・塩堤などによって海水との隔壁を形成した。ほぼ同時期に、燧灘に面した広江村周辺でも塩堤を設けて新田開発が進んでいたものと考える。

慶長六年の「広江村荒開帳」では荒新開(南新開)四町二反、寛永四年の「広江村開改帳」では樋渡一町五反が干拓されたことがわかる。したがって、これらの新田と燧灘との間に広江塩堤が普請されていたことが判明する。これに接して、常夢請新田が延宝六年(一六七八)に開かれている(44)。

なお重信が、郡中への貸銀をおこなっていたこともわかる(一九)。おそらく村々への低率な借銀で、小規模な開発などのために融資されたものと推測する。たとえば、慶長六年の『荒開帳』によると、広江村の干拓新田は久米庄屋・九郎左衛門・助右衛門の三人による開発だったことが判明する(45)。

⑥風紀取り締まり

戦国時代にポルトガル人によって伝えられたといわれるたばこは、江戸時代初期には男女を問わず喫煙するようになり、全国的に広まった。幕府は、商品作物であるたばこ栽培が米作を圧迫するなどの理由から、たびたび禁止令を発令したが効き目はなかったようである。

「佐伯家文書」所収の(元和元年)六月二十八日付江戸幕府老中奉書写(九)は、幕府が諸大名に対して、喫煙・煙草の売買、並びに栽培を禁止するように通達したもののひとつである。黒田氏や島津氏にも同様の史料が残されている。このような重要法令の写しを、豪農層は管理していたのである。

酒などの振り売りを禁止しているのも興味深い(二二)。この時期、都市部では振り売りは盛んにおこなわれた。しかし周布・桑村両郡の加藤領では、厳禁されたのである。支払が麦でおこなわれたことによると推測される。

以上、加藤家重臣足立重信と佐伯勘右衛門が担った郷村行政について紹介した。これによって、彼らが協力して地域支配の全般を担当していたことがわかる。重信は、桑村・周布・新居の三郡支配の拠点壬生川城の城代として下代層を従えていたものと思われ、三郡御用達の勘右衛門については、周布郡が中心であるが隣接する桑村郡や新居郡の庄屋・肝煎にも十分に顔が利いたものと推察される。

結　語

本章では、天正年間から慶長年間の伊予の支配関係を明らかにすることに紙幅を費やしたが、伊予が四国全域のみならず対岸の中国・九州地域を容易に監視できたため、政権による大名配置の変更がたびたびおこなわれたことに特徴があった。

伊予の近世は、中世在地勢力が一掃され豊臣大名が入国することから始まった。したがって戦国時代からの連続性を想定することは困難であり、他律的に新時代が到来したといえよう。伊予は、戦国時代以来生産力が高い地域だった。(46) しかし、いわゆる単婚小家族からなる小百姓の自立が広範に進んでいた地域ではない。

相変わらず地域社会に盤踞する豪農層が、藩からは郷士や大庄屋などの特権層として位置づけられていた。藩は地方巧者を各地に派遣して積極的に開発を推進したが、豪農層による村政指導がないと安定した村方支配は不可能だった。

足立重信は、戦乱の時代から偃武の時代への一大転換期に活躍した藩重臣＝治者だった。戦時には自ら殊勲を上げる猛将であり、平時には領内を巡視し豪農層を指導して地域開発にいそしむ地方巧者だったのだ。彼らが登場した背景には、平和の到来を前提とする大名家中における政治（軍事）と行政の一定程度の分離があった。大名家中が、政治機能に加えて行政機能をもち「地域国家」としての力量を備えた時、藩が成立したといえる。

農村社会の復興の前提として重要なのは、都市すなわち城下町の建設である。政庁としての城郭を中心とする城下町には、家臣団のほか中世以来の市町に居住していた商人・職人たちを招き据え、租税を免除するなどして保護・育成した。

城下町の繁栄は、周辺村落を活性化する。それは、米穀以下の商品作物の消費地としてばかりでなく、農閑期の雇用を創出する場でもあった。したがって経済力豊かな都市を誕生させることが、藩成立の前提条件となったのである。重信は、重信川や石手川などの河川の改修によって松山平野を穀倉地帯とし、その中央部に大規模近世城郭松山城を普請した。同時に藩領の広がる東予の桑村郡・周布郡・新居郡の平野部では、干潟の干拓、灌漑施設の築造に積極的に関与した。

このように、重信こそ地域行政全般に通暁する官僚への変貌を遂げた先覚者として評価することができよう。また彼と日常的に接することによって地方支配の実務を担当した佐伯家のような豪農層も、近世の郷村自治すなわち民政の成立には不可欠の存在だった。

(1)　たとえば、近年の注目される成果として『四国中世史研究』一〇号(四国中世史研究会、二〇〇九年)、山内譲編『古代・中世伊予の人と地域』(伊予史談会、二〇一〇年)、四国地域史研究連絡協議会編『四国の大名　近世大名の交流と文化』(岩田書院、二〇一一年)など、愛媛県歴史文化博物館の図録として『掘り出されたえひめの江戸時代―くらし百花繚乱―』(二〇〇八年)・『伊予の城めぐり―近世城郭の誕生―』(二〇一〇年)が参考になる。

(2)　伊予八藩体制成立過程については、拙稿「伊予八藩成立以前の領主と城郭」(西南四国歴史文化論叢『よど』七、二〇〇六年)を参照されたい。

(3)　本章で使用する「行政」とは、近代国家における司法・立法・行政という場合のそれではなく、裁判や法制、治安などを含んだ広い意味をもっている。ここでは、未熟な官僚制のもとで藩主の政治意思を実現する集団作業と規定しておきたい。これについては、水本邦彦『近世の郷村自治と行政』(東京大学出版会、一九九三年)、新藤宗幸『新版　行政ってなんだろう』(岩波書店、二〇〇八年)参照。

(4)　この時期に関する拙稿としては、「豊臣期国分に関する一考察―四国国分を中心に―」(『日本史研究』三四二、一九九一年、のちに拙著『日本近世国家成立史の研究』校倉書房、二〇〇一年、所収)、「小早川隆景の伊予支配」(『「社会科」学研究』二五、一九九三年、のちに拙著『日本中・近世移行期の地域構造』校倉書房、二〇〇〇年、所収)、前掲「伊予八藩成立以前の領主と城郭」、「伊予時代の藤堂高虎―文禄・慶長期の大名配置」(『ニューズレター』一、三重大学歴史都市研究センター、二〇一一年)などがある。なおこの時期に粟野秀用が松前城主になったとする説が、須田武男氏によって提示されている(同氏「柾木(正木のち松前)城主粟野秀用について」『伊豫史談』二一二、一九七四年)、同氏執筆『松野町史』(松野町、一九七四年、八二六・八二七頁)。須田氏によると、松前城主となった秀用は伊予国で十万石を与えられ、のちにも加増を受けたとされる。就封の時期については、天正十六年二月に戸田勝隆が大津城から板島丸串城（板島城）に移っているので、その頃に喜多郡から中予にかけての代官地のうち一部が渡されたとみる。秀吉に仕えた秀用が、伊予中部の豊臣蔵入地内に知行所を与えられた可能性はある。しかし、『清良記』によると勝隆は宇和郡の一揆鎮圧のために丸串城に一時移動しただけであり、管見の限り一次史料から豊臣蔵入地の一部を大名領として切り離したことは確認できなかった。文禄三年正月の秀次の「尾州堤御普請衆并京都ニ御残被成衆」（藤田恒春校訂『増補駒井日記』文献出版、一九九二年、二五二〜二五四頁）のなかに馬廻の藤堂嘉清らと一緒に秀用が記されていることから、この頃に彼は秀次の旗本衆となって在京していたとみられる。粟野氏関係史料が伊予国に残存しないのは、そのためと判断する。

秀用が従五位下大工頭になったのは、文禄三年正月のことである（『増補駒井日記』文禄三年正月二十五日条）。秀次旗本が諸大夫になるのは、管見の限りで天正十六年三月からである（『お湯殿の上の日記』天正十六年三月十六日条）前年十一月に従三位中納言となったことによると推測される。したがって秀用の諸大夫成りは、彼が秀次の旗本だったこととの関係から理解するべきだろう。もし秀用が大名クラスの秀次重臣だったとすると、一柳直盛（尾張黒田城主三万石）や田中吉政（三河岡崎城主五万石）ら家老衆のように秀次の領地尾張周辺に配置されるはずだから、伊予国というのは離れすぎで、しかも十万石もの高禄というのは腑に落ちない。やはり旗本クラスとみるのが妥当であろうが、その場合は散在領が一般的である。これに関しては、次の史料（『記録御用所本古文書　上巻』一一九九号文書）が参考となる。

近江国愛知（智）郡菩提寺村内粟野杢（秀用）分千石事、為加増令扶助訖、本知千六拾石、合弐千六拾石、全可領知候也、

文禄四
七月十五日　御朱印（豊臣秀吉）

羽柴藤十郎（織田信高）殿へ

文禄四年政変の直後、近江国愛知郡菩提寺村にあった秀用の旧領千石が、秀吉旗本衆だった織田信長の七男信高に

宛行われたことを示すものである。もし秀用の知行所が伊予国内に存在したとしてもこのような散在領だったと推測する。現時点では、秀用は秀次旗本衆だったのであって、伊予の大名だった可能性は極めて低いと結論づけられる。

(5)（天正二十年）五月十六日付豊臣秀吉朱印状（尊経閣文庫所蔵）。来島氏の朝鮮出兵については、山内譲「来島村上氏と文禄・慶長の役」（『松山大学論集』二四巻四―二号、二〇一二年）参照。

(6)秀次事件に関する研究史については、藤田恒春『豊臣秀次の研究』（文献出版、二〇〇三年）の「序章　豊臣秀次とその研究史」を参照。また同書では秀次事件を「文禄四年七月の政変」と位置づけているが、その視点を本章も継承する。政変に関する史料は、『愛知県史　史料編織豊Ⅲ』（愛知県、二〇一〇年）に収録されている。

(7)天正二十年「御家中御人数備之次第」（東京大学史料編纂所架蔵影写本「古蹟文徴」七）参照。

(8)『愛媛県史　史料編近世上』五六〜五八頁所収史料および『寛政重修諸家譜』該当記事からまとめた。

(9)『南紀徳川史』巻四九収録「名臣伝」第一〇。真鍋氏については、拙稿「渡り歩く武士―和泉真鍋氏の場合―」（『泉佐野市史研究』六、二〇〇〇年、のちに拙著『日本近世国家成立史の研究』所収）参照。

(10)国立史料館所蔵「藩中古文書」。「紀伊国古文書」にも同文の古文書が収録されている。

(11)(9)と同じ。

(12)西条市立小松温芳図書館・郷土資料室保管。

(13)たとえば『愛媛県史　近世上』二八頁を参照されたい。

(14)「藤堂家文書」（『県資』一―六二、以下、『県資』と略記する）。

(15)『記録御用所本古文書　上巻』（東京堂出版）一四号文書。

(16)東京大学史料編纂所所蔵謄写本。

(17)「摂津麻田青木家譜」（東京大学史料編纂所所蔵写本）。

(18)『新修豊中市史　第一巻・通史一』四八九頁、『宝塚市史　第二巻』二九二頁。

(19)『長元物語』『予陽河野家譜』『南海通記』『予章記』（『県資』一―四）。

（20）天正十五年九月□（五）日付福島正則宛秀吉知行方目録（京都大学所蔵、『県資』五二一頁）。
（21）東京大学史料編纂所所蔵写本。
（22）矢野益治『注釈西条誌』（新居浜郷土史談会、一九八二年）で全文翻刻のうえ、詳細な注釈がなされている。また内田九州男監修『西条誌稿本（CD―ROM）』（愛媛大学附属図書館）が、ウェブ上で公開（愛媛大学HP）されている。
（23）『信長公記』天正九年二月二十八日条。
（24）『信長公記』天正十年二月九日条
（25）拙著『証言本能寺の変』（八木書店、二〇一〇年）一八六・一八七・二〇六・二〇七頁を参照されたい。
（26）小松藩八代藩主一柳頼紹の命により一色範序（一七九五〜一八六三年）が編纂した地誌。『今治夜話・小松邑志』（伊予史談会、一九八一年）所収。
（27）『小松町誌』五六六〜五七〇頁参照。地元の『多賀郷土誌』（多賀郷土誌委員会、二〇〇四年）七四頁も参照。
（28）宮脇通赫『伊予温故録』（松山向陽社、一九一五年）。
（29）『高山公実録』（全二巻、上野市古文献刊行会編、清文堂出版、一九九八年）。
（30）甘崎城については、『しまなみ水軍浪漫のみち文化財調査報告書―埋蔵文化財編―』（愛媛県教育委員会、二〇〇二年）参照。須知氏の甘崎在城期については、『高山公実録』慶長六年条で「出羽ハ元和三年まで予州にありしか如し、且福島御改易ハ元和二（五）年の冬なれは、其おさ（押）へとして予州に残りしを、正則改易の後に及て伊予を去りて本藩に来なるへし」と推測している。
（31）『越智島旧記・澄水記』（伊予史談会、一九八八年）五四頁。
（32）『公室年譜略』（全二巻、上野市古文献刊行会編、清文堂出版、二〇〇二年）は、藩士喜田村矩常が藩主三代に関わる諸史料の検討のうえで編纂したもので、「安永三年乙未夏六月」の自序がある。
（33）高木昭作「幕府初期の国奉行制」（同氏『日本近世国家史の研究』岩波書店、一九九〇年）参照。
（34）拙著『江戸時代の設計者―異能の武将・藤堂高虎―』（講談社現代新書、二〇〇六年）。

(35) 足立重信については、柳原多美雄「足立重信公伝」、伊藤義一「足立重信の功業」、村上節太郎「重信の計画した松山城下町の変容―古地図から見た―」(すべて『伊予史談』二一六、一九七五年)、景浦勉『松山城史　増補四版』(伊予史料集成刊行会、一九九九年)、日下部正盛『加藤嘉明と松山城』(愛媛新聞サービスセンター、二〇一〇年)、『愛媛県史　近世上』第一章(愛媛県、一九八四年)、『愛媛県史　人物』(愛媛県、一九八九年)、『松山市史　第二巻』第一章(松山市、一九九三年)など参照。

(36) 寺田氏については「佐伯家文書」、渡部氏以下については西条市立東予郷土館所蔵「久米庄屋家文書」に含まれる「十分一銀請取状綴」による。

(37) なお宇和郡野村の庄屋緒方氏も、栂牟礼城主緒方氏を祖としており、緒方惟教と同惟実が大友氏と対立して伊予に赴き、惟実の子息与次兵衛が白木城主となり西園寺の麾下に属し、下城後に帰農したとされる(土居聡朋「中世伊予地域史料の研究―肖像画・棟札・大般若経―」、前掲山内譲編『古代・中世伊予の人と地域』所収)。

(38) 蒲生時代にあたる寛永年間の伊予国十二郡に配置された十二人の大庄屋の名前を列挙した「支配帳」によると、「周布郡勘右衛門」と記されている。安井家伝来「支配帳」の大庄屋記載が、伊予における初見史料であることは、宇都宮匡児「蒲生家『支配帳』諸本の基礎的考察」(『伊豫史談』三六七、二〇一二年)に詳しい。

(39) 『東予市誌』(東予市誌編さん委員会、一九八七年)。「久米庄屋家文書」は現在西条市立東予郷土館が所蔵しているが、史料調査をおこなった結果、当該文書はみつからなかった。【史料5】をふまえて作成されたのが、慶長五年十二月二日付藤堂高虎法度(「山本泉氏所蔵文書」、『三重県史　資料編中世二』〔三重県、二〇〇五年〕第一部　一四〇―二号文書)である。たとえば、その第七条は「一、加左馬(加藤嘉明)・我等(藤堂高虎)かゝへ分、境目百姓出入、諸事置目等、別紙ニ法度書在之儀ニ候条、任其旨諸事さいはん(裁判)可申付事」というもので、「別紙」とは【史料5】を指し、とりわけその第四条・第五条を意識した規定とみることができる。

(40) 鷺森城については、日和佐宣正「伊予国桑村郡鷺之森城について―地籍図・都市計画図から窺う立地と構造―」(『戦乱の空間』一一、二〇〇三年)参照。

（41）『小松町誌』二七六・二七七頁。
（42）『小松町誌』二七三頁。
（43）『西条誌』、『愛媛県史　近世下』（愛媛県、一九八七年）二八・二九頁。
（44）広江村とその周辺の新田開発に関しては、『小松町誌』五三五～五四一頁に詳しい。
（45）「久米庄屋家文書」。『小松町誌』五三五頁。
（46）たとえば同時代史料の姜沆『看羊録』（平凡社、一九八四年）には、「伊予〈予州〉。上管で十四郡、（中略）原野・田畑（中略）が多く、桑・麻、塩、草が豊富である。大中国である。」と記されている。

補論　「佐伯家文書」―近世初期分の紹介

〔凡例〕

一、人名・年次・文字の誤脱などに関する編者の傍注は（　）を用いた。

一、原本の摩滅、虫損などによって文字が判読し難い場合には、字数を推定して、□で、それが出来ない場合は、［　］で示した。

一、漢字は、原則として常用の漢字を使用し、かなはすべて現行の字体に改めた。ただし江（え）・而（て）・之（の）・者（は）・ゟ（より）は残した。

一　黒川五右衛門尉書状（折紙、縦26.0×横39.3センチ）

くれ〳〵たのミ（頼）入候〳〵、

与三左衛門よひわたし申候、子ともそこもとニのこし可申候、それさまたのミ申候、さいかく（才覚）にてわたし候て可給候、

又さいし（妻子）・家人の事、一しほ心をそへ候て可給候、たのミ申候〳〵、　恐々謹言、

正月二日

五右衛門尉（黒川）
（花押）

こやかうち
さいきかん（佐伯勘）右衛門殿
まいる

二　間嶋美作守書状（折紙、縦51.3×横35.0センチ）

尚々銀子納かね候ハヽ、材木にても御こしたのミ申入候、

態此者遣候、最前取替申候銀子此比可有返進と存候処ニ、たゝ今迄相延いかゝ、無御心元候、定而其方下候て何方へも御取替候哉、左候而銀子調かね候者、此者ハ銀子調申候迄召逗留仕請取可申由申付候間、御留置候而成共此者ニかならす御越頼申候、恐々謹言、

五月廿五日

間美作守
□（花押）

伯（佐伯）加右衛門殿

三　間嶋美作守書状（折紙、縦33.6×横49.5センチ）

以上

其方返弁之米為請取ニ門田平吉遣候間、急度相渡し可給候、其許相替儀無之候哉、若於此表相応之用所候者可承候、委敷ハ口上ニ可申候、恐々謹言、

十二月二日　　間嶋美作守
□（花押）

佐伯嘉右衛門殿
まいる

四　間嶋美作守書状（折紙、縦35.5×横51.7センチ）

以上

態申入候、其元売米有之由候、然ハ手前米大分入候間、買候而可給候、千石・弐千石ニ而も五百石・三百石にてもかい（買）可申候、左様ニ候者どうご（道後）辺りにてもいつれへ成共其方御越候而成共才覚ニて可給候、其元御奉行衆之預り米にて候ハ、、米も能候ハん間能々才覚候而可給候、頼申候、委ハ林与八郎方ゟ可申候、恐々謹言、

十二月廿一日　　間美作守
□（花押）

大頭
加右衛門殿

五　間嶋摂津守書状（折紙、縦32.6×横48.0センチ）

尚々遠路思召寄御内儀之御越、銘々ニ土産なと満足申事ニ候、尚重可申入候、以上

御状殊ニ御内儀子息弥三殿遥々御越、其上爰元珍敷名物之素麵并御肴送給、誠ニ御心遣之段古不被忘、カ様之仕合別而満足申事候、其許御仕合能子共何も有付候由、近比珍重ニ候、我等儀も爰元一日暮之躰ニ堪忍申、せかれ共無事ニ有之事ニ候間可御心安候、若上方おり通候、可有御立寄候、此地ハ遠所之儀ニ候間、如今度之態々御見廻中〳〵御無用ニ候、毛頭如在不存候、自然方角相応之用所候者可承候、恐々謹言、

間嶋摂津守

六月廿一日　□（花押）

佐伯加右衛門殿

御宿所

六　間嶋美作守書状（折紙、縦35.5×横52.8センチ）

尚々於様子ハ此新平可申候、以上、

今度不慮之儀ニて女子共立のき（退）候処ニ其元ニ宿に御申付被置候由、誠ニか様成満足無之候、私等も京都迄参候へ共、安芸・備後万々改仕可相渡由ニ而今日廿八日ニ鞆（備後）迄罷下候、其許之妻子も大坂迄上せ可申候間、其御心得候而急度舩用意仕候様ニ頼給候、其方内儀へも御心得候て可給候、恐々謹言、

間美作守

（元和五年）六月廿八日　□（花押）

佐伯加右衛門殿
御宿所

七　長束正家書状写（折紙、縦24.0×横31.5センチ）

急度申入候、周布郡内九人衆之知行大頭村と与州（池田秀雄）御知行田野村境目井手之儀、福左太（福島正則）御代官之時ことく可被仰付候、何ニて互ニ田地荒てハ不可然候、与州御帰朝遅候間、各迄申候、九人衆ゟ理之趣候ハ、聞届、早々可被相澄（済）候、新井をほり候てさへ田地不作無之様ニと御置目候条、有来井水違乱に而ハ不可然候、恐々謹言、

三月五日　長大（長束正家）家判

池田伊与守殿留守居
竹雲軒
市左衛門殿
御宿所

〔註〕年次は、慶長元年から慶長三年まで。

八　加藤・藤堂伊予領知協定書写（竪紙、縦29.0×横169.4センチ）

（前欠）五千九百石并越知(智)郡之内四千五百石、合拾四万四百石者藤堂佐渡守(高虎)手前、久米郡・温泉郡・伊与(予)郡・和気郡・野間郡・浮穴郡之内拾壱(万脱)四百石、并宇摩郡・新居郡内三万石、合拾四万四百石者加藤左馬助(嘉明)手前、右之外郡之絵図を以領智(知)方何も令割府(符)、別紙書給双方在之事、

一、風早郡・桑村郡・周布郡此三郡弐ツ割、并越知郡之内新居郡之内両郡之儀者算用ニ入相、互申談割之、且ツ其外水夫山林川成共ニ上中下組合弐ツ割ニ被定鬮取之上者、向後不可違変之事、

一、越知郡之内国符(府)之城、風早郡之内(脱)来島両城并城下侍屋敷同城付之町之儀、何之郷組たりといふ共、不混村組一ツ割ニ申付事、

一、鬮取之上者、互之領分所ニ付、百姓・地下人等相互為奉公(人脱カ)不可相抱事、

一、従他郷走来百姓不可抱置、自然抱置族於有之者、聞付次第致付届、急度可返付之事、

一、郡之百姓之儀、慶長五正月ゟ走候百姓之儀互ノ領分ニ雖有候、前之在所へ還住堅可申付、右之月限以前ニ走百姓之儀者、可為寄破(棄)事、

一、在々相付山林并草刈場、牛馬はなし所、村々へあひつく井水、何も可為如前之事、

一、互之割符之外之島之儀於有之ハ、鬮取之島へ如前々可相付事、

一、上下之舟之かけば(懸場)の儀、互之領分何之島ニ成共、如在来可懸之事、

一、出作之儀、雖為互領分之内、是又如先々出作可仕候、自然出作を上申百姓於有之ハ、其村之為代官と急度如前々可申付事、

一、材木・薪之儀、互之領分之内たりと云共、如先々何の村々ニても無異儀売買可申付事、

一、海上猟場・猟銭之儀、可為如先規、山川手・猟銭之儀、是又可為同前事、
一、越智郡之内ひぎ《（比岐）》島・へいち《（平市）》島之儀、双方相合之事、
以上
右之趣、御奉行衆被仰出、以筋目郡之二ツ割申談候上、何も双方為後日御加判已来不可有違変者也、

慶長五年
十二月二日　　　加藤左馬助
　　　　　　　　　　茂勝
　　　　　　　藤堂佐渡守
　　　　　　　　　高《（虎説）》

九　江戸幕府老中奉書写（折紙、縦33.8×横47.0センチ）

急度申入候、仍たはこ《（煙草）》すい候儀、弥御法度ニ被仰出候間、於御領分たはこうりかい《（売買）》同様候儀、其以可被致停止之旨
上意候条、可被為其御心得候、恐々謹言、

（元和二年）
六月廿八日　　　安藤対馬守《（重信）》
　　　　　　　　土井大炊助《（利勝）》
　　　　　　　　酒井雅楽頭《（忠世）》

加藤左馬助《（嘉明）》殿
　人々御中

一〇　江戸幕府老中奉書写（折紙、縦35.0×横52.0センチ）

追而唐船之儀者、何方へ着候とも船主次第商売可仕之旨被仰出候、已上、
急度申入候、仍伴天連門徒之儀堅御停止之旨、先年　相国様（徳川家康）被仰出候上者、弥被存其旨下々百姓已下ニ至迄、彼宗
門無之様ニ可被入御念候、将亦黒船いきりす舟之儀者、右之宗体候之間、至御領分着岸候共、長崎・平戸へ被遣於御
領分売買不仕様ニ尤候、此旨依
上意如斯候、恐々謹言、
（元和二年）
八月八日　安藤対馬守（重信）
土井大炊助（利勝）
酒井備後守（忠利）
本多上野介（正純）
酒井雅楽頭（忠世）

（ウワ書）
「加藤［（左馬助殿カ）］」

一一　加藤嘉明黒印状（折紙、縦32.5×横47.2センチ）

已上
居屋敷壱反弐畝、年貢永代指置者也、
寛永三年

十月廿二日　（加藤嘉明）（黒印）

周布郡大頭村
　勘右衛門へ

一二　堀主水判物（竪紙、縦27.2×横18.0センチ）

周布郡大頭村定当請之事

一、六拾七石七斗五升三合　米

外ニ壱石八斗勘右衛門居屋敷ニ引遣ス、

高百八拾壱石六斗分　川村権七明所

寛永三年

十月廿四日　堀主水（花押・黒印）

肝煎・百姓中

一三　堀主水判物（折紙、縦32.0×横43.7センチ）

以上

態申遣候、村々肝煎共用之儀候間、早々越可申候、小物成之儀相尋可申ためニ候間、小物成無之村之庄屋ハ越候事無用候、少ニても小物成有之村々肝煎ハ一人不残越可申候、為其申遣候、以上、

三月八日　　　　堀主水
　　　　　　　　一□（積カ）（花押）

佐伯勘右衛門

（ウワ書）
「周布郡
　村々肝煎□（中）」

一四　徳川家綱御内書（竪紙、縦45.5×横62.0センチ）

為歳暮之祝儀小袖一重到来、歓思召候、猶酒井雅楽頭（忠清）可申候也、

十二月廿七日　（徳川家綱）（黒印）

一柳山城守（直治）とのへ

一五　徳川綱吉御内書（竪紙、縦46.0×横65.7センチ）

為歳暮之祝儀小袖一重到来、歓思召候、猶大久保加賀守（忠増）可申候也、

十二月廿九日　（徳川綱吉）（黒印）

一柳内記《（頼徳）》とのへ

一六　一柳氏領知覚（切紙、縦15.3×横89.5センチ）

一、祖父監物《（一柳直盛）》伊勢神戸ニ而
六万八千石余
内
西条分地
三万石　嫡子一柳監物《（直盛）》
内
五千石　宇摩郡八日市ニ而
一柳半弥《（直照）》へ相立
只今播磨国三木ニ而御替地
河之江ニ而分地
次男
弐万八千石　一柳丹後守《（直家）》
内
壱万石播磨ニ而
壱万八千石予州ニ而

〆　只今壱万石播州小野
　　一柳土佐守（直次）
残リ之地
　　一柳蔵人（直頼）分地
壱万石
　　一柳山城守（直治）
　　同因幡守（直徳）
　　同兵部少輔（頼邦）
　　同主膳（頼寿）

一、領分之内浦御制札ハ今在家・広江・北条也、
一、御制札四枚之内毒薬・忠孝・切支丹・伴天連、
一、隠居山屋敷　廿八間ニ
　　　　　　　　六拾間
只今居宅ハ、こぼち（壊）荒地罷有候、
一、領分新田畠高
　千四百六拾石余
　　内
三百四拾石余　田高
千百弐拾石程　畠高

〆
右之内分
千弐拾石程　周布郡
四百四拾石余　新居郡
　内四拾石程新田
周布郡内分ケ
弐百石余　妙口村
八拾石程　南川村
九拾五石余　北川村
四百廿七石余　新や（屋）敷村
百三拾石程　吉田村
廿七石余　周布村
四拾石余　○大郷村
新田　百石程　○北条村
同　六拾石余　広江村
同　六拾石程　今在家村

一七　足立重信書状（折紙、縦32.2×横49.3センチ）

尚々六兵衛借物之さいはん《裁判》之事ハ主次第ニ可仕候、きもいり《肝煎》なをし可申候、以上、
書状令披見候、六兵衛有所相聞候間、肝煎可見と申者有之由得其意候、其方さいかく《才覚》いたしもとし《戻》可申候、将亦薪山の口之儀、大江又六相留候由、先年ゟ入来候所とめ候事くせ《曲》事の由いよ〳〵又六ニ可申候、但いまゝて不入候山へわさと入候所ハとめ可申候、そのことハりよく可申聞候、又彼方庄や《屋》方へ之其方返事よく候、其元川よけ《除》普請弥せい《精》をいれられ尤候、謹言、

正月廿六日　　足立半右（花押）

（ウワ書）
「大頭村
佐伯勘右衛門殿」

一八　足立重信書状（折紙、縦31.0×横47.0センチ）

尚々走り来り居候百姓之申分ハ何と申候哉、其者共直りたかり候を無理ニとめ置候儀なとハ不入事候、其段能々可相尋候、已上、

書状令披見候、他領ゟ来り候百姓之儀、書中之通得其意候、井出村と北条の内ゟ走居候百姓、彼村之者とも不存儀者有之間敷かとおもひ候、和泉殿《藤堂高虎》御代之時ゟ百姓の付届互ニ致候故、中〳〵左様之者其隣郷ニ其まゝ置候合点にてハ無之候、はや拾ケ年斗も居申候者之儀たゝちに戻し候へと付届之儀如何可有候哉、たとひ戻し候共他領御代官衆ゟ我等かたへ被相理候ハゝ、此段申ての儀ニすへく候間、其分別にて返事可申候、和泉殿御代之時ゟ百姓の返し相皆々存

候ことく急度申付候ニ、たゝちに不審成儀ニ候、将亦小舟様候者之様子得其意候、已上、

三月十七日　　　　足立半右衛門（花押）

大頭村

佐伯勘右衛門とのへ

〔註〕袖の冒頭に「已上」と書かれてある上から尚々書が記されている。

一九　足立重信書状（折紙、縦32.5×横48.0センチ）

已上

源三郎と申百姓しにあと（死跡）田地へ此弥四郎つくへきと申候へハ、二郎右衛門と申者なにかとかまひ候由申越候、役儀仕候百姓ニ可成候由候間、田地相渡可申候、但二郎右衛門申承候ハゝ、此者めしつれ（召連）可相越候、以上、

三月十九日　　　　足立半右衛門（花押）

（ウワ書）
「大頭

□□（佐伯）勘右衛門□」

二〇　足立重信書状（折紙、縦32.5×横48.0センチ）

以上

書状令披見候、田野村いんくわ三郎兵衛せかれ（倅）石場ゟ戻りニ付、此方つれ被越候、尤ニ候、先此者之儀ハ田野村之者ニ預ケ候、左様候へハ三郎兵衛親子共請人在之ハ、新屋敷・玉江両村主膳（堀部）殿御手作所へ遣し作之手伝致し候様ニ可被申候、近藤太郎右衛門方へも此通状を遣候間、其方持被越、此段被申田地なとをも請取、百姓をも可致様ニも候ハ者、井出村ニ置其通之才覚可有候、請人も無之候者兎角田野ニ到てハ不入者ニ候間、せいはい（成敗）すへく候、将亦中川半七殿へ大頭村之者奉公ニ出罷戻りくびをくゝり死候故ニ、半七方へ請人之者ニ懸り可被申由申候、左様之事ハ半七方ゟ被申儀にてハ有之間敷候間、若請人ヲつれニ越候共理り申遣被申間敷候、安大夫方へ申遣候者定而可相済候へ共、自然りふしん（理不尽）成儀なと申越候者、随分理り拙共も爰元ニ有之間、理り可申候、以上、

三月廿五日　　足立半右衛門（花押）

大頭勘右衛門殿

二一　足立重信書状（折紙、縦32.2×横46.2センチ）

以上

一筆申遣候、先日田野・長野村之者人足之出入申越候、此跡主膳（堀部）殿御内儀江戸へ御越被成候時之人足主膳殿御知行分之内ゟ人足拾四人江戸へ相越候由申来候、是ハ江戸夫ニ相立可然候、但はやく戻り候ハゝ、其日数を積り算用次第ニ成共致、江戸へ相越夫ニ候間、其通ニ致候様ニ可申渡候、為其如此也、

五月六日

足立半右衛門（花押）

大頭村
佐伯勘右衛門殿

二二　足立重信書状（折紙、縦28.7×横42.5センチ）

一筆申遣候、村々百姓共麦なとにてむさと物をかひ候間、爰元何もふりうり（振売）いたし候事堅相留候、周布・桑村郡御領分之内むさと酒うり其外ふりうり相越候をかひ候由申者有之候間、御領分之内堅相留候様ニ両郡御領分肝煎共ニ内々にて其方申聞、ふりうり入申間敷候、下々百姓のためにもよき事にて無之候間扨申事ニ候、庄屋・おとな百姓ニ此通申聞書物をさせこし可申候、為其如此也、

六月二日

足立半右衛門尉（花押）

大頭村
勘右衛門殿

二三　足立重信書状（折紙、縦28.8×横43.4センチ）

以上

一筆申入候、桑村郡得能村九郎兵衛と申百姓一類共ニ皆々宗六ニたゝかれ候由申来候、彼百姓との出入去年も在之候

へ共其篇にて置候、宗六仕様いかゝニ候哉、今時分百姓とか様之儀致候ハヽ、九郎兵衛手前田畠なと仕損候事可在候と
思候、左候ハヽ、宗六ニかゝり可申候、宗六方へ此方ゟも状遣候、しかしなから合点不行者ニ候間、爰元ゟ状にて申遣
候分にてハらち《（埒）》明ましく候間、時分鬧ケ敷候共得能へ其方被相越、此段堅申渡理非之さた《（沙汰）》ハ先置候て、九郎兵衛作之
所らち之明候様ニ可被申候、九郎兵衛ハたゝかれ候故此方へ相越候事不成、其せかれ《（倅）》相越申事候、但かたくち《（片口）》に候間
不知候へ共、宗六事于今不初儀候間、定而か様ニ可在候と思召如此候、

六月四日

足立半右衛門尉
兼清（花押）

大頭村
さいき《（佐伯）》勘右衛門とのへ

二四　足立重信書状（折紙、縦29.8×横44.0センチ）

以上

我等者罷戻候刻弥三右衛門《（寺田）》方迄書状令披見候、其元堤損候様子、彼是具ニ被申越令満足候、広江堤之儀ハ早々被申付
候事可然候、将又被申越候ことく人々草修理之時分ニ候へ共、いて《（井手）》川堤被申越候通ニ候へハ、秋普請迄之間者、致か
たく候間、此三好久三郎遣候間、談合被致可被申付候、猶口上申付候間、其心得可有候、謹言、

六月二十二日

足立半右衛門（花押）

大頭村
佐伯勘右衛門とのへ

二五　足立重信書状（折紙、縦29.5×横42.0センチ）

尚々其元之儀被入念被申越令満足候、以上、

書状令披見候、先日之水ニ玉江堤損之様子又広江塩堤損候様子被申越候通得其意候、左様ニ候ハヽ、桑村郡来年人足ニ先広江塩堤可申付候間、桑村郡肝煎方へ其方ゟ此通可申遣候、頓而此方ゟ人を遣可申候、又其郡人足もすきニ而候ハヽ、玉江普請可申付候間、其心得候て、しらくち《（白口）》なり共なけのくい《（杭）》木なり共とりニ被遣可然候、なけのくいのなかさハ弐間壱本可然候間、そのかてん《（合点）》よくいたさるへく候、為其如此也、謹言、

七月廿四日　　足立半右衛門尉
兼清（花押）

大頭村
佐伯勘右衛門殿

二六　足立重信書状（折紙、縦29.7×横44.5センチ）

尚々今度普請候所を皆絵図ニいたし、間を付とこを何ニいたし候と付可申候、以上、

態申遣候、其元普請之様子寺田弥三右衛門方迄申越候、聞届候、井手川堤毎年両郡之者ほねおり候事に候間、一昨日

申越候通ニ候ハヽ、周布郡村々下人以下迄人有次第出候、堤之所をもちやうふ（丈夫）ニいたしほり可申と申、川すち（筋）すくニ貴殿ほらせ可申候、新居郡之人足なとをもくわへ候而それヲ力ニいたし、其郡之者一入精を出候様ニ可申候、人数之帳書付遣候間、是を見分人を出候様ニ可申候、銘々肝煎方へ之状を可遣候へ共煩居候間、其通可申候、将又大頭村人数此帳ニ不書付候間、村をせんさく（穿鑿）いたし肝煎下人ともニ皆出候へと可申付候、為其如此、以上、

八月八日　　足立半右衛門尉（花押）

三好久三郎との
□（勘カ）右衛門とのへ

二七　足立重信書状（折紙、縦29.0×横43.5センチ）

尚々しらくち壱人役之おもさ三斗めツ、かけて可請取候間、其段堅可被申渡候、しらくち届候而不及申候へ共、玉之江村へ遣可申候、但重而帳其もの遣候時可持寄共まヽニ候、又此人足帳村々下人なともすこしツ、加候間、其心得をいたし村中にて人数之吟味を仕、役之者出し候様ニ可然候、以上、

周布・桑村両郡人数書付遣候間、此人数分ニ三日役しらくちをとらせ、調次第此方へ可被申越候、六ケ敷候共其方かたゟ此書付之通村々へミせられ、皆々調候様可被致候、将亦しらくちハいかにもふときか能候、長さハ五尋其上ハ何ほと長候てもくるしからす候、五尋ゟみちかきハ悪敷候間、其心得可被致候、謹言、

八月十一日　　足立半右衛門尉
　　　　　　　　兼清（花押）

大頭村
　勘右衛門殿

二八　足立重信書状（折紙、縦29.0×横42.5センチ）

以上

書状令披見候、鳩弐送給令満足候、其郡御蔵入分免請ニ相存候而も可然候、然者今度此方領内分へ他領百姓やな《梁》をうち候処、度々相理候へ共、おしてうち候由候、たとひ此方分へうち候とも下としてやなやふり《破》候事くせ《曲》事之儀ニ候間、急きもいり《肝煎》せはい《成敗》申付候、此やなを百姓やふり候めいわく《迷惑》ゆいわけ《言訳》権七殿《川村》頼候、此外いろ〳〵の事有之由候、くるしからさる事ニ候、其心得候而此さた《沙汰》ミな〳〵申ましく候、但権七殿ゟ其方迄被申候儀ハいかやうニも可被申候、いよ〳〵みな〳〵下ニ而此さんたん《算段》無用ニ候、ねん《念》のいれられ状之通令満足候、謹言、

九月八日　足立半右衛門尉
　　兼清（花押）

［　　］

二九　足立重信書状（折紙、縦29.0×横42.2センチ）

以上

書状之通令披見候、彼様子之儀如何様ニも権七（川村）殿次第ニ可被致候、くるしからす候也、何も此方被相越時可申候、謹言、

九月十七日　　足立半右衛門尉
兼清（花押）

大頭村
勘右衛門殿

三〇　足立重信書状（折紙、縦33.3×横47.2センチ）

尚々玉井百姓共方へすくニ可申遣候へ共、合点の不行者共ニ候間、其方迄申遣候、前かと（廉）御蔵入之時ゟ免之出入其方も存之事候間、先申遣候、以上、

一筆申遣候、玉之井村之内堀田又左衛門殿・多賀伝左衛門殿知行分物成出入申由、両人之衆被申候間、相替儀無之候、前かと（廉）御蔵入の時之ことく物成出候へと、其方相越可被申候、若百姓申分候者、急度相越様子可申由可被申候、無失念彼百姓共ニ急度申此返事便宜ニ聞度候、以上、

十月六日　　足立半右衛門（花押）

大頭村
佐伯勘右衛門とのへ

三一　足立重信書状（折紙、縦28.8×横42.5センチ）

尚々氷見《新居郡》へ被相越被申分可然候、弥其通ニ被申以来又申分無之様ニいたさるへく候、以上、

井手村さかひめ《境目》之絵図をいたされ犬飼市左方迄被相越様子被申候通一段可然候、其上にても彼方被申分候ハヽ、いかやうニも先日如申ニいたさるへく候、将亦大町《新居郡》さかひ之事ニ付ミつや《三津屋》弥兵衛・北条五郎大夫方へ権七殿《川村》ゟ状来候由、其状両人方へ届可被申様子被申越候、田中左平次方ゟ被相届可然候、兼又中島久右衛門方百姓せかれ《倅》肝煎方へ返事被申候由心得候、以来ハ百姓ニもなり候やうニ可被申候、態人を被越満足也、謹言、

十月八日　　足立半右衛門尉
　　　　　　　兼清（花押）

又申候、大町ほうじ《牓示》の儀ニ両人罷出候ハヽ、権七殿ゟ被申次第ニ其方も被出可然やうニ可被申候、以上、

大頭町
佐勘右衛門尉殿

三二　足立重信書状（折紙、縦32.0×横45.0センチ）

已上

先度開之事、申遣候村々庄屋へ被相尋書付之様子得其意候、次慶長十年之前後開候所者御給人衆田地わけの時、わつふ《割符》ニ入候由、左様にてハ有之間敷候、御給人衆へ渡り候開之儀者、我々存渡し候事候間、惣様地わけニ百姓とし

てわつふニ入候儀者、有間敷候間、御年貢之儀ハ皆々申様聞届可申付候間、先開分之通書付相越候へと可被申候、為
其如此也、

十月十日　　足立半右衛門（花押）

大頭村
佐伯勘右衛門とのへ

三三　足立重信書状（折紙、縦30.7×横46.0センチ）

已上

両人かた迄之書状令披見候、田滝之者丹波殿（宮木豊盛）代官衆へ相越此方領にて板を引候儀相理候へハ、此儀何様ニも此方申
分背申間敷候返事被致候由得其意候、併人之山にて木をきり其返事にてもらち（埒）不明事候へハ、先其篇にて置可申候、
但状之分にてハ不聞届候間、彼方被申分存候、田滝之者此方へ可相越候様子相尋、我等かたゟ丹波殿代官衆へ相理其
上にて留置候板を戻す事も可有之候、将又明河山（調布郡）板之儀者、先度も大頭九右衛門ニ申遣候ことく雅楽助殿被仰分聞届
随其可申ため迄ニ候間、其心得可致候、八兵衛未此方へ不相越候間、戻り候ハヽ、様子相尋自是重而可申遣候、何も申
事ニ不致様ニ板なと出し候ハヽ、留可申候、兎角少成共入相之山にても舟板之儀者出し申間敷候間、其心得可有候、此
儀も我々方ゟ存候様ニハ申間敷候、已上、

十一月□（十カ）日　　足立半右衛門（花押）

大頭村
佐伯勘右衛門殿

三四　足立重信書状（折紙、縦32.0×横45.0センチ）

以上

態申遣候、先度者永之逗留候処、無亭主ふりの仕合残多候、仍其元鹿皮之銀いつものことく請取候て可被下候、猶山本茂兵衛口上ニ可申候、以上、

十一月廿七日　　足立半右衛門（花押）

大頭村
佐伯勘右衛門とのへ

三五　足立重信書状（折紙、縦32.0×横45.7センチ）

尚々当年田畠改候村之名よせ之儀一入念を入ろくニ致様ニ堅可被申候、其方も出相其様子聞可被申候、以上、

寺田弥三右衛門かた迄書状令披見候、郡中へのかし《(貸)》銀慥請取借状四枚戻し候、将亦先書ニ如申遣候村々名寄之儀ろくニ致候様ニ可被申候、自然むさと小百姓なとニ非分を仕懸候肝煎・おとな百姓有之者、急度此方へ可被申越、村々肝煎かたへ状を可遣候へ共、其方慥此通可被申渡候、次そ木のね《(値)》之事被申越候、是ハやすく《(安)》候間、先売間敷候間其心得可有候、先百姓前之儀ハ唯今の相場ニ取切可被置候、以来ねよく也候者、算用次第ニ可申付候間、其心得可有候、以

上、

十一月廿九日　　足立半右衛門（花押）

大頭村
佐伯勘右衛門とのへ

三六　足立重信書状（折紙、縦29.0×横42.7センチ）

以上

先度此方にて可申処失念候間早便ニ申遣候、新屋敷村何も井手村之内当年名寄ろくニ仕候様ニ其方六ケ敷候共出相様子を聞、小百姓へ非分を仕かけ候ハ、有体ニいたし候へと可被申、其上にて不聞者候ハヽ、此方へ急度可被申越候、為其如此也、

十一月廿九日　　足立半右衛門尉（花押）

大頭村
さいき（佐伯）勘右衛門とのへ

三七　寺田弥三右衛門書状（折紙、縦24.8×横37.5センチ）

以上

追而申候、田野村三郎兵衛儀、先度様子可被仰を御失念之由きつと被仰候、前かと《（廉）》久米五郎兵衛殿御詫言被仰候を成
不申候由被仰候間、きつと勘右衛門被申候とて御ゆるし候間、五郎兵衛殿への様子あしく候由被仰候間、拙者かたゟ
状をそへ田野村之者遣申候、五郎兵衛殿をたのミ相すミ申やうニ可致候、下地ハ其方御きもいり《（肝煎）》にて済申筈ニ可致候
間、其御心得可有候、恐々謹言、

正月十三日　　　　寺田弥三右衛門
　　　　　　　　　　　□（花押）

（ウワ書）
「勘右衛門殿
　　まいる」

三八　寺田弥三右衛門書状（折紙、縦27.5×横44.4センチ）

尚々与一郎いやと申弐ケ所ノ分なわしろ《（苗代）》枝夳次兵衛方被申付候へと御申可有候、くみ中へわつふ《（割符）》の儀も悪所斗被仰
付候儀ハ如何と被仰候、已上、

作右衛門被戻候ニ付預来御書中之通申上候、
一、壬生川四郎右衛門跡地儀、与一郎可致作由申ニ付、様子被仰越候、五町三反之内□年新開壱町壱反七畝又九たん《（反）》
新開五反弐畝のけ《（除）》其外之分作り可申由候、左様ニあしき《（悪）》所斗をのけよき分迄を作り可申由、左様ニてハ如何可有之
候哉と被仰候、免相なとの儀ハ各御理りハ申上候、少の御心持も可被成候と存候、定而右両所のけ候ハんと申所候、

何も悪所までにて可有之かと被仰候、先々其通ニも御申聞候て作用意仕候様ニ与一郎方へ御申可有候、残る分所之
儀ハ枝枩次兵衛殿其元ニ被居候間、苗代被申付候へと御意候、其御心得可有候、次兵方へ我等かたゟ不及申候間、
貴殿次兵へかたく御申可有候事、
一、与一郎町ニ居申度由それハ与一郎分別次第と被仰候間、其御心得可有候、恐々謹言、

寺田弥三右衛門（花押）

二月十七日

大頭
勘右衛門殿
御報

三九　寺田弥三右衛門書状（折紙、縦74.0×横40.0センチ）

一筆申入候、井出村之内玉之江・広江・新やしき（屋敷）・今在家なとニ開有之由候、前かと被聞召及候へ共、先度其元御越
被成候刻、御失念御尋不成被成候間、村々御改候て御書付候て御越可有候、過分ニ有之様ニ被聞召候間、村々庄屋衆
へ御尋候て具書付便宜ニ御越可有之、右之通我等かたゟ其方迄可申遣候旨候間、さて如件申入候、恐々謹言、

寺田弥三右衛門（花押）

九月廿七日

佐伯勘右衛門殿

〔註〕宛所の墨が異なる。

四〇　三坂長右衛門・坂源右衛門書状（折紙、縦36.6×横50.0センチ）

以上

書状披見申候、然者浮穴郡久万山周布郡明川山之境内ニ有之檜林宮木丹波（豊盛）さま御領分内倉瀬山之百姓盗伐申由被中越候間、御両三人へ申候へハ丹波さま御小身ニも御座候間百姓曲事ニ被仰付儀も如何ニ候間、先此度者両三人御聞無之様ニ下ニ而其方可被相済候、併以来之儀ハ堅被仰付候様ニ理り可被申候、恐々謹言、

六月十九日

三坂長右衛門
美（花押）

坂源右衛門
長□（花押）

大頭村
佐伯勘右衛門殿

四一　木村与兵衛書状（竪紙、縦27.5×横43.5センチ）

尚々廻シ之儀此元京升ニ而四斗五升御座候、右さん（算）用状参候間引合御覧可被成候、以上、

御状拝見申候、先日者罷越種々御馳走忝奉存候、其元何も御無事之由承珍重ニ存候、此元相替儀無御座候、然者米十六俵慥ニ請取申候、将又酒坪之儀御申し下し近日ハ様子知れ申間敷候、方々聞立次第ニ調進可申候、何様追テ可申承候、恐々謹言、

二月廿一日　（花押）

（ウワ書）

「佐伯勘右衛門殿　　木村与兵衛

参　　ゟ」

四二　河合長三郎書状（折紙、縦32.0×横45.3センチ）

以上

一書申入候、先度者殿様（加藤嘉明）御供ニて罷越候処ニ色々地走（馳）満足申候、然者殿様ヨリ米之御切手被遣候間、近々遣申候、慥ニ請取可被申候、以上、

三月晦日　　河合長三郎（花押）

大頭　勘右衛門殿

〔解説〕「佐伯家文書」について

ここに翻刻した一連の史料は、「佐伯家文書」のなかから天正年間から寛永年間にかけて、特に松山藩加藤氏時代という江戸時代初期の藩政に関わるものを中心に選択した。紹介する史料群はいずれも新出であり(1)、重要な内容をもつものが少なくない。ここでは、第十章ではふれることのできなかった足立重信関係文書以外の解説をおこないたい。

佐伯家が居住した伊予国周布郡において、戦国時代は剣山《つるぎやま》城主黒川氏が勢力をもっていた(2)。その後、豊臣政権の四国国分から一柳氏小松藩の成立するまでの約五十年間は、複雑に領主が交替する（伊予関係資料1・2参照）。

すなわち、天正十三年（一五八五）から同十五年は小早川氏、同年から文禄四年（一五九五）までは福島氏、同年から慶長三年（一五九八）までは池田氏、同年から同五年までは小川氏、同年から寛永四年（一六二七）までは加藤氏、同年から同十一年までは蒲生氏となった。寛永十一年から同十三年までは幕府預地、寛永十三年六月に一柳直盛領となり、同年八月の直盛死去により三男の直頼を藩主とする小松藩が成立し、それ以降は大名の交替はなく明治時代を迎えた。

「佐伯家文書」のなかで最古のものは、一号文書の黒川五右衛門書状と推測される。小松藩の地誌『小松邑志』には、これを載せた後に「範序（一色）按ニ、此正月二日ハ天正十四年ノ正月ナル可シ、十三年剣山城小早川ニ攻ラレ落去、其後五右衛門（黒川）猶当国ニ在シガ、子細有テ十四年正月遂ニ当国ヲ立退シト見ヘタリ」と作成年次を推測している。

他に関係史料が伝存しないため確定することはできないが、天正年間の可能性は高い。『小松町誌』も天正十四年のこととし、「この書は、五右衛門が城を出て芸州へ退去のとき馬上にて認め遣わしたもの」で、姫二人と与左衛門ら二人の従者を佐伯家に預けたと記す。

二号から六号文書までは、福島正則重臣の間島源治関係史料である。したがって、福島氏が伊予の大名だった天正十五年から文禄四年までの間のものと推測される。

間島氏については、関ヶ原の戦い以前の関係史料を欠くが、福島氏の広島城主時代には六人の奉行衆の一人として千八百四十一石を領する大身で、安芸・備後両国の検地を執行したことなどが確認されることから、伊予時代も重臣だったものと推測される。

間島氏は、三四号文書では銀を、三五号文書では米を佐伯氏に貸し付けている。三六号文書では、逆に佐伯氏から千石単位で大量に米を買い付けようとしている。なお、これらの宛所はすべて佐伯加右衛門であるが、佐伯家当主勘右衛門と同一人物とみてよいだろう。

三七号文書の間島摂津守は、間島美作とは花押が若干異なる。加右衛門の妻や子息の弥三が遠路にもかかわらず訪問したことへの礼状であり、上方を通る時は立ち寄るようにと記していることから、摂津守は京都か大坂にいたことがわかる。三八号文書は、福島氏の改易に関係するものであるから元和五年(一六一九)に比定される。おそらく三七号文書の作成も、この時期に近いだろう。

八号文書は、これまでも注目されてきた史料である。関ヶ原の戦いによって、伊予一国は加藤嘉明と藤堂高虎が四十万石を折半して領有することになった。この戦争の論功行賞は家康の意志に添うものではあったが、麾下の大名に知行判物や知行目録を発給することはできなかった。伊予の場合も、嘉明と高虎が相互に領地を決めて支配の原則を確認するものだった。

八号文書冒頭の前欠部分前半からは、加藤茂勝(後の嘉明)の領地の実態について明らかになる。本史料は、これまでも『愛媛県史』をはじめとする地元自治体史で紹介され注目されてきたが、「佐伯家文書」の写から翻刻したもので、今回直接判読すると若干の相違点があったので修正した。

これをふまえて作成されたのが、慶長五年十二月二日付藤堂高虎法度(3)である。たとえば、その第七条は「一、加左馬（加藤嘉明）・我等（藤堂高虎）か、へ分、境目百姓出入、諸事置目等、別紙ニ法度書在之儀ニ候条、任其旨諸事さいはん（裁判）可申付事」

というもので、「別紙」とは八号文書を指し、とりわけその第四条・第五条を意識した規定とみることができる。

加藤時代の佐伯家の任務は、第十章で論じたように重臣足立重信からもたらされた一連の書状からうかがわれる。これらは、近世初期ということで時代的に珍しいだけではなく、重信関係史料としても貴重なものである。また小松藩時代には藩主一柳氏とも親しかったようで、その関係からか藩主宛の将軍家御内書が伝存するので掲げた（一四・一五）。

なお四〇号文書の三坂長右衛門・坂源右衛門書と四一号文書の木村与兵衛および四二号文書の河合長三郎については、加藤嘉明の家臣団と判断した。

（1）伊予史談会の西園寺源透氏によって一九二八年六月に謄写され「佐伯文書」として架蔵されているが、管見の限り八号文書の写しを除き活用した研究はなかった。

（2）戦国時代の黒川氏については、川岡勉「戦国・織豊期の東伊予と河野氏勢力」（同氏『中世の地域権力と西国社会』清文堂、二〇〇六年、初出二〇〇五年）参照。『小松町誌』や『東予市誌』にも、該当箇所がある。

（3）「山本泉氏所蔵文書」（『三重県史　資料編中世二』（二〇〇五年）第一部一四〇―二号文書）。

〔付記〕史料調査では、友澤明氏（西条市立小松温芳図書館）と柚山俊夫、井上淳両氏（両氏とも伊予史談会）および青野陽一氏（西条市立東予郷土館）にお世話になった。ここに記してお礼を申し上げる。なお「佐伯家文書」は、『小松藩大頭村庄屋佐伯家資料集』（西条市立小松温芳図書館郷土資料室、二〇一四年）に四十六点が収録され、井上氏による一点ごとの詳細な解説が付されている。

終章―寛永期の西国大名配置

問題の所在

筆者は、旧稿「初期松山城縄張考」(以下、第四章と記す)において加藤嘉明が普請した松山城の縄張りが、後の松平松山藩段階とは異なっていたことを指摘した[1]。そのひとつとして、複数の関係絵図から加藤氏時代の最終段階には天守がなかったことを確定している。それでは、基本史料となる絵図を紹介しよう。なお、作成年代は第四章で推定したもので、三点ともに比較的近い時期のものである(写真も第四章所収)。

・松山城見取図(寛永四年作成、水口図書館所蔵「讃岐・伊予・土佐・阿波探索書」添付図、絵図①とする)。
・与州松山本丸図(加藤氏時代作成、滋賀県甲賀市水口図書館所蔵、絵図②とする)
・蒲生家伊予松山在城之節郭中屋敷割之図(寛永四年～同九年頃作成、愛媛県立歴史文化博物館所蔵、絵図③とする)。

第四章において、天守創建については次のような結論が得られた。

絵図①②③には、すべて現在の松山城本丸の本壇石垣とは異なった複雑な石垣形状が描かれ、中心に井戸(「いけ《池》」

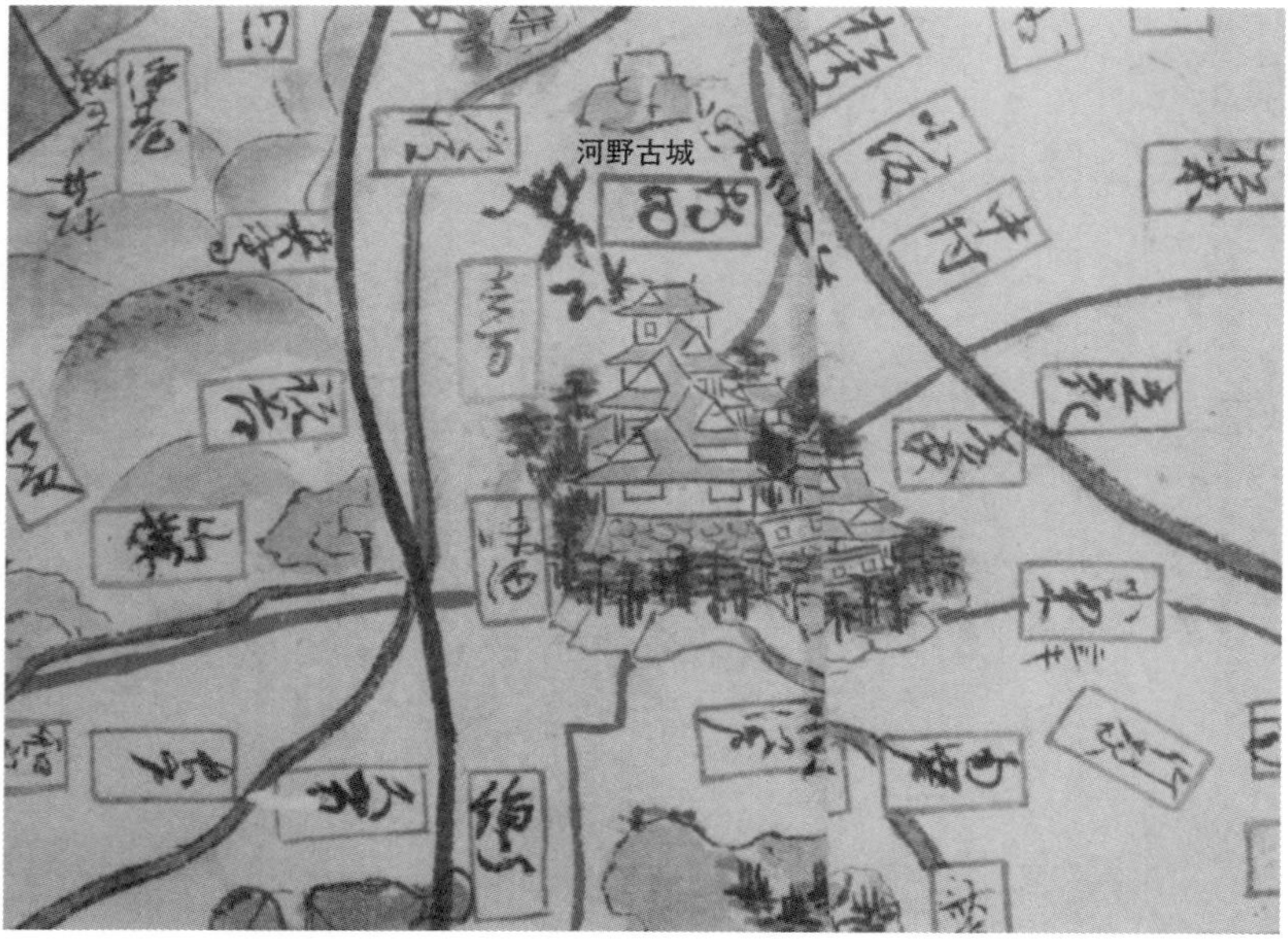

絵図A

「水」と表現されている）がみられるのみで、天守らしきものが描かれていない。いかにも、籠城を意識した臨戦状態に合致する縄張りである。

絵図①の本壇部分の描写には、二重櫓が本丸を囲むように描かれ、天守と呼べるようなものは存在しない。絵図②には、井戸を囲む建造物の配置と平面構造がラフなタッチで描かれているが、天守らしきものはみあたらない。絵図③の本壇部分には、建造物が省略され描かれていない。

絵図①が収録される「讃岐・伊予・土佐・阿波探索書」中の他の城郭に関する記載では、冒頭に天守に関するデータが記されている。もし松山城に五層天守があれば、必ずやコメントされたはずである。天守がないとも記されていないが、複数の二層櫓が林立する描写からは、どれが天守なのか、あるいは天守がないのか判断できず留保したのではないか。

以上からは、少なくとも加藤時代最末期には天守はなかったと結論づけられたのである。(2)

『松山叢談』寛永十九年(一六四二)条は、「松山城天守楼五重の所御願の上、三重へ御営み替あり[3]」と松平定行が入封し天守を五層から三層に改修したとする。従来、これが改修に関する典拠史料だった。確かに、親藩・家門・十五万石という家格からは、三層天守が相当である。

寛永十二年に伊予国替となった松平氏が、寛永十九年から「天守楼五重」の三重への改修をおこなったのならば、その前任大名で加藤嘉明の国替後に入国した蒲生忠知が五層天守を普請したと考えざるをえない。忠知の治世は寛永四年から同十一年までの七年間だったから、普請は時間的に不可能ではない。本論で詳述するが、実際に寛永十年に作成された伊予国絵図には五層天守が描かれているのである。

本章では、如上の成果をふまえて次の二点を検討課題とする。第一点は、蒲生氏の伊予国替事情から松山城天守普請の前提条件とはなんだったのか。第二点は、寛永期まで伊予に存在した本城・支城・古城の実態についてである。これらの検討のうえで、当該期の伊予における大名配置と城郭政策について展望したい。

第一節　中国・四国支配の安定化

1　家康外孫の配置

蒲生忠知は、慶長十七年(一六一二)九月に兄忠郷とともに江戸の将軍徳川秀忠と駿府の大御所徳川家康に出仕し、松平の名字を与えられた。父親で会津若松藩主の秀行は、三十歳で同年五月十四日に死去していた。母親の家康三女

図1　寛永年間中国・四国藩主関係図

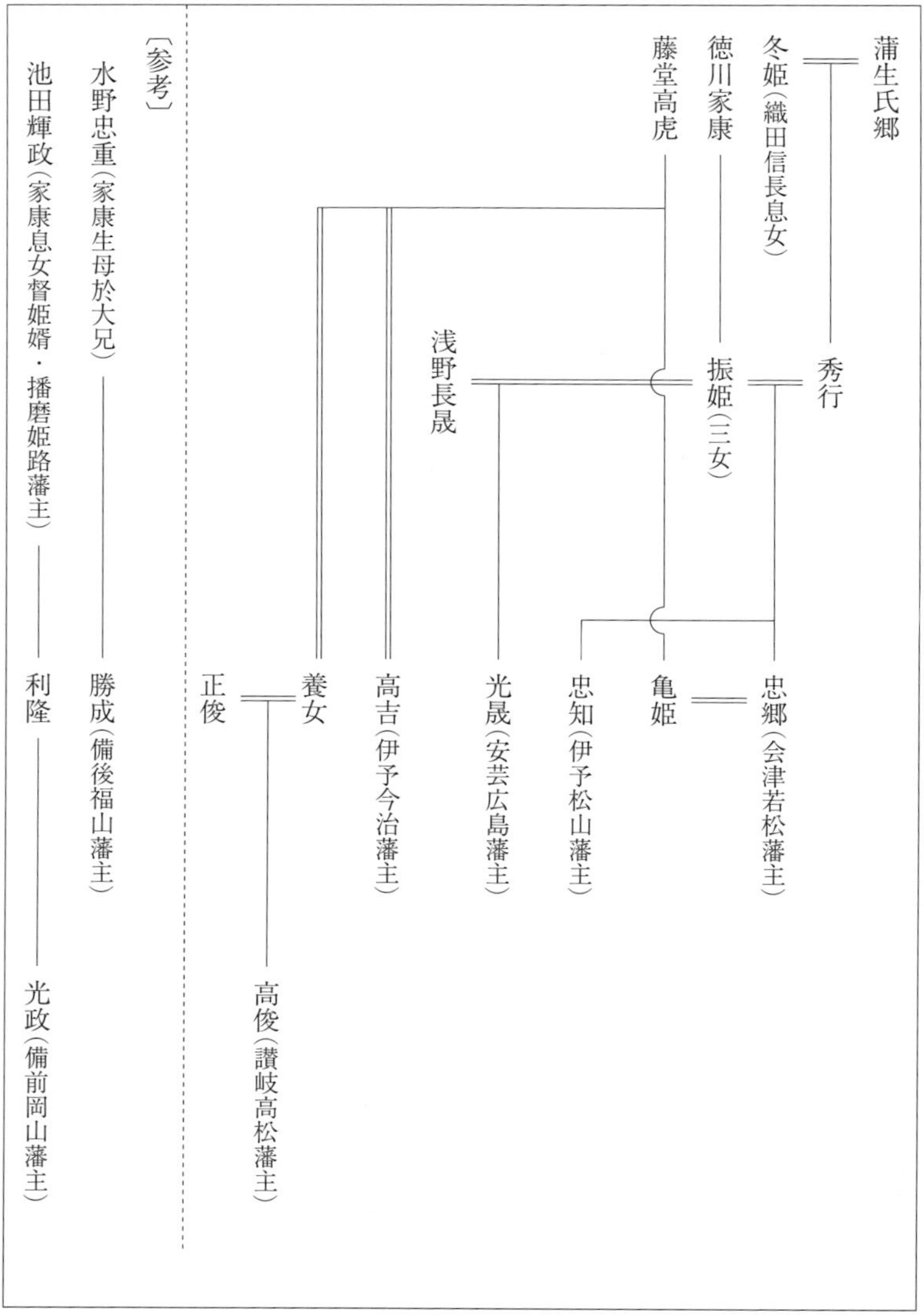

振姫は、元和元年（一六一五）に父の命により、和歌山藩主浅野長晟（元和五年に安芸広島に転封）と再婚することになる。彼女は元和二年四月に輿入れし、翌年長晟の次男光晟を産むが、その直後に死去した。

寛永四年正月、忠郷の死去によって会津藩六十万石を領有した蒲生氏は無嗣絶家となるところだったが、出羽上山藩四万石の藩主となっていた忠知が蒲生宗家を継ぐことを許され、伊予松山十二郡二十万石と近江日野牧四万石あわせて二十四万石を与えられた。

蒲生氏が断絶しなかったのは、忠知が家光の従弟にあたるためであろう。松山藩二十万石の加藤嘉明との交代人事だった。これは、大御所秀忠から相談を受けた忠郷の岳父で幕政に多大な影響力をもった藤堂高虎の献策によるといわれる(4)。

高虎は、それまで犬猿の仲にあった嘉明ではあるが、その器量を認めて推挙したというが(5)、松山の近隣には忠知とは母を同じくする広島藩主浅野光晟や、高虎の養子である伊予今治藩主藤堂高吉がいたことも考慮のうちにあったであろう。

忠知は、寛永四年四月下旬に上山を去り、五月に松山に入封した。この結果、家康の外孫二人が中国・四国の要地に配置された。これについては、図1を参照されたい。なお光晟は寛永四年八月に元服して安芸守に任官し、あわせて家康の外孫であることから松平姓を許され、寛永九年十月には父長晟の死去により跡を継いだ。

寛永四年からは、松山と広島に二人の松平姓を名乗る家康外孫がいることになったのである。忠知については、家格的に五層天守を創建することは十分に可能だった。もちろん、兄忠郷の居城会津若松城には、父秀行が創建した五層天守がそびえていた。

次に注目したいのが、今治藩の藤堂高吉の動向である。彼の治世は、慶長十三年から寛永十二年までの二十七年間に及んだ。次の【史料1】には、忠知と光晟が登場する。

【史料1】(6)

以上

当年者未書状不遣候、御手前息災候哉、此地相替儀無之候、然者松平中書殿(蒲生忠知)御帰国ニ而、使者可進之と存候、常様ニ候へハ、其元之手前之酒三斗入大樽二ツ念を入詰可被越頼入候、其以来ハ使も不給候、いか丶不審ニ存候、安芸守殿(浅野光晟)とハ、不相替申通候間、各も左様ニ可被存儀候、程近候間、相当之用も可承と存候、何様面之刻可申入候、恐々謹言、

(寛永十年)三月十六日　　藤宮内少輔
　　　　　　　　　　　　高吉(花押)

川口屋
　助市郎殿
　　まいる

所蔵した川口屋については、第六章を参照されたい。

【史料1】は、高吉が忠知の参勤からの無事帰還の祝儀として川口屋に酒三斗樽を注文したこと、光晟とは普段から連絡を取り合っていることがわかる。これらからは、高吉が忠知や光晟と日常的に良好な関係を築いていたことがうかがわれる。

これに関連して、再び図1を参照されたい。忠知の実兄忠郷の正室は、高虎の息女亀姫だった。したがって松山の忠知と今治の高吉は義理の兄弟といってもよく、広島の光晟も加えると三人は義理の兄弟関係にあったといってよい。忠知は、寛永十一年八月に参勤の途次、京都で疱瘡を患い三十一歳で死去した。先述したように、光晟は寛永四年に元服して安芸守に任官し、寛文十二年四月に致仕した。【史料1】の年次は、おそらくは光晟が襲封した寛永九年十月以降で寛永十一年の江戸参勤以前の三月帰国時ということから、寛永十年のものと確定してよいだろう。

以上から、加藤嘉明の転封と蒲生忠知の入封は、中国・四国の中心に位置する広島・今治・松山の三藩が親戚大名で構成されることを意味した。特に浅野氏と蒲生氏はともに家康の外孫であることから、松平姓を称する大大名が当該地域に配置されたことは看過できない。それを画策したのが、藤堂高虎だった。

なお、讃岐には高虎の養女を正室とする生駒正俊がいたことも重要である。したがって、正確には広島・松山・今治・高松の四藩が親戚大名として配置されていたのであり、これらは西国地域に対する幕府の監視役としての役割も果たしていた。

あわせて、次の事実も重要である。鳥取藩主池田光政は、寛永五年一月に大御所徳川秀忠の養女を正室とし迎え、寛永九年六月には岡山藩主となっている。また、家康と従兄弟関係にある水野勝成は元和五年に備後福山に入封するが、新規に五層天守を普請している。このようにして、備前・備後・安芸と讃岐・伊予という瀬戸内筋がすべて徳川家に近い大名で占められるようになり、備後福山城のように新規築城さえ許されていたのである。

2　寛永国絵図にみえる松山城

冒頭でふれた、寛永国絵図に注目したい。管見の限りで寛永年間の伊予を描いた国絵図は三種類ある。まず寛永国絵図調進の背景について簡単に説明したい(7)。

寛永十年(一六三三)に幕府による最初の諸国巡見使が全国一斉に派遣され、この上使の廻国を通じて全国の国絵図が幕府に収納された。これは、将軍徳川家光の代始めの事業であった。

寛永巡見使は、全国を、①五畿・南海、②関東、③九州、④中国、⑤奥羽・松前、⑥北国の六区に分け、三人を一組とする六組の分担でおこなわれ、各組の巡見使は廻国のあと、巡察の報告とともに分担した諸国の国絵図を将軍へ提出した。これには、一国の道筋・峠と国境・郡境、居城と古城の配置などが克明に記されていたが、力量による精粗の差が表れていた。

この原本から二つの系統の写本が作られた。ひとつはバラバラの様式のままに模写した一次的写本であり、もうひとつは規格・形態・描写などに一定の統一を加えた二次的写本である。

伊予の寛永国絵図については、三種類が伝存している。その第一は、幕命を受けた諸藩主が調進したものである(A)。第二が各藩から提出された絵図を模写して一国絵図に仕上げたもので、上記の一次的写本にあたるもの(B)。第三が規格化・統一化された上記の二次的写本にあたるもの(C)である。

次に、実見したもののデータを表1として掲げたい。

①は、宇和郡すなわち伊達領を除く寛永期の伊予の諸地域が詳細に描かれた絵図である。絵図下部の凡例として

表1　寛永伊予国絵図データ

名称	法量(cm)	所蔵・請求番号	類型
①伊予一国之絵図領分地図	159×146	大洲市立博物館〔元藩主加藤家所蔵〕	A
②伊予一国絵図	186.5×184.5	松山市役所〔購入史料〕	B
③伊予国図	183×173	東京大学総合図書館南葵文庫　BJ-93	B
④伊予国図	193.5×180	東京大学総合図書館南葵文庫　BJ-94	B
⑤伊予国図	108.4×730	東京大学総合図書館南葵文庫　J81-1129	C
⑥伊予国図	102.8×89.6	蓬左文庫　図739-1	C

「一、白色在所ハ　加藤出羽守領」「一、紫色在所ハ　藤堂宮内少輔領」「一、浅黄色在所ハ　松平中務太輔領」と注記されているように、大洲藩加藤領・今治藩藤堂領・松山藩蒲生領の藩領と境界が実に詳細に記されている貴重な史料である。

まず、加藤出羽守すなわち泰興について紹介したい。大洲藩に加藤貞泰が脇坂安元に替わって入封したのは、元和三年(一六一七)のことだった。同九年、父貞泰の死去により跡を継いだのが泰興である。彼は、翌元和十年に出羽守に補任され、延宝五年(一六七七)閏十二月に没している。

先述したように、藤堂高吉の今治藩主時代は慶長十三年から寛永十二年までだった。したがって、泰興・高吉・忠知が揃って伊予にいたのは、忠知が松山に入封した寛永四年五月から病死する同十一年八月までの七年間ということになる。よって、①を寛永十年伊予国絵図の前提となる絵図とみることができる。

ここで注目するべきは、松山城のみが写実的に描かれていることである。本絵図を一覧しても、城郭を描写しているのは当城だけである。そして宇和島藩領は描かれていないことも、大きな特徴である。したがって本絵図は、国絵図調進にあたって松山藩が主導的な役割を果たして、今治藩や大洲藩の協力を得て作成した絵図と判断される。ただし、本絵図が大洲城の櫓に収納されていた理由については、現時点で判明していない。

②③④は、いずれも若干の描き方に違いはあるが、基本的には①と宇和島藩から提出された絵図を合体して作成した国絵図の写本である。その特徴として、城郭・寺社・名山といったランドマークを①をもとに絵画的に描写していることである。これについて、①では古城が松山藩領のみ記されていたが、②③④でも松山藩領のみであることから裏づけることができる。

特に②③に注目すると、凡例には前記三大名に「伊達遠江守」すなわち宇和島藩初代藩主である伊達秀宗が加わっている。これからも、②③については寛永十年の国絵図の一次的写本とみることができよう。

ただし、②は素人的な写しであるのに対して、③は絵師が作成したことのわかる筆致である。④には大名の名前が記されておらず、追筆もみられないことから、③の写本の系統に属するものと考えられるが、②③④のなかで最も丁寧な仕上がりである。

元来、⑤は紀州徳川家、⑥は尾張徳川家が所蔵した遺品であり、規格・形態・描写などに一定の統一を加えた二次的写本群に含まれるものである。郡境線が引かれ郡名が記され、村名以外に特に目立つ表記はない。城も、◘記号のなかに城名のみが記されている。寛永期に日本六十八カ国の国ごとに作成した国絵図に含まれるもので、このほかにも岡山藩池田家が所蔵するものなど諸大名家に伝存している。(8)

ここで松山城天守との関係で注目したいのは、②③④である。①では該当部分が擦れており断定しにくいのであるが、これらにはまったく同型の五層天守が鮮明に描かれている。ただし、写実的に描かれたものかどうかについては疑問の余地もある。

しかし、たとえばカルスト地形のなかに営まれた岩屋寺(第四十五番札所、久万高原町)や巨大な山容を誇る石鎚山など、実際に現地を訪れた者でないと描けない筆致である。また今治城に天守がないこと、大洲（国絵図では大津）城天守が台所櫓と高欄櫓を連結しており、宇和島城天守が単立三層で描かれていることが事実と合致している。

したがって、②③④に描かれている城郭をはじめとするランドマークについては、写実的に描写していると判断してもよいのではないだろうか。よって、これは蒲生時代に松山城天守が創建されたことを示す貴重な絵画史料とみることができるのである。

なお、天守外観は基本的に同じであるが、絵師の手になる③④が見やすく、写の系統に属する②（絵図A）はいささかラフで、しかも天守に接続する隅櫓が貼り継ぎ部分にあたり処理が悪く、上下にずれているのが残念である。しかし、完成された寛永国絵図としては唯一の県内史料であることから、大切に保存・活用されることを願う。

第二節　天守創建と支城の廃止

松山城の天守創建は、一国一城令のもと例外的事例とみなければならない。ただし、先例としては前述の水野勝成による備後福山城普請があった。この五層天守普請は、前任大名加藤氏の段階では機能していた領内の支城が、最終的に廃止されて実現したことも重要である。

これによって、松山城が松山平野における唯一の近世城郭となるとともに、藩主権力がそれまで支城を預けられていた重臣層に対する強権を手中にしたことを視覚的に明示するものでもあった。それでは、慶長五年九月の関ヶ原の戦い以降の加藤松山藩と藤堂今治藩の支城制度について概観したい。

当該期の伊予においては、加藤嘉明と藤堂高虎が二十万石ずつ折半して一国を支配した。彼らの領地は別々に設定されたのではなく、おもに中予地域では混在していたから、走り百姓の処置などをめぐって緊張状態が続いた。しかも、二人の仲は慶長二年の唐島(巨済島)海戦の際の軍功をめぐる衝突以来冷え切っていたから、相互に支城を配置して監視しあうようになっていた(9)。

それでは、両氏の支城についてのデータを伊予関係資料4として掲げたい(10)。

このように、一郡に一城から三城の支城を配置していたことが判明する。これらには、石垣・礎石建物・瓦を使用する近世城郭が少なくなかったこと、なかには枡形虎口や登り石垣が普請されているものもあること(11)、さらには川之江・大津・板島のように天守が存在する本城級の大規模城郭まである。

それでは、これらの支城はいつまで存置されていたのであろうか。ここで注目したいのは、藤堂氏の塩泉城である。その理由は、松山城を監視することをねらった最重要の支城だったからである。まず塩泉城について、第五章の趣旨を確認したい。

藤堂氏の支城塩泉城は、元来は河野氏の湯築城だった。福島氏段階では中予の豊臣蔵入地支配のための代官所として機能しており、藤堂氏段階で松山城監視のために大手と搦手の変更がおこなわれ、城名が変更されたとみた。同城の城代については、藤堂高吉・友田左近(慶長六年～慶長九年拝志騒動)→藤堂良勝→藤堂高刑(?～慶長十三年四月)→藤堂良勝(代官子息宗徳、慶長十三年四月～?)という変遷がうかがわれる。

ここで、宮尾克彦氏と土居聡朋氏から筆者の塩泉城＝湯築城説に対してご批判(12)を頂戴しているので、回答させていただきたい。

宮尾氏は、塩泉城＝今治城説を唱えられたが、史料的には成立しない。なぜなら、土居氏が塩泉城が関ヶ原の戦い

表2　寛永年間伊予の古城

郡名	古城名(原則的に所在地の東から西に記した)
宇摩	仏殿　轟　渋柿　松尾　中尾
新居	岡崎　金子　障子山　横山　高峠　高尾
周布	剣山　松尾
桑村	壬生川
越智	国分　龍門山　甘崎
野間	来島　怪島
和気	湊山　葛屑　潮見山
温泉	河野　垣生　明沢
久米	吉山　岩柄
浮穴	荏原　天神森　千里　白滝
伊予	松前　由並本尊

以前から高虎の支城であったことを示す史料を、『高山公実録』や『公室年譜略』という藤堂藩関係者編纂の高虎一代記から複数提示されたからである。今治城は、関ヶ原の戦いの後に高虎が新規築城した海城だったから、それを塩泉城とするわけにはいかない。

土居氏は、関ヶ原の戦い以前に高虎が支配していた所領と豊臣蔵入地は、宇和郡・喜多郡・浮穴郡であるから、このうち最も加藤領に近いのが浮穴郡であることから、「塩泉城は同郡(浮穴郡・筆者註)のうちに所在した可能性もあろう」と指摘されている。

これについては、前節で紹介した寛永十年国絵図(①〜④)中の古城に関するデータ(大洲藩領の風早・喜多両郡と宇和島は領の宇和郡を除く)から作成した表2を参照されたい。古城の所在郡名は絵図に従い、古城名は墨書と朱書のものもあるが、区別しなかった。古城としか書かれていないものは、城名を推定した。ただし、名称が判読できても存在が確認できなかった古城については記入しなかった。

これらの絵図は、戦国期に溯りうる城郭関係データが満載されている。この段階の戦国期以来の代表的な城郭は、おそらくすべて網羅されているものと理解される。ところが、このなかに塩泉城は浮穴郡ばかりかどこにも記されていないのである。先述したように、高虎の重要支城は本格的な城郭だったから、古城のなかに必ずあると考える。

高虎は文禄四年に板島城主として宇和郡に七万石を宛行われ、同時に宇和・喜多両郡と郡名記載なしの「一万弐千弐百拾壱石」で合計六万石余りの蔵入地を預かった。さらに慶長三年には、喜多・浮穴両郡内で一万石の加増を受けている。[13] この一万石は、土居氏が指摘されるように新規給与ではなく高虎の代官地からの振り替えだろう。

第五章の【史料3】の検討によって、関ヶ原の戦い以前の所領と蔵入地を合わせた加藤領を、久米郡・温泉郡・伊予郡・和気郡・野間郡・浮穴郡で十一万四百石と判断した。この中予六郡は比較的作成時期の近い「慶安元年伊予国知行高郷村数帳」（村数帳と略記する）によると合計が約十二万六千石ある。差し引き一万五千六百石のなかに、郡名記載なしの高虎の蔵入地「一万弐千弐百拾壱石」が含まれた可能性がある。

筆者は、文禄四年から高虎が湯築城を預かっていた可能性があると考える。なぜなら、福島正則の時代から同城は中予の豊臣蔵入地支配の代官所だったからである。その蔵入地の一部を、高虎が引き継いだのだろう。

蔵入地の所在は、浮穴郡などの中予の諸郡に散在していたから、文禄四年の蔵入地目録に郡名を特定できず空白とせざるをえなかったと考える。『愛媛県史　資料編近世上』には、「一万弐千弐百拾壱石（浮穴郡カ）」とするが、根拠のない予断といわねばならず、従来の研究もこれに引きずられてきたことを残念に思う。（補註）

代官所となりうる城郭は、当然しかるべき近世城郭とみなければならない。たとえば、慶長の役の恩賞一万石に含まれる「九百八拾参石五斗一升」の所領のある「うけな（浮穴）郡上なた（灘）」[14]の支配拠点として近世城郭・灘城はあったが、慶長十三年に解体して資材を甘崎城と今治城とのつなぎの城小湊城に転用している。[15]

以上の検討から、文禄四年に高虎は正則から中予に散在する一万二千石余りの蔵入地と代官所湯築城を引き継ぎ、近世城郭への改修後に塩泉城と命名したとみてよい。たとえば、灘城がかつて海辺城と呼ばれたように、改修した城郭に新たな名称を与えたのであろう。[16]

ただし管見の限り塩泉城は、『高山公実録』『公室年譜略』といった藤堂藩関係者が編纂した高虎一代記にしか登場しない。伊予の地名を知らぬ江戸時代の藤堂藩士が、関係史料にある「温泉」を「塩泉」と誤記した可能性も捨てきれないが、いずれにせよ湯築城を改修した近世城郭は、「シヲツミ」城と呼ばれたのであろう。

寛永十年国絵図に「河野」あるいは「河野古城」と記されているのは（地図A参照のこと）、高虎の支城塩泉城であった時期よりも、河野氏の本城湯築城であった時期のほうが圧倒的に長く、有名だったからだと判断する。

以上の推論が正しいとすると、高虎が松山城を監視するために塩泉城を構えたのではなく、松山城を本城に選んだ嘉明のほうから塩泉城に接近してきたとみるべきであろう。結果として、塩泉城は松山城監視の役割を担うようになったのである。松山築城に対応して、塩泉城の大手と搦手が逆になったのであろう。

また、宮尾氏からは湯築城が存在した温泉郡道後村は松山藩領であるから、藤堂氏が城を構えることは不自然であるとの批判も頂戴しているが、豊臣蔵入地支配のための代官所だったという由来に鑑みれば、なんら問題はないと考える。

それでは、高虎が伊賀・伊勢へ国替した慶長十三年以後、塩泉城はただちに廃城となったのであろうか。藤堂高吉が今治に残留したのは加藤嘉明監視のためだったから、廃城にする理由はなかったと考える。たとえば、福島氏監視のための支城甘崎城を預かった須知出羽は、高虎の国替後も同城に留まった。[17]

これに関連して、今治城の監視をおこなった拝志城がいつまで存置されたのか検討する。城代の変遷については、加藤嘉明の実弟忠明が拝志騒動のあった慶長九年まで、その後に重臣堀部主膳が城代となっており、知行地が周布郡にあったことが確認される[18]。

たとえば、元和五年十二月十二日付で主膳が拝志町年寄中に宛てて町屋敷地子を免除している[19]。現在も拝志には美保神社境内に主膳を祭神とする堀部神社が鎮座する。かつては、拝志郷の総鎮守だったという。また、領民に対して「けんど」(葛などで編んだふるいの一種。空豆などの穀類の皮と身を分けるのに用いた)製造を奨励したことも伝わっている[20]。

したがって、今治城監視の拝志城が存置されていたとみられる。当然のこと、それとの対抗のためにも松山城監視のための塩泉城は、しばらくは確保されていたものと推測する。筆者は、伊予における支城は段階的に廃止され、寛永四年の蒲生忠知の入国までには最終的に廃止になったと考える。

実際に蒲生氏は会津時代に採用していたにもかかわらず、支城制を採用しなかった。おそらく、支城とするべき城郭の大部分は廃城となっていたからであろう。実際に、中国・四国の要衝に家康の外孫が配置されることによって、周辺の外様大名への監視効果は抜群だったであろうから、一国一城令すなわち支城制の廃止は浸透したと考える。

ここで注目したいのが、古城である。既に確認した寛永国絵図に記された伊予の古城について検討したい。先述したように、寛永十年に巡検使を迎えるにあたって、松山藩が調進したものと思われる伊予一国之絵図領分地図①には、戦国期以来の主要城郭は古城として記入されていた。

江戸に帰った巡検使によって一国サイズに合体して仕上げられると、城郭は今治・松山・大津(大洲)・宇和島の四城となり、古城は基本的に川之江と松前の二城となる。これが幕府が公式に認めた城郭と古城だった。古城には、藩と幕府の認識には相違があった。おそらく、幕府は川之江と松前の両古城を準城郭として位置づけていたのだろう。

藩はそれも含めた、中世以来の主要城郭を古城と認識していたと推察する[21]。

それでは、幕府にとって、あるいは藩にとって、古城とはなんだったのだろうか。それ自体は要塞機能を潜在的に保持していたから、幕府や藩が民衆に使用されないように管理したことが共通点である。山城の場合は、城山自体が留山になっていたケースが少なくない。

古城においては、その建造物が解体・移転されたり、石垣も本城の拡張などのために外されている場合が少なくなかった。たとえば、河後森城天守が宇和島城の月見櫓となったり、拝志城の石垣が今治城の拡張工事に伴い転用されたことが知られている。松山城の石垣も、松前城や湯築城からの転用であるといわれている[22]。

筆者は、伊予において寛永年間に蒲生氏が入国した時期から松平氏が松山と今治の両藩主となる七年間に、藩庁となる本城の改修と拡大が進められ、その資材として古城の建造物や石材が積極的に活用されたと考える。その結果、本城が藩領内で唯一の近世城郭として君臨することになるのである。松山城天守の創建は、そのシンボル的なできごとだったと理解されよう。

結語―藩庁―古城制の誕生

本章では、松山城の天守普請の前提条件は将軍家に極めて近い大名蒲生氏の入封と密接に関連していると理解した。すなわち、中国・四国の要地に浅野氏に加えて蒲生氏という二人の家康外孫が配置されたことを契機に、幕府の権威を知らしめるための大事業だったと判断する。同時に、この入国によって伊予における近世支城制が最終的に廃止されたとみるべきである。

藩領にひとつとなった城郭は、支城からの建造物や石垣などの転用によって拡張された。支城は、古城と位置づけられ、藩によって管理されることになった。ただし、古城は単なる遺跡としてではなく依然として緊急時の要塞として、川之江古城や松前古城のようにその一部は幕府からも公式に位置づけられていたことは重要である。

既に「古城」という呼称が、一国一城令を意識したものであったことも指摘されている。[23]支城が廃止されながら、しかもそれらの一部が幕府から古城として認識されることによって、はじめて一国一城の原則が浸透したのであって、一篇の法令によってただちに実現したのではないことを強調したい。

なお、最近になって福田千鶴氏は、「一国一城令」の原法度とされた三系統の（慶長二十年）閏六月十三日付年寄連署奉書を史料批判し、本質的に「諸国城割令」と呼ぶべきとする結論を導き出されているが、本章の趣旨とも合致する。[24]

寛永年間を画期として、伊予においてはそれまでの本城－支城制から藩庁－古城制へと変化していった。すなわち大名の居城は、要塞としてよりも藩の役所としての機能を強化し、廃止された支城の一部は幕府からも古城と認定されたのである。もちろん、中世以来の古城も藩が掌握しており、そのなかには河野古城（湯築城・塩泉城）のように松山藩によって管理されたものもあった。[25]

寛永十二年には、松平定行が伊勢桑名藩十一万石から松山藩十五万石に転封となり、同時にその弟定房が伊勢長島城七千石より今治藩三万石へと国替になった。四国の要地に譜代大名の兄弟がはじめて入封し、周辺外様大名に対する監視役となったのである。

既に、蒲生―藤堂という親戚藩によって松山藩と今治藩の一体性は形成されていたのであるが、この人事によって中世以来の府中のあった今治地域と守護所の置かれた松山地域の緊密な関係が踏襲・維持され、伊予一国支配の要になったのであった。

（1）『伊豫史談』三六六（二〇一二年）。

（2）加藤時代の松山城天守に関する論稿としては、高田徹「加藤期・伊予松山城に関する一考」・宮尾克彦「加藤期松山城本壇の構造と石垣構築技法について」（両者とも『戦乱の空間』一四、二〇一五年）がある。

（3）『愛媛県史資料編　近世上』（以下、『県資』と略記する）二一―二二。

（4）蒲生忠知については、拙著『蒲生氏郷』（ミネルヴァ書房、二〇一二年）を参照されたい。

（5）『高山公実録』寛永四年二月十日条。

（6）「川口文書」（東京大学史料編纂所影写本）。一連の関係文書については、第六章を参照されたい。

（7）たとえば、論稿としては川村博忠「寛永国絵図の縮写図とみられる『六十余州国絵図』」（『歴史地理学』三七―五、一九九五年）・「寛永十年日本図」（同氏『江戸幕府撰日本総図の研究』古今書院、二〇一三年）が、絵図集としては同氏『寛永十年巡検使国絵図　日本六十余州図』（柏書房、二〇〇二年）などがある。

（8）岡山藩池田家に伝来した絵図については、「岡山大学池田家文庫絵図公開データベースシステム（http://ousar.lib.okayama-u.ac.jp/ikedake/ezu/）」が参考になる。

（9）第五章を参照されたい。

（10）寛永伊予国絵図（表1）のデータも加えた。

（11）宮尾克彦「伊予松山城の縄張と構造と大名権力」（『戦乱の空間』創刊号、二〇〇二年）参照。

（12）宮尾克彦著・土居聡朋補論「塩泉城の所在地及び今治城との関係について」（『伊豫史談』三七九、二〇一五年）。なお、土居氏によるご批判における『今治夜話』中の「潮泉」については、湯築城に関する地名でないとのご指摘は妥当と判断し、第五章の該当部分は削除した。

(13) 史料の出典は、『県資』一―六二～六五。
(14) 慶長三年六月二十二日付藤堂高虎宛豊臣秀吉知行目録（『宗国史』『県資』一―六五）。
(15) （慶長十三年）三月七日付藤堂良勝宛高虎書状写（『高山公実録』『県資』一―一一〇）。
(16) 近年の発掘調査によって、湯築城が大規模な二重堀と土塁を擁する先進的な平山城だったことが明らかになったが、これは最終段階すなわち藤堂氏段階の状態を示すものであることに注意したい。伊予において他の戦国期城郭と規模的・質的に圧倒的な差違があるが、すべて河野氏の守護所の遺構とみるべきではないと考える。
(17) 『高山公実録』所収元和三年十二月十六日付須知主水宛高虎書状に「伊予ニて二千石之分所務可仕候」と記されており、高虎が没した寛永七年のものと推測される『公室年譜略』所収「高次公江譲リ玉フ諸士之分限」に「一、弐千石《伊与》　須知出羽」とあることから、寛永年間まで須知氏は伊予に留まっていたものと思われる。なお、この分限帳の末尾には「弐千五百五拾石　伊予取」と、伊予に領地があったことを示している。
(18) 第十章を参照されたい。
(19) 「小松邑志」（『今治夜話・小松邑志』伊予史談会、一九八一年）所収。
(20) 近藤福太郎「拝志のけんどづくりとけんど舟について」（『伊豫史談』二八八、一九九三年）。
(21) 藤堂藩においても、戦国・織豊期の伊賀国内の主要城郭を「古城」として十カ所把握している（伊賀古文献刊行会編『統集懐録』伊賀上野図書館、二〇一三年）。
(22) 景浦勉『松山城史　増補四版』（伊予史料集成刊行会、一九九九年）、日下部正盛『加藤嘉明と松山城』（愛媛新聞サービスセンター、二〇一〇年）、『愛媛県史　近世上』第一章（一九八四年）、『松山市史　第二巻』第一章（一九九三年）など参照。
(23) 遠藤才文・川井啓介・鈴木正貴「尾張国古城絵図考」（『中世城館調査報告Ⅰ』愛知県教育委員会、一九九一年）参照。
(24) 福田千鶴「一国一城と城下町の形成」（岩下哲典・「城下町と日本人の心」研究会編『城下町と日本人の心性―その表象・思想・近代化―』岩田書院、二〇一六年）。

（25）これについては、日和佐宣正「伊予国守護所湯築城とその城下について―『道後湯月城之図』等から考える―」（前掲『戦乱の空間』一四）参照。

〔補註〕最新の見解に書き改めた。

〔付記1〕本章の作成にあたっては、大洲市立博物館・東京大学総合図書館・松山城総合事務所・蓬左文庫にお世話になった。

〔付記2〕寛永絵図にみえる松山城天守の屋根の複雑な描かれ方から、五層天守ではないとのご意見を頂戴した。描写については、各層に張出型千鳥破風を配していたためと理解している。蒲生忠知は、父秀行が再建した会津若松城天守と同様に、張出型千鳥破風を多用した天守を創建したのだろう（写真参照）。それを強調して描かれたため違和感をもたれたのだろうが、大津城天守・宇和島城天守とはスケールが異なり大規模に表現されていること、破風が各層に認められ合計五つあることから五層天守と判断した。

張出型千鳥破風を配した会津若松城天守

むすび―現代に生きる藩

近年の藩研究の進展は、「藩」という自明であるはずの概念を大きく揺るがしている。藩誕生に至る個別性、形成された家風の多様性など、ますます普遍化が難しい分野になりつつある。にもかかわらず、近年全国各地では藩が見直され注目されている。筆者のみるところ、それは藩政時代の「合理性」であり、現代の地域社会の基礎となった時代への「郷愁」である。

たとえば、城下町のなかの武家地や町人地などの復元・整備は、前者が金沢市（長町武家屋敷跡）や長崎県島原市（島原武家屋敷街）など、後者が名古屋市（四間道）や滋賀県彦根市（本町・夢京橋キャッスルロード）など、枚挙にいとまがないほどである。

これらは観光用に住民に理解を得たうえで公開しているものから、架空に創造したものまで様々ではあるが、特に町人地は現在のメインストリートと重なることが多く、町おこしの成功事例も多い。

また「ひこにゃん」（彦根市）や「家康くん」（浜松市）など、町おこしのためのマスコットである「ゆるキャラ」のなかには、江戸時代につながる郷土の英雄と関係するものも少なくない。

津市の「シロモチくん」も、「藤堂高虎公がまだ若く貧しい頃、餅屋の商品をつまみ食いをしてしまったのに、餅屋のご主人は優しい言葉をかけて下さり、それに感謝した高虎公が〝人の情けを忘れないように〟と、藤堂家の旗印を

『白い三つ丸餅』とした。シロモチくんはその旗から生まれた精霊」(公式HPより)として誕生し、市民から広く親しまれている。

確かに廃藩後約一世紀半が経過し、なおかつ第二次世界大戦の戦災に遭っても、かつての城郭と城下町の中枢部分が依然として都市の中心機能を担い続けている都市も少なくない。ここに、現代人が学ぶべき「合理性」を見いだすことは十分に可能である。また最近では、電気やガソリンを使用せず自然循環によって再生産された城下町のくらしは、究極のエコライフとして注目されてもいる。

二十一世紀を生きる私たちにとって、江戸時代は決して遠い過去ではない。歌舞伎や古典落語などの伝統芸能はいうまでもないが、身近なところでは私たち世代が子どもの頃聞かされた民話の舞台も江戸時代のことが多かった。かつての子どもたちは、「お侍さん」や「お百姓さん」など先人の様々な物語（史実が含まれることもある）に、ふるさとの息吹を感じ、それらが基層となって現代人の歴史観が培われているのである。

また人気の時代小説は、その多くが江戸時代を舞台としたものである。たとえば、根強い人気を誇る藤沢周平の時代小説には、しばしば海坂《うなさか》藩という架空の東北地方の一小藩が登場する（庄内藩がモデルだと言われている）。設定された典型的な藩において紡がれる様々な人間模様が、今なお多くの読者の心を深くとらえ、魅了し続けているのである。

藤堂藩の場合も、その息吹は旧藩領で生活する現在の市民の心に生きている。

本城のあった三重県津市には、城跡に接して市役所や警察署などの官庁街があり、町人地には大門《だいもん》商店街が形成され、第二次世界大戦で壊滅的な戦災に遭いながらも、現在に至るまで旧城下町すなわち「お城下」としての雰囲気をそこはかとなく伝えている。これに対して、支城の置かれた三重県伊賀市は、空襲に遭わなかったこともあって、高虎の城下町づくりを生かした景観形成を先進的に進めている(1)。

津市の代表的な秋祭りである津祭りは、二代藩主藤堂高次が亡父高虎を偲んで祭礼を興したことに端を発する。津祭りの行列のなかでひときわ目につくのが、旧城下町の分部町の住民が演じる朝鮮通信使一行をまねた異形の「唐人踊り」(三重県指定民俗文化財)である。

また、伊賀市を代表する上野天神の祭礼は、本町と二之町の豪華なだんじりが巡行し、三之町の住民による鬼行列も目を引くが、三代藩主藤堂高久以来の城下町の祭礼を引き継ぐものといわれており、ユネスコ無形文化遺産と国の重要無形民俗文化財に指定されている。

現代人が学ぶべき衣食住レベルの「合理性」や、私たちに「郷愁」を呼び起こす江戸時代人の心性は、近世中・後期に明瞭になった。言うまでもないことではあるが、藩研究は近・現代史研究の直接的な基礎に位置づけられる。確かに二百以上も存在した藩の個別性に注目することは重要であるが、それを統一的に把握すること、すなわち全体像を構築することは急務と言ってよい。

そこで重要なのが、各大名家の多様な実態に関する事例研究をベースに、近代国民国家を準備した基礎構造の形成過程を丹念に分析していくことにあるのではないか。筆者のささやかな研究は、このような認識を踏まえ、現代人にとって藩とはなんだったのかを、成立期を中心に多角的に問うたものである。

藩づくりは、本城とその城下町の建設から始まった。慶長から寛永年間にかけて、現代につながる城下町が誕生したのである。言うまでもなく、近世城下町はまったき人工都市である。立地はもとより、城郭の縄張構成と街区―武家地・町人地・寺町のゾーニングが有機的におこなわれ、屋敷地を預けられた藩士と町人・僧侶などが集住するようになった。

村落も然りである。それまで長らく蟠踞していた国人・土豪や農村商工業者が城下町に移住し、百姓ばかりが残ったのである。戦乱によって消滅した村、戦乱を避けて移転した村も少なくなかった。このような全国規模の一大流動期を経験して、藩体制が固まったのであった。

現在、都市郊外化・スプロール化を抑制し、市街地のスケールを小さく保ち、歩いてゆける範囲を生活圏ととらえ、コミュニティの再生や住みやすいまち、すなわちコンパクトシティがめざされているが、既に四百年も前に、列島規模で城下町建設による同様の試みがおこなわれたことに注目したい。私たちの将来を占う意味においても、藩成立期の研究は現代的課題でもある。

小著においては、あわせて藤堂高虎が初期の江戸幕府政治にいかに貢献したのかについても注目した（序章・終章）。当該期の政治を支えた側近・ブレーンについては、これまで次の人物が知られている。

すなわち、新参譜代—本多正純・成瀬正成・安藤直次・竹腰正信、近習出頭人—松平正綱・板倉重昌・秋元泰朝、僧侶—金地院崇伝・南光坊天海、学者—林羅山、豪商—茶屋四郎次郎・後藤庄三郎・角倉了以・今井宗薫・湯浅作兵衛、代官頭—伊奈忠次・大久保長安・彦坂元正、外国人—ウイリアム＝アダムス・ヤン＝ヨーステンなどである[2]。

これに加えて、譜代大名や上級旗本にも関心が払われてきた。特に上級旗本については、幕府と諸大名との間をつなぐ「取次」としての役割の重要性が注目されている[3]。様々な経歴をもち外国人も含むメンバーが、初期幕府政治に重要な役割を果たしたのであるが、外様大名のカテゴリーに属する高虎の評価は、残念ながらなきに等しい。

ここで、再び第一章補論図２（53頁）を参照されたい。このような人脈を築いた高虎は、幕閣と言ってもよい役割を果たした側近大名ということができるだろう。初期幕府政治には、猛将、名築城家、政治・外交顧問などいくつもの顔をもち、それぞれに第一級の力量を発揮した高虎のような存在を必要としたのである。

書名を「藤堂高虎論」としたものの、あくまでも「中間報告」であることを、最後にお断りしておきたい。

(1) 浅野聡「上野城下町における景観形成に関するまちづくり事業と文化財」・「上野城下町の歴史的町並みの現状と将来像」(藤田達生監修・三重大学歴史研究会編『藤堂藩の研究』清文堂、二〇〇九年)参照。
(2) たとえば、藤野保『徳川幕閣』(中央公論社、一九六五年)、藤井譲治『江戸時代の官僚制』(青木書店、一九九九年)など。
(3) 山本博文『寛永時代』(吉川弘文館、一九八九年)など。

〔付記〕

筆者は、愛媛大学の学生時代に水本邦彦先生から免制度を介した藩と郷村社会との関係を学んだ。さらに神戸大学の院生時代には、高尾一彦先生から畿内綿作地帯の郷村世界について、八木哲浩先生からは畿内近国地域の藩政について、そして藤井譲治先生から江戸幕府の官僚制について教わった。

今ふり返ると、実に贅沢で幸福な修行時代だったと思う。当時は、戸田芳實先生や熱田公先生に師事して中世村落や一揆に関する研究に集中していたため、それがわからなかった。まさか三十年後の自分が藩政史研究で小著を上梓することなど、まったく思いもよらぬことだった。

戸田先生がよく仰っていた、中世から近世へと移行期を理解するには、室町時代から江戸時代までのしっかりとした研究ができなければならないし、今こそ、それが求められているというご指導に、ようやく少々お答えできたのではないかと思っている。まさに日暮れて道遠しではあるが、半歩なりとも前進してゆきたい。

最後に、本書は故郷愛媛県と三重県における、あたたかな人間関係のたまものであることを記しておきたい。いちいちお名前は記さないが、頑迷な筆者に対して種々ご教示下さる皆様に、心からお礼を申し上げて擱筆する。

藤田達生

二〇一八年正月

〔追記〕

拙著は、二〇一八年度歴史学研究会大会に向けて編集作業が進められていた。ところが、初校を終えた段階で校倉書房にご不幸があり、作業が中断してしまった。山田晃弘氏のご奔走により、二校目から塙書房に引き継いでいただくことになったが、歴史学をはじめとする人文系学界の弱体化を、身をもって実感することになった。

塙書房のご厚意によって、なんとか拙著が日の目を見ることになった安堵感と、職場である教員養成学部におけるリストラに向けての重苦しい空気のなかで日々を浪費してしまい、校倉書房の洞圭一氏から事務所撤退のお知らせを頂戴して我に返った。

これまで三冊の論集は、すべて校倉書房にお世話になったから、洞氏と山田氏には実に二十年間にも及ぶお付き合いをいただいたことになる。ここに、お二人の長年にわたるご苦労をねぎらうとともに、心からお礼を申し上げたい。

二〇一八年七月

伊勢・伊賀関係資料

〔伊勢国〕

・津

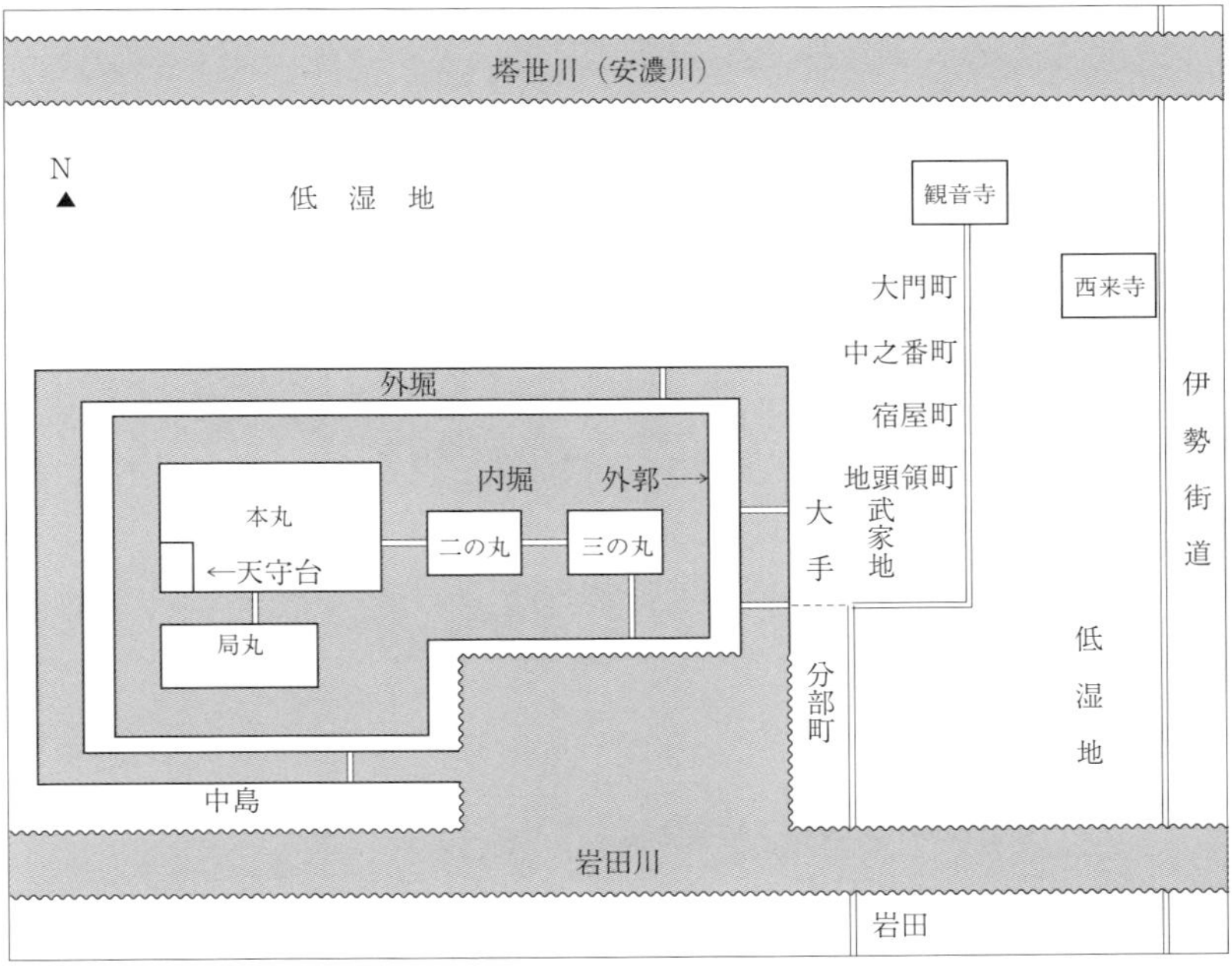

1　富田氏時代の津城下町概念図

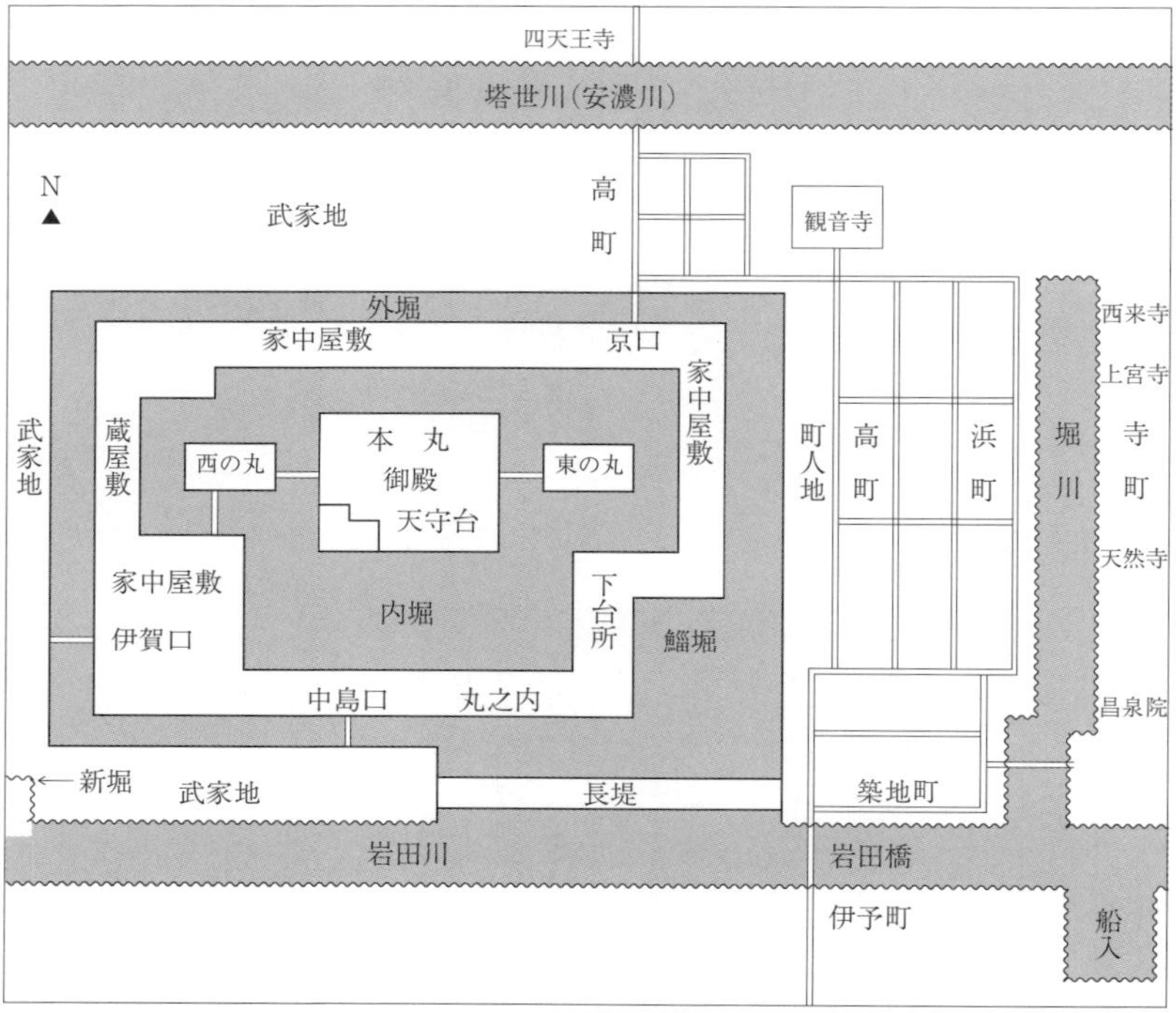

2　**藤堂氏時代の津城下町概念図**(範囲東西約 1.5 ×南北約 2 キロメートル)

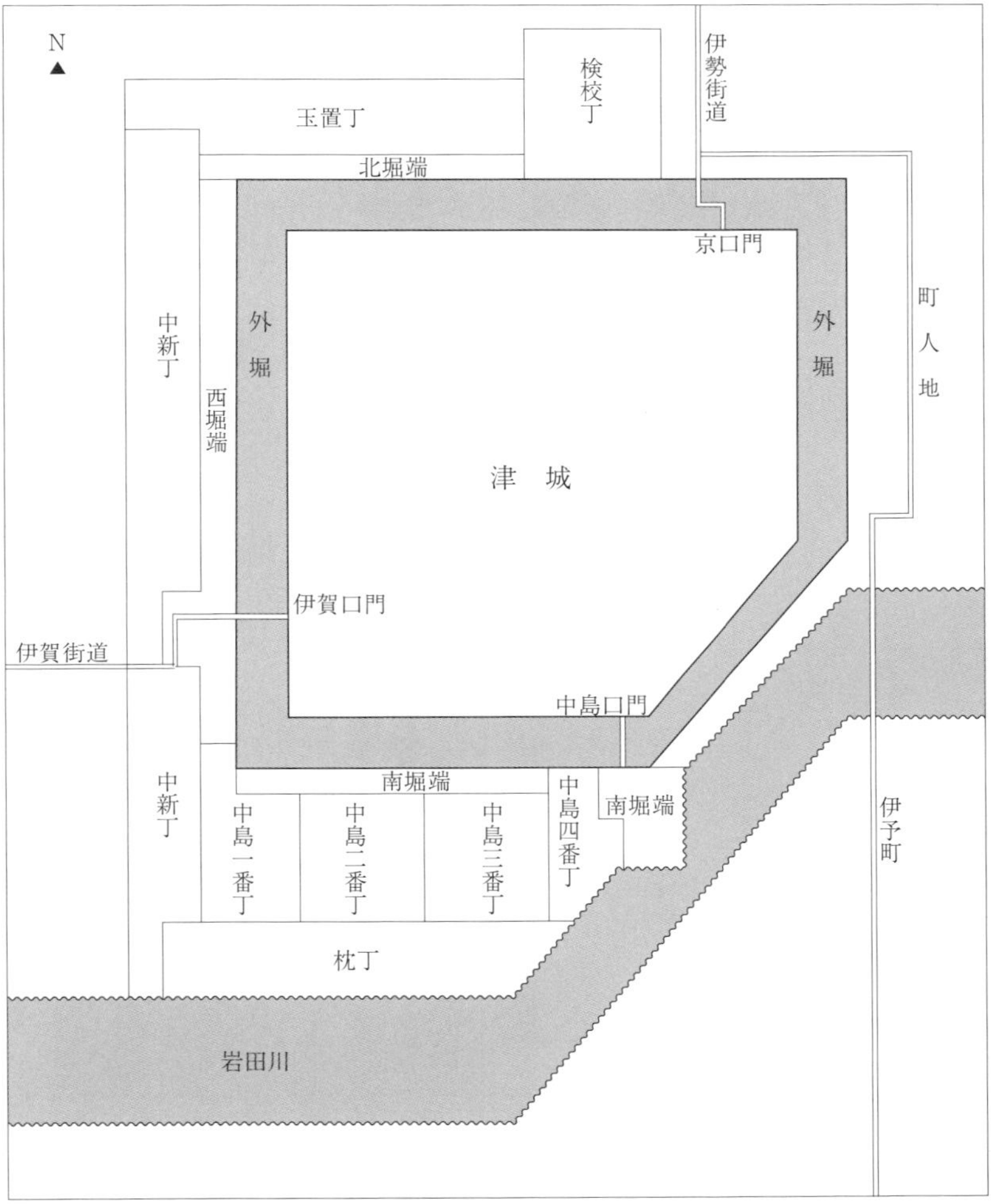
N
検校丁
伊勢街道
玉置丁
北堀端
京口門
外堀
外堀
町人地
中新丁
西堀端
津城
伊賀口門
伊賀街道
中島口門
南堀端
中島四番丁
南堀端
中新丁
中島一番丁
中島二番丁
中島三番丁
伊予町
枕丁
岩田川

3　武家地の構造概念図

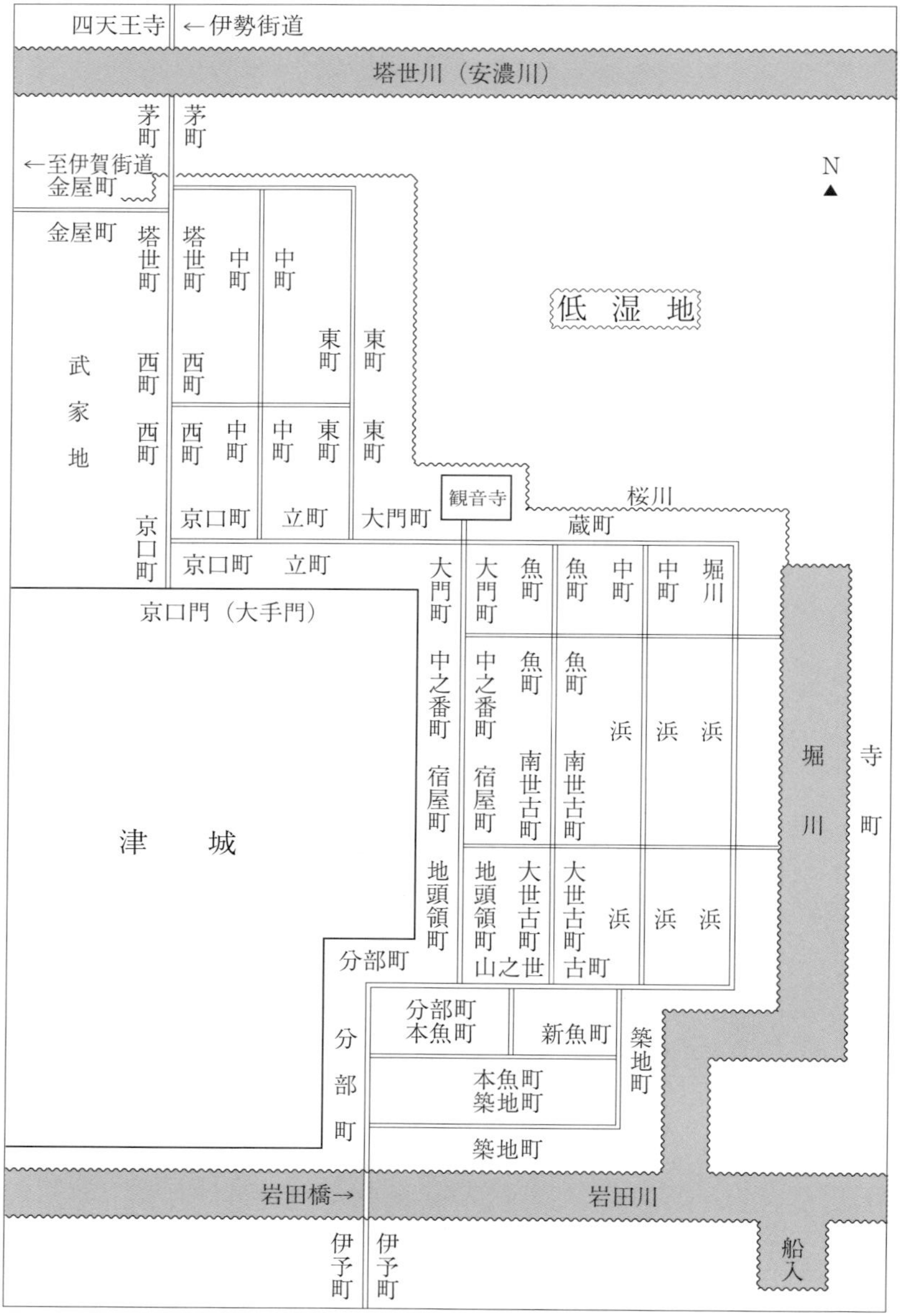

4　藤堂氏時代初期の町人地概念図

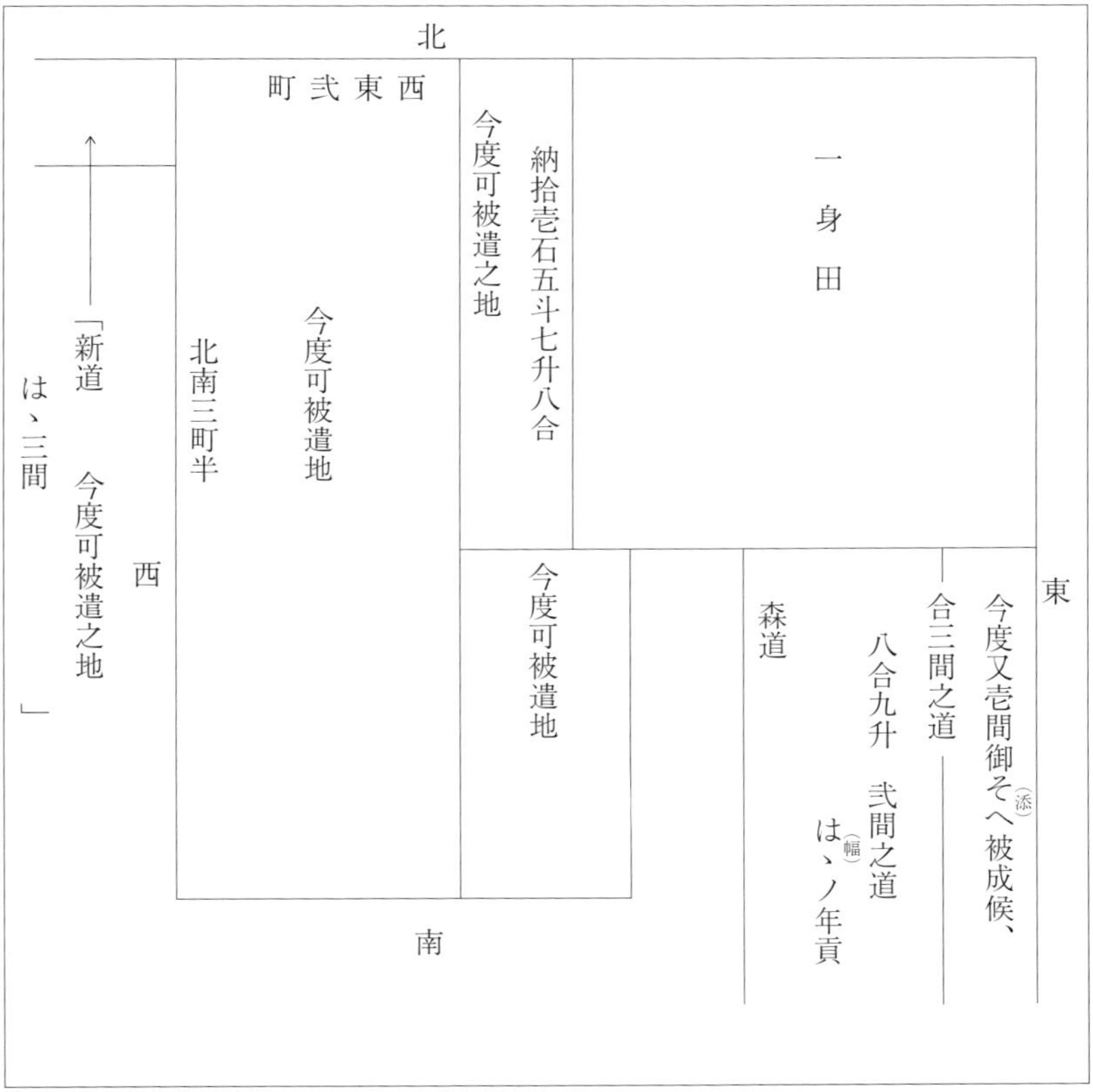
北
西東弐町
今度可被遣之地
納拾壱石五斗七升八合
一身田
今度可被遣之地
北南三町半
「新道　今度可被遣之地」
はゝ三間
西
今度可被遣之地
森道
八合九升
弐間之道
はゝ（幅）ノ年貢
合三間之道
今度又壱間御そへ（添）被成候、
東
南

5　万治元年寄進図

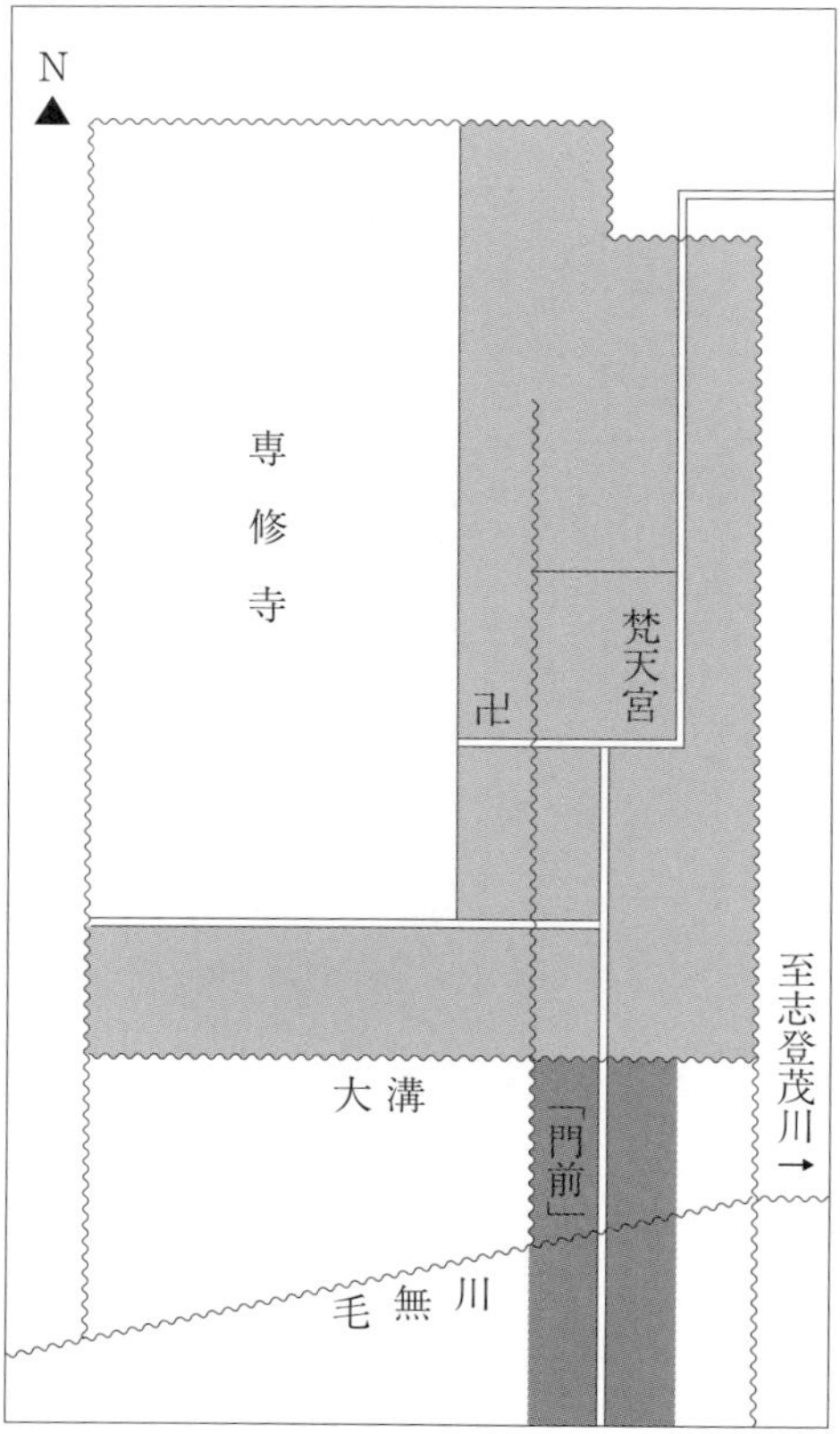

6　**初期一身田概念図**（　　　は寺内、　　　は地下）

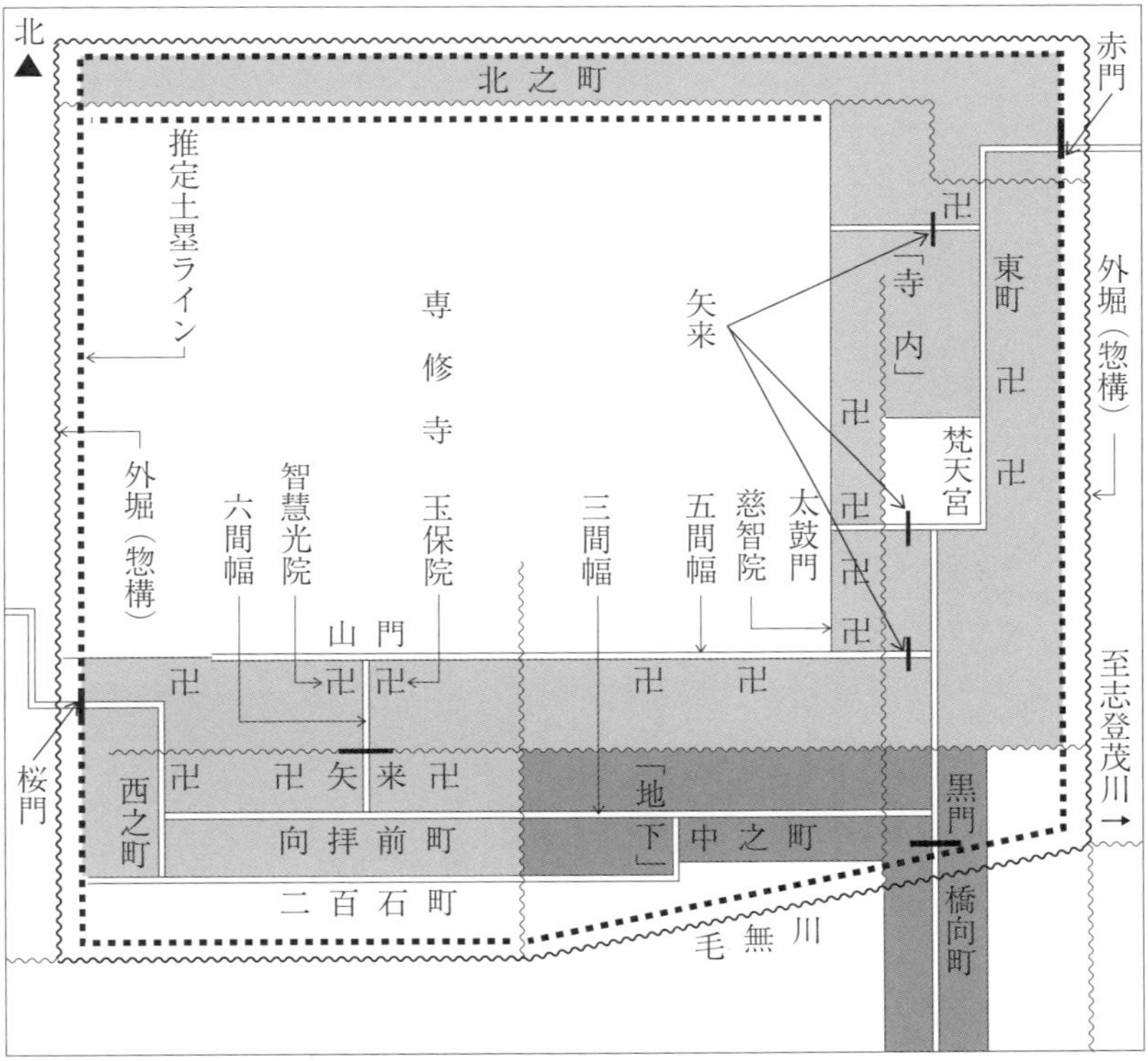

7　一身田寺内町概念図（　　は寺内、　　は地下）

〔伊賀国〕

・名張

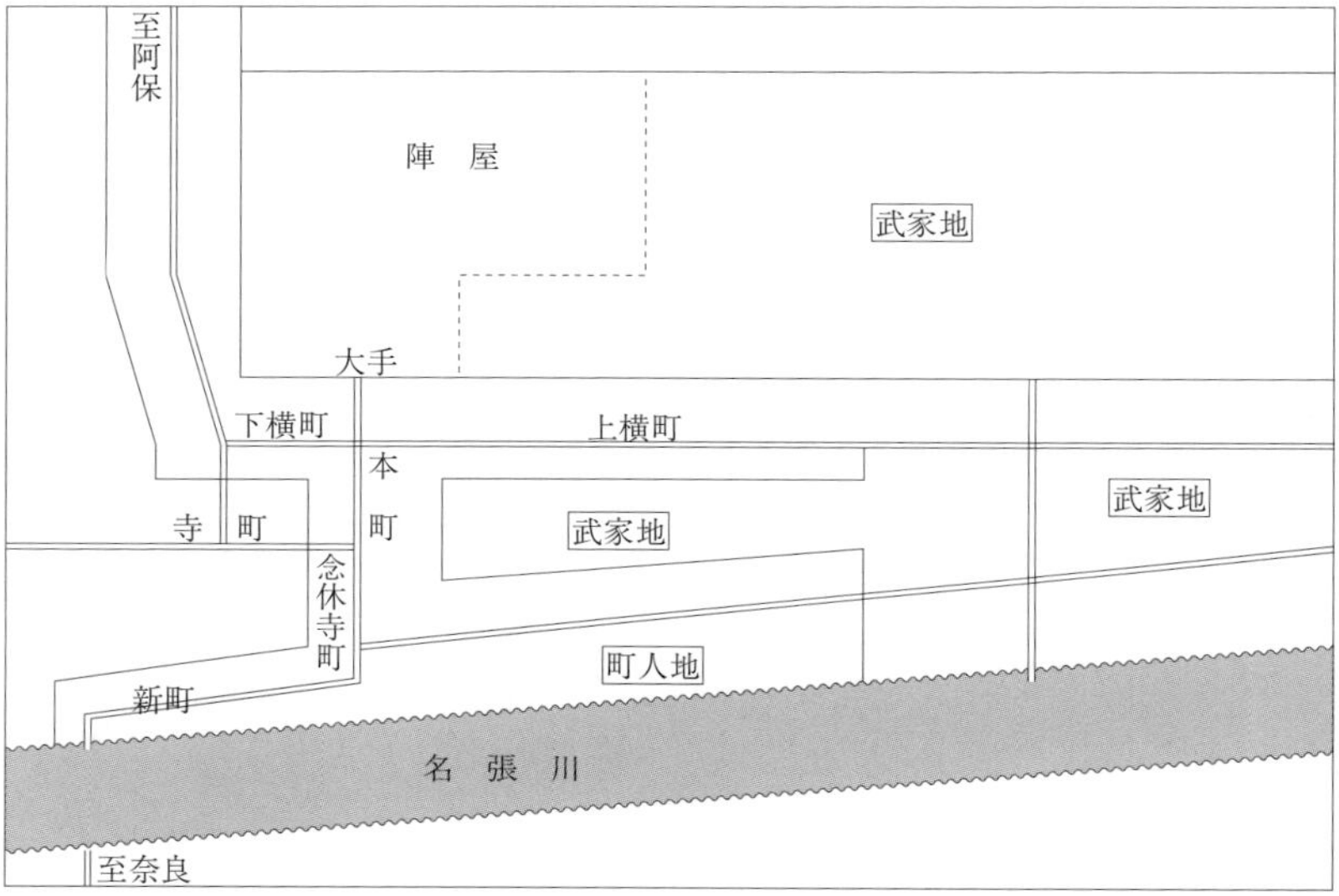

8　名張城下町の構造概念図

〔藩領〕

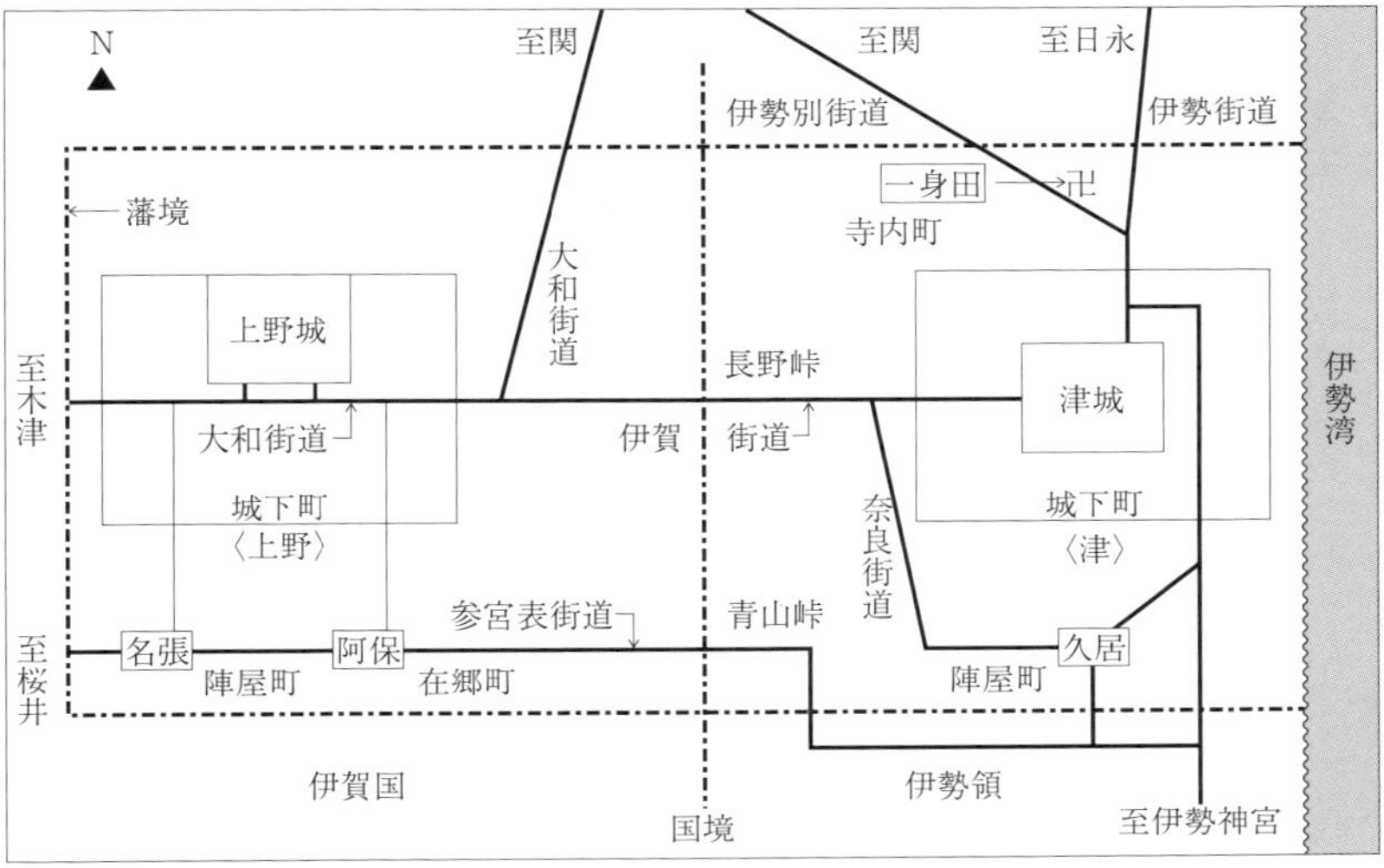

9　藤堂藩領内都市・街道概念図

伊予関係資料

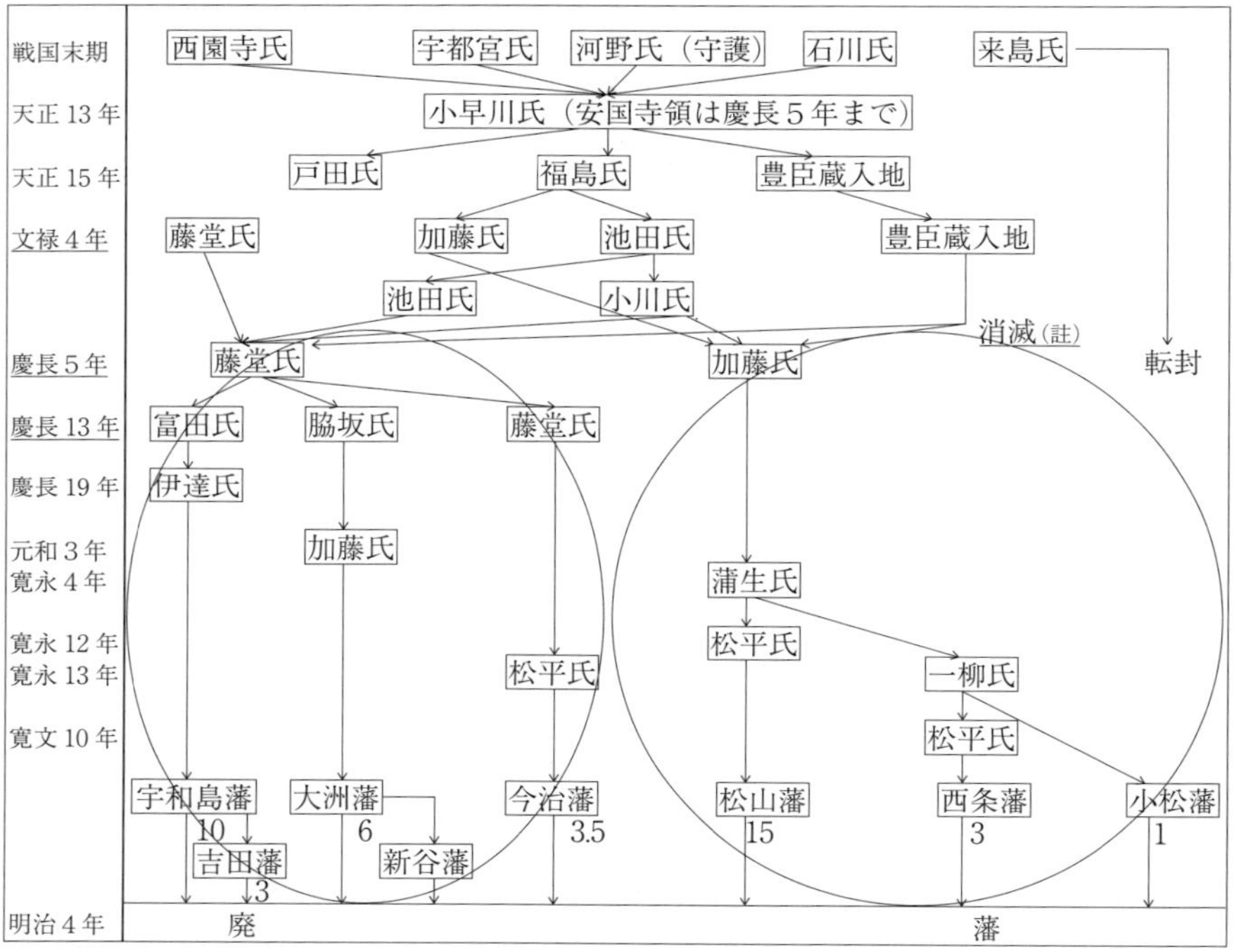

1　**伊予八幡の系譜**（数字は石高、単位は万石、註：豊臣旗本領を除く）

2　近世伊予の大名変遷

支配期	領主名	備　考
天正 13～天正 15	小早川隆景	伊予国主、小早川秀包が大津城主。慶長5年まで安国寺恵瓊領あり、慶長6年まで来島氏領1万4千石あり。
天正 15～文禄 4	福島正則	11 万石国分山城主、豊臣蔵入地あり。
天正 15～文禄 3	戸田勝隆	大津城主、豊臣蔵入地あり。
今治藩		
文禄 4～慶長 3	池田秀雄	国分山城主。
慶長 3～慶長 5	小川祐忠	7万石国分山城主。
慶長 5～慶長 13	藤堂高虎	関ヶ原の戦いで 20 万石国分山城主、所領は東・中・南予に入り組む。
慶長 13～寛永 13	今治藩藤堂氏	2万石。藤堂藩の支藩。
寛永 13～明治 4	今治藩松平氏	3万石。のち4万石。
大洲藩・新谷藩		
慶長 3～慶長 14	藤堂高虎	8万石。
慶長 14～元和 3	大津藩脇坂氏	5万3千石。
元和 3～明治 4	大洲藩加藤氏	6万石。
寛永 19～明治 4	新谷藩加藤氏	1万石。大津藩の支藩
宇和島藩・吉田藩		
文禄 4～慶長 13	藤堂高虎	板島城主7万石。
慶長 13～慶長 18	板島藩富田氏	10 万石。改易の後は藤堂高虎が預かる。
元和 1～明治 4	宇和島藩伊達氏	10 万石。
明暦 3～明治 4	吉田藩伊達氏	3万石。宇和島藩の支藩
松山藩		
文禄 4～寛永 4	加藤嘉明	当初6万石松前城主、所領は中予、豊臣蔵入地あり。関ヶ原の戦いで 20 万石、所領は東・中予に入り組む。
寛永 4～寛永 11	松山藩蒲生氏	24 万石。所領は東・中予に入り組む。
寛永 11～寛永 13	幕府預地	旧蒲生領大洲藩預かる。
寛永 12～明治 4	松山藩松平氏	15 万石。
西条藩・小松藩		
寛永 13～寛文 5	西条藩一柳氏	3万石。宇摩郡には正保2年～元禄 16 年まで旗本一柳氏領あり。
寛永 13～寛永 19	川之江藩一柳氏	2万8千石。播磨小野に転封後に天領。
寛永 13～明治 4	小松藩一柳氏	1万石。
寛文 5～寛文 10	幕府預地	旧西条一柳領は幕府代官預かり。
寛文 10～明治 4	西条藩松平氏	3万石、周辺には別子銅山などの天領あり。

3　近世伊予城郭一覧

（括弧内は別名）

城名	所在	備　考
〈東予地域〉		
川之江（仏殿）	四国中央市	福島正則改修か。加藤氏一族川村権七在番。天守建設の可能性あり。慶長16年廃城か。幕府から「古城」として認識される。
八日市	四国中央市	旗本一柳氏が築城。陣屋。
西条	西条市	一柳氏が築城。陣屋。大手門伝存。堀。
土居構（高峠）	西条市	新居郡守護所・高峠城の居館。天正の陣後も一定期間機能する。松平西条藩が、非常時の要塞として維持する。石垣・堀。
小松	西条市	一柳氏が築城。陣屋。
壬生川（鷺森）	西条市	小早川氏が存置。松山城の支城として江戸時代も存続か。土塁・堀。
象ヶ森（櫛辺）	西条市	小早川氏が存置した可能性あり。
杉尾山	西条市	小早川氏が築城したとの指摘あり。
国分山	今治市	福島氏が近世城郭化。天守建設の可能性あり。池田氏・小川氏在城。堀。
拝志	今治市	加藤嘉明弟忠明、のちに堀部主膳在番。元禄年間まで存置といわれる。土塁。
小湊	今治市	灘城の資材で築城。今治と甘崎のつなぎの城。
甘崎	今治市	惣石垣で改修。藤堂氏重臣須知氏在番。福島正則監視のための海城。石垣。
来島	今治市	来島氏の本城。
〈中予地域〉		
鹿島	松山市	来島氏の支城。
湊山	松山市	小早川氏の本城として改修。石積。
興居島（明沢）	松山市	小早川氏が存置した可能性あり。
塩泉（湯築）	松山市	河野氏退城後に改修して塩泉城と称す。寛永年間まで機能か。藤堂高吉・友田左近が在番した可能性あり。
松山	松山市	加藤氏が築城。蒲生忠知が五層天守普請。登石垣・堀・土塁など。
松前	松山市	加藤氏が築城。天守建設の可能性あり。松山築城後は幕府から古城として認識される。
荏原	松山市	改修し関ヶ原の戦いの時期まで機能する。石垣・堀・櫓台。
本尊（由並）	伊予市	小早川氏が存置した可能性あり。
千里	砥部町	小早川氏が存置した可能性あり。
大除	久万高原町	加藤氏重臣佃氏の居城。主郭虎口内枡形。石積多用。登り石垣状遺構。

〈南予地域〉		
灘(海辺)	大洲市	藤堂氏重臣藤堂良勝在番。松前城を監視。慶長13年廃城。
長浜	大洲市	藤堂氏の支城。
大洲(大津)	大洲市	戸田氏五層天守建設可能性あり。脇坂氏が淡路洲本城を移築か。石垣・堀など。
新谷	大洲市	加藤氏が築城。陣屋。
河後森	松野町	戸田氏が改修。天守建設の可能性あり。宇和島藩家老桑折氏在城。石積など。
黒瀬	西予市	西園寺氏退城後に改修。石積・横堀など。
宇和島(板島)	宇和島市	藤堂氏が近世城郭化。三層天守建設。石垣・堀など。
吉田	宇和島市	伊達氏が築城。陣屋。

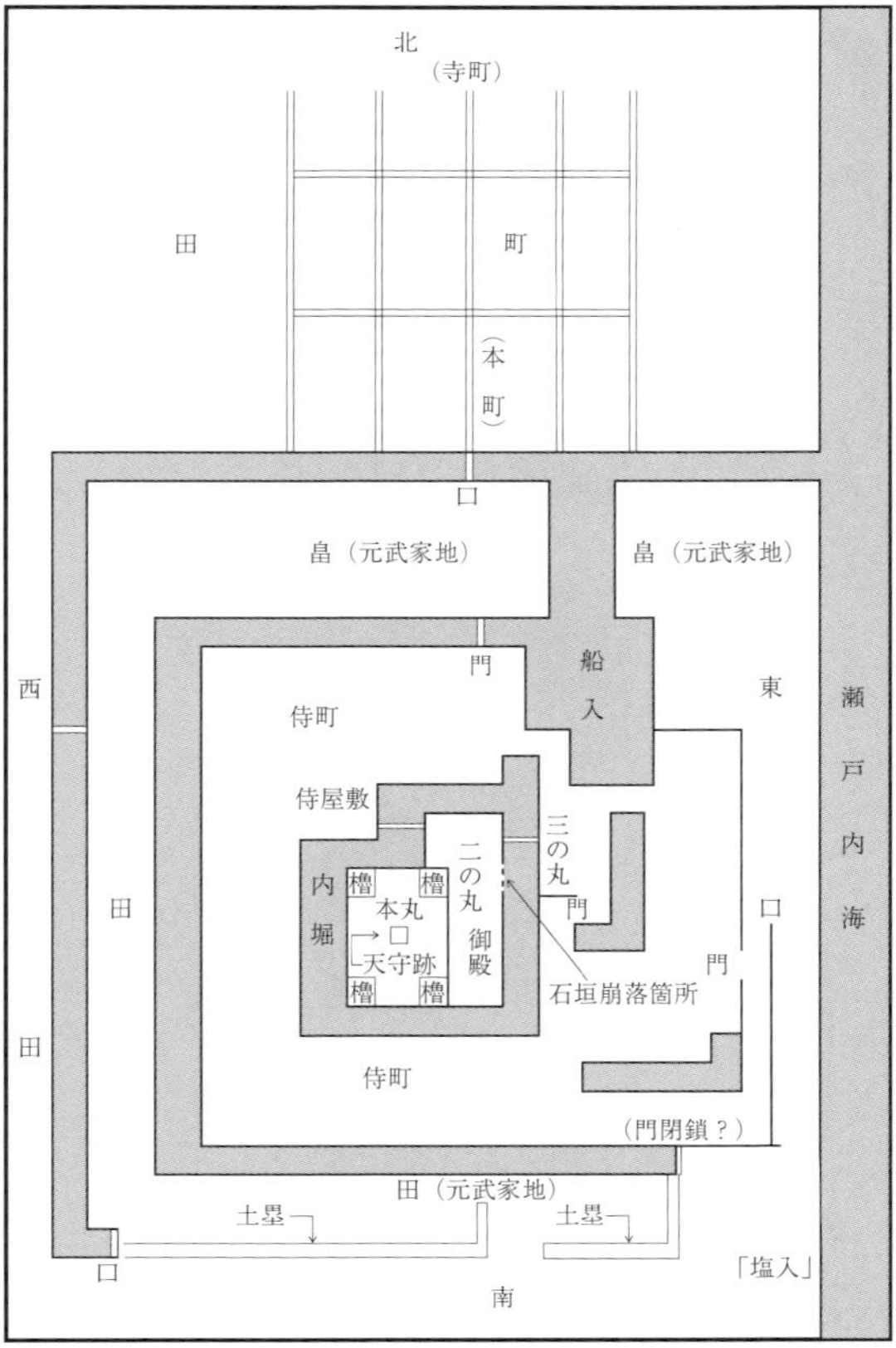

4　藤堂高吉時代今治概念図(寛永4年「今ばりの城」より)

出典一覧

序章―藤堂高虎と初期藩政史研究
同名論文（藤田達生監修・三重大学歴史研究会編『藤堂藩の研究』清文堂出版、二〇〇九年）第一章第一節一部を削除し、一部にその後の情報を追加した。

補論　藤堂藩の誕生と伊賀
『伊賀市史』第二巻通史編近世（伊賀市、二〇一六年）第一章（筆者担当部分）。出典の形式に従い註を追加した。

第一部　都市論

第一章　中世都市を移転する―港湾都市安濃津から城下町津へ
「港湾都市・安濃津から城下町・津へ」（伊藤裕偉・藤田達生編集、中世都市研究会編集協力『都市をつなぐ』新人物往来社、二〇〇七年）

第二章　本城城下町をつくる―伊勢津
「城下町論―伊勢津を中心に―」（前掲『藤堂藩の研究』）

補論　城下町生活の息吹を伝える古文書群―伊賀上野東町文書
同名論文『伊賀上野東町文書』（伊賀市古文献刊行会、二〇一〇年）「解説」

第三章　領内都市をつくる―伊勢一身田寺内町

「近世寺内町の形成過程―伊勢一身田の場合―」（三重歴史文化研究会『Mie history』一七、二〇〇六年）と「一身田寺内町の形成過程」（三重大学歴史研究会『ふびと』五九、二〇〇七年）で構成。

第四章　本城をつくる―伊予松山城

「初期松山城縄張考」（伊予史談会『伊豫史談』三六六、二〇一二年）

第五章　支城をつくる―湯築城から塩泉城へ

「湯築廃城期考」（『伊豫史談』三五八、二〇一〇年）

補論　川岡勉・島津豊幸編『湯築城と伊予の中世』に学ぶ

「遺跡保存運動の最前線―川岡勉・島津豊幸編『湯築城と伊予の中世』に学ぶ―」（『歴史評論』六六三、二〇〇五年）

第二部　家臣団論

第六章　養子の処遇―名張藤堂家の誕生

「伊予今治藩主藤堂高吉の処遇」（前掲『藤堂藩の研究』）

第七章　重臣の統治知識―『統集懐録』を読む

「藤堂藩伊賀領の支配構造―『統集懐録』を読む―」（藤田達生監修・三重大学歴史都市研究センター編『地域社会における「藩」の刻印―津・伊賀上野と藤堂藩―』清文堂出版、二〇一四年）

第八章　防衛体制を敷く―郷士制度

「兵農分離と郷土防衛―藤堂藩無足人―」（前掲『藤堂藩の研究』）

第九章　初期御家騒動の構造―陸奥会津藩
「蒲生氏」（福田千鶴編『新選　御家騒動』上、新人物往来社、二〇〇七年）
第十章　藩誕生期の地方巧者―伊予松山藩足立重信
「藩成立期の先覚者像―松山藩足立重信を中心に―」（『伊豫史談』三七〇、二〇一三年）、一部「藩成立期の伊予国周布郡」（『小松藩大頭村庄屋　佐伯家資料集』西条市立小松温芳図書館・郷土資料室、二〇一四年）で補った。
補論　「佐伯家文書」―近世初期分の紹介
「『佐伯家文書』（西条市立小松温芳図書館・郷土資料室）近世初期分」（西条史談会『西條史談』一〇一、二〇一七年）を改稿。
終章―寛永期の西国大名配置
「伊予松山城天守考―寛永国絵図を素材として―」（『伊豫史談』三八二、二〇一六年）
＊各章ともに論旨の重なる部分は適宜削除し表現も整序している。

藤　田　達　生（ふじた・たつお）

略　歴
1958年　愛媛県に生まれる。
1987年　神戸大学大学院文化学研究科博士課程修了　学術博士
2003年　三重大学教育学部・大学院教育学研究科教授
2015年　三重大学大学院地域イノベーション学研究科教授兼務　現在に至る

主要著書
『日本中・近世移行期の地域構造』（校倉書房、2000年）
『日本近世国家成立史の研究』（校倉書房、2001年）
『城郭と由緒の戦争論』（校倉書房、2017年）

藤堂高虎論《とうどうたかとらろん》—初期藩政史《しょきはんせいし》の研究《けんきゅう》—

2018年11月30日　第1版第1刷

著　者　藤　田　達　生
発行者　白　石　タ　イ
発行所　株式会社　塙　書　房
〒113-0033　東京都文京区本郷6丁目8-16
電話　03(3812)5821
FAX　03(3811)0617
振替　00100-6-8782

東京印刷・弘伸製本

定価はケースに表示してあります。落丁本・乱丁本はお取替えいたします。
 ISBN978-4-8273-1296-6　C3021

索　引

I　地名・藩名・城郭名等索引

【あ行】

【か行】

【さ行】

【た行】

【な行】

【は行】

【ま行】

【や行】

【ゆ～】

Ⅱ　人名・寺社名等索引

【あ行】

【か行】

【さ行】

【た行】

【な行】

【は行】

【ま行】

【や行】

【ら行】

【わ行】

Ⅲ　研究者名等索引

【あ行】

【か行】

【さ行】

【た行】

【な行】

【は行】

【ま行】

【や行】

【わ行】